21世纪经济管理新形态教材

工商管理系列

Tourism Brand Management

旅游品牌管理

王海忠　黎耀奇◎主编

清華大學出版社
北京

内 容 简 介

本书以企业培育、经营、打造全球知名旅游品牌为脉络主线，围绕品牌经营的规律，构建关键知识模块。全书以旅游品牌启动、旅游品牌强化、旅游品牌扩展、旅游品牌长青四大模块为主线，主要内容包括：旅游品牌与品牌演进史、旅游品牌的顾客本位、旅游服务质量感知、旅游品牌定位、旅游品牌要素战略、旅游品牌营销策略、旅游品牌杠杆战略、旅游品牌延伸战略、旅游品牌组合战略、旅游品牌文化、旅游品牌管理体系等。

本书不仅在旅游品牌管理的知识体系上具有前沿性、创新性，还在知识体系的呈现与体例方面彰显时代感。每章除主体内容之外，还包括开篇案例、品牌前沿、品牌案例、本章小结、术语中英文对照、思考与讨论等，有助于读者多维度理解、运用品牌管理知识。此外，本书还为读者提供了丰富的学习资源，包括高品质的课件（PPT）、全面的试题库等。本书既可作为工商管理等相关专业的教学用书，也可供旅游业等相关行业从业者阅读参考。

图书在版编目（CIP）数据

旅游品牌管理/王海忠，黎耀奇主编. —北京：清华大学出版社，2024.12
21世纪经济管理新形态教材. 工商管理系列
ISBN 978-7-302-65389-9

Ⅰ. ①旅…　Ⅱ. ①王…　②黎…　Ⅲ. ①旅游业－品牌战略－教材　Ⅳ. ①F590.3

中国国家版本馆 CIP 数据核字(2024)第 043628 号

责任编辑：刘志彬
封面设计：李召霞
责任校对：王荣静
责任印制：丛怀宇
出版发行：清华大学出版社
网　　址：https://www.tup.com.cn，https://www.wqxuetang.com
地　　址：北京清华大学学研大厦 A 座　　邮　　编：100084
社 总 机：010-83470000　　邮　　购：010-62786544
投稿与读者服务：010-62776969，c-service@tup.tsinghua.edu.cn
质 量 反 馈：010-62772015，zhiliang@tup.tsinghua.edu.cn
课 件 下 载：https://www.tup.com.cn，010-83470332
印 装 者：北京鑫海金澳胶印有限公司
经　　销：全国新华书店
开　　本：185mm×260mm　　**印　张**：23　　**字　　数**：538 千字
版　　次：2024 年 12 月第 1 版　　**印　　次**：2024 年 12 月第 1 次印刷
定　　价：69.00 元

产品编号：094168-01

作 者 简 介

王海忠，中山大学二级教授、市场营销学科带头人、品牌战略与国际企业研究中心主任、博士生导师、国家级一流本科课程负责人。国家自然科学基金项目的会议评审专家。担任粤港澳高校市场营销研究联盟创始理事长；亚太营销国际学术会议（Asia Pacific Marketing Academy Annual Conference，APMA）创始理事长；中国高校市场学研究会副会长；中国管理现代化研究会营销管理专委会副主任；中国《营销科学学报》联合主编（2016—2023）、学术委员会副主任等学术职务。兼任国家市场监管总局品牌建设专家、“品牌管理”主讲教授；国家工信部“工业企业品牌培育专家委员会”成员。他在品牌管理、消费者行为领域的研究成果发表于全球顶尖期刊 *Journal of Marketing*（UTD，美国市场营销学会 AMA 会刊）、*Journal of Consumer Psychology*（FT，美国消费者心理学会 SCP 会刊），以及《管理世界》《管理科学学报》《心理学报》等国内权威期刊。主持国家自然科学基金市场营销学科第一个重点项目群项目（2019—2023），主持教育部市场营销学科第一个重大课题攻关项目（2009—2011）等重点重大项目。主持的本科生和博士生教育层次的教学成果分别获得特等奖、一等奖等荣誉或奖励。主编的全国通用系列教材包括：《品牌管理》、《高级品牌管理》、《消费者行为学：数智视角》。《品牌管理》教材（清华大学出版社 2021 年第二版）获中山大学党委组织部 2022 年 9 月推选，参加中央相关部门组织的第六届全国党员教育培训教材展示交流活动。他与美国达特茅斯学院市场营销教授、国际权威学者凯文·凯勒合作，首次将《战略品牌管理》改写为中国版。他在自主品牌战略、“中国制造”品牌战略等方面的观点与建议，被中央有关部门的刊物综合采用，供中央领导参阅；相关理论观点被《人民日报》、新华社、中央广播电视总台等权威媒体引用或转载。

获市场营销学博士学位；清华大学博士后。美国密歇根大学 Ross 商学院访问学者；美国哈佛商学院案例教学研修班（PCMPCL）结业。他在市场营销与品牌管理领域的学术研究成果具有国际影响力。兼任美国华盛顿大学、新西兰奥克兰大学等名校的客座教授/研究员。多次受邀到澳大利亚西澳大学、新西兰奥克兰大学等世界名校作学术讲座。为美国 Google（中国）、日本永旺（中国）、中国银行（总行）、招商银行（总行）、美的集团（总部）、广药集团（总部）等全球财富 500 强企业提供品牌营销咨询与培训服务。

前 言

党中央、国务院高度重视我国旅游业发展，充分肯定旅游业在满足人民日益增长的美好生活需要方面所发挥的积极作用。但我国旅游业目前还存在品牌管理理念落后、品牌运营能力欠缺、品牌影响力不高等问题。“千城一面，千景一色”“旅游口号千篇一律”“旅游产品雷同”……是我国旅游业低水平发展的现实写照。

要促进旅游业高质量发展，就要把品牌作为重要抓手。国务院办公厅《关于促进全域旅游发展的指导意见》(2018)明确提出“以品牌化提高满意度”“实施系统营销，塑造品牌形象”“实施品牌战略”等意见。旅游业品牌高质量发展对学习旅游品牌管理知识以及升级旅游品牌管理教材提出了迫切需要。

为此，我们总结了数十年来的品牌管理理论研究与教学经验，梳理了当前国内外旅游品牌的优秀实践案例，在此基础上，主持编写了《旅游品牌管理》全国通用教材。我们期待本书能满足当前社会对旅游品牌管理知识的渴求，为培养旅游品牌管理专业人才贡献一份力量。

一、本教材初心：以品牌为杠杆，推动中国旅游业高质量发展

越来越多的旅游组织及从业人员认识到培育旅游品牌的重要性。长隆、携程、锦江之星、迪士尼、万豪等旅游企业通过合理运用品牌思维，科学实施品牌战略策略，缔造了各自的商业传奇。然而，相对于旅游企业，旅游目的地作为中国旅游业发展的基石，在品牌经营管理理念和实践上还存在巨大提升空间。“千城一面，千景一色”是中国旅游目的地经营管理的真实写照。

旅游业的品牌经营管理，与提供实体产品或服务的工商企业的品牌经营管理相比，既存在共通性，又具有差异性。一般来说，旅游品牌经营管理体现在产品或服务、企业、目的地三个层面。一方面，旅游品牌传承了工商企业的品牌经营管理的理念，遵循相似逻辑规律。例如，长隆、迪士尼等旅游企业在品牌经营管理方面，为整个工商界提供了范例，树立了品牌标杆。另一方面，旅游目的地品牌的经营管理则更为复杂，它要考虑目的地品牌的自然地域性、历史嵌入性和利益相关方复杂权益等因素。这就使得旅游业的品牌经营管理，有别于工商企业的产品服务或企业品牌的经营管理，某种程度上，它超越了源于工

商企业的品牌管理经典理论。

我们以长隆为例，解析旅游品牌与常规的工商企业品牌经营管理逻辑的异同点。作为一家旅游企业，长隆集团的企业品牌与常规意义上的企业品牌（如华为公司品牌）的经营管理，本质是一致的。其含义是指游客对长隆集团的品牌有形要素的感受、评价和购买意愿等的总和。在产品品牌层面上，长隆海洋王国的“海豚剧场”项目与华为“Mate 40 手机”产品品牌亦无本质差异。然而，当将长隆视作旅游目的地品牌时，其品牌内涵和外延则与常规意义上的工商企业品牌存在明显差异，它涉及游客关于吃、住、行、游、娱、购等的整体体验，这就不只是长隆这家旅游娱乐企业所能完成的任务，地方政府、当地社区及其居民对游客的整体体验都发挥着自身的作用。

我们再以“云南元阳阿者科计划”为例，来说明科学培育旅游品牌对于旅游目的地高质量发展的意义。近年来，中国乡村振兴战略对旅游目的地品牌的经营管理起到明显推动作用。其中，央视新闻、《人民日报》等主流媒体专题报道了“云南元阳阿者科计划”，认为这是旅游目的地品牌建设的典范。“云南元阳阿者科计划”实现了遗产文化保护、地方经济发展、社区居民获益等多重目标兼顾，从而促进了旅游目的地品牌的可持续发展。这一目的地品牌实践为全球旅游减贫提供了中国方案，不仅入选了世界旅游联盟“全球百强旅游减贫案例”，也被写进了全国高考文科综合考卷。“云南元阳阿者科计划”旅游目的地品牌建设的成功经验表明，中国旅游业要想实现高质量发展，必须以品牌培育与维护为抓手，充分发挥品牌在旅游业高质量发展中的引领作用。

二、本教材主体知识框架：把握创建旅游品牌的核心逻辑

本教材围绕如何培育全球影响力的强势旅游品牌这一中心问题，搭建旅游品牌管理的主体知识框架，讲解培育旅游品牌要遵循的核心逻辑。本教材以商业背景的品牌管理理论体系为基础，以旅游产品/服务品牌和旅游企业品牌为主要范畴，针对旅游目的地品牌管理，进行全面、系统、深入分析，同时结合数字技术、移动社交和人工智能等新技术背景，以及中外旅游业品牌经营最佳实践案例，提出了培育强大旅游品牌的四大主体知识模块。这四大主体知识模块包括：

（1）旅游品牌启动（tourism-brand starting），涉及旅游组织在品牌培育和经营管理过程中始终要坚守的战略方向问题。

（2）旅游品牌强化（tourism-brand strengthening），涉及旅游组织发展过程中先做实做强品牌、培育品牌市场竞争力、增进品牌市场影响力和无形资产等市场营销战略策略。

（3）旅游品牌扩展（tourism-brand scaling），涉及旅游组织将品牌培育强大之后，科学利用品牌无形资产服务于新业务扩张，执行以品牌为引擎的价值倍增战略，实现旅游业高质量发展。

（4）旅游品牌长青（tourism-brand sustaining），涉及旅游组织的品牌防御与保护，以及为品牌注入文化与精神内涵的长期战略问题，让旅游品牌历久弥新、历久弥坚。

这四大主体知识模块的英文关键词首字母都是 TBS，所以本书将它概括性、简洁化地

称为“4TBS 旅游品牌战略框架”。这一战略框架准确把握了旅游组织品牌经营管理的核心逻辑，为旅游组织的品牌培育、经营、管理指明了方向。本书围绕这四大主体知识模块，分为十二章。

第一章首先厘清了旅游品牌管理领域的几个关键概念，包括品牌、旅游品牌、旅游品牌价值、旅游品牌资产和旅游品牌权益等，这有利于读者准确理解、把握旅游品牌管理所涉及的核心问题。本书提出，旅游品牌体现在产品或服务、企业、目的地三个层面。产品或服务层面、企业层面的旅游品牌，与常规范畴下的工商企业品牌的内涵较为一致。但目的地层面的旅游品牌，其内涵更为独特，它使旅游品牌区别于常规范畴的产品或企业品牌，体现了旅游业特有的品牌经营管理逻辑。其次，该章分别阐述了旅游品牌对于旅游者、旅游企业、旅游目的地以及社会发展的价值。最后，该章划分了欧洲、美国、中国三大重要经济体的旅游品牌演进史。以史为鉴、古为今用。从历史纵深视角回顾评析旅游业品牌，是一本旅游品牌管理权威教材所肩负的使命。本书在同类著作中，首次研究分析并划分世界三大重要经济体的品牌演进史。欧洲具有比美国更悠久的商业文明史。本书在国际上首次划分了欧洲旅游品牌演进史。至于美国旅游品牌演进史，本书以世界第一家旅行社——托马斯·库克旅行社的创立为标志，把美国 1850 年至今的旅游品牌演进划分为五个阶段。虽然旅游这个行当，在中国古已有之，但中国的旅游品牌经营管理，直到近代才开始兴起。关于中国旅游品牌演进史的研究文献极其缺乏，这给人们理解历史上中国旅游组织的品牌实践带来了挑战。为此，本书尝试将中国旅游品牌演进史划分为三个阶段：中国近现代旅游品牌的兴起与发展；中国当代旅游品牌的平静期；改革开放以来中国旅游品牌的大发展时期。

第二章至第四章是旅游品牌启动部分。旅游品牌启动，旨在让旅游组织认识到，旅游组织在品牌培育、创建、经营管理全过程中，应该秉持的正确理念与战略方向问题。首先，坚持顾客本位是旅游组织在培育、创建、经营管理品牌时要把握的第一个方向性问题。旅游组织需要认识到，品牌的市场表现与影响力，源头在于顾客心智。只有先在顾客心智留下深刻印记和美好印象，旅游品牌才能获得市场份额和利润，进而使旅游组织在资本市场取得良好表现。这是第二章“旅游品牌的顾客本位”的主要思想。其次，“旅游品牌”一词须诠释为“先有品”“再创牌”。因此，第三章提出品质是旅游品牌的根基的理念。读者学习该章后能意识到，那些拥有众多国际知名旅游品牌的国家，也涌现出了系统的、丰富的品质管理学说。最后，旅游品牌定位（第四章）是旅游品牌创建与经营的又一方向性问题。每个旅游组织，无论身处何处，要想获得顾客青睐，必须进驻到顾客心智的合适位置，并不断巩固。这就是旅游品牌定位。

第五章至第七章是旅游品牌强化部分。第五章“旅游品牌要素战略”强调，设计满足人们感官需要的品牌符号是旅游品牌创建的基础性工作。品牌名、标识、包装、标语、域名，甚至气味、触感、嗅觉、听觉等都是旅游品牌成为其自身并区别于其他品牌的可视元素。它们共同成为旅游品牌内涵或意义的载体。第六章“旅游品牌营销策略”聚焦于旅游品牌经营的零售终端策略和新型传播策略。旅游品牌的零售终端有助于品牌向顾客传递体验，而非媒体、自媒体等新型传播策略对创建品牌影响力具有独特作用。第七章“旅游品牌杠杆战略”涉及品牌从富有无形资产的外部实体（如人、事、物等）“借力”“借势”的战略。旅游品牌杠杆战略对培育品牌影响力起到事半功倍的作用。品牌杠杆战略拓展了传统品牌管理的视野，但也扩大了旅游品牌管理的幅度。

第八章和第九章是旅游品牌扩展部分。旅游品牌扩展是指旅游组织利用已培育品牌的无形资产进行新业务扩张、实现价值倍增的一系列战略举措。第八章“旅游品牌延伸战略”表明，当品牌培育强大之后，旅游组织应遵循科学原理，利用现有品牌无形资产帮助旅游组织开拓新业务、寻求新的发展空间。第九章“旅游品牌组合战略”旨在帮助旅游组织理顺内部多品牌之间的关系、促进多品牌之间协同增效。旅游组织在发展过程中，因执行新业务拓展、品牌并购、品牌合作、品牌代理等战略，会进入多品牌状态。因此，旅游组织需要认识到品牌组合的意义，并管理好品牌之间的组合关系。

第十章至第十二章是旅游品牌长青部分。第十章“旅游品牌文化”强调通过为品牌注入文化符号，让品牌历久弥新，持续强化品牌影响力和魅力。第十一章“旅游品牌管理体系”涉及旅游品牌建设要遵循的各种管理章程、制度、组织形式、执行反馈等。第十二章“旅游品牌评估”强调适时评估品牌、及时监测品牌市场表现，将能为旅游组织及时调整品牌战略策略提供情报支持。品牌评估能监测品牌健康状态。

总之，本书围绕创建国际知名旅游品牌要遵循的核心逻辑，构建“4TBS 品牌战略框架”，讲解国际先进的旅游品牌管理知识体系。

三、本教材的知识创新与特色

本教材在传承品牌管理经典理论的基础上，结合旅游业品牌建设特点，提出旅游品牌管理的核心知识框架。本教材的部分理论知识实现了创新与突破，解析如下。

第一，本书传承和发展了品牌管理经典理论。本书提出了旅游业在品牌培育、经营、管理方面的 4TBS 品牌战略框架。这是对作者多年来品牌理论研究和丰富旅游行业实践研究的总结和升华。4TBS 品牌战略框架本质上反映了创建卓越旅游品牌要坚持的“四项修炼”。“旅游品牌启动”强调旅游品牌培育要追根溯源、守正方向，这如同“内修”。在快速迭代的数字时代，坚持顾客本位、坚守品质根基，是培育旅游品牌的根本定律。“旅游品牌强化”强调要培育强大旅游品牌，需要到市场历经风雨，这就是“外修”。建立旅游品牌的识别系统、深耕市场、创新营销、建立数字化超链接……这些都是锻造强势品牌不可缺少的市场历练。“旅游品牌扩展”认为，旅游品牌需要以品牌为引擎，科学合理利用品牌，来拓展新业务，为此，要在品牌自创、品牌并购、品牌合作、品牌代理等战略中选择适合自己的战略，让品牌成为公司业务价值倍增的引擎。可见，要让旅游业走高质量和可持续发展道路，需要经营管理者对品牌战略有新的认识境界，需要“内外兼修”。“旅游品牌长青”主张，建设世界一流旅游品牌，需要经得起时间的考验，这就是“修炼”岁月。品牌要历久弥坚、基业长青，既要不断吐故纳新，又要坚守方向。中国旅游业如何在快速迭代的新环境下练就卓越品牌？本书提出四大主体知识框架，希望向旅游业品牌经营管理者传达“四项修炼”的理念。有关卓越品牌“四项修炼”的进一步阐述，读者可参见本书附录（原载 2021 年 5 月 10 日中国品牌日，新华社客户端对本书第一作者的专访）。

第二，本书吸收了旅游品牌研究的前沿创新成果。本书各章均设置“品牌前沿”栏目，介绍旅游品牌相关领域权威的、前沿的创新研究成果，希望帮助读者快速了解旅游品牌研究领域的新进展、新突破。把这些旅游品牌研究的前沿、权威成果嵌入章节之中，与相关知识点呼应，形成有机整体。“品牌前沿”栏目介绍的权威成果发表于 *Journal of Marketing*（UTD 期刊）、*Tourism Management*、*Annuals of Tourism Research*、*Journal of Travel Research*、《管理科学学报》、《旅游学刊》等国内外权威期刊，代表了旅游品牌研究的最新学术进展，强化了本教材理论知识的权威性、前沿性、引领性，有助于读者更好把握旅游品牌理论发展的脉动。

第三，本书根植旅游品牌实践，为中国旅游业走品牌高质量发展道路提供了标杆案例。本书每章开头设置“开篇案例”，遴选、解析大量旅游品牌实践案例，通过案例引导读者理解核心理论，帮助读者领悟、掌握旅游品牌管理的原理。长隆、锦江之星、携程、海底捞、迪士尼、Club Med 地中海俱乐部、麦当劳……众多国内外知名旅游品牌，为读者提供了品牌培育、经营、管理的经典范例。每章正文中还穿插 3～4 个“品牌案例”，以此加深读者对相关知识点的理解和创造性运用。阿者科计划、欢乐谷、马蜂窝、瑞幸、新加坡航空、万豪……这些中外品牌案例，从特有视角，对相关知识点进行生动解析。此外，每章在讲解经典品牌管理理论时，会恰当自如地联系品牌案例实践，力争将品牌管理理论知识通过实例娓娓道来。总之，本书希望通过大量经典的、前沿的、创新的旅游品牌案例，将旅游品牌管理理论与实践有机融合，为读者践行旅游品牌高质量发展提供案例范本。

四、本教材的体例创新

为了从多个维度帮助读者更好地理解和运用主体知识，本书在知识体系的展现风格上体现出鲜明的时代感与国际感，从而实现了教材体例创新。部分列举描述如下。

“开篇案例”。每章以开篇案例导入，通过介绍全球知名旅游品牌助力读者准确把握本章主旨，并从中领略国内外旅游品牌的魅力。长隆、海底捞、Club Med 地中海俱乐部……它们是旅游业的品牌名片。

“品牌前沿”。每章正文之中穿插这一模块，通过介绍特定研究主题的前沿研究成果，帮助读者理解该章关联知识点的前沿动态。

“品牌案例”。每章正文之中穿插多个小案例，旨在为读者提供品牌最佳实践。迪士尼、阿者科、万豪、华侨城……它们从不同视角，创造了旅游品牌管理的先进经验。

“小结”。每章正文内容结束时，通过“小结”来回顾该章涉及的重要知识点，加深读者对知识的理解。

“术语（中英文对照）”。读者通过回顾每章术语中的英文表达，可以对关键概念的学术表述形成统一规范。

“思考与讨论”。每章围绕该章核心知识点设计思考和讨论题，便于读者领会该章知识主旨，以及灵活多样的应用情景。

五、本教材搭建的教学资源

本教材搭建了丰富完整的国际高品质的教学资源。此举旨在促进旅游品牌管理课程的国际高水平教学。部分高品质教学资源如下。

（1）教学讲义。我们为本书制作了完整的教学讲义 PPT。PPT 讲义包括每章的正文、案例。PPT 讲义内容每一版都进行了更新。使用本书的高校教师，可以与清华大学出版社或作者本人联系，获取每年的《旅游品牌管理》PPT 讲义。

（2）即测即练。我们为每章设计了“即测即练”测试题，并附有参考答案。这些试题可供教学班级用于平时月测，检验学生对核心知识的领会程度。“即测即练”试题偏重客观属性的题型，旅游管理相关专业教师可根据自身情况灵活使用。例如，过去有教师将这些“即测即练”试题通过“问卷星”发放，学生在手机端就可以灵活检测对知识的领会程度。

（3）试题库。我们还为整门课程设计了试题库，以供教师用于期末考试。试题库试卷题型丰富，考查课程全面知识点。旅游管理相关专业教师可根据自身情况灵活使用试题库（如调整题量），使之适合相应的学时或教学内容。

（4）短视频解析。第一作者对本教材部分核心知识点，制作了短视频，从著者角度解析知识点的理论及应用。使用本教材的师生通过短视频，可多一个视角来理解相应知识点。短视频一般发布在公共平台（如“视频号”等）。

我们真诚欢迎读者对进一步完善本书提出宝贵建议。欢迎旅游院校教师分享使用本书的心得体会。此外，本书第一作者每年会根据相关主办机构的安排，出席全国性教学或学术会议，现场分享国家一流课程建设与教育教学心得，或者分享旅游品牌研究的理论动态。届时，欢迎与使用本书的高校师生面对面交流卓越教学、科研、人才培养等方面的心得体会。

六、致谢

本书撰写过程中，得到了团队成员的得力协助。《旅游品牌管理》是在第一作者王海忠教授所著《品牌管理（第二版）》（清华大学出版社，2021）基础上的创新与发展。参加《品牌管理（第二版）》（清华大学出版社，2021）相关章节撰写的以下成员，为该教材出版作出了重要贡献，特地致以感谢，他们是：柳武妹，现任职于兰州大学管理学院，教授，博导；陈增祥，现任职于中山大学国际金融学院，教授，博导；钟科，现任职于海南大学管理学院，教授，博导；江红艳，现任职于中国矿业大学管理学院，教授，博导；杨晨，现任职于华南理工大学工商管理学院，副教授。

在《旅游品牌管理》教材撰写过程中，黎耀奇教授指导的旅游管理专业研究生曾馨莹、涂精华、江秋敏、鲁清曌、邓巧巧、李怡歆楠等参与了相关工作。本书得以出版，离不开他们的积极参与和热心奉献，在此对他们致以真诚感谢。

本书主体知识框架参照了第一作者王海忠教授所著《品牌管理（第二版）》（清华大学出版社，2021）。我们谨对长期使用《品牌管理》教材的读者致以诚挚感谢。《品牌管理》教材自 2014 年首次出版以来，得到了各类院校的采用。这些院校包括：综合型大学，如清华大学、南京大学、中山大学、东北大学、四川大学、兰州大学等；财经类大学，如中南财经政法大学、西南财经大学等；师范类大学，如华南师范大学、华中师范大学、陕西师范大学等；农业类大学，如华中农业大学、华南农业大学等；艺体类大学，如中国传媒大学等。此外，众多政府及事业单位将本书选为干部管理培训或专题研讨班的指定参考教材，包括商务部外贸发展局、国家质量技术监督总局质量管理司、中国进出口商品交易会广交会、商务部中国五矿化工进出口商会、国家工商行政管理总局中华商标协会、农业部农业干部管理学院等。众多《财富》全球 500 强大型企业集团将本书选作管理层培训教材或公司内部读物，包括美的集团、华润集团、中国石油、中国银行、招商银行、广药集团、日本永旺集团（中国公司）等。《品牌管理》教材发挥了显著的社会效益，因此，《品牌管理（第二版）》于 2022 年经清华大学出版社授权，中山大学党委组织部评定选送参加“第六届全国党员教育培训教材展示交流活动”。本书第一作者特地感谢读者对《品牌管理（第二版）》教材提出的珍贵建议。

最后，敬请各位同仁、朋友、读者不吝赐教，向我们反映本书需要改进完善之处。

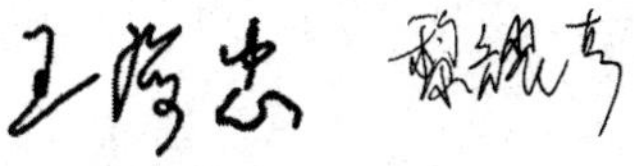

2023 年 10 月 1 日

目　录

第一章

旅游品牌与品牌演进史

表面上品牌是不断变化的过程——否则它就不入“流”；更深层面上品牌又需要恒久不变的价值。

——汤姆·布劳恩《品牌的哲学》

学习目的

学习本章之后，读者将对以下品牌问题有更清晰、准确和透彻的理解：

- 什么是品牌？品牌和品牌化的内涵有何不同？
- 旅游品牌与一般的企业或产品品牌有哪些异同点？
- 旅游品牌资产、旅游品牌价值和旅游品牌权益的内涵有何差异？
- 品牌对旅游者、旅游组织、社会的价值表现在哪些方面？
- 旅游品牌适用于哪些行业或部门？
- 欧洲、美国、中国的旅游品牌管理演进经历了哪些阶段？
- 旅游业历史上涌现了哪些卓越品牌？

本章案例

- 长隆——世界级旅游品牌的缔造之路
- 世遗村寨阿者科——美一方景，富一方民
- 张家界“乖幺妹”——土家织锦编织五彩未来
- 携程网——在线旅游服务企业的商业模式
- 中国国际进口博览会——新时代第一展

开篇案例　　长隆——世界级旅游品牌的缔造之路

广东长隆集团创立于 1989 年，是中国旅游行业领导品牌，总部坐落于广东省广州市。从一个占地两亩的餐饮大排档发展为集旅游景点、酒店餐饮、娱乐休闲于一体的大型旅游企业集团，长隆的品牌缔造之旅具有传奇色彩。当前，长隆集团旗下的广州长隆和珠海长隆两大世界顶尖综合旅游度假区均已开业。长隆集团的三大板块依托地域和政策优势，联动发展、协同互补，共同缔造了“长隆”这个世界级旅游品牌。

- **餐饮发家——香江酒家**

长隆集团的前身是香江酒家。1989 年，创始人苏志刚凭借早年卖猪肉的资本积累和社会人脉在番禺筹办了一家大排档——香江酒家。香江酒家凭借品质优良的特色菜肴和服务，在当地一炮而红。创始人苏志刚也在经营香江酒家的过程中再一次积累了创业资金和经验。

1992 年，苏志刚投资了 1 亿元用于建设香江大酒店。香江大酒店拥有 100 多间客房和 40 多间包厢，不管是餐饮部还是客房部均按三星级标准打造。自 1994 年 5 月 12 日正式开业后，香江大酒店凭借地域优势（地处番禺迎宾路旁，为广州南入口必经之地）和高质量的出品，吸引了大量顾客前来品尝地道番禺美食。此时，许多香港影视明星和歌坛明星纷纷在此宴请欢朋，香江大酒店的口碑之好、声名之远，可见一斑。

- **旅游转型——香江野生动物世界**

酒店、酒家生意的红火为苏志刚带来财富积累的同时，也耗费了他大量的精力。苏志刚疲于应对餐饮行业的人情往来，开始考虑如何提升自己及生意的价值。苏志刚认为广东省地处中国内地东南部，毗邻港澳，经济发达，是国内外游客输出大省，具备发展旅游业的优越地理区位和经济条件。恰在这时，朋友建议他可以尝试开办野生动物园，这便是苏志刚创办香江野生动物世界的起源。

拿定主意后，苏志刚便迅速行动。他寻求政府主管部门支持、咨询专家、出国考察学习、筹建专业团队……在这一系列过程中，苏志刚形成了创办野生动物园的基本思路，即“大种群的动物展示”。于是，他花费大量物资建造场馆，聚焦于引进珍稀动物，力争在重点品类将野生动物数量做到世界前列。1997 年，长隆集团旗下香江野生动物园（后正式更名为长隆野生动物世界）正式开业，游客数量不断增长，日接待游客最高时达 8 万多人，创下了当时主题公园入园游客最多的纪录。

- **雄霸一方——广州长隆旅游度假区**

香江野生动物世界的成功，不仅进一步提升了长隆的知名度，也使长隆坚定了深耕旅游领域的决心。长隆集团总结香江酒家、香江野生动物世界的成功经验，明白只有坚持创新，葆有永不满足的心态，不断自我扬弃、自我超越，才能使品牌拥有生机与活力。长隆集团秉承着“缔造幸福快乐”的企业使命，积极进取，不断创新，一直坚持高标准、高投入，用心打造产品。从世界最大的夜间动物世界——长隆夜间动物世界、全球最大的鳄鱼主题公园——广州鳄鱼公园，到全球最大的马戏表演场——长隆国际大马戏，再到具备国际先进技术和管理水平的大型主题游乐园——长隆欢乐世界，长隆集团秉承着“只做全世界最好”的精神，打造了一站式旅游休闲度假区——广州长隆旅游度假区。

从此，长隆作为旅游品牌，在大众心中树立了优质品牌形象。

酒香也怕巷子深。一个优质产品的打造、一个良好品牌的建立都离不开宣传。除了在产品上发力，长隆集团大力实行品牌营销战略。2005年，长隆集团与香港无线电视合作拍摄20集电视剧《人生马戏团》，取景广州长隆旅游度假区，实现植入式营销宣传。2006年，香江野生动物园引进澳大利亚国宝考拉，长隆集团充分利用现有资源，不断挖掘新闻热点，市长看考拉、建造考拉国宾馆、考拉征名、考拉过生日、中国首届考拉节……这些精心策划的事件，让长隆获得了极大的社会关注，其品牌知名度与影响力也日益提升。

在长隆集团的品牌管理策略的指导下，广州长隆旅游度假区迅速发展。2007年，广州长隆旅游度假区获评中国首批、广州第一家国家5A级景区。2010年，广州长隆旅游度假区年接待游客首次突破1200万人次，成功跻身全球顶尖综合旅游景区行列。2020年，广州长隆旅游度假区中的长隆欢乐世界更是位列全球主题公园第25名。广州长隆旅游度假区现已成为最受欢迎的一站式旅游度假胜地之一。

- **辐射东亚——珠海长隆国际海洋度假区建立**

广州长隆旅游度假区项目大获成功，证实了长隆集团品牌策略的正确性。长隆集团依靠现有的品牌管理策略逐渐向外扩张。长隆集团看中横琴岛山清水秀的自然环境和连接港澳的区位优势，将长隆国际海洋度假区落户横琴岛，并聘请国际顶尖的主题公园设计公司进行规划。2009年，标志着广东长隆集团再一次腾飞的珠海横琴长隆国际海洋度假区项目正式启动，长隆集团总结过往成功经验和借鉴国际最先进理念，投入巨资在横琴岛打造了一个集主题公园、豪华酒店、商务会展、旅游购物、体育休闲于一体的国际级大型综合主题旅游度假区。

2014年，珠海长隆首期项目长隆海洋王国、长隆横琴湾酒店正式对外开放。2019年，二期项目长隆海洋科学乐园、海洋科学酒店、长隆剧院也对外开放，整个度假区不断发展完善。珠海长隆一经开放，不仅吸引了众多游客，还获得了众多综艺节目的青睐，成为节目取景地。2014年开播的《奔跑吧！兄弟》、2019年开播的《妻子的浪漫旅行2》、2021年开播的音乐综艺《草莓星球来的人》等都将珠海长隆作为取景地。随着这些综艺节目的热播，珠海长隆国际海洋度假区在知名度、美誉度方面不断提升，旅游人数也随之不断攀升，连续数年上榜全球二十大主题公园。

根据世界主题公园权威研究机构美国主题娱乐协会（The Med Entertainment Association，TEA）与第三方旅游行业研究及咨询机构美国AECOM集团联合发布的2020年全球主题公园和博物馆报告，长隆集团已经成为世界第六大主题公园集团。从1989年到2024年，从香江酒家到珠海横琴长隆国际海洋度假区，长隆集团一直秉承着追求卓越的理念，坚持高标准、高投入，不断延长自身产业链，用心做好每一件产品。广东长隆集团这个“只做全世界最好”旅游的世界级旅游品牌，正在崛起壮大，正从中国走向世界，朝着打造世界级民族旅游品牌的目标，不断进发。

资料来源：

[1] 长隆集团官网.

[2] 秦朔. 世界上做什么最快乐？听听苏志刚的长隆故事[EB/OL]. https://cj.sina.com.cn/article/detail/1863057363/169294.

党的二十大报告指出，我们必须坚持自信自立，推进文化自信自强，“中国人民和中华民族从近代以后的深重苦难走向伟大复兴的光明前景，从来就没有教科书，更没有现成答案。党的百年奋斗成功道路是党领导人民独立自主探索开辟出来的，马克思主义的中国篇章是中国共产党人依靠自身力量实践出来的，贯穿其中的一个基本点就是中国的问题必须从中国基本国情出发，由中国人自己来解答”。国家发展改革委等部门在《新时代推进品牌建设的指导意见》中提出，要“以习近平新时代中国特色社会主义思想为指导，全面贯彻党的十九大和十九届历次全会精神，深入贯彻习近平总书记关于品牌建设的重要指示精神，立足新发展阶段，完整、准确、全面贯彻新发展理念，构建新发展格局，以深化供给侧结构性改革为主线，以满足人民日益增长的美好生活需要为根本目的，坚持质量第一、创新引领，开展中国品牌创建行动。”越来越多的旅游组织、旅游从业人员已经认识到旅游品牌创建的重要性。如同开篇案例所示，品牌思维与品牌战略缔造了长隆旅游品牌的商业传奇。品牌适合于有形产品、无形服务，还能将一个概念（或观念）植入人们心智，引导人们的价值取向。本章是全书的导入，重点讨论什么是品牌和旅游品牌，品牌对旅游者、旅游组织和社会有何价值，欧美国家的旅游品牌演进史，中国旅游品牌演进史。最后对本书主体结构——4TBS 旅游品牌战略框架进行全景分析。

第一节　旅游品牌及其社会经济意义

一、旅游品牌及其含义

（一）品牌

人类的品牌活动源于远古时代。最初，农夫通过对其牲畜刻下印记的办法，来识别各自所拥有的牲畜，便于市场交换。西文“品牌”（brand）一词源于古斯堪的纳维亚语“布兰朵”（brandr），有“燃”“烙”之意。在中国古代，和西文“品牌”近似的术语有“招牌”“字号”等，用于区别“店铺”。这说明，品牌最原始的功能是用于“印记”与“识别”。品牌的这一基本功能一直延续至今。

品牌的现代定义来自美国市场营销协会（American Marketing Association，AMA）。在其营销词典中，它把“品牌”定义为：品牌是一个“名称、专有名词、标记、符号、设计，或所有这些元素的组合，用于识别一个供应商或一群供应商的商品与服务，并由此区别于其他竞争者的商品与服务”。[1]理论上讲，只要某个企业创建了一个新的商标、标识，或者新的产品符号，它就开始了创建一个品牌的活动。但是，每年市场上新出现的商标、标识数量惊人，但真正能进入消费者记忆的却寥寥无几。这就说明，仅仅是注册一个商标，或创建一个标识或符号，并无太多实质意义。商标产生价值的关键在于这个品牌名、商标、标识或符号等有形元素，能在顾客心目中产生积极印象，并由此对市场产生正面影响。因此，为了厘清品牌的内涵，我们需要从狭义和广义两个层次来理解品牌概念。

1. 狭义的品牌概念

美国营销协会对品牌的上述定义，属于狭义的品牌概念。国际品牌权威学者凯勒（Keller）称为“小品牌”概念。[1]狭义层次的品牌概念认为，品牌就是品牌名、商标、标识、符号、包装，或其他可以识别企业产品（或服务）并将之区别于竞争者的产品（或服务）的一系列有形物（tangible objects）的组合。这些有形物又称为“品牌要素”（brand elements）。例如，2012 年 1 月 11 日，“淘宝商城”正式更名为“天猫商城”（英文名为 Tmall），定义为 B2C 综合性购物网站，同年 3 月 29 日天猫发布了全新的品牌标识形象。狭义层次的品牌概念表明，品牌需要通过有形载体外显给市场。虽然易识别的品牌有形要素是基本的和必不可少的，但仅有它也是不够的。企业如果仅仅设计出人们容易识别的品牌有形要素而不对这些要素赋予独特的、突出的、积极的内涵，那么，品牌仍不足以在顾客心里留下正面印象，进而也就无法在市场上产生正面影响力。

2. 广义的品牌概念

广义的品牌概念，是指品牌有形要素在顾客心目中建立起来的品牌意识（brand awareness）和品牌联想（brand associations），以及由此促使顾客对其产品产生的正面感受、积极评价和购买行为等的总和。[1-3]或者说，广义上讲，品牌就是顾客对产品（或服务）及其供应商的所有体验和认知的总和。国际品牌权威学者凯勒称之为“大品牌”概念。[1]广义的品牌概念认为，强有力的品牌存在于顾客（或消费者）的心智。

阿里巴巴集团将 B2C 购买网站更名为“天猫”，是想向消费者传达一个定位明确、风格清晰的电子商务消费平台形象。猫是性感且有品位的。阿里巴巴希望“天猫商城”能代表时尚、性感、潮流、品质。因而，“品牌”一词的精粹在于其广义概念。宝洁（Procter & Gamble，P&G）公司前首席行政官雷富礼（Alan George）曾说：“一个成功的品牌，即是消费者永远不变的承诺及约定。公司一定要坚守此种约定的价值才行，并且以从不怠慢的努力缩短与消费者之间的距离，并要不断地让消费者感到惊喜。”中国吉利汽车创始人李书福也认为，品牌是活的、有灵魂的、有血有肉的。联合利华（Unilever）前董事长迈克尔·佩里（Michael Perry）说：“品牌代表消费者在其生活中对产品及服务的感受，以及由此而产生的信任、相关性、意义的总和。”这些企业家或高层管理者所使用的“品牌”一词，反映了广义层面的品牌概念。企业需要具备广义层面的品牌意识，让品牌具有丰富内涵。

（二）旅游品牌的内涵

旅游品牌体现在产品或服务、企业、目的地三个层面。其中，产品或服务层面、企业层面的旅游品牌，与传统的品牌界定较为一致，它是指旅游品牌有形要素在顾客心目中建立起来的品牌意识和品牌联想，以及由此引起的顾客对其产品的正面感受、积极评价和购买等的总和。区别于传统的产品或企业品牌，目的地层面的旅游品牌有着特殊的内涵，体现了旅游业特有的品牌属性。

我们以迪士尼为例，解读旅游品牌的三个层面，并分析其与一般意义上的产品/服务或企业品牌的区别与联系。迪士尼集团作为一个旅游企业，其企业品牌与一般意义上的企业品牌（如华为公司品牌）本质上是一致的，指的是游客对迪士尼集团的品牌有形要素的正面感受、积极评价和购买意向等的总和。在产品品牌层面上，上海迪士尼乐园的“创极速光轮过山车”项目与华为“Mate 40”手机产品品牌，亦无本质差异。然而，当上海迪士尼作为一个旅游目的地时，其品牌内涵和外延则与一般意义上的品牌存在着明显差异。具体来看，旅游目的地品牌的特殊性表现在以下几个方面。

首先，目的地品牌利益相关方具有复杂性。旅游目的地既是旅游者开展旅游活动的特定社会文化空间，也是当地居民的生活空间、投资者的资本逐利空间及政府部门的管治空间。旅游目的地品牌是多方利益相关者共同创建、价值共享的结果，品牌维护需要兼顾各方利益，这与主要由企业价值主导的产品/服务或企业品牌的运营逻辑有显著差异。比如，在乡村旅游目的地情境下，旅游目的地发展通常离不开地方政府、非营利组织、企业、乡村居民等多方主体的参与，要成功塑造旅游目的地品牌，需要各方的共同努力，协调好各方在产业发展中的利益，确保乡村旅游业的良性发展。例如，云南省元阳县的阿者科村是哈尼族的传统聚集地，也是世界文化遗产红河哈尼遗产区五个申遗村寨之一。阿者科作为中国美丽休闲乡村旅游目的地，要打造目的地品牌，就需要村集体公司、村民等多方主体参与。在打造阿者科村旅游目的地品牌、推动乡村振兴的过程中，必须科学有效地处理各方主体的责权利关系。要扶持发展阿者科村的旅游产业，各方出资额度如何分摊？旅游发展获得的收入又如何分配？村民分红依据如何确立，是按户籍，还是按纳入的房屋面积？独特旅游景观的哈尼梯田面积可否作为出资？乡村旅游目的地品牌发展涉及的各方主体责权利关系很复杂，有效协调的难度很大。品牌案例 1-1 讲述了阿者科村在发展乡村旅游时，处理好各相关方利益的实践经验。

其次，目的地品牌具有明显的地域性。目的地品牌不是以某个产品为依托，而是以地理空间为载体，依托有形的地域环境、资源、设施等实体，以及长期沉淀的无形地域文化、精神等要素，因而具有强烈的地域依附性。由于自然环境具有不可移动性，以及人文景观、民风民俗等地方嵌入性，那些烙有地方人脉和文脉印记的独一无二的自然资源和人文资源无法脱离其地域环境，因而旅游目的地难以在其他地方进行复制。例如，贵州岜沙苗寨被誉为“太阳底下最后一个枪手部落”，至今仍保存着苗族的远古遗风。岜沙男子采用镰刀剃头，结发髻，佩砍刀，扛土枪；女子则身着五颜六色菱形图案拼接衣裙，配银项圈及银手镯，带刺绣饰套。此外，岜沙人世代与树为邻、视树为神，祭拜古树，并保留着神秘的树葬习俗。如有游客到访，岜沙男子便吹奏芦笙、芒筒，岜沙姑娘便敬上一杯拦门米酒。笙歌奏毕，铁铳声响，火枪对天鸣放，岜沙人开寨门迎客入内。独特的原生民族文化、极具原始色彩的生活习俗和服装配饰，使岜沙苗寨成为苗族文化博物馆，以及游客心中的旅游胜地。

最后，目的地品牌具有历史嵌入性。不同于产品/服务或企业品牌通过短时间包装宣传就可以形成，目的地品牌对地域环境的依赖性表明品牌创建需要更长时期的人文历史积累过程。例如，南京明城墙之所以受游客喜爱，离不开其厚重的历史文化底蕴。南京明城墙始建于 1366 年，耗时 28 年建成，是我国的第一大城墙，由宫城、皇城、京城、外郭四重城垣组成，在古代发挥着抵御外敌入侵的作用。从康熙帝的《金陵旧紫禁城怀古》，到《城门城门几丈高》的脍炙人口的歌谣，再到描写南京京城城墙以及外郭城墙城门数量的南京俚语“内十三、外十八，一个门闩朝外插”，几百年的岁月流逝，南京明城墙深深融入了文人墨客和百姓的生活里，深深融入了中华文明的脉络、血液里，现已成为国内强势的目的地品牌。

品牌案例 1-1　　世遗村寨阿者科——美一方景，富一方民

阿者科，一个地处海拔 1800 多米高原的哈尼族村寨，坐落于元阳梯田的核心区，因其保存完好的四素同构、空间肌理、蘑菇房建筑和哈尼族传统文化，被认为是元阳县保存最为完好的哈尼族建筑群，成为红河哈尼梯田申遗的 5 个重点村寨之一。这个原真性程度极高的传统村寨，因为交通不便得以保存古朴的民风民俗和壮阔的梯田景观。伴随着原始风貌的是落后的经济，阿者科一度成为元阳县著名的贫困村，长期的低收入使得大量青壮年劳动力外出务工。相对封闭的交通区位、传统低效的稻作农耕方式、低层次的文化教育水平、保护与发展间的矛盾，制约着村庄经济发展，当地村民对于开发旅游也持复杂态度。

2018 年 1 月，元阳县委、县政府邀请中山大学旅游学院保继刚教授团队，为阿者科单独编制了“阿者科计划”。中山大学旅游管理团队派出在读研究生杨兵和元阳县团委副书记王然玄到阿者科驻村，指导村民执行“阿者科计划”。为确保当地旅游业良性发展，保继刚教授团队在深入调研的基础上，在编制的“阿者科计划”中，明确提出了采用“内源式发展模式”的规划。团队建议阿者科村暂时不接受外来资本介入，选择自主发展模式，成立阿者科旅游公司。具体来说，发展阿者科乡村旅游目的地品牌，元阳县政府出资 30%，村民以农舍、村庄、梯田等文化景观入股 70%，成立合作公司来主导当地旅游业的发展。旅游经营所得按三七分成，分属村集体公司和村民。这种“内源式发展模式”有两大好处：一方面，该模式明确了阿者科村的保护与利用规则，确保阿者科的原真性不因发展而受到破坏；另一方面，该模式强调开发深度定制旅游项目，推出了哈尼族的自然野趣、传统工艺、哈尼文化等活态文化体验产品及活动。

阿者科计划保障了村民享受旅游发展的权益。按照“阿者科计划”分红规则，乡村旅游发展所得收入三成归村集体旅游公司，用于公司日常运营，七成归村民。属于村民的分红再分四部分执行，即传统民居保护分红 40%、梯田保护分红 30%、居住分红 20%、户籍分红 10%。经历了近三年的发展实践，阿者科计划取得了骄傲的阶段性成绩。2021 年 10 月举办的分红大会上，全村 65 户村民户均分红达到 2580 元，与过去每户村民的年总收入基本持平。除了分红收入，当地村民加入集体旅游公司每月还有月工资收入。阿者科计划带来的不仅仅是经济效益，也是社会效益。随着计划的不断实施，吸引了不少当地外出务工青年返乡创业，空巢老人、留守儿童现象也逐渐减少。多方主体的共同努力使得阿者科旅游发展欣欣向荣。阿者科计划已成为全球旅游减贫的中国方案，被教育部及国内多家主流媒体（如《人民日报》、新华社等）关注和报道，并被选入 2021 年高考试题。

资料来源：何易泽.“阿者科计划”：百年古村的哈尼梯田保护实验[N]. 中国青年报，2019-4-18(06).

（三）旅游品牌与旅游品牌化的区别与联系

上述有关旅游品牌的定义，是把旅游品牌当作物、事或人来认识的。“品牌”是名词。“品牌化”（branding）则不同，它是指对产品（或服务）设计品牌名、标识、符号、包装等可视要素，以及声音、触觉、嗅觉等感官刺激（sensory stimulus），以推动产品（或服务）具备市场标的和商业化价值的整个过程。此时，“品牌”当作动词来使用。

“旅游品牌化”是创建和培育品牌的起点，也是旅游品牌管理者的常规性工作。新成立的旅游组织要给产品设计品牌名、标识和包装等；旅游品牌投放市场之后，要适时对品牌标识、包装、标语（slogan）等进行调整；大型的或历史悠久的旅游组织，还可能需要推出新的品牌名，或对现有品牌的某些元素进行更新。所有这些都是“旅游品牌化”的内容。

（四）旅游产品与旅游品牌的区别与联系

从市场营销视角看，产品是指市场上任何可以满足某种消费需求和欲求的东西，包括有形产品、无形服务、零售商、人、非营利组织、地区或观念等。对于旅游品牌和旅游产品而言，旅游产品是旅游品牌赖以存在的基础，是旅游品牌的载体，但品牌的含义更为广泛。旅游品牌与旅游产品的关系可以通过以下几方面来理解。

1.“旅游产品”强调功能属性，“旅游品牌”强调感觉和象征意义

“产品”一词在营销学意义上，给人传递的第一印象是“功能属性”（或功能利益），“产品”暗指以功能属性满足顾客需求的“物体”。品牌则不同，除将功能属性视为基础与必需之外，更强调产品的内涵、价值观、感觉和象征意义，它是对产品及其背后公司文化等的所有认知和感觉的总和。无品牌名的产品，被称为“初级产品”（commodity）；当初级产品有了品牌知晓度，就能获得额外收益。哈佛商学院教授莱维特（Levitt）在其名篇《营销短视病》中提出的营销思想认为，品牌包括产品但比产品含义更为丰富。莱维特说：“新的竞争不只在公司工厂所生产出来的物品之间开展，还在公司工厂所生产的东西的附加物之间开展，这些附加物以包装、服务、广告、顾客咨询、融资、配送、仓储，以及其他人们所看重的形式而存在着。”[4]可见，旅游品牌除包含功能特性之外，还具有象征意义、情感、精神等的无形收益。

2. 旅游品牌使旅游产品具有人的特征

旅游品牌具有拟人化的功能，它使产品具备人的某些特征，而没有旅游品牌名的产品难以拟人化。所以，品牌使产品“活化了”。人们可以从麦当劳这个品牌联想到麦当劳叔叔，但人们不可能从无品牌名的汉堡包联想到任何人的形象。同样，建筑本身并不具备人性，但迪士尼的建筑则让人联想到白雪公主等一系列的人物角色。可以说，“旅游品牌”的出现将“物”赋予了人的灵性。

3. 旅游品牌给旅游产品增加了附加值

旅游产品因有了旅游品牌名而更容易辨识，而旅游组织营销活动又赋予品牌名在信任、情感、象征性和体验性等方面的内涵和联想。这就使旅游产品超越了仅具有功能的基本标准，带给产品附加值。所以，旅游产品因有了品牌而能带给顾客更大的心理满足。

旅游品牌既通过产品功能表现，也通过非产品功能相关的表现，来增加附加值和创造竞争优势。两者孰轻孰重，要依产品类别不同而定。例如，喜来登、万豪、希尔顿、洲际等高端酒店集团因其高端品牌定位的软性门槛，打造品牌时重在通过创造非产品功能相关的形象联想或内涵。迪士尼、长隆、方特、欢乐谷等大型主题乐园所提供的服务需要大量游乐设施作为支撑，打造品牌时会强调硬件设施及其带来的玩乐趣味性、刺激性、挑战性。长隆的垂直过山车被誉为“全球最顶尖过山车之王”，十环过山车载入吉尼斯世界纪录，这些都曾是长隆最火爆的王牌项目，带给游客高刺激和强体验，也是长隆被认为是国内设备最先进、科技含量最高、游乐设施最完善的主题乐园的重要原因。

二、旅游品牌价值、旅游品牌资产、旅游品牌权益的联系与区别

旅游品牌价值、旅游品牌资产、旅游品牌权益是体现旅游品牌经济价值的三个关联概念。这三个概念的共同点是都强调了品牌在经济价值上的重要性，但它们具有各自不同的使用语境[2,5-6]。

（一）旅游品牌价值

旅游品牌价值是品牌价值在旅游领域的应用。“品牌价值”（brand value）一词的关键在于“价值”（value），它源于经济学上的“价值”概念。“品牌价值”概念表明，品牌具有使用价值和交换价值。仅从价值来看，“品牌价值”的核心内涵是，品牌具有用货币金额表示的“财务价值”，以便用于市场交换。20 世纪 80 年代以来频发的品牌并购，凸显了“品牌价值”这一概念的重要性。品牌价值的构成，包括培育品牌的成本和品牌在未来可实现的预期增值。其中培育品牌的成本包括创建和维护品牌的各种投入，如设计费、注册费、广告费、渠道开拓费用等。品牌增值则是内含于品牌的可在未来为企业带来的超额预期收益。一般来说，卓越品牌的品牌价值要远远超过投入在品牌上的各种成本的总和。

“品牌价值”一词将品牌的经济价值以企业高管人员简单易懂、清晰明白的货币总量来表示，便于人们一目了然地认识品牌的重要性。但是，如何才能让品牌具有如此大的“价值”，“品牌价值”一词无法解答这个问题，也无法揭示构筑品牌价值的内在要素或过程。

在旅游领域，旅游品牌价值应该凸显在注重游客体验，聚焦游客体验的关键要素上。以特定的旅游目的地为例，旅游品牌价值应该主要源自目的地品牌本身、游客服务体验、旅游产品体验以及旅游环境价值。游客的满意度和重游意愿将是衡量旅游品牌价值的重要因素。

（二）旅游品牌资产

旅游品牌资产是品牌资产在旅游领域的应用。“品牌资产”（brand asset）一词的关键在于“资产”（asset），它更多是会计学上的含义。和其他易于理解的有形资产一样，品牌是一种无形资产，它除了本身具有经济价值（可以估值）之外，还可以为其所有者带来稳定的超额收益，是企业创造经济价值不可缺少的一种资源。

由于会计学在计量品牌这一无形资产的价值方面，尚未形成统一的认识，因此，品牌作为无形资产的重要性在财务会计领域还没有充分体现出来。但无论是财务会计领域，还是市场营销领域，都承认品牌是一种重要的无形资产。

在旅游领域，旅游品牌资产指的是在满足游客实际需求，并且实现旅游开发者目标的

基础上，不断扩大旅游产品、服务、企业或目的地影响力与竞争力，为公共部门、企业和游客创造最大附加值的无形资产，如旅游品牌的认知度、旅游品牌质量的感知度、旅游品牌的忠诚度和知名度等。

（三）旅游品牌权益

旅游品牌权益是品牌权益在旅游领域的应用。“品牌权益”（brand equity）一词更多是一个市场营销概念，最早是在 20 世纪 80 年代由西方广告学界提出来的，之后在品牌管理领域广泛应用。[6]本书认为，品牌之所以对市场上各利益相关方（如顾客、渠道成员、合作伙伴等）有影响力，根源在于公司在品牌上投入的营销活动在人们心里累积起来产生了积极的品牌印象，它不仅在当期还会在未来为公司带来增值，这就是品牌权益的意义所在。之所以使用“权益”（equity）一词，是因为品牌的影响力需要长期的高质量营销活动累积才能产生；同样，当期针对品牌的营销活动能够在未来产生收益或回报。旅游品牌权益是一系列营销措施整合体现出来的效果，能为旅游目的地带来市场优势，增加旅游者的体验价值。具体来看，旅游目的地品牌权益主要包括四方面的功能：塑造目的地的大众感知、增强目的地的美学包装、提高目的地的竞争优势、满足旅游者的独特体验。

美国营销科学研究院（Marketing Science Institute，MSI）将品牌权益定义为品牌的顾客、渠道成员、母公司等对于品牌的联想和行为，这些联想和行为使产品可以获得比没有品牌条件下更多的销售额和利润；同时赋予品牌超过竞争者的强大、持久和差别化的竞争优势[1]。

美国加州大学伯克利分校的戴维·阿克（David Aaker）教授认为，品牌权益是指与品牌、品牌名和品牌标识等相关的一系列资产或负债，它们可以增加或减少通过产品或服务带给企业或顾客的价值。他进一步把品牌权益分解为感知品质、品牌认知、品牌联想、品牌忠诚、其他专有资产（如专利、商标、渠道关系等）五个维度，认为这些要素都能给企业带来多种利益和价值。[7]

美国达特茅斯商学院凯文·凯勒教授首次提出以顾客为基础的品牌权益（customer-based brand equity）概念，认为品牌权益是顾客心智中的品牌知识造成的顾客对公司品牌营销活动的差别化反应；而品牌之所以对企业、经销商等利益相关方有价值，根源在于品牌在顾客心中建立起了品牌印记或品牌知识网络（brand knowledge network）。[8]

在此基础上，旅游学者进一步对旅游目的地品牌权益的维度进行了划分（具体划分方式如表 1-1 所示）。可以看出，不同的学者对品牌权益的维度有着不同的理解，但品牌形象、品牌意识、品牌质量和品牌忠诚这四个维度是为大多数学者所认可的。

表 1-1 旅游目的地品牌权益维度

作　者	旅游目的地品牌权益维度
科恩内克（Konecnik）和加特纳（Gartner）	品牌知晓、品牌形象、品牌质量、品牌忠诚
布（Boo）等	品牌知晓、品牌形象、品牌质量、品牌忠诚、品牌价值、品牌体验
派克（Pike）	品牌显著、品牌联想、品牌共鸣、品牌忠诚
张宏梅等	品牌知晓、品牌形象、品牌感知价值、品牌忠诚

旅游品牌价值、旅游品牌资产、旅游品牌权益三个概念分别适合于不同的情景。当强调品牌具有经济价值，能作为经济物在市场上估价和交易时，人们常常使用“旅游品牌价值”一词。英图博略（Interbrand）每年公布的“全球品牌百强排行榜”和 Brand Finance 每年公布的“全球品牌价值 500 强”等榜单就是使用的“品牌价值”概念。例如，2018 年英图博略排行榜显示，迪士尼品牌价值位列全球第 14 名，估值为 399 亿美元；携程品牌价值位列中国最佳品牌排行榜第 38 名，估值 45.21 亿元。同年 Brand Finance 排行榜显示，优步（Uber）品牌价值 166 亿美元，位居全球第 90 名；希尔顿、万豪、凯悦分别以 63 亿美元、54 亿美元、35 亿美元的品牌价值位于 Brand Finance 全球酒店品牌价值榜前 3 名。当强调品牌是一种无形资产时，品牌就如同固定资产一样，对于企业是有价值的并能为企业带来收益，此时，使用“旅游品牌资产”的措辞则更妥当。当强调品牌对顾客、对经销商、对公司等具有影响力，拥有强大品牌就拥有当期或未来的市场话语权时，就是在强调“旅游品牌权益”。如果通俗地区别三者的差异，我们认为可以这样理解：品牌价值是“大众术语”，公众对此概念易于理解；品牌资产是“会计学术语”；品牌权益则是“营销学术语”。品牌前沿 1-1 介绍了中国“千禧一代”对目的地品牌的感知价值是如何构成的，这些构成因素如何影响游客对目的地品牌的忠诚。

品牌前沿 1-1　　中国“千禧一代”游客感知目的地品牌价值如何影响目的地忠诚

《2016 年中国旅游业统计公报》显示，中国旅游业实现蓬勃发展，总收入达到 4.69 万亿元。且据联合国旅游组织（UN Tourism）发布的世界旅游晴雨表显示，2016 年，中国以 12%的出境开支增幅稳居全球第一大客源市场宝座。在这之中，中国超 4 亿“千禧一代”游客发挥着重要作用。中国“千禧一代”游客已成为中国和国际旅游市场的重要影响者之一。中外学者联合团队就中国“千禧一代”游客感知目的地品牌价值与目的地忠诚之间的关系开展实证研究。

这一研究发现，中国“千禧一代”游客所感知的目的地情感、认知和社会价值在影响目的地忠诚度方面起着至关重要的作用。具体而言，“千禧一代”在访问期间所经历的积极感受（情感价值）对其目的地忠诚度影响最大，其次是社会互动（社会价值）。此外，当目的地被中国“千禧一代”认为具备新奇感时（认知价值），他们对目的地的忠诚度会显著增加。研究结果还表明中国“千禧一代”感知目的地品牌价值和目的地忠诚之间的关系受到目的地品牌全球性、目的地地位和国家品牌态度的调节。相较于全球旅游目的地，面对局部目的地品牌时，“千禧一代”游客的忠诚度更易受到情感、货币和认知价值的影响。相较于国际旅游目的地，“千禧一代”游客更看重国内旅游目的地提供旅游景点和基础设施的能力，即功能价值对其忠诚度影响更大。最后，相较于游客持积极态度国家的目的地品牌，游客持消极态度国家的目的地品牌进一步强调目的地功能价值能够增强中国“千禧一代”的目的地忠诚度。

该研究成果对于目的地品牌如何调整营销战略具有重要意义。首先，面向中国“千禧一代”游客，目的地营销人员应突出强调当地的体验性，如举办节日活动，营造欢乐氛围等，满足中国“千禧一代”的体验式消费需求。例如，珠海草莓音乐节的举办吸引了无数“千禧一代”游客，其中多数游客每年都会重访珠海参与草莓音乐节。其次，全球性相对较低的旅游目的地品牌可以通过提升其本土性，强调情感价值、货币价值和认知价值，来获得中国“千禧一代”游客的青睐，如突出本地建筑特色和民俗文化。最后，国内旅游目的地营销者应重点宣传其目的地品牌的功能价值，如珠海旅游宣传应突出“珠海渔女”“日月贝珠海大剧院”等各种旅游景点的介绍，并强调珠海交通等基础设施的便利优越。

资料来源：Luo J, Dey B L, Yalkin C, et al. Millennial Chinese consumers' perceived destination brand value[J]. Journal of Business Research, 2020, 116: 655-665.

三、旅游品牌管理的战略意义

为积极抢占旅游市场份额，包括中国在内的众多国家，均将旅游业作为支柱产业。随着旅游目的地之间、旅游企业之间的竞争日益激烈，旅游业也逐渐出现地域特色与文化内涵丧失等诸多问题，落入“千城一面、千景一色”的旅游品牌低质量发展陷阱。在此背景下，培育与建设旅游品牌就能更好地彰显产品和目的地的独特个性，赋予其情感价值，推动旅游业高质量发展。为此，分别从旅游品牌对旅游者的价值、对旅游目的地及旅游企业的价值、对社会发展的价值这三个方面的视角，分析相比于无品牌思维，培育旅游品牌能带来的社会经济价值。

（一）旅游品牌对旅游者的价值

对于旅游者而言，品牌的价值体现在它简化了旅游者购买决策过程，为旅游者在评估、选择和购买产品时提供了评估或判断上的捷径。

1. 旅游品牌可降低旅游者的购买风险

无品牌时代，旅游者无法追溯到旅游产品和服务的提供者，因而旅游产品及服务若出现质量事故便无法找到责任承担者。品牌的出现提高了旅游者对购买和消费旅游产品及服务的安全感，减少了旅游者购买和消费的风险。例如，香港旅游发展局推行“优质旅游服务”计划并提供咨询服务，每年都会通过严谨评审确定“优质旅游服务”计划的认可商户品牌，以确保使消费者购物更安心。

2. 品牌降低了搜寻旅游产品及服务的成本

从经济学角度看，市场存在信息不对称性，旅游者要选择旅游产品及服务必须搜寻很多信息，而品牌名则充当了质量信号的作用。当旅游者知道某个品牌并对它有一定熟悉度之后，就降低了对旅游产品及服务的搜索成本。因为，品牌名本身就暗含了丰富的产品功能信息和体验性信息，旅游者会因此减少信息搜索的成本。不同功能利益和象征性利益的品牌，为旅游者搜索其所要选择的旅游产品及服务提供了参考框架。如诺富特（Novotel）和诺富特全套房（Novotel Suites）都属于雅高酒店集团下的子品牌，而诺富特全套房直接在品牌命名中显示出产品属性，降低了短中期差旅人士的对比搜索成本。

3. 品牌表明了对旅游者的承诺

旅游者对品牌的信任表明，旅游者相信这种品牌会有相应的功能表现。品牌声誉是建立在长期的产品功能、促销、定价、服务等基础之上的，代表了品牌对旅游者的承诺。只要品牌对产品效用、利益、优势的承诺持续兑现，品牌与旅游者之间的契约关系就能不断强化。

总之，当商业社会遵守契约精神、品牌释放的信息真实可信时，旅游者因有品牌而使日常生活更加简单、安全和幸福。在人们的生活越来越复杂和节奏越来越快时，品牌简化了旅游者的购买决策过程，减少了购买风险。

（二）旅游品牌对旅游目的地及旅游企业的价值

对于旅游目的地及旅游企业而言，品牌的价值体现在以下几个方面。

1. 品牌是旅游目的地及旅游企业对其产品进行法律保护的载体

品牌名及其附属物（如商标、标识、广告语、包装等）属于知识产权，旅游目的地及旅游企业作为其法定所有者，拥有受法律保护的权利。因而，品牌名及其附属物通过商标注册，可以用于保护旅游目的地及旅游企业产品的独特性能、工艺、包装等。从这个角度，拥有品牌所有权是旅游目的地及旅游企业安全投资品牌培育与建设的前提。

2. 品牌是旅游目的地及旅游企业及其产品实现差异化的武器

经由品牌构筑的产品差异化是竞争对手难以模仿的。生产工艺、产品设计相对更为有形，因而更容易被模仿。但经由旅游目的地及旅游企业多年的研发、生产及营销活动，其品牌在市场上、在顾客心中留下了清晰、独特的印象，从而形成品牌形象。这种品牌形象更为抽象、无形，与顾客之间的情感联系更加紧密、持久，因而更难以被竞争者所模仿。早在1922—1956年，任桂格燕麦片公司CEO的约翰·斯图亚特（John Stuart）就说过："如果公司被拆分，我愿意给你厂房、设备等有形资产，而我只需要品牌和商标，但相信我一定会比你经营得更好。"[13]从这个意义上讲，品牌是能够给旅游目的地及旅游企业的现在及未来带来经济产出的一种权益。品牌是比工厂、资本、技术更重要的持续竞争优势（sustainable competition advantage）的来源。

3. 品牌是旅游目的地及旅游企业的合法资产

品牌是旅游目的地及旅游企业过去多年长期投资形成的更为无形和更具持久影响力的资产，它能进行估价和买卖交易。品牌作为合法资产，可以在市场上出售并为其所有者——公司带来当期收益。

此外，品牌还能给其所有者带来未来收益。20世纪80年代兴起的品牌并购中的品牌估价，其主要依据就是品牌在未来带给市场和顾客的影响力。公司收购品牌的关键动机在于品牌能增加公司的未来市场收益。品牌交易中的溢价基础，就是品牌能在未来带来的额外利润。因而，品牌又表明了某种未来收益，是一种权益。

据英图博略的测算，对于快速周转消费品而言，公司的绝大部分价值来源于无形资产和商誉，有形资产净值只占总价值的10%。在无形资产和商誉中，品牌价值占有非常突出的地位。迪士尼、万豪、可口可乐、微软、IBM等的品牌价值占到公司市值的比例分别达

23.9%、10.9%、67.5%、59.9%、53.4%。

（三）旅游品牌对社会发展的价值

品牌对社会具有隐性的心理安抚作用。主要体现在：①品牌是人与人之间共享价值观的介质，品牌能够帮助人们建立自我认知，这源于品牌的象征作用。②品牌能让旅游者投射自我形象。认同某一品牌，表明旅游者是什么类型的人，或者旅游者想要成为什么样的人。因此，购买某一品牌成为他们传递价值观的手段。偏爱同一品牌的顾客往往拥有共同的价值观或精神特质。此时，品牌起到了人与人之间寻找共同价值观或个性的纽带作用。③品牌把具有共同价值主张或生活方式的人联系在一起。时任哈佛商学院市场营销教授的苏珊·福妮尔（Susan Fournier）曾这样写道：社会对传统生活方式和社区的摒弃，抛下很多拥有"空虚自我"的个体，而与大众品牌建立联结可以抚慰这些"空虚自我"，并在这个变幻莫测的世界，为人们提供一个稳定的心灵港湾。[14]这说明，在后现代社会，人们通过拥有品牌，建立与品牌之间的情感关系，可以起到支撑社会持续安全稳定的作用。因而，某种程度上，传统社会里由兄弟姐妹关系、宗教、社区所带来的自我认同和人间依恋，在物质社会的今天已经部分由品牌肩负起这个角色。

品牌对社会还具有显性的促进作用。这主要体现在：品牌通过赋予产品和服务价值而带来经济效益和社会效益。旅游品牌将此显性价值发挥到了最大。例如，中国乡村地区通过农旅品牌、文旅品牌的建设与培育，促进了旅游目的地和旅游企业的良性发展，促进了乡村振兴发展。品牌案例 1-2 描绘了湖南省张家界的土家织锦品牌培育为乡村振兴发展所作出的贡献。张家界武陵源区利用非遗土家织锦技艺打造了民族文化品牌，所创造的旅游收入让目的地居民远离了贫困，拉动了相关产业发展，品牌建设彰显出突出的社会效益和经济效益。

品牌案例 1-2　　张家界"乖幺妹"——土家织锦编织五彩未来

张家界风景优美，旅游资源得天独厚，素有"扩大的盆景、缩小的仙山"之美称，是国内外知名旅游目的地。但过去，张家界亦是有名的贫困地区，截至 2012 年年底，全市共有农村贫困人口 33 万人，贫困发生率达 22.5%，乡村振兴任务艰巨。

面对艰巨的振兴发展任务，张家界市武陵源区将目光转向国家"非遗"——传承 3000 余年的土家织锦技艺。彼时的土家织锦，虽被认定为国家"非遗"，但知者甚少，加之工艺原始且烦琐，整体附加值低，从业者少。武陵源区瞄准土家织锦背后的巨大发展潜力，秉承着"文旅融合发展，产业带动扶贫"的思路，开启了土家织锦产业化与品牌化的历程。2015 年，武陵源区扶贫办等部门，联合旅典文化成立了张家界乖幺妹土家织锦开发有限公司，进行乖幺妹土家织锦品牌的运营工作。他们在武陵源贫困地区设立生产基地，从当地贫困户和留守妇女中进行员工选聘与培训，乖幺妹土家织锦进入了现代工业运作模式。在各方力量的帮扶下，乖幺妹土家织锦的生产与销售渐入佳境。

乖幺妹土家织锦凭借"公司+基地+农户+市场"模式，取得巨大成功。现已经成为著名的旅游品牌，旗下拥有 600 多种产品，产品远销韩国、日本、中国香港等 30 多个国家和地区。乖幺妹土家织锦的发展帮助了当地人民就业创收，带动了贫困居民脱贫致富。截至 2016 年年底，乖幺妹土家织锦完成了在永定区、武陵源区、桑植县、龙山县等贫困地区的 5 个生产基地布局，创造了 300 多个就业岗位，累计培训员工和当地居民 1200 多人次。截至 2020 年，乖幺妹土家织锦实现增收 600 万元，为 2000 多户贫困户实现分红，带动 1463 名贫困人口脱贫致富。张家界乖幺妹土家织锦通过品牌化运营盘活“非遗”资源，助力贫困地区经济振兴，让当地人民“留得住文化，看得见未来”。

资料来源：屈泽清. 武陵源区产业扶贫成果丰硕[N]. 张家界日报.

第二节　旅游品牌的范畴

一、旅游品牌的微观应用

微观层面，旅游品牌适用于一切营利性的旅游企业——包括提供有形产品和无形服务的旅游企业，它们是迄今品牌最核心和最主要的应用范畴。绝大多数品牌领域的理论、方法都源自微观层次的品牌应用。本书也重点从这个层次探讨旅游品牌管理的理论、方法和应用。

（一）旅游商品

旅游商品指的是旅游产品与旅游服务的总和。随着境内外旅游购物日益火热，作为旅游六要素中“购”的重要环节，旅游商品在旅游整体消费中扮演着重要角色。旅游商品的消费是旅游经济的有力增长点，更是提升当地居民收入水平的重要方式。与一般消费品相比，从需求者角度来说，旅游商品的购买情景多存在于旅游情境中，购买行为具有一定的异地性，消费者的需求行为特征也有较大差别；从供给者角度来说，生产者和销售者通常会赋予旅游商品“旅游”意义，以进一步体现旅游商品的价值。近年来，旅游商品也有着一定的转变发展趋势，一方面正在由传统的旅游纪念品、工艺品等向生活类工业品转变，另一方面也正在向多品类、全系列发展，如海南省的椰子食品、故宫的文创产品、长沙的旅游美食等均在不断开发中。

（二）旅游服务企业

20 世纪的最后 30 年里，实现品牌化最成功的例子出现在服务行业。[1]在美国，20 世纪 80 年代中期以后的品牌管理创新主要由麦当劳、联邦快递、星巴克、迪士尼、西南航空等服务企业贡献出来。以 2012 年为例，麦当劳、迪士尼、美国运通信用卡、美国联合包裹运送服务公司（United Parcel Service，UPS）、肯德基、必胜客等服务品牌进入全球 100 品牌榜。在中国，也涌现出长隆、华侨城、故宫、长城、九寨沟等文化旅游、休闲旅游品牌。它们的品牌管理实践也丰富了中国企业的品牌管理理论。

首先，品牌化有助于服务性企业向顾客展示多样化的服务项目。如同制造型企业具有多种产品组合一样，服务性企业也针对不同的顾客群体和不同的需求提供不同的服务项目，此时，服务品牌化就把不同的服务项目命以不同的名称并取得相应的商标注册。如此，品牌化有助于企业梳理服务组合，是服务企业打造竞争优势的最基本也是最有力的武器。例如，麦当劳公司名下的汉堡产品就有巨无霸、麦香鸡、麦香鱼等品牌，还有麦乐送（送餐服务品牌）、麦咖啡等。如果没有这些服务品牌，麦当劳就无法清晰表明其覆盖的服务内容。

其次，品牌命名、品牌标识和品牌符号等品牌化活动，会让无形的和抽象的服务，变得更加具体、更加生动。服务品牌化通过与品牌故事、品牌文化相结合，能够丰富品牌的文化内涵，使品牌区别于其他同类的服务供给商，提高服务品牌的相对竞争力。服务型企业通过为其产品和服务编写品牌故事，为顾客带来独特的文化体验，让顾客在享受服务时能够清晰感受到品牌形象，提升服务感知价值。

最后，服务品牌化是由服务特性决定的。不同服务员工提供的服务在质量上具有多变性和不稳定性，这会让顾客产生心理担忧。此时品牌会让服务供应商规范服务操作流程和标准，提高服务供给的质量稳定性，起到减缓顾客焦虑或担忧的作用。除此之外，品牌发挥顾客优先的策略能够赢得顾客的好感，从而提高顾客忠诚度。品牌案例 1-3 描述了携程网在线旅游服务企业的商业模式。

品牌案例 1-3　　携程网——在线旅游服务企业的商业模式

携程网作为在线旅游企业综合商业模式的代表企业，业务涵盖了吃、住、行、游、购、娱，还涉及攻略、礼品卡等综合性业务。作为综合性商业模式，其为用户提供全方位的旅游产品和服务，满足用户个性化、多样化的需求。携程网作为国内发展最早的一批在线旅游服务企业，近 20 年来，通过不断地整合资源，投资入股、并购等多种方式，并开设线下实体店，不断扩展自己的版图。

运营模式。携程网是专门为旅游者、旅游团体等提供在线旅游服务、产品介绍的旅游网站，包括出行、住宿、交通等，提供线上的预订，以及社区论坛、俱乐部等较为全面的客户服务内容。目前，携程网也推出了旅游攻略，出游者将自己出游的照片与文字结合，讲述自己的旅途故事，分享交流。还出版了《携程自由行》等多种旅游刊物，通过旅游资讯、文字图片等为出游者提供具有个性的旅游方案。

营销模式。携程网作为一个旅游网站，其本身自带流量入口。此外，携程广告也是流量的入口。通过提供出行前、出行中、出行后的资讯推送，积极为热门活动冠名、赞助等，以及汇集旅游 IP 与旅游达人等传播，进行品牌宣传；通过大数据技术的应用，精准推送，抓取目标用户。

盈利模式。2010 年，携程整年的净收入 29 亿元，到 2017 年，携程第一季度净收入已达 61 亿元。携程网的盈利模块主要有几点：①机票、酒店、保险等预订代理费用。由于携程入口巨大，与航空公司合作，能拿到航空公司较低的价格，顾客订票费与航空公司出票的差价就是代理费用。由于携程合作的酒店数量庞大，一般合作的酒店的返点大概是 10%。有与保险公司的合作，预订保险可收取保险代理的费用。②会员费。携程网的会员数量庞大。③在线广告收益。携程利用自己掌握的资源、庞大的会员数量、所掌握的旅游资源，与相关企业签订广告服务，对广告投放进行收费。④其他收入。这包括定制化的一站式服务方案、全球购、礼品卡等衍生产品的收益。

资料来源：陈伟. 在线旅游服务企业商业模式研究[D]. 哈尔滨：哈尔滨商业大学，2018，20-21.

二、旅游品牌的中观应用

旅游品牌除了适用于旅游企业之外，还适用于体育、艺术、娱乐等组织活动。

（一）体育赛事活动

体育组织或项目在创建品牌方面，已有相当多的创新性贡献。很多体育组织已不再只依赖观众出场率、财务收入等硬性指标来评价自己的表现，它们通过创建品牌名、品牌符号，遴选品牌代理人（体育组织的精神领袖）等基础工作，借助广告、促销、赞助、特许和衍生品开发等营销手段，打造出公众熟知和喜爱的体育品牌。

例如，曼联就是全球知名的足球俱乐部品牌。曼联创建于 1878 年，绿茵场上蝉联冠军的次数表明了其内在的足球功底。20 世纪 50 年代因其蝉联冠军次数最多，影响力在英国和欧洲达到顶峰。20 世纪 80 年代之后，得益于卫星电视的广泛使用，曼联得以及时接触全世界球迷，品牌知晓度和美誉度大幅提升。到了 20 世纪 90 年代，曼联成长为全球最负盛名也是盈利最丰厚的职业运动队。曼联在英国拥有近 1000 万名球迷，全球球迷过亿人。尽管美国人并不如其他国家那样喜欢足球，但耐克公司却在 2001 年与曼联达成长达 13 年、价值 5 亿美元的赞助费。曼联，如同汇丰银行、英国航空、劳斯莱斯、英国广播公司（British Broadcasting Corporation，BBC）、牛津、剑桥等一样，成为英国的符号。于是，2005 年，当美国人马尔科姆·格雷泽（Malcolm Glazer）想以 15 亿美元买下曼联球队时，英国球迷以游行的方式进行了严正的抗议。现在，曼联仍然是象征英国文化的品牌，到英国旅游的世界各地游客，也把曼联主场馆作为“打卡地”。

又如，城市马拉松运动也逐渐培育出了自己的品牌。1897 年 4 月 19 日，最早的城市马拉松在美国波士顿诞生，城市马拉松从此开始发展。1970 年，纽约举办第一届马拉松比赛，此后，马拉松才逐渐为大众所关注、所知晓，大众参赛人数才不断增加。得益于纽约马拉松的带动，世界上其他城市纷纷仿效，陆续开办了马拉松比赛。1974 年柏林马拉松、1977 年芝加哥马拉松、1981 年伦敦马拉松、2007 年东京马拉松……迄今为止，城市马拉松比赛已十分普遍。但所列举的六大城市马拉松赛事依旧是城市马拉松的品牌赛事，包含于世界马拉松大满贯（Abbott World Marathon Majors LLC，WMM）中。其中，WMM 是自 2006 年设立的世界顶级马拉松巡回赛，除这六个年度城市马拉松赛外，还包含两年一次的世界田径锦标赛马拉松和四年一次的奥运会马拉松，代表当今马拉松运动的最高水准。

（二）展览展会

展会品牌的构建与发展是发挥展览业，带动产业经济、区域经济、旅游经济发展的关键之举。展会只有培育发展出自己的品牌才能持续获取关注度、提升知晓度，发挥更高影响力。1957 年首届广交会创办，当时仅设 5 个展馆，展示商品仅 1 万种，成交额仅 8686 万元。然而，此后 60 年，广交会每年按时举办，展览规模不断扩大，参展人数、成交额不断增加。到第 123 届广交会（2018 年）时，展览规模已达到 118.5 万平方米，吸引了约 210 个国家和地区的 20 万名境外采购客商参展，境内外参展企业达到 2.5 万家，出口成交额达 13237 亿美元。中国广交会自 1957 年创办至今，已走过 65 年历程，现已经成为中国历史最长、层次最高、规模最大、商品种类最全、到会采购商最多且分布国别地区最广、成交效果最好的综合性国际贸易盛会之一，是名副其实的“中国第一展”。中国的国际博览会也在不断发展。2018 年第一届中国国际进口博览会（以下简称“进博会”）举办，吸引了 50 多个国家的 1000 多家企业参展，累计进场人数达 80 万人次。此后，第二届、第三届进博会也陆续成功举办，规模不断扩大，进博会已然成为联通中国和世界的知名平台。品牌案例 1-4 介绍了中国成立进博会的初心。

品牌案例 1-4　　中国国际进口博览会——新时代第一展

中国国际进口博览会，简称“进博会”，是世界上首个以进口为主题的国家级展会。自 2017 年习近平主席于“一带一路”国际合作高峰论坛上宣布将举办进博会至今，进博会已成功举办多届。作为进一步提高我国对外开放水平，加快构建新发展格局中的重要环节，进博会承担着联通中国和世界，促进国际采购与投资、加强交流与合作的平台作用。因此，进博会从筹办之初就秉承着“办出水平、办出成效、越办越好”的思路，不断打磨。为了打造品牌展会，最大化展会效益，外交部、商务部等部门牵头成立进博会组委会，统一领导进博会筹备工作，并交由商务部和上海市人民政府共同主办，中国国际进口博览局和国家会展中心上海有限责任公司承办。从组织机构的组建到展会场所的选定，每一步都有着充分的考量，最大限度保证进博会的质量，使参展商和参展者能够享受专业的展会服务。此外，为了进一步凸显展会形象，进博会不仅将进口、“一带一路”等元素充分运用于展会标识和吉祥物的设计中，还开展广泛的社会宣传，形成全方位、多层次的主流舆论矩阵，打造强大、立体、全方位的进博声势。

进博会现已成为全球战略性品牌展会，举办至今累计成交超过 2000 亿美元。进博会的成功举办向世界展现了中国工业实力，传播了开放的中国国家形象，为提升中国的国际话语权奠定了一定的基础。进博会的举办亦促进了世界各国的经贸交流合作，助力世界经济增长和开放型世界经济发展，推动人类命运共同体的构建。

资料来源：中国国际进口博览会官网.

（三）博物馆

博物馆是中国社会主义科学文化事业的重要组成部分，博物馆的品牌化发展对于深化国民历史文化教育，更好地进行文化传播具有重要作用。根据国家文物局的数据，截至 2018 年年底，全国备案博物馆达到 5354 家，但是其中受到人们广泛关注和叫好的博物馆却屈指可数。博物馆需要重视品牌塑造与传播，一方面能更好地发挥自身的功能和属性，满足人民的精神文化需要；另一方面能获得部分资金支持，缓解资金不足，推动博物馆的可持续发展。故宫是博物馆品牌化的先行者。2012 年始，故宫博物院在时任院长单霁翔的带领下进行改革，在营运上增加了检票口和安检口，增设了休息座椅以升级游客体验，还增加了开放面积，扩大了展览区域，设立了古建馆等保护文物资源。在完善自身营运的基础上，故宫开始进行自身的品牌塑造，并在博物馆文化的新媒体推广方面屡屡创新。例如，故宫在微博、微信等媒体平台，运用诙谐风趣的文案配以萌系表情包，打造出掌上故宫、故宫社区等 App，推出《我在故宫修文物》《国家宝藏》《如果国宝会说话》等系列有新意、又有深厚文化底蕴和美学积淀的影视作品。在文创方面，故宫将受众熟悉的故宫文化元素融入产品，打造物美价廉的文化产品，实现艺术性与实用性的兼具。故宫博物院成功打造了“严肃的文化与有趣的历史相结合”的品牌形象，现已成为中国历史文化领域“最大”的网红品牌。

（四）影视文化产业

影视文化产业同样需要通过打造品牌构筑产业竞争优势。那些“大片”能成功推出续集作品，为国家的影视产业竞争力作出了巨大贡献。2015—2017 年北美票房排行榜（IMDB.com）显示，年度票房排名前十的电影（三年共 30 部电影）中，续集电影共达 16 部，占比超过 50%。“大片”取得的票房也是骄人的，《哈利·波特》系列的八部影片全球票房超过 77 亿美元，007 系列影片全球票房超过 60 亿美元。

“哈利·波特”可谓是最成功的影视娱乐品牌。《哈利·波特》系列小说被翻译成 74 种语言，在全世界两百多个国家累计销量达五亿多册，位列史上非宗教类图书首位。《哈利·波特》系列共有 7 本，其中前 6 本描写的是哈利·波特（主人公）在霍格沃茨魔法学校（情境）六年的学习生活和冒险故事。第 7 本描写的是哈利·波特在校外寻找魂器并消灭伏地魔的故事。这个人物让数不清的读者为之倾倒。作者罗琳富有想象力的故事编排带给无数人欢笑与泪水，带给全世界的“哈迷”一个美丽的梦。《哈利·波特》虽以小说而闻名，但带动了一系列相关文化内容的开发，包括电影、游戏、道具、相关玩具、系列景点、系列公园与游乐园、相关书籍、相关主题城市等。可以说，《哈利·波特》的成功对影视文化业的品牌具有一定的启示作用。

对于影视文化业（含电视、电影、音乐、图书等），品牌的作用异常突出。这些都是体验性产品，购买者无法通过观察来形成质量判断，因而这些产品需要塑造品牌。以下是影视文化业创品牌的特点。

首先，影视作品传达的理念、先期权威评论、口碑、人物形象塑造等，是影视文化业品牌营销的重要内容。这些信息成为人们购买影视文化产品的重要线索。《哈利·波特》以其主人公（哈利·波特）、情节（霍格沃茨魔法学校的学习生活和冒险故事）、导演等形成一套模式来吸引观众，从而塑造成有影响力的品牌。

其次，续集能不断提升品牌影响力。《哈利·波特》的 7 集如同新产品成功上市的 7 个阶段，让品牌故事更曲折诱人、婉转动听，更能形成品牌精神。经过研究发现，影视作品续集的命名也有规律可循，往往采用两种命名策略。一种是数字片名策略，它是在原影视片名后面加上数字的命名方式（如《蜘蛛侠 3》）；另一种是文字片名策略，它是在原影视片名后加上新的文字以表明续集内容的片名方式（如《复仇者联盟：奥创纪元》）。一般情况下，续集作品采用文字片名策略会促使消费者产生更多的想象，从而带来更高的观影意愿，更容易取得市场成功。但文字片名策略在前瞻性题材的续集片中更能取得正面的市场表现，而回溯性题材的续集使用数字片名更能取得正面的市场表现①。

最后，衍生品开发如同影视品牌延伸。这是做大文化产业的战略举措。《哈利・波特》如果没有相关玩具、系列景点、系列公园与游乐园、相关主题城市等的开发，其品牌就不会接触广大公众，品牌故事就不会如此丰富；社会经济收益就不会如此有规模，而主业也就难以壮大。

三、旅游品牌的宏观应用

宏观层面，旅游品牌适用于旅游景区目的地、城市（或地区）、国家等领域。通过积极的目的地品牌管理，将旅游目的地塑造为城市形象的代表者、国家形象的传播者。

（一）旅游目的地

在旅游目的地的建设与发展中，品牌思维尤为重要。中国旅游业经过数十年的发展，已日益成熟，游客对目的地产品供给质量的要求越来越高，旅游目的地之间的竞争越发激烈。有效的品牌建设能够为旅游目的地塑造自身鲜明特色，已经成为从众多竞争对手中脱颖而出的重要手段。

摩根等人总结提出了成功实施目的地品牌建设的重要公式，即：品牌提升=战略+实质性行动+象征性行动。[15]他们认为，旅游目的地品牌建设需要多方主体的参与，民众融入是目的地品牌化取得成功的一个重要先决条件，坚持不懈是品牌化成功的关键，独特资源是目的地品牌的生命载体。但现如今许多目的地品牌建设有流于表面的倾向，仅仅采用较肤浅的广告技巧和可有可无的陈词滥调向游客展示品牌形象，其结果就是未能充分挖掘地方的独特资源，脱离了地方的自然历史文化特色。旅游目的地要想成功实现品牌化，在消费者心中塑造清晰、正面的品牌形象，就必须建立独特的品牌身份，让游客在当地游玩中获得独特的体验。对此，目的地应当选取自身最引人注目的自然或者历史文化特征，充分发挥民众、政府和企业等利益相关者在品牌塑造和形象推广中的作用，成功在游客心中打造目的地品牌形象，占据稳定位置，提高游客量，实现旅游收入增长。例如，九寨沟景区的成功就离不开其对自身优势的充分把握。它以“四季景色各异，原始、自然、古朴”的特性为卖点，成功塑造了“人间天堂”“童话世界”的品牌形象，吸引众多游客慕名前往。又如，云南旅游胜地“香格里拉”这个名字，就出自《消失的地平线》这本小说，人们总是倾向于把书中描写的香格里拉看成桃花源。为带动当地经济的发展，各地开始

① 有关电影续集片名的策略及市场效应，更多内容请参考文献：王海忠、欧阳建颖、陈宣臻，续集电影的片名策略及其市场效应研究[J]. 管理科学学报，2019 年 12 月第 6 期。

申请拥有“香格里拉”名字的专属权，但最终还是云南迪庆中甸申请成功。2001 年，国家更是批准将云南省迪庆州的中甸县，更名为“香格里拉县”。此举对于打响香格里拉旅游目的地品牌具有重要意义，从此之后，这里便成为全世界最负盛名的旅游目的地之一。

（二）城市与地区

地区或城市品牌战略（英文术语为 place branding，或 city branding）。城市（或地区）品牌中的“城市”在行政区划上可以是乡/镇、县、市、省甚至中央人民政府等不同层次。本书将“城市品牌”定义为，地方政府为了更好地向外界推介当地，采取品牌化行动，设计城市标志、挖掘城市精神内核、提炼城市口号，通过各种营销手段传播这些城市品牌要素，提升城市知名度，塑造积极的城市形象，以吸引个人或商业机构前来短期旅游或长期居住、投资等。本书将城市品牌战略总结为 4Ps 框架，以此推动地区社会经济发展，提升当地居民的生活质量，提升游客和投资者的满意度。具体而言，城市或地区品牌的 4Ps 框架如下。

1. 禀赋自信（pride）

创建城市或地区品牌的第一个 P 强调“禀赋自信”的重要性——自信是城市或地区创建品牌的前提。自信心态是指地方政府应树立对本地区的自信心和自豪感，努力挖掘本地区的自然、历史、文化资源，合理开发，大胆向外推广，将资源优势转化为社会经济财富，促进本地区社会经济发展。

只要坚持“禀赋自信”理念，不论一个地区或城市的自然、经济、历史、文化处于什么环境，都能找到可以开发利用的资源，都能找到推动本地区发展的道路。例如，当新加坡 1959 年获得自治时，荷兰经济学家艾伯特·文森姆曾带领联合国小组为这个新兴城市国家的经济发展作指导，他将新加坡形容为“一辆破车，而不是劳斯莱斯”。新加坡没有天然资源，劳动力基本上未经培训，国内市场如此狭小，但新加坡只用了不到一代人的时间就从第三世界国家发展成为第一世界国家。在这个过程中，新加坡政府对自身禀赋的自信是一切发展的前提。有了禀赋自信，新加坡将其地理区位视为优势，从而吸引各国投资者、国际组织到新加坡设立亚洲总部；新加坡将其亚洲身份视为优势，将其新加坡航空公司打造成为“亚洲服务”和“亚洲文化”的使者；新加坡也将其公民视为优势，通过成人教育与培训，将本来教育水平不高的人口转变成为训练有素的技能劳动力，使其胜任经济从制造业向服务业、知识产业的转型。

2. 参与者战略（participant）

谁负责城市旅游品牌创建？需要哪些利益相关方参与城市旅游品牌创建活动？城市旅游品牌是一项长期的活动，关系到在城市居住、投资、旅游等的所有公众的利益，因此，城市旅游品牌活动的主导者应该是地方政府，但需要商界、组织和个人的共同参与。因此，参与者战略可以简洁归纳为“政府主导，企业主体，公众参与”。

例如，韩国首尔的城市品牌建设活动由首尔市政府部门主导。2003 年设立城市营销担当官室，隶属城市弘报规划局，负责把首尔作为国际一流城市进行对外宣传，策划城市营销推广活动。此外还设有首尔弘报担当官室，负责就市政政策与市民沟通（民意调研）。产业局则负责营销首尔投资环境形象和吸引力。带有政策研究性质的 SDI 首尔营销研究中心，负责研究提升首尔城市形象的资源，策划营销方案。还有首尔外国人服务中心、首尔特别市文化局负责各自相应的内容。但首尔在创建城市品牌过程中，非常重视社会组织的参与，例如，首尔市政府重视与首尔足球职业队 FC 的合作，2004 年双方结成战略合作伙伴，首尔世界杯体育场可以作为 FC 的主赛场，双方共同使用“Hi Seoul”城市品牌口号。类似地，首尔市政府还与首尔职业篮球队、首尔职业棒球队合作。首尔市政府还注重与中小企业的合作。2003 年 10 月首尔市政府首选 11 家中小企业，它们分布于通信、消费品、文化、服装领域，这些企业在对外展览或组团时也使用“Hi Seoul”的城市品牌口号，市政府优先对这些中小企业给予营销和资金支持。

3. 城市定位战略（positioning）

城市品牌定位是指通过对某城市及其相似城市的对比分析，开发出独特的城市品牌元素，在公众心目中打造独一无二的城市印象，塑造城市的鲜明个性。禀赋自信战略（pride）使地方政府坚信可以挖掘到有助于本地区发展的资源要素，而定位战略（positioning）则进一步界定出哪种资源要素及配套营销战略最适合本地区实际，最凸显本地区的发展特色。例如，2008 年以来，中国各省市纷纷打造地区旅游品牌，而杭州抓住了其历史名城所独具的休闲氛围、文化内涵、精致山水以及宜居特点，推出“生活品质之城”的城市品牌口号。再如，以旅游立市的张家界，原名大庸市，位于湖南西北部，是中国最重要的旅游城市之一，也是湘鄂渝黔革命根据地的发源地和中心区域，后因张家界国家森林公园为第一个国家森林公园，才决定以旅游景点作为城市名，这一更名运动，大大提升了拓展城市的知名度。

4. 项目开发战略（project）

地方政府要打造好城市名片，必须借助重大项目。项目是促进城市发展和提升影响力的依托与载体。可以说，国际名城需要依靠项目来成就。本书把城市品牌的项目分为两类。一类是自创项目（俗称为“创”），是指地方政府根据本地资源与条件，亲手打造出的、在本地定期举办或永久性建在本地的项目。另一类是借用项目（俗称为“借”），是指地方政府邀请全国性或国际性的重大赛事或活动在本地定期或不定期举办，并借此活动，扩大城市对外影响力。韩国首尔通过系列重大全球性活动，建立起国际知名城市地位，其中属于“借”的项目主要包括第 10 届亚运会（1986 年）、第 24 届奥运会（1988 年）、韩日世界杯足球赛（2002 年）等。世界互联网大会（World Internet Conference，WIC），是由中国倡导并在浙江省乌镇举办的年度世界性互联网盛会，它属于典型的“创”的项目，首届大会于 2014 年 11 月 19 日至 21 日举办。WIC 旨在搭建中国与世界互联互通的国际平台，面向全世界塑造出中国在国际互联网及数字产业的引领形象。同时，举办地乌镇的互联网、数字经济产业的企业也已超过 500 家。

综上，旅游品牌的理念、方法和技术最先起源于商业领域的旅游商品，而后扩大至旅游服务企业、旅游目的地、城市或地区。源于商业领域的品牌理念、方法和手段，为提升旅游目的地品牌影响力提供了借鉴。同时，非营利性领域涌现出越来越多的形象提升运动，这些实践及其背后的规律，也为商业领域的品牌管理理论与实践提供了丰富的启迪。“品牌”作为一种实践，覆盖了众多营利性和非营利性领域；“品牌”作为一种理论，触及众多学科（如广告学、传播学、行政管理学、外交学、设计等）。不过，迄今为止，为推动品牌实践进步做出最大贡献的，仍然来自商界，而商学院的市场营销学者在品牌理论的创新方面的贡献也最大。

本教材以商业背景的品牌管理理论体系为基础，以旅游产品/服务品牌和旅游企业品牌为主要范畴，同时针对旅游目的地品牌进行专门分析。为了与传统品牌管理知识架构及用语保持一致，区分旅游企业品牌与旅游目的地品牌，在本书后续章节的论述中，我们一般将旅游品牌界定为包括产品/服务、企业和目的地各视角在内的、广义的旅游品牌；当涉及只适用于旅游目的地而不适用于旅游商品和企业品牌的特定知识时，本教材将使用“旅游目的地品牌”来表述，这样有利于读者进一步清晰认识这些概念的应用情景与范畴。

第三节　旅游品牌的历史演进

一、欧洲旅游品牌管理的历史演进

欧洲是见证近代人类文明发展的大陆，是旅游品牌的发源地。伴随着中世纪宗教旅行和航海旅行的兴起，涌现了耶路撒冷这样典型的宗教旅游目的地，相关食宿品牌在这一阶段也相继出现并得到发展。这些史实表明，欧洲具有悠久的旅游品牌历史。在此，我们将欧洲旅游品牌的发展演进分为三个历史阶段。

（一）欧洲中世纪的旅游品牌诞生

公元 476 年，西罗马帝国被日耳曼人灭亡，这标志着西欧奴隶社会的终结，西欧开始步入中世纪。进入中世纪之后，西欧的城市、交通被战火摧毁，构成西欧中世纪的基本经济单位是极端封闭的封建农庄，构成人口主体的农奴没有迁徙自由。因此，在西欧中世纪早期，除宗教旅行外，基本上无其他旅游活动可言。10 世纪至 11 世纪，伴随着社会生产力的发展，西欧城市重新兴起，旅游品牌在这段时期得到一定程度的发展。到 16 世纪中叶，西欧的旅行活动以多样的形式活跃起来，进一步促进了旅游品牌的诞生与发展。

西欧中世纪的宗教旅行促进了一系列的旅游目的地品牌诞生。例如，耶路撒冷是犹太教、基督教、伊斯兰教的圣地，在三大教教徒心目中具有崇高而神圣的地位。始于 11 世纪的“十字军东征”的一个重要结果是，西欧基督教教徒从阿拉伯人手中夺回了耶稣基督的圣墓，这激起了广大虔诚的基督教教徒要到耶路撒冷朝拜圣墓的旅游欲望。除了耶路撒冷这一朝圣目的地品牌之外，君士坦丁堡也是西欧人心目中重要的宗教旅行目的地。除此之外，罗马作为教皇国所在地，是教徒来此朝拜教皇或者瞻仰胜迹的重要目的地，“条条大路通罗马”就是当时这一盛况的重要写照。

与此同时，那些旨在为旅行者提供住宿的客栈品牌在欧洲也逐渐出现。早期的英国客栈在伦敦出现，然后向乡间发展。“十字军东征”刺激了旅馆业的发展，旅馆成为下层人民和中产阶级活动的中心。但当时的客栈和旅馆只向人们提供基本的生活必需品，还没有今天的接待和服务的意识。直到中世纪后期，西欧旅游食宿条件才有了很大的改进，有的地方甚至发展得比较成熟了。西欧中世纪旅游住宿主要有客栈、客店、旅馆、大旅馆，以及富丽堂皇的接待大厦等，能满足不同层次的服务需要。

在欧洲的其他地区，也出现了一些旅游品牌。其中，比较有代表性的是圣索菲亚大教堂。这个教堂是东罗马帝国时期最吸引旅行者的人文景观，于公元 532 年由查士丁尼大帝下令兴建。罗马圣彼得大教堂建成以前，此教堂是世界最大的教堂，代表着东罗马帝国建筑艺术的顶峰，引得无数基督教徒来此顶礼膜拜。如今它更是为世界各地的旅游者所关注，成为世界人文景观中一束耀眼的光芒。

（二）欧洲近代的旅游品牌发展

18 世纪后期，资本主义制度已在欧洲生根开花，这为人们外出旅行提供了良好的社会环境。而发生于 18 世纪 60 年代的英国工业革命的蓬勃开展，有力地促进了社会生产力的发展，在给人类社会带来巨大财富的同时，也使人类的交通运输发生了根本性的变化，蒸汽船、蒸汽汽车、火车等的发明，为人们外出旅游提供了极大的便利，促进了近代旅游的发展。

1841 年 7 月 5 日，托马斯·库克（Thomas Cook）包租一列火车，以每人一先令的价格，将 570 名游行者从莱斯特送往拉巴夫勒，参与禁酒大会。托马斯·库克组织的本次活动是人类第一次利用火车组织的团体旅游活动，更是世界第一次商业性旅游活动。

同年，库克成立了世界上第一家旅行社——托马斯·库克旅行社。1845 年，库克放弃了原来的木工工作，开始专职从事商业旅游业务，成为世界上第一位专职的旅行代理商。在这年，为了盈利，库克组织了为期一周的从莱斯特去往英格兰西部的海港城市利物浦的团体旅游活动。由于当时人们的外出旅游需求已趋成熟，加之库克此前组织旅游活动获得成功，为其带来了较大的声誉，所以此次团体旅游的消息一经传出，报名者极其踊跃。在这种情况下，库克决定将组团规模控制在 350 人以内，便于确保这次组团旅行取得更好的成效。在此次团体消遣旅游中，库克编发了世界上第一本旅游指南——《利物浦之行手册》，并将其分发给旅游者。库克的利物浦团体旅游的组织方式具备了现代包价旅游的特点，体现了现代旅行社的基本特征，并开创了旅行社业务的基本模式。

1846 年，托马斯·库克亲自带领一个旅行团前往苏格兰旅行。此次旅行配置了向导，并为每个成员提供一份活动日程表。同年，库克编写了《苏格兰之行手册》。此后，每年库克都要组织大约 5000 人在英伦三岛之间旅行，且每次旅行他本人都亲自陪同，并编印相关旅游指南。

1851 年 5 月，展示英国工业革命成果的第一届世界博览会在伦敦举办，托马斯·库克陆续组织了来自各地的 165000 名旅客前往伦敦参观此次展览。除此之外，他还创办了《观光者》月刊杂志以专门介绍各地风光和旅游者见闻。此后，他又成功地组织了旅客参观 1853 年的都柏林展览和 1857 年的曼彻斯特展览。

此后，托马斯·库克不断拓展自己的旅行业务，如组织出国包价旅游、开办旅游用品商店、创造旅行支票等。库克为数百万人提供了旅行服务，为世界旅游的发展作出了重要贡献。托马斯·库克旅行社也逐渐成为知名旅行社。

除了旅行社品牌在这一阶段得到发展之外，住宿业品牌也逐渐兴起。铁路公司是近代欧洲酒店建设的主要倡导者之一。酒店因此很快进入了一些铁路枢纽城市（如纽约、伦敦和爱丁堡等）。英国工业革命后，一些新思潮被引进饭店业。1750—1825年，英国的饭店赢得了世界上最好饭店的声誉，尤其是在伦敦。当地的客栈老板陆续增加了一些服务项目，并努力使客栈保持清洁，这些举措迎合了旅客的口味。

19世纪后半期，英国工业革命已经完成，除了为近代旅游业的发展提供了物质基础，还引发了人口由农村向新兴工业城镇的大规模流动。国内居民迁移的浪潮使旅游进入高速发展的时期，带动了大都市中大型豪华酒店的发展。例如，1898年，法国的恺撒·里兹饭店在巴黎落成，可以说是这些豪华饭店的一大代表。里兹饭店自从开业之日起，便遵循“卫生、高效而优雅”的原则，是当时巴黎最现代化的饭店。这一饭店在世界上第一次实现了“一个房间一个浴室”，并用灯光设计营造出宁静、高雅、舒适的氛围。当时，里兹饭店特等套房一夜房价高达2500美元。

（三）欧洲现代以来的旅游品牌发展

在此阶段，欧洲各国经济都普遍得到快速发展，居民家庭收入迅速增长。人们收入的增加和支付能力的提高对旅游业的繁荣具有极其重要的刺激作用，并催生了大量与旅游交通、旅游住宿等业态相关的旅游组织品牌。

第二次世界大战以后，科学技术以前所未有的速度发展起来，交通运输工具和运输线路不断完善。汽车和飞机运输企业在此阶段接连兴起，促进了汽车旅行与航空旅行发展的并驾齐驱。其中，租赁行业是汽车旅行的一个重要领域，现代以来的欧洲涌现出了众多的汽车租赁公司。例如，欧洲汽车（Europcar）是欧洲最大的汽车租赁公司，成立于1949年，总部设在法国巴黎。它的品牌在欧洲经济体中是公认最好的，特别是在德国、英国和法国拥有很大的顾客群体，其一大核心市场就是休闲租车。

此外，随着飞机飞行提速、票价降低及其安全、舒适等优点，越来越多的人喜欢乘坐飞机旅行，这就为航空公司品牌的发展开辟了道路。2022年，《航空杂志》（*Air Journal*）收集了猫途鹰旅游应用程序（tripadvisor）上关于50家公司的70多万条评论后，给出了欧洲航空公司的乘客青睐度排名，其中最受欢迎的十家航空公司分别是土耳其航空、德国汉莎航空、法航、瑞士国际航空、奥地利航空、荷兰皇家航空、英国航空、芬兰航空、挪威航空和爱琴海航空。

“二战”后，世界范围的经济发展和人口增长开始出现，这为大众外出旅游和享受饭店服务创造了条件。20世纪50年代末60年代初，旅游业和商务的发展使新型饭店大批出现。新型饭店不再仅仅是向客人提供吃、住的场所，其功能日益多样化，除满足舒适、卫生、安全的需要外，还要满足客人对消遣、健身、公务、旅游、购物等多种特殊需要。旅游业的发展刺激了饭店业，饭店业的发展又加速了市场竞争，推动饭店业走向了集团化经营之路，并出现了跨国公司和国际经营。集团与集团之间的强强联合、资产重组等行为屡见不鲜，以致出现了洲际集团、喜达屋集团、万豪集团等饭店业“超级航母”。

二、美国旅游品牌管理的历史演进

随着新航路的开辟，与欧洲大陆隔海相望的美洲，吸引着越来越多的旅行者开始踏上这片神奇的土地。当欧洲人开始到北美定居时，他们也带去了品牌化的传统和实践。美国的旅游业开启了品牌发展之路。在此，我们把美国1850年至今的旅游品牌历史划分为五个阶段。

（一）1850—1929年：旅游品牌的兴起与发展期

随着托马斯·库克旅行社的成功，世界各地纷纷模仿库克的创举，许多国家都成立了类似的组织，美国也不例外。1850年，美国运通公司创立，总部设在美国纽约。它在成立之初兼营了旅行代理业务，并于1891年发售旅行支票，如今的美国运通公司是国际上最大的旅游服务及综合性财务、金融投资及信息处理的环球公司，在旅行支票、旅游等领域占据了领先地位。福布斯2020年公布的“全球品牌价值100强”数据显示，美国运通公司排名第28位。

20世纪初，美国的品牌管理技术越来越专业，涌现出一批职业化的营销专家，营销策略也越来越先进。主要体现在以下方面：

（1）商标选择过程中，设计领域的专业人员发挥出作用。

（2）个人推销技术日益精练。因为公司精心挑选和培训推销人员，以让他们系统掌握如何处理客户问题和开拓新业务。

（3）广告更加专业化，它融合了更有力的创意和更有说服力的文案与品牌口号。与此同时，政府和行业规制开始发挥作用，以减少欺骗性广告。

（4）市场研究在支持营销决策方面，发挥更重要的影响力。与此同时，这一阶段的品牌管理职能也出现不少问题，集中体现在不同职能难以有效协调。因为同一品牌的不同营销活动由多个职能经理负责，而他们所从事的营销活动可能导致效果相互抵消。例如，销售人员不愿意承担新产品的销售，因为新产品难以为他们带来快速的业绩，而广告经理希望塑造高档的品牌形象，但效果可能被销售经理的降价和折扣活动所抵消。

在此阶段，旅游品牌逐渐在美洲大陆发展。1923年，迪士尼兄弟工作室成立。此时的迪士尼正处于华特·迪士尼（Walt Disney）时代，致力于电影文化的发展。1928年，米奇系列第一部动画作品《米奇：疯狂的飞机》上映；同年11月，全世界第一部有声动画片——《威利号汽船》首映，米老鼠形象正式诞生。1929年12月，迪士尼兄弟的企业重新组成4家公司：华特迪士尼制作有限公司（Walt Disney Productions，Ltd.）、华特迪士尼企业（Walt Disney Enterprises）、利莱德房地产投资公司（Liled Realty and Investment Company）和迪士尼电影录制公司（Disney Film Recording Company）。

与此同时，酒店品牌也在美洲得到了发展，1907年，年仅20岁的康拉德·希尔顿（Conrad Hilton）在美国新墨西哥州开办了家庭式旅馆，这便是著名酒店希尔顿酒店的前身；1927年，威拉德·玛里奥特（Willard Marriott）在华盛顿创办了一家小规模的啤酒店，万豪国际集团的发展便是起源于这里。总的来说，旅游组织品牌在美国不断发展。

品牌前沿 1-2　　时间知觉和旅游者行为决策

在旅游过程中，时间知觉是影响旅游者行为决策不可避免的因素之一。然而，尽管两者之间存在着很强的关联性，却鲜有研究进行探索和验证。本文采用了社会情绪选择理论试图探究时间知觉与旅游消费者行为决策的影响关系。旅游消费环境是不同于日常消费环境的，换句话说，这会导致游客在不同的旅游阶段产生不同的时间知觉从而进一步影响旅游者的行为，然而旅游者的时间知觉究竟是如何影响其行为和决策的仍有待探索。本文试图解决在旅游开始时和旅游结束时旅游者时间知觉对于他们行为的不同影响。

本文通过两则实验进行验证。实验一描述了一个为期 5 天的团队旅游场景，但因为导游对旅游第一天或者最后一天的游览时间估计不准确，将时间缩短了半小时，基于相关行为决策量表测量游客的问题解决偏向，最终发现游客在旅行开始和结束时行为存在显著差异，并且游客在旅行开始时偏好以问题为中心的行为决策方式，而在旅行结束时偏好以情绪为中心的解决方式。实验二描述了在酒店为期 3 天的住宿场景，其中酒店房间的旧空调在入住第一晚与最后一晚发生故障，再次验证了游客在入住前期偏好以问题为中心的决策方式，并且验证了两种决策方式受到未来时间知觉的中介作用。

本文验证游客在旅游过程中行为决策的偏好，还表明了社会情绪选择理论适用于旅游环境。研究表明，无论游客的年龄如何，他们对于未来时间知觉在旅行中的不同时间点都会发生变化，并且这会进一步影响游客的行为决策。另外，还表明社会情绪选择理论对个人行为决策的影响不仅限于生活的不同阶段，还存在于非典型环境中的不同阶段，如旅行阶段。最后，本文研究了时间对旅游阶段游客行为决策的关键影响，它表明随着时间推移，游客的行为决策会发生变化，即游客在旅行开始时偏好以问题为中心的决策，而在旅行结束时偏好以情绪为中心的决策。

资料来源：Li Y, Song Y, Fang S. Time perception and tourist behavioral decision when travelling[J]. Current Issues in Tourism, 2022: 1-7.

（二）1930—1945 年：旅游品牌面临挑战

这一阶段，美国旅游品牌的发展陷入了低谷。1929 年开始的经济“大萧条”给旅游品牌的发展带来了新的挑战。主要表现在：①经济低迷让消费者变得更加价格敏感，因而，旅游组织商有机会推出价格更低的品牌，摒弃表现不佳的旅游品牌。②广告背上更多负面批评。例如，广告被指控欺骗、操纵消费者，广告内容低级趣味。1938 年通过的《惠勒里亚（Wheeler）修正法案》，赋予联邦贸易委员会规制广告行为的权力。

不过，这一阶段也出现了旅游品牌管理历史上可喜的新事件。主要表现在服务商标和集体商标的出现。1946 年通过的《兰哈姆法案》（*Lanham Act*）允许联邦注册服务（而不只是有形产品）商标和集体商标（collective trademarks，如行业协会商标、俱乐部徽章等）。这一行动推动了品牌实践从有形产品领域迈向服务和合作组织。由此可见，集体或合作组织商标在美国具有悠久的历史。其中，美国旅游业协会（Travel Industry Association of America，TIA）就是一个典型案例。该组织成立于 1941 年，是美国主要的非政府性质的旅游组织。其最初不过是一个很小的协会，由几名负责旅行工作的官员组成，后来发展成为一个国家组织，其成员有航空公司、风景区、饭店和旅店、旅行社、旅游公司与旅游中介公司等，代表了美国旅行行业的各个部门。

（三）1946—1985年：旅游品牌管理标准建立期

这一阶段的突出特点是现代品牌管理的标准和规范得以确立。“二战”结束之后，压抑的对高品质产品的需求被释放出来，导致其销售的爆炸性增长。对全国性品牌的需求直线上升，而大量新产品的涌入以及数量快速增长且接受力强的中产阶级的形成更是推动了对全国性品牌的需求。这一阶段最重要的特点就是制造业尤其是消费品制造业日益普及品牌管理系统，确立了品牌管理的标准和规范。

品牌经理担当哪些角色？首先，品牌经理充当品牌的“所有者”（ownership）角色。品牌经理除了负责品牌开发和执行年度营销计划之外，还要负责确立新的商业机会。其次，品牌经理充当品牌“协调人”（coordinator）的角色。在公司内部，品牌经理需要得到来自生产制造、销售、营销研究、财务规划、研发、人力资源、法律、公共关系等部门的协助，保持与这些部门领导的沟通；在公司外部，品牌经理需要得到来自广告代理、市场研究代理、公关代理等专业机构的协助。

要担当好这个角色，品牌经理需要哪些素质？虽然品牌经理算不上是高层管理者，但他/她不得不像一个精通多个行当的“多面手”。吉列的一位营销经理列举出成功品牌经理的以下八点特质，反映了人们对品牌经理特质的共同观点。具体如下。

①执着于品牌——努力把生意做到最好。

②评估市场形势，寻求多种解决方案的能力。

③激发创意并对他人意见持开放心态的资质。

④在高度不确定环境下作决策的能力。

⑤在组织内推进项目的能力。

⑥良好的沟通能力。

⑦精力充沛。

⑧同时应对多个任务的能力。

现代品牌管理的标准和规范的建立推动了全国性品牌需求的增长，旅游品牌得到了较大的发展机遇。迪士尼公司在将动画搬上电视荧幕后，萌生了创办主题公园的想法。1955年7月，迪士尼公司的缔造者华特·迪士尼亲自创办第一家迪士尼乐园——加州迪士尼乐园度假区。加州迪士尼乐园一开园就大获成功，吸引了大量游客，成为世界上最具知名度和人气的主题公园。迪士尼公司看到了主题乐园的良好发展前景，于1971年在佛罗里达开办了世界上最大的迪士尼度假区——奥兰多迪士尼乐园度假区。度假区内开设了四座主题乐园、两座水上乐园、三十家主题酒店，一个迪士尼小镇和一座独具特色的ESPN体育大世界综合设施。迪士尼的旅游业务增长迅速。与此同时，万豪集团的发展也取得了长足进步，1957年，首家万豪酒店于美国华盛顿市开业并取得成功。万豪酒店得以迅速成长，此后更是凭借自身豪华的设施、稳定的产品质量和出色的服务在酒店业享有盛誉。1981年，万豪酒店在全球的开办数量已超过100家，总共拥有40000多间高标准的客房，创下了高达20亿美元的年销售额纪录。

（四）1986—2000年：服务品牌的涌现

到20世纪80年代中期，品牌管理体系在制造业趋于成熟，精心培育的品牌价值在这个时期兴起的全球范围内公司并购活动中表现出来。因此，1985年之后美国工商界品牌发展的显著特征是服务业品牌的大发展。英图博略的约翰·墨菲（John Murphy）认为，20世纪80年代中期之后的20年里，实现品牌化最成功的例子出现在服务行业。[1]

（1）制造业领域很少产生新品牌。1985年以来，消费品市场出现的新产品中，90%属于知名品牌名下不断填充的改头换面的“新”产品，而并没有真正推出全新的新品牌。例如，宝洁公司于1955年推出佳洁士牙膏品牌，往后在此品牌名下推出薄荷味佳洁士（1967年）、高级配方佳洁士（1980年）、佳洁士凝胶（1981年）、防蛀牙佳洁士（1985年）、儿童佳洁士（1987年）、苏打味佳洁士（1992年）、抗过敏佳洁士（1994年），等等。

（2）服务业从垄断走向自由竞争，推动了服务业品牌发展。例如，1984年，美国司法部依据《反托拉斯法》拆分AT&T，拆分出一个继承了母公司名称的新AT&T公司（专营长途电话业务）和七个本地电话公司（“贝尔七兄弟”），美国电信业从此进入了竞争时代。从此，电信业三大运营商——AT&T、威瑞森通信公司（Verizon）、Sprint在品牌营销上不断创新。金融业的自由竞争让花旗银行率先在银行界引入消费品品牌技术，1977年美国花旗银行副总裁列尼·休斯旦克（Liyne Hounsoutank）写了一篇文章《从产品营销中解脱出来》，代表服务营销（service marketing）研究的开端。[17]

（3）注重品牌体验。服务品牌除了使用有形产品传统上运用的广告、促销、包装等手段外，还在品牌体验上大做文章，开创了体验营销先河。星巴克是其中的典型，自从1987年，舒尔兹（Schultz）先生收购了星巴克，开出第一家销售滴滤咖啡和浓缩咖啡饮料的门店以来，星巴克一直是美国体验营销的杰出代表。例如，星巴克这样刻画其产品卡布奇诺（Cappuccino）咖啡：卡布奇诺中的牛奶含量比拿铁少，所以它的浓缩咖啡味道更浓郁，而且口感也更醇厚。调制一杯完美的卡布奇诺是一种艺术，需要很多尝试和技巧，其中最重要的一步是在蒸牛奶时怎样把奶泡弄得像鹅绒般细滑，这是我们的咖啡师需要全神贯注的一步。“喝卡布奇诺时，如果奶泡能够在你上唇化成一道‘奶胡子’，那就证明我们的手艺到家了。请允许我们说，你的‘奶胡子’留着挺漂亮的。”这样的品牌讲述是不是让人期待体验和享用一杯星巴克的卡布奇诺呢?

（五）2000年以来：互联网成为旅游品牌创建的新平台

“互联网媒体”又称“网络媒体”，是指借助国际互联网这个信息传播平台，以电脑、电视机以及移动电话等为终端，以文字、声音、图像等形式来传播信息的一种数字化、多媒体的传播媒介。相对于早已诞生的报纸、期刊、广播、电视等媒体，互联网被称为“第五媒体”。互联网成为美国越来越重要的品牌传播媒体。美国互动广告局（Interactive

Advertising Bureau，IAB）联合普华永道发布的报告显示，2018 年美国数字广告收入超过 1000 亿美元，而移动广告独占鳌头，其收入占数字广告总收入的 63%。网络媒体主要有以下优势：①“全球性”。品牌传播信息一旦进入 Internet，全球 200 多个国家（地区）的数亿名用户都可以在他们的计算机上看到。②“全天候”。Internet 上的信息可以一天 24 小时、一年 365 天不间断地展现，随时随地查询。③“全动态”。交互性是互联网媒体的最大优势，它不同于电视、电台的信息单向传播，而是信息互动传播，用户可以获取他们认为有用的信息，厂商也可以随时得到宝贵的用户反馈信息。用户从传统媒体的被动接受方式，转变为主动生成和传播信息。

在互联网的带动下，旅游品牌得到了快速发展。2007 年，两位设计师布莱恩·彻斯基（Brian Chesky）与伊·杰比亚（Joe Gebbia）为赚取外快，支付房租，搭建了一个简易的租赁网站来出租阁楼。城市设计展期间，周边酒店都被订满，两人因此获得了 3 个租客和 240 美元的收入。不久，布莱恩·彻斯基和伊·杰比亚开始陆续收到世界各地人们的电子邮件，人们在邮件中询问何时能在其他热门旅游目的地（如布宜诺斯艾利斯、伦敦、东京等），享受到这样的服务。布莱恩·彻斯基和伊·杰比亚受到了鼓舞，于 2008 年正式成立旅行房屋租赁社区——爱彼迎（airbed and breakfast，Airbnb），用户可通过网络进行房屋租赁信息的发布、检索以及在线预订。爱彼迎一经成立便获得了公众关注，赢得了极高的流量。随着时间流逝，爱彼迎热度消退，营收大幅下降，一度濒临破产边缘。后来，爱彼迎于 2009 年成功获得了 2 万美元的投资，缓解了困境。

2011 年，爱彼迎获得了第二轮融资，开始提供多种认证和拍照等增值服务。2015 年 8 月，爱彼迎进军中国。2017 年，爱彼迎实现首次盈利，公司营业额增长超过 80%。2018 年，爱彼迎对外宣称，将拓展公司业务。2020 年，爱彼迎宣布提交上市申请。到现在为止爱彼迎已为 191 个国家、65000 个城市的旅行者提供数以百万计的独特入住选择，成为享誉全球的“共享经济”的代表性品牌，具有全球品牌知名度和美誉度。

此外，旅游和互联网技术的发展亦推动了线上打车服务的发展。2009 年优步（Uber）创立，2010 年，优步正式推出 UberBlack，2011 年上线巴黎，2012 年进驻伦敦和芝加哥，2013 进驻亚洲……优步迅速发展，现已为世界超 600 个城市提供了打车服务，并以约 50 亿美元的品牌价值位居英图博略发布的 2020 年“全球品牌价值 100 强”第 96 名。

三、中国旅游品牌管理的历史演进

中国的旅游业自古有之，但中国的旅游品牌直到近代才开始逐渐兴起和发展。关于中国旅游品牌演进史的研究文献极其缺乏，这给人们理解历史上中国旅游组织的品牌实践带来了挑战。对此，本书将中国旅游品牌演进史分为三个主要阶段：中国近现代旅游品牌的兴起与发展；中国当代旅游品牌的平静期；改革开放以来中国旅游品牌的大发展时期。

（一）中国近现代旅游品牌的兴起与发展

1. 旅行社品牌在近现代中国的出现与进步

1840 年之后，中国开始与海外有远洋航运业务往来，此后西方的商人、传教士、学者和一些冒险家等都纷纷来到中国，外国来华的人数逐年上升，促进了中国近代旅游业的发端，但当时旅游业务为少数洋商所垄断，一些国外的旅行社品牌纷纷进入中国。20 世纪初在上海登陆的有英国的通济隆、美国的运通和日本的国际观光局等，但他们服务的对象只限于外国人和白领华人。时任上海商业储蓄银行的总经理陈光甫为对抗洋人，为国争气，决心创办中国第一家旅行社品牌。1923 年 8 月 1 日，经当时交通部批准，陈光甫在其任职的银行内创办了旅行部。该旅行部负责办理旅游业务，这也是第一家由中国人经营的旅行社。之后该旅行部陆续开展了短途旅游业务，并且于 1924 年春组织了第一批出国赴日本旅行的观樱花团。随着业务的发展，到 1927 年 7 月，该旅行部从银行中分离出来，正式成立了“中国旅行社”，提出了“发扬国光，服务行旅”的旅行服务主旨。

中国旅行社品牌以“顾客至上，服务社会”为宗旨，确立了“发扬国光，服务行旅，阐扬名胜，改进食宿，致力货运，推进文化”的二十四字方针，开始了旅行社的创业之路。刚开始，旅行社的业务比较简单，以客运为主，先是代售国内火车及轮船票；后与美、日铁路公司及美、法、英、日等轮船公司洽妥，代售国外铁路、轮船公司客票；待中国航空公司成立后，再代售飞机票。中国旅行社在设立之初是亏本的，以后也长期不能盈利，因此上海银行内部不少人反对这项生意，但陈光甫始终坚持经营。陈光甫认为，经过积累经验，改进经营管理，增加服务项目，这种“有形的亏损”，也是可以转变为“有形的盈余”的。陈光甫终以“人争近利，我图远功，人嫌细微，我宁烦琐”的服务态度和实际行动，赢得了众多顾客的好评，旅行社也在与洋商的竞争中站稳了脚跟，并逐渐扭亏为盈，1936 年即盈利 60 万元。从成立直至 1953 年宣告结束，中国旅行社以其近 30 年的不凡旅程，为中国的旅游业品牌管理积累了丰富的经验，值得后人深入学习借鉴。

在此时期，除了中国旅行社，还涌现了一定数量的其他旅行社，包括精武体育会旅行部、中国汽车旅行社、浙江名胜导游团、现代旅行社，以及实行会员制的友声旅行团、萍踪旅行团等，这些旅行社都促进了中国旅游品牌管理的发展。

2. 旅馆品牌在近现代中国的兴起与发展

同样，1840 年后，随着大量西方冒险家涌入中国，为其提供住宿服务的西式旅馆品牌也纷纷被引进到中国。西方旅馆的投资经营者陆续在上海、广州、天津、北京、汉口等通商口岸城市开办西洋旅馆。其成功的经验引起当时实业家的模仿和跟进，不断向旅馆业投资，并开始着手兴建新型旅馆。这些新型旅馆对西式旅馆做了一些本土化的改造，呈现出中西结合的特色，摆脱了传统旅馆业的陈旧模式，开始了近代化旅馆品牌化的发展阶段。在这时期出现的，比较有代表性的西式旅馆有郑州的开通旅馆，北京的长安春饭店、西山饭店，天津的国民饭店、惠中饭店，上海的东方饭店、中央饭店、大中华饭店、大上海饭店等。1928 年，汉口修建了一所西式旅馆璇宫饭店，其是由英国景明洋行设计，属于典型的欧陆风格建筑，室内为木质地板，房间布置精巧。走过近百年历史，如今的璇宫饭店依然屹立在汉口最繁华的江汉路上，延续着其品牌发展之路。

随着近代铁路的修筑、轮船航线的开辟，传统客栈被注入了新的活力。于是，中国出现了以新式旅馆、交通旅馆和小客栈等不同层次的商业旅馆品牌构成的旅馆网络。

1931 年，中国旅行社开始自建旅馆，开创了我国旅游旅馆的先例。到抗日战争爆发前夕，中国旅行社在全国各地开办的饭店、旅舍多达 80 余处，南京的首都饭店、西安的西京招待所、南昌的洪都招待所等是其中最著名的几处，这些旅馆为游客提供了干净和舒适的住宿设施。之后，中国旅行社在西南地区设立了很多旅馆和招待所，如商务酒店、重庆招待所、贵阳招待所、下关招待所等。仅抗战爆发至 1940 年年初，中国旅行社自营及承办的招待所便达 20 余所。凡是公路或铁路沿线的宿站，都有中国旅行社设立的招待所，且以清洁整齐、设备完善、收费合理而受到游客的赞誉。

3. 游乐场所品牌在近现代中国的建设

在大城市设立新型游乐场所，促进了近代旅游内涵的拓展，也推动了现代旅游的进步。上海、北京等地是设立新型游乐场所最早的地方。上海第一家由中国人创办的游乐场是楼外楼。据说当时著名报人孙玉声（曾以“海上漱石生”“警梦痴仙”等笔名写有多部小说）在游历日本时，看见东京等地楼厦顶部大多开辟花园，并开设茶座、画展、游艺、杂耍等项目，感觉很新奇。于是孙玉声回国后向黄楚九、经润三游说，想劝他们合伙创办屋顶游乐场。黄楚九和经润三很感兴趣，随即合伙集资在当时的新新舞台五层楼顶加盖了一个玻璃棚。建了几座小巧精致的亭阁，周边以奇花异草和山石盆景点缀。中间是喷泉鱼池，在阳光和各色灯光照射下，显得流光溢彩、生机盎然。由于当时上海滩鲜有高楼大厦，登上此楼顶已可极目远眺，故取名楼外楼。1912 年 11 月 24 日，楼外楼正式开放。游乐场四周摆满鲜花，场内众多摊位表演各种游乐节目，有滩簧、说书、评弹、戏法等，还设有 X 光机，普及生理科学知识，旁边有冷饮室和茶座，供游客歇息。根据时令，还举办兰花会、菊花山等活动。楼外楼虽然规模不大，但它是上海第一个对平民开放的屋顶花园，而且这种娱乐与消费结合的综合性游乐场，当时在国内是独一无二的。

因楼外楼试办成功，1915 年经润三与黄楚九合作，创办了规模更大的游乐场——新世界游乐场，这是当时上海滩规模最大的游乐场所。除了设有传统的评书、大鼓、相声、杂耍等传统曲艺外，还辟有商场、电影院、弹子房、茶室等。新世界游艺场兴起后，楼外楼的门庭逐渐冷落下来，最后不得不停止营业，时间约在 1916 年年底或 1917 年年初。

在这段时期，其他的游乐场所品牌也得到发展，如大世界游乐场、小世界游乐场、先施游乐场、天韵楼屋顶游乐场等，它们极大地丰富了都市人的精神娱乐生活。

（二）中国当代旅游品牌的平静期

新中国成立至改革开放前这一段时间，中国旅游品牌总体上处于平静期，大约持续了 30 年。新中国成立后，为了落实侨务政策，扩大统一战线，1949 年 12 月国家在厦门成立了国营华侨服务社，目的是为海内外侨胞、港澳台同胞和国际友人提供出入境旅游服务。

尽管仅有4人，但新中国的旅游业从这里起步了。1954年，华侨服务社又在福建泉州成立，此后在全国十几个城市相继设立。1957年4月22日，经国务院批准，华侨服务总社在北京成立，主要为华侨回国，港澳同胞回内地探亲访友、参观旅游提供相关服务。

1952年，中国举办亚洲及太平洋区域和平会议获得成功。这次会议代表共有378名，分别来自37个国家和地区。此后，来华旅游和出差的旅客开始增加，由当时的中国旅行社负责接待，但政府认为该社难以完全承担严肃的政治接待任务，于是，1953年6月20日，经国务院总理周恩来批准，中国国际旅行社筹备委员会成立。1954年4月15日，在周恩来总理的亲自关怀下，中国国际旅行总社（国旅）在北京成立。同年，在上海、天津、广州等12个城市成立了分支社。成立之初，国旅总社是隶属国务院的外事接待单位。当时，全国还没有专门管理旅游业的行政机构，国旅总社实际上代行了政府管理职能。这是我国经营国际旅游业务的第一家全国性旅行社，它的主要职责是接待国家或部门请来的客人。

"文革"时期，中国旅游事业遭受重创，旅游品牌的建设和发展长期处于停滞状态。在这期间，华侨旅行服务社更名为中国旅行社，统一领导和承办华侨、港澳台同胞以及外籍华人的旅游探亲业务，而中国国际旅行社总社及其合署办公的中国旅行游览事业管理局基本停摆，只留下12人的业务班子，每年只接待数百名外国客人。1971年，国务院召开全国旅游工作会议，提出"宣传自己，了解别人"的旅游工作方针。此后，中国在联合国合法地位恢复，中日和中美先后建交，中国旅游品牌逐步恢复和发展。

（三）改革开放以来中国旅游品牌的大发展时期

1. 中国旅行社品牌的大发展

改革开放后，以前事业单位性质的旅行社转化为企业性质，从此旅行社品牌进入快速发展时期。1980年6月27日，中国青年旅行社诞生，其成立目的是组织中国青年走出国门，吸引外国青年来到中国，扩大国际青年交往，增进中外青年的友谊。中国青旅，与中国旅行社、中国国际旅行社并称为三大国营旅行社品牌。除了当时的三大旅行社及其在各省、市所设的分社外，还涌现出了职工旅行社、妇女旅行社、天鹅旅行社、体育旅游公司等旅行社品牌。1984年全国有各类旅行社170多家，1987年则达到1245家。1990年，全国已有1342家旅行社，其中一类社61家，二类社730家，三类社550家。到2019年年末，全国已有旅行社38943家，形成了各具特色的旅行社品牌网络。

2. 中国饭店品牌大发展

改革开放前，现代化饭店数量很少，为国内游客提供住宿服务的多是各单位的招待所和街道办的小旅社。1978年以后，随着国内外旅游人数的猛增，现代化的旅游饭店也开始乘势发展。1979年，霍英东、彭国珍合组的香港维昌发展有限公司与当时广东省旅游工程领导小组签订合作兴建白天鹅宾馆协议，同年破土动工。香港维昌发展有限公司自己设计、施工、管理，1983年正式开业。广州白天鹅宾馆是中国首家合作建设的酒店，1990年成为国内首批三家五星级酒店之一。

北京的建国饭店，是第一家中外合资（中美）饭店，于1980年建工，1982年营业。北京的建国饭店引进国外先进饭店管理方法和技术，大胆聘请香港半岛饭店集团管理公司，将先进的管理经验、方法与中国国情、建国饭店实际相结合，形成了一整套北京建国饭店的经营管理方法，运用于经营管理之中。三十多年来，建国饭店以其一流的服务水准和不变的经营宗旨得到了各国客人的青睐。

当代旅游饭店的发展已走向集团化经营。随着中国内地饭店业对外开放，境外饭店集团品牌相继来到中国内地。境外饭店集团大多是以管理合约的方式来寻求中国的加盟店，扩大其市场。1982年香港半岛饭店集团接管北京建国酒店是中国内地饭店走向集团化的开端，一批国际酒店集团随后进入中国市场。例如，万豪、香格里拉、希尔顿、凯悦等均在中国管理较多数量的酒店。它们凭借其统一的国际知名品牌名声和标准化优质管理，在高等级住宿市场中占有绝对的优势地位。

当代中国本土旅游饭店也开始集团化运行。1984年到1985年，上海相继组建了华亭、锦江、新亚和东湖四家以服务业为主的企业集团。1987年又成立了联谊、华龙、友谊饭店集团。20世纪90年代以后，以地方和部门为主体组建的饭店集团大量涌现，但是品牌知名度均比较低。1999年“全球饭店集团300强”中，中国只有上海锦江、北京京东、凯莱国际三家饭店入榜。

1990年中国开始评定五星级饭店。首批五星级饭店只有三家，分别是广州的白天鹅宾馆、中国大酒店和花园酒店。2000年，中国加快了星级评定速度，促进了中国旅游饭店业品牌前所未有的发展。这一年，星级饭店品牌的数量达到6029家。此后，星级饭店数量逐年增加。到2007年年底，中国星级饭店达14326家，是1978年全国饭店数的100倍。2012年起，星级酒店的数量连年减少，到2019年，降低到10130家，比10年前减少约29%。

3. 文旅融合背景下中国旅游品牌的新发展

（1）起步与发展初期（2009—2017年）。2009年国家政策层面正式提出“文化是旅游的灵魂，旅游是文化的重要载体”，要把提升文化内涵贯穿至旅游产业的各个环节与发展全过程，标志着文旅产业融合正式进入起步阶段。自2009年文化部和国家旅游局发布《关于促进文化与旅游结合发展的指导意见》以来，国家陆续出台了促进文化和旅游融合发展的政策，我国文化与旅游融合发展已经走过近10年的历程。在这一阶段，国内旅游人数呈连年上涨趋势，国内旅游需求增多，至2017年，国内旅游消费人数多达50.01亿人次，旅游产业对国内生产总值的综合贡献率一直保持在10%以上的稳定水平，成为提升国民经济总量与质量的关键。

资本市场看到了文化旅游这一片蓝海，具备资金实力的大型地产企业也纷纷加码切入文旅，万达、碧桂园等大型地产企业相继开展文旅地产的转型，实现了一大批综合性文旅项目的落地。2010年，万达集团牵头，联合中国泛海、联想控股、一方集团、亿利资源等五家民营企业，投资200亿元共同开发长白山旅游度假区。除此之外，万达还开发了西双版纳度假区、大连金石国际度假区、武汉中央文化区、琅岐、武夷山等项目，总投资超过

1700 亿元，涉及滑雪场、大型主题公园、大型舞台秀、度假村等。全国旅游投资规模不断扩大，文旅产业这项投资热点从 2013 年的 5144 亿元已经发展到 2017 年的 15000 亿元，形成了以民营资本为主、政府投资和国有企业投资为辅的多元主体投资格局。

这一阶段也出现了许多具有世界知名度的文化旅游品牌，不仅有长隆、欢乐谷、方特等主题乐园品牌，还有去哪儿网、美团、携程等线上旅游企业品牌，彰显了我国文旅产业融合高速发展的态势。长隆自 2008 年接待游客人次超越 1000 万大关后，游客人数连年增长，以低调但震撼的数据荣获世界旅游行业“主题公园杰出成就奖”，并进入“全球最佳主题乐园”前三甲，美国迪士尼高管赞其“长隆品牌核心竞争力不可复制”。长隆是文旅融合热潮下崛起的文旅自主品牌，不仅自身获得了长足的发展，更是发挥了文旅融合的辐射效应，带动了所在区域经济的高速增长。

这一阶段文旅品牌发展的另一特征是受互联网技术创新的影响，在线旅行社（Online Travel Agency，OTA）应运而生，极大程度上改变了人们传统的出行模式。消费者不再局限于传统的线下预订机票、火车票、酒店等出行模式，互联网平台为消费者提供了线上预订方式。携程就是代表性品牌之一，它利用互联网技术实现了查询和预订机票、火车票、酒店等相关服务（如机票低价助手、航司直销、手机订票优惠等），帮助游客轻松预订；还有类似比价、手机专享价、神秘酒店、今夜特价酒店等多种省钱又省心的特惠方式，这些做法颠覆了人们出行依赖跟团的单一模式，让说走就走的旅行变得唾手可得。

（2）全面发展阶段（2018 年以后）。2018 年第十三届全国人民代表大会决定合并文化部和国家旅游局，组建文化和旅游部，标志着我国文旅融合产业发展迈上了新征程。为了实现文化和旅游规划工作科学化、规范化、制度化，2019 年 5 月 7 日文化和旅游部制定《文化和旅游规划管理办法》，统一了文化和旅游规划体系，从规划层面力图推动文旅产业高质量发展。文化和旅游产业如火如荼地开展，成为中国经济增长的新极点，整体优化结构更新迭代。2019 年 8 月国务院办公厅发布《关于进一步激发文化和旅游消费潜力的意见》，随后全国各地都出台了一系列促消费的地方政策，其中“夜经济”一词成为文旅产业发展的新引擎。国家和地方政策的出台为文旅产业发展提供了源源不断的内生动力，文旅融合新业态不断涌现，迎合了人们的文旅新期待，呈现出良好的发展势头。根据文化和旅游发展统计报告，截至 2019 年年末，全国各类文化和旅游单位 35.05 万个，从业人员 516.14 万人，国内旅游人数 60.06 亿人次，同比增长 8.4%，入境旅游人数 14531 万人次，同比增长 2.9%，出境旅游人数 15463 万人次，同比增长 3.3%。

随着微博、抖音、小红书等社交媒体的兴起，意见领袖（opinion leader）、网红包装等成为旅游品牌开展营销与推广的重要方式。我们能看到名不见经传的小众旅游目的地，通过差异化定位抓住公众眼球，利用社交媒体进行包装，打造成“现象级”旅游网红打卡地。从永兴坊摔碗酒，到茶卡盐湖，从洪崖洞，到长空栈道……社交媒体新营销，推动旅游景点或产品在短时间内风光无限，这确实值得旅游从业者和学术界探究。

不仅文旅目的地会成为“网红”，文旅产品也同样可以通过意见领袖的作用进行品牌传播。例如，被四川省评为非遗推广大使的李子柒参加了美食节，在成都宽窄巷子带货非遗美食，传统美食酸椒辣子兔、福禄寿喜、盖碗茶在直播间依次亮相，带动了消费者来成都一探究竟的热情，也加深了大众对非遗文化的了解。

文化和旅游部鼓励文化旅游等传统产业进行数字化转型升级。数字化技术赋能文旅融合，这一阶段文旅产业开启了数字文旅新时代，迎来了新的发展机遇。数字文旅将数字技术应用于文旅产业发展的各个环节与全过程，创新了文旅产业内容与形态，其本质是将数字技术与文旅产业进行深度融合，实现新一代沉浸式、体验型的文化旅游消费。2019 年 3 月 14 日文化和旅游部发布了《关于促进旅游演艺发展的指导意见》，提出旅游演艺发展需要加快推进业态模式创新，将数字技术、交互体验、智能演艺等科技手段融入演艺表演中，让科技创新成为文旅融合发展的新动力。例如，腾讯联合文博单位举办“互联网+文博+文创”的数字展，以数字化形式结合创意互动玩法，基于近百件文物背后的历史故事打造了五个展馆，给观众带来了一场沉浸式体验的中华文明探索之旅，让游客能够近距离感受到优秀传统文化的魅力。品牌前沿 1-3 介绍了虚拟数字时代的品牌数字化身，让我们了解它对提高顾客线上体验的重要意义，文旅企业如果能善用数字化身理念和技术，将有助于提高游客的文旅体验。

品牌前沿 1-3　　旅游品牌数字化身如何影响顾客线上体验

当越来越多的旅游产品购买、享乐和消遣行为都发现在数字空间时，旅游品牌就必须紧跟消费者的行为轨迹，重视创建品牌在数字空间的无形资产和影响力。旅游企业如何与消费者在数字空间建立情感联结？如何在数字空间共创品牌无形资产？人工智能技术让品牌创建在数字空间与消费者接触的虚拟代理形象，即数字化身（brand avatar）。品牌数字化身营销就是指品牌方根据线上用户体验的产品类型，购买所涉及的功能风险、财务风险和隐私风险，数字平台类型（移动还是固定），以及公司所拥有的技术支持与人力资源保障等因素，决定设计何种外形与智能行为的数字化身，以及如何促进数字化身传递优异顾客体验的各种面向用户的策略、活动、项目等的总称。

中外作者团队根据“形象–行为相似性”框架（form-behavior similarity），确定出品牌化身的两个维度，即形象相似性（form realism）和行为相似性（behavioral realism）。形象相似性主要指品牌数字化身的可视化、拟人化外观与真人的接近程度，表现在外形的空间维度、动态性、拟人特征等方面，而行为相似性主要指数字化身在满足顾客线上体验需求的行为表现能力方面与真人的接近程度，表现在沟通方式（如文字或是语音）、回应速度、社交化等方面。我们可以将品牌数字化身的这两个维度，象征性地理解为化身的“形”与“神”。

根据“形象–行为相似性”框架推理，化身与真人之间的相似程度越高，化身的影响效应就越大。形象与行为之间存在相互影响关系，主要表现为行为相似性可以弥补形象相似性的不足，形象相似性可以提高行为相似性的预期。但是，形象相似性与行为相似性不一致时，化身的作用会发生改变。例如，仿真机器人具有高度的形象相似性，但其行为与真人却有非常大的差异，导致“恐怖谷”效应，使人感到厌恶和不安。因此，形象与行为的要素组合会形成不同效应的品牌数字化身。该研究的一项重要工作是将品牌数字化身划分为四种类型："低形象–低行为""高形象–低行为""低形象–高行为""高形象–高行为"。如图 1-1 所示。

形象相似性 ＼ 行为相似性	低	高
高	高形象：3D、动态、真人外表 低行为：格式化回应、任务导向沟通	高形象：3D、动态、真人外表 高行为：自然回应、社交导向的沟通
低	低形象：2D、静态、卡通外表 低行为：格式化回应、任务导向沟通	低形象：2D、静态、卡通外表 高行为：自然回应、社交导向的沟通

图 1-1　品牌数字化身的分类

品牌数字化身如何影响顾客的线上体验呢？该项研究综合市场营销、计算机科学、心理学、传播学等多学科相关研究，结合企业界对数字化身的营销实践，提出了十大推论，这些推论形成品牌数字化身营销的基本原理。例如，"当公司设计的品牌数字化身外形越是接近于真人时，线上用户对其行为形成越高的预期，即要求其行为越是接近于真人"（命题 1）；"品牌数字化身的形象和行为之间的不匹配具有非对称效应，即：品牌化身的行为真实性比形象真实性更高时，会带来正面体验；当品牌化身形象真实性比行为真实性更高时，却会带来负面的线上体验"（命题 2）。

数字化身是品牌在数字空间建立品牌–顾客关系的钥匙。中美学者团队的这一前瞻性研究成果，首次正式提出了品牌数字化身及品牌化身营销的新概念、新理论，开辟了新的研究领地。本文提出的品牌数字化身"形象—行为相似性"框架，是企业为品牌设计数字化身或虚拟代理的战略指南，企业需要根据产品或服务类型，顾客购买所涉及的功能风险、财务风险和隐私风险，以及使用的硬件设备（移动的还是固定的）等因素，来设计品牌数字化身的外观并赋予其相匹配的智能行为，以便给顾客带来积极的情感、认知、社交体验，提升线上营销绩效。本文代表了品牌营销领域的全球前沿性、权威性学术研究，对品牌数字化身的外表（即"形"）与智能行为（即"神"）如何相互影响，又如何共同影响企业的数字营销绩效，影响的机理是怎样的等数字营销领域重大的、根本性的问题，给予了科学推断。这一研究成果对品牌数字营销理论和实践，尤其是元宇宙虚拟新技术驱动下数字文旅消遣领域的理论和实践，具有划时代的深远意义。

资料来源：Miao F, Kozlenkova I V, Wang H, et al. An Emerging theory of Avatar Marketing[J]. Journal of Marketing, 2022, 86(1): 67-90.

第四节　旅游品牌管理战略框架

同企业或产品品牌管理类似，旅游品牌管理也需要遵循一般品牌管理固有的规律和逻辑。旅游品牌管理是以增强旅游品牌竞争力为目标，以旅游资产为核心，通过品牌定位、品牌设计、品牌传播、品牌保护、品牌延伸和品牌更新等管理体系，建立起来的相对于其他竞争品牌的优势[16]。为助力旅游组织进行品牌管理，构建强势旅游品牌，本书提出了旅游品牌管理战略框架。

本书提出的培育强大旅游品牌的四大主体知识模块，来源于作者多年来系统的品牌理论研究和丰富的企业实践案例研究积累。这四大主体知识模块包括：①旅游品牌启动（Tourism-brand starting），涉及旅游组织在品牌培育和经营管理过程中，始终要坚守的战略方向问题。②旅游品牌强化（Tourism-brand strengthening），涉及旅游组织发展过程中先做实做强品牌，培育品牌市场竞争力，增进品牌市场影响力和无形资产等市场营销战略策略。③旅游品牌扩展（Tourism-brand scaling），涉及旅游组织将品牌培育强大之后，科学利用品牌无形资产服务于公司新业务扩张，执行以品牌为引擎的价值倍增战略，实现旅游业高质量发展。④旅游品牌长青（Tourism-brand sustaining），涉及旅游组织的品牌防御与保护，并为品牌注入文化与精神内涵的长期战略问题，让旅游品牌历久弥新、历久弥坚。

这四大主体知识模块的英文关键词首字母都是 TBS。所以，本书将它概括性、简洁化地称为“4TBS 旅游品牌战略框架”（见图 1-2）。这一战略框架准确把握了旅游组织品牌经营管理的核心逻辑，为旅游组织的品牌培育、经营、管理指明了方向。本书围绕这四大主体知识模块，组成五篇十二章。以下我们对全书的逻辑结构及主体内容做一鸟瞰。

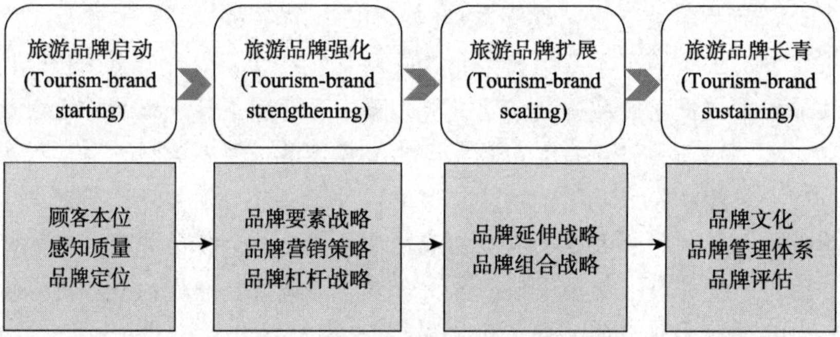

图 1-2 4TBS 旅游品牌战略框架

第一章首先厘清了旅游品牌相关的主要概念，包括旅游品牌、旅游品牌价值、旅游品牌资产和旅游品牌权益等，以便读者在进一步学习之前先准确理解旅游品牌管理所涉及的核心术语。在此基础上，分别阐述品牌对于旅游者、旅游目的地及旅游企业、社会的价值。以史为鉴、古为今用，第一章的另一重要内容是划分了欧洲、美国、中国三大重要经济体的旅游业品牌演进的重大事件，便于旅游品牌实践工作者和学者以纵深视角看旅游品牌。

第二部分涉及品牌启动的一系列问题，共有三章。品牌启动旨在让旅游品牌经营管理者认识到，创建旅游品牌之始，就应该秉持的初心，应该践行的理念，以及需要把握的战略方向。首先，第二章聚焦“旅游品牌的顾客本位”。消费者需求是旅游品牌发展的基础，品牌管理者必须意识到基于顾客心智是扩大品牌影响力的第一步。只有加深消费者对旅游品牌的认知与联想，才能解决当前品牌认知与品牌形象薄弱的问题，让品牌进入消费者有限的选择集。这是"旅游品牌顾客本位"的基本观点。第三章强调"旅游服务感知质量"是消费者购买旅游产品的重要因素，旅游品牌必须树立质量优先的品牌策略。只有提升旅游产品的质量，解决当前旅游产品"千篇一律、换汤不换药"的同质性问题，从根本上增强旅游品牌的吸引力。第四章"旅游品牌定位"是品牌经营的又一方向性问题。品牌培育与创建建立在品牌定位基础之上，为此，必须以旅游市场调查为基础，洞察游客需求，结合旅游资源和竞争者分析。这是旅游组织成功获得消费者青睐的重要基础。

第三部分涉及将旅游品牌做实做强的营销战略，共有三章。第五章"旅游品牌要素战略"强调，设计满足人们感官需要的品牌符号是品牌创建的基础性工作。品牌名称、标识、品牌故事、产品与服务甚至气味、触感、嗅觉、听觉、视觉等是旅游品牌成为其自身并区别于其他品牌的可视元素。第六章"旅游品牌营销策略"聚焦于旅游品牌经营的销售模式和传播策略。旅游品牌的营销与传播指的是综合运用传播渠道如大众媒体、自媒体、非媒体等平台，并结合旅游营销活动如节庆、会展、事件、促销等形式提高旅游品牌影响力。第七章"旅游品牌杠杆战略"强调，旅游品牌如果能从富有无形资产的外部实体（包括人、事、物等）"借力""借势"，构筑品牌影响力将具有事半功倍的效果。杠杆战略拓展了传统品牌管理的视野，但同时也加大了旅游品牌管理的幅度和难度。

第四部分涉及旅游企业或旅游目的地利用已培育旅游品牌资产进行新业务扩张、实现价值倍增的一系列战略问题，一共两章。第八章"旅游品牌延伸战略"表明，当旅游品牌培育强大之后，品牌管理者应该遵循科学原理，利用现有品牌无形资产开拓新业务、寻求新的发展空间。第九章"旅游品牌组合战略"旨在帮助管理者理顺多品牌之间的品牌关系、促进多品牌协同增效。文旅融合背景下，拓展新业务、品牌并购、品牌合作、品牌代理等各种战略实施下，必然要进入多品牌状态，因此有必要理顺品牌组合关系。

第五部分包括防御、保护旅游品牌并促进品牌历久弥新、历久弥坚的三大战略。第十章"旅游品牌文化"旨在强调文化为旅游产业塑造品牌形象、提升品牌生命力、增强品牌可持续发展能力的重要作用。第十一章"旅游品牌管理体系"强调维护旅游品牌无形资产的管理制度、章程和组织保证。第十二章"旅游品牌评估"旨在强调通过适时评估旅游品牌、及时监测市场表现，企业可以及时调整品牌战略与策略；品牌评估结果是监测旅游品牌健康的寒暑表。

总之，本书围绕创建全球知名旅游品牌的核心逻辑，结合旅游行业政策、产业、社会、技术等背景，讲解具有中国特色的旅游品牌经营管理的四大关键知识板块，读者可以从中领略国际优秀教材的严密知识体系。

【本章小结】

1. 理解几个基本概念之间的区别与联系有助于深入学习旅游品牌。狭义的旅游品牌是指品牌名、标识、符号、包装，或其他可识别本公司产品（或服务）的有形物的组合，又称之为“旅游品牌要素”。广义的旅游品牌则是指某种或某几种品牌有形要素在顾客心目中建立起来的品牌意识和品牌联想，以及影响他们对旅游产品（或服务）、企业、目的地的感觉、评价和购买的各种东西的总和。

2. 旅游品牌价值、旅游品牌资产、旅游品牌权益是体现旅游品牌经济价值的几个概念。“品牌价值”是指用货币金额来表示的品牌“财务价值”，它是经济学概念。“品牌资产”强调品牌是企业无形资产，它能给企业带来财务收益，它是会计学概念。品牌权益是指品牌在市场上的影响力是由过去营销活动累积的结果，同时也影响营销活动的未来收益，它是市场营销概念。

3. 旅游品牌不只应用于以盈利为目的的旅游企业，也广泛应用于不以盈利为目的的旅游组织、城市（或地区、国家）、目的地等。

4. 旅游品牌在欧洲、美国和中国均呈现出明晰的品牌历史演进阶段。

5. 旅游品牌伴随着近代产业革命而兴起。主题乐园、旅游共享平台等旅游业态的创新，提高了创建培育旅游品牌在社会经济发展中的地位。

【术语（中英文对照）】

旅游品牌 tourism brand

旅游品牌化 tourism branding

旅游品牌资产 tourism brand asset

品牌启动 brand starting

品牌扩展 brand scaling

品牌要素 brand elements

旅游品牌价值 tourism brand value

旅游品牌权益 tourism brand equity

品牌强化 brand strengthening

品牌长青 brand sustaining

【即测即练】

一、选择题

自学自测

扫描此码

二、名词解释

1. 狭义品牌
2. 广义品牌
3. 旅游品牌化（tourism branding）
4. 顾客为本的旅游品牌权益（customer-based tourism brand equity）

三、简答题

1. 区分品牌（brand）和品牌化（branding）两者的异同。

2. 区分旅游品牌价值（brand value）、旅游品牌资产（brand asset）、旅游品牌权益（brand equity）的异同。

3. 简述旅游品牌经理在旅游组织里的角色定位。

4. 从市场营销范畴，旅游品牌对旅游产品发挥了哪些作用?

5. 旅游品牌与旅游产品的区别与联系是什么?

6. 从旅游者、旅游组织和社会角度来分析旅游品牌的作用。

7. 简述旅游品牌的适用范围。

【思考与讨论】

1. 请理解旅游品牌和旅游品牌化两个概念之间的区别与联系。

2. 了解旅游品牌价值、旅游品牌资产、旅游品牌权益三个概念之间的区别与联系。

3. 谈谈你从中国旅游品牌的历史演进中得到的启示。

4. 试分析 4TBS 旅游品牌战略框架对于中国创建知名旅游品牌的重要意义。

【参考文献】

[1] Keller K L. Strategic brand management: building, measuring and managing brand equity[M]. 3rd. Pearson, 2008.

[2] 王海忠. 品牌测量与提升[M]. 北京: 清华大学出版社, 2006.

[3] 王海忠. 中国消费者品牌知识结构图及其营销管理内涵[J]. 财经问题研究, 2006(12): 59-66.

[4] Levitt T. Marketing myopia[J]. Harvard Business Review, 1960(70-8): 45-56.

[5] 于春玲, 赵平. 品牌资产及其测量中的概念解析[J]. 南开管理评论, 2003, 6(1): 10-13.

[6] Barwise P. Brand equity: snark or boojum?[J]. International Journal of Research in Marketing, 1993, 10(1): 93-104.

[7] Aaker D. Managing Brand Equity: Capitalizing on the Value of a Brand Name[M]. Free Press, 1991.

[8] Keller L. Conceptualizing, measuring, and managing customer-based brand equity[J]. Journal of Marketing, 1993, 57(1): 1-22.

[9] Konecnik M, Gartner W C. Customer-based brand equity for a destination[J]. Annals of Tourism Research, 2007, 34(2): 400-421.

[10] Boo S, Busser J, Baloglu S. A model of customer-based brand equity and its application to multiple destinations[J]. Tourism Management, 2009, 30(2): 219-231.

[11] Pike S. Destination branding case study: Tracking brand equity for an emerging destination between 2003 and 2007[J]. Journal of Hospitality & Tourism Research, 2010, 34(1): 124-139.

[12] 张宏梅, 张文静, 王进, 等. 基于旅游者视角的目的地品牌权益测量模型: 以皖南国际旅游区为例[J]. 旅游科学, 2013, 27(1): 52-63.

[13] 戴国良. 品牌行销与管理[M]. 中国台北：五南图书出版股份有限公司，2010.
[14] Fournier S. Consumers and their brands: Developing relationship theory in consumer research[J]. Journal of Consumer Research, 1998, 24(4): 343-373.
[15] 摩根, 普里查德, 普瑞丁. 目的地品牌: 管理地区声誉[M]. 胡志毅, 周春燕, 张云耀, 译, 北京: 中国旅游出版社, 2014.
[16] 朱强华, 张振超. 旅游景区品牌管理模型研究[J]. 桂林旅游高等专科学校学报, 2004, 15(6): 27-31.
[17] Shostack G L. Breaking free from product marketing[J]. Journal of Marketing, 1977, 41(2): 73-80.

第二章 旅游品牌的顾客本位

如果可口可乐在世界各地的厂房被一把大火烧光，只要可口可乐的品牌还在，一夜之间它会让所有的厂房在废墟上拔地而起。

——道格拉斯·达夫特（可口可乐公司前CEO）

学习目的

学习本章之后，读者将对以下品牌问题有更清晰、准确和透彻的理解：

- 什么是以顾客为本的旅游品牌权益？为什么旅游品牌权益要以顾客为本？
- 旅游品牌权益的基本内涵是什么？
- 旅游品牌权益的来源有哪些？
- 创建强势旅游品牌经过的四个逻辑步骤有哪些？

本章案例

- 海底捞——顾客至上带来满分体验
- 上海迪士尼——“翻包”“双标”下的傲慢
- 故宫天价年夜饭——不恰当的品牌延伸
- 迪士尼——极致体验，带你进入欢乐魔法世界

开篇案例　　海底捞——顾客至上带来满分体验

2024年2月，知名品牌价值咨询公司Brand Finance发布《2024年最有价值餐饮品牌25强》。报告显示，在全球最有价值的餐饮业品牌中，海底捞品牌实力最强，品牌强度评级为AAA+。海底捞成立于1994年，主营川味火锅，是中国知名餐饮品牌。自成立以来，海底捞始终秉承“服务至上、顾客至上”的理念，为顾客提供健康、安全、营养的产品和个性化特色优质服务，让顾客畅享欢乐火锅时光。到2021年12月31日，海底捞旗下开设的直营餐厅已达1443家，其中中国本土共开设1329家。

随着中国经济的发展，国内餐饮业持续增长，火锅赛道日趋拥挤。根据前瞻产业研究院数据，2019年全国新成立火锅企业93994家，火锅行业市场规模达到5188亿元；2020年受疫情影响，火锅行业市场规模虽有所萎缩，新成立企业数量有所下降，但整个行业竞争仍异常激烈。海底捞能在众多企业的竞争中保持火锅企业龙头地位，离不开其对顾客需求的精准把握。海底捞早就意识到，随着消费迭代升级，餐饮顾客不仅注重产品口味，亦重视产品服务。因此，海底捞始终坚持以顾客需求为核心，供应优质产品，提供个性化服务，让顾客畅享满分体验。

1. 完善供应链条，保证食材品质

食品安全是消费者最关心的问题，是餐饮企业的立足之本，而食材安全是食品安全的第一道防线。为了保证食材品质与安全，海底捞以旗下成都蜀海投资管理有限公司为运营核心，打造了“集中采购+直供”的供应链模式。每日，海底捞末端门店将需求报送配送中心，配送中心按需统一采购。与各门店分别采购相比，集中采购不仅减少采购成本，且减少“采购入口”，最大限度保证食材安全。同时，海底捞还建立蔬菜基地，进行蔬菜直供，基地蔬菜的种类、每种蔬菜的种植与采摘都有严格的标准与管理。此外，为保证食材新鲜度，实现及时运输，海底捞在全国建立了多个物流中心+中央厨房，实行集中统一的冷链物流配送。从食材采购，到加工、存储、配送，海底捞建立了一条完善的食材供应链，实现了标准化管理，最大限度保证食材品质。

2. 迎合顾客需求，不断更新产品

作为餐饮企业的海底捞对自己的产品口味进行了严格把控。在火锅底料上，高扬“绿色健康、营养、特色”的大旗，将川渝地区火锅文化中“麻、辣、鲜、香、嫩、脆”融入其中，并采用机械化炒料，保持味道稳定。后为满足顾客的不同需求，海底捞推出“千人千味”的服务，通过对原料、辅料、鲜料等精确到0.5克的配置变动，来满足顾客“加麻、加辣、少盐、少油”等个性化需求，实现真正依据顾客口味的“私人定制锅底”。目前海底捞为顾客提供牛油火锅、番茄火锅等10多种火锅锅底，同时配备20多种可供自由搭配的调料以及相关饮品，并不断更新。仅2020年一年，海底捞共推出200多种新菜品、零食以及饮品等，此举受到顾客一致好评。

3. 创新服务方式，营造愉悦用餐环境

良好的服务能提升品牌附加值，这是海底捞为顾客带来满分体验的关键。海底捞提出“服务至上、顾客至上”的服务理念，并通过员工培训将理念落地执行。餐前阶段，海底捞服务员会为顾客提供引路等服务；如顾客需等待用餐，在海底捞的等候区，顾客可以边等待边体验美甲、手部护理、擦鞋等服务；此外还有免费水果和饮料等供应，从而尽可能降低顾客的等待情绪。就餐阶段，在点单时，服务员充分尊重消费者的点餐自由；面对消费者的过度消费倾向，服务员也会主动提醒，尽量避免食物浪费；在用餐时，服务员会主动为顾客添加饮料、汤底、打虾滑等，还会提供消毒毛巾，为女士提供皮筋、发卡等，让其尽情享受美食。此外，为防止顾客用餐时弄脏衣服，海底还有用餐围裙提供。如若遇到顾客生日，海底捞员工还会播放生日快乐歌，举着生日快乐灯牌为顾客庆祝。可以说在海底捞一切合乎情理的需求都会被尽力满足。餐后阶段，还会有牙签和清新口气的薄荷糖提供。此外，服务员还会帮忙打车、提车。周到细致的服务让顾客为之赞叹。

为了更好地为顾客提供服务，海底捞还授予一线员工一定自主权，包括打折、换菜、送菜甚至免单等，员工可根据实际情况酌情使用。如当员工不小心将菜撒在顾客身上，员工会主动以赠送菜品、折扣等方式向顾客进行补偿，以弥补其用餐体验。海底捞凭借充满温度、无微不至的个性化服务，为顾客提供了超预期的惊喜感，收获了大量忠诚顾客和良好口碑。

4.“数智化”改造，助力极致体验

门店扩张、业务发展，驱动着海底捞的数字化进程。自2016年始，海底捞开始布局数字化转型。2016年，海底捞将点餐收银系统上云，整个点餐收银系统故障概率大幅降低。2018年，海底捞与阿里云合作进行超级海底捞App项目。超级海底捞App为顾客提供线上点单窗口，帮助解决海底捞的排队问题。在超级海底捞App上，顾客可以提前预订或进行当日排号，并且可以选择落座位置及聚会场景，还可以备注特殊需求。顾客的每一次消费信息都会被存储于数据中台系统，随之生成个性化标签（如不能吃辣等），以便海底捞门店能够为顾客带来更好的体验。此外，超级海底捞App项目还实现了会员体系上云，使其满足企业高并发流量需求，支持亿级会员数量和千万级参与者的活动的开展。截至2020年，海底捞已经将所有核心业务系统全部上云，海底捞成为“云上捞”。海底捞通过数字化改造，较大幅度提升了运营效率，也为企业今后业务发展以及对消费趋势、竞争环境的准确把握提供了支持。

在二十几年的发展中，海底捞始终坚持聚焦顾客需求，为顾客提供优质产品和细致入微的服务，超额满足顾客期待。海底捞坚持基于顾客需求的创新，力求为顾客带来满分体验。“顾客至上”理念，成就了如今的知名火锅品牌海底捞。

资料来源：

[1] 郭名媛，魏亚男. 海底捞：一个以服务扬名的火锅店. 中国管理案例共享中心案例库.

[2] 张美玲. 海底捞：以服务为名[J]. 现代企业文化（上旬），2018（8）：80-81.

[3] 李冰漪. 供应链是成功的支点——海底捞模式调查[J]. 中国储运，2016（7）：48-49.

[4] 本刊编辑部. 海底捞：仅有服务是不够的[J]. 国际品牌观察，2021（19）：12-16.

[5] 吴蓓宏. 海底捞的数智化，把极致服务做到线上[EB/OL]. 新零售商业评论. [2020-11-23]. https://m.thepaper.cn/baijiahao_10104904.

党的二十大报告指出，“必须坚持人民至上”是开辟马克思主义中国化时代化新境界的重要举措。“人民性是马克思主义的本质属性，党的理论是来自人民、为了人民、造福人民的理论，人民的创造性实践是理论创新的不竭源泉。一切脱离人民的理论都是苍白无力的，一切不为人民造福的理论都是没有生命力的。我们要站稳人民立场、把握人民愿望、尊重人民创造、集中人民智慧，形成为人民所喜爱、所认同、所拥有的理论，使之成为指导人民认识世界和改造世界的强大思想武器”。开篇案例海底捞聚焦顾客需求，主张“服务至上、顾客至上”便是必须坚持人民至上的体现，在广大的中国消费者心目中形成了独特的品牌印记。中国的高水平对外开放不仅有利于国内旅游品牌的发展，还能推动它们走向国际市场，而打造国际知名旅游品牌的根本是先在顾客心目中形成强有力的、积极的、独特的品牌形象，因此，顾客心智是国际知名旅游品牌的源点。本章提出“旅游品牌的顾客本位”观点，围绕品牌权益核心概念，阐述创建以顾客为本的旅游品牌权益的战略思想与策略方法。

第一节　顾客为本的旅游品牌权益

一、顾客为本的旅游品牌权益

（一）顾客为本的旅游品牌权益的定义

正如本章引言中可口可乐公司前 CEO 道格拉斯·达夫特所言，企业厂房即使为大火所烧，只要品牌不倒，一切皆可重来。既然品牌如此重要，那么强大品牌的源头在哪里？顾客为本的品牌权益（customer-based brand equity，CBBE）告诉我们，品牌的源头是顾客心智。对于旅游产品或服务而言，在顾客心智中占据一个强有力的、积极正面的、独特的位置正是旅游品牌创建工作的首要任务。

顾客为本的旅游品牌权益定义为“顾客由于对旅游品牌拥有的知识所导致的对其营销活动的差异性反应”。[1]该概念认为，创建旅游品牌的关键任务或目标是要在顾客心中形成强有力的品牌认知和品牌形象。顾客为本的旅游品牌权益，是旅游品牌在产品市场和资本市场表现的源泉——“问渠那得清如许？为有源头活水来”。

（二）顾客为本的旅游品牌权益的两个关键要素

顾客为本的旅游品牌权益有两个关键要素：顾客的差异性反应、顾客的品牌知识。

1. 顾客的差异性反应

品牌是否拥有很强的品牌权益，关键是看顾客对品牌的营销活动是否产生差异化反应。例如，和没有标签的旅游纪念品相比，标上“迪士尼”“环球影城”字样的旅游纪念品，旅游者会感到价值更高、更有意义，愿意支付的价格也更高。如果一个品牌名称并没有给旅游产品营销带来任何显著的、正面的效应，那么该旅游品牌的权益就为零，就属于“大路货”（commodity）。

2. 顾客的品牌知识

要让顾客对品牌的营销活动形成差异化反应，其前提是顾客在心智中对品牌形成了“品牌知识”（brand knowledge），即顾客在日常购买行为中积累了对品牌的各种所知、所感、所闻与所见。消费者所形成的品牌知识是依据自身经验建构出来的，它与品牌管理者所期待的、经过实施营销活动后应该形成的品牌知识并不完全一致，有时甚至是相反的。这之间的差异更进一步强调了品牌管理工作需要洞察消费者需求，捕捉到消费者心智中的品牌是一幅怎样的图景。

例如，餐饮巨头星巴克2000年在故宫开设咖啡店，星巴克经理人并不期望此种行为会给品牌形成“文化侵略”的印象（品牌知识）。星巴克品牌经理人与中国公众之间由此形成了品牌知识的不对称，这最终让星巴克“败走故宫”——星巴克故宫店于2007年正式搬出。无独有偶，2012年一则星巴克进驻杭州灵隐寺的消息再次在网上引起轩然大波，星巴克的此番操作再次被视为“对中国文化的亵渎”。针对批评之声，星巴克中国官方微博发布消息称该店只是位于杭州灵隐寺景区，并非网上流传的灵隐寺内或者附近。此后，星巴克的宣传也刻意与灵隐寺保持距离，至此才平息了一场在星巴克看来本不应该有的风波。品牌案例2-1也表明，上海迪士尼强制翻包检查、“禁止携带食物”等侵犯消费者合法权益的做法，也在消费者心目中形成负面的品牌印记。

品牌案例 2-1　　上海迪士尼——“翻包”“双标”下的傲慢

2019年1月30日，华东政法大学一名大三学生携带零食前往上海迪士尼乐园游玩。在乐园入口处，遭遇园方工作人员的强制翻包检查。工作人员以乐园规定“禁止携带食物”为由，让该名学生将食物扔掉、吃完或寄存，否则其将无法入园。在报警以及拨打12315投诉无果后，3月5日，该名学生以侵犯消费者合法权益为由一纸诉状将上海迪士尼乐园告上法庭。由此，有关上海迪士尼禁止携带食物以及强制翻包行为迅速登上微博热搜，引发媒体热议。《人民日报》更是发文《四问上海迪士尼：翻包、“双标”，凭什么?!》。

面对消费者的质疑，上海迪士尼共发布了三次公关说明，第一次、第二次均表现出强硬态度，拒不更改相关政策，并以“亚洲一致”“与中国大部分主题乐园一致”等说辞回避中国消费者诉求，引起群情激奋。随着舆情发酵，上海迪士尼口碑下跌，中国消费者的游玩意愿遭受影响。迫于压力，同年9月11日，上海迪士尼发布第三次声明正式回应此事并发布了乐园食品和安检新规。

“以人为本”是服务型企业所坚持的核心理念。特别是对于迪士尼而言，重视消费者的需求，给消费者带去欢乐是其在世界主题乐园中保持领先地位的关键所在。然而，上海迪士尼有关“禁止携带食物”“强制翻包”规定及行为本质上损害了中国消费者合法的自主选择权和公平交易权以及隐私权。且在事情曝光后，面对公众“双标”的质疑，即欧美国家的迪士尼并无禁止携带食物规定，而国内的迪士尼却被禁止携带食物，上海迪士尼官方在事后的处理过程中选择回避，忽视中国消费者的核心利益诉求，最终导致“翻包事件”演变成全民热议的负面风波，损害了迪士尼在消费者心中的形象。

资料来源：袁亚忠，谢淑妍. 上海迪士尼“翻包事件”的危机营销[J]. 商业经济，2020（5）：54-57，109.

二、顾客为本的旅游品牌权益对旅游组织的重要意义

（一）强势品牌让旅游者愿意支付溢价且对价格更不敏感

旅游者愿意为有品牌的旅游产品支付溢价（相对于没有品牌的产品）。品牌的知名度不同，人们愿意支付的溢价也不同。例如，相同条件下的酒店住宿产品，人们更愿意为希尔顿、万豪、喜来登等知名酒店品牌旗下的产品支付更高的价格。不同的溢价其实就意味着品牌权益的差异。这种由品牌为旅游产品带来的溢价能力是旅游组织着力建设品牌的根本出发点和追求的目标所在。如果品牌不能为旅游组织带来溢价，那该品牌也就没有品牌权益。除此之外，一个良好的品牌形象还可以让旅游者更能容忍品牌的提价行为——对价格上升不敏感。

（二）强势品牌让旅游者对旅游组织具有更大的忠诚度

企业寻找新客户的花费往往高于维系旧客户的成本，因此旅游组织总是努力维系现有顾客，提升顾客忠诚度。在旅游组织提高顾客忠诚度的诸多策略中，品牌是其中一个重要手段。旅游组织通过打造品牌，可以提高旅游者对旅游组织的忠诚度，包括对组织的情感忠诚和行为忠诚。此外，一旦旅游者对旅游组织形成忠诚感，就会出现交叉销售（cross selling）现象——旅游者购买某旅游组织的 A 产品，如果获得满意的消费体验，进而又会购买这个组织的 B 产品。

（三）强势品牌有助于提高旅游者对旅游组织产品品质的感知

现实生活中，旅游者往往难以确切地客观评估旅游产品的质量，这可能源于旅游组织提供的信息不足或消费者知识的局限性等。因此，旅游者对旅游产品质量的评估往往带有很强的主观色彩，故而将市场营销习惯性地称为“感知质量”。如果旅游组织拥有良好的品牌形象，那么旅游者就会透过“品牌形象”这个过滤器来感知产品质量；良好的品牌形象会产生“光环”效应，提高旅游者对旅游产品或服务的感知质量。因此，打造强势品牌的过程有助于提升旅游者对品牌的感知质量。

（四）强大品牌具有更多的品牌延伸机会，有利于旅游组织进入新的业务领域

旅游品牌延伸包括产品线延伸和品类延伸，产品线延伸是指在原有产品类别里添加产品新的功能。例如，广州长隆欢乐世界不断拓展游乐设施，过山车这一游乐项目就有从十环过山车到摩托过山车再到垂直过山车等产品线延伸的历史。品类延伸是指品牌从原来的产品类别延伸至无关的品类。再如，故宫以博物馆为基础，凭借自身文化底蕴寻求创新，推出了许多文创周边产品（如文房四宝、口红等）。成功延伸旅游品牌的前提条件之一是拥有强大的旅游品牌，因为消费者会将对原有品牌（可称为母品牌）存有的好感转移到新产品上。这种因喜爱母品牌而产生的连带喜爱新产品的特性，就是品牌延伸中的“爱屋及乌”现象。品牌案例 2-2 描述了文旅品牌故宫推出“年夜饭”服务引发的社会负面热议，历史文旅品牌要谨记，品牌应该彰显时代的核心价值主张。

品牌案例 2-2　　故宫天价年夜饭——不恰当的品牌延伸

2020 年 1 月 12 日，故宫角楼餐厅宣布首次推出年夜饭服务，服务提供时间为 1 月 24 日（大年三十）至 2 月 9 日（正月十六），其间每日仅设三桌，6688 元/桌，每桌按十人标准设置，超出人数按 680 元/位进行额外收费。自角楼餐厅宣布推出年夜饭服务消息开始，餐厅订餐热线便一直处于占线状态。次日上午 10 点半，记者反复拨打订餐热线，接通后从餐厅工作人员口中得知，在推出不到一天的时间内，故宫年夜饭预订便已售罄。

在餐厅宣布推出此项年夜饭服务的当天，天价故宫年夜饭事件就引起了网友和媒体热议，"故宫年夜饭"话题冲上微博热搜，且高居榜首。在巨大争议下，三天后，即 1 月 15 日，《新京报》报道故宫角楼餐厅已经取消了年夜饭服务，并以短信通知预订顾客，返还了订金。另据中国新闻网报道，故宫角楼餐厅工作人员表示：故宫年夜饭本身是一个好产品，也满足了消费者需求，但是现在却全部取消，挺可惜。

为什么"故宫年夜饭"会在一席难求之后突遭取消？究其原因，是成也"故宫"，败也"故宫"。故宫年夜饭走红离不开故宫 IP 的加持。拥有 600 年历史的故宫近年来凭借"宫廷文化"基因，出文创，拍电影、做综艺，成功出圈，成为新晋网红。故宫现已成为全球年客流量最大的博物馆，每年仅文创销售收入便超 10 亿元。故宫年夜饭便是凭借故宫 IP 的热度，以"我在宫里过大年"为噱头，走红网络，吸引顾客预订。大多数预订顾客看重的是"故宫"二字所象征的品位。

"天价"年夜饭并不少见，为什么唯独故宫年夜饭被取消？这是因为天价故宫年夜饭有违故宫的文化内核。对于中国人来说，年夜饭是与家人的团圆，品味的是文化乡愁，而在故宫吃"年夜饭"品味的却是"宫廷气派""皇家感受"。诚然，作为拥有 600 年历史的故宫需要"活在当下"，但故宫的文化内核不可抛却。故宫应当是优秀文化的传播者，而不应是"唯利是图"的商家，不应成为他人"相互攀比，彰显品位"的工具。故宫年夜饭的取消正是对故宫文化内核的守护。故宫在今后的发展中，要注意对"故宫"这一文化符号的正确使用，让"故宫文化"真正融入现实生活。只有普惠大众，才能真正做到"知常明变者赢，守正出新者进"。

资料来源：最热评"故宫年夜饭"被取消，文创边界在哪里？[EB/OL]. 南海网.

（五）良好的品牌形象有助于旅游组织抵抗负面信息

品牌除了可为旅游组织带来正面收益外（如溢价、顾客忠诚等），还能帮助旅游组织规避风险，更安全地渡过难关。组织发展过程中总是会经历负面事件，良好的品牌形象可以缓冲负面事件给旅游组织带来的冲击。通常来看，当旅游者对品牌具有很强的情感承诺时，在旅游组织出现负面事件后，旅游者更会倾向于站在旅游组织角度看待负面事件，可能把产品负面事件归咎于外部环境因素而非企业自身；如果产品负面质量事件由某种属性引起，忠诚的消费者会将这一属性的重要性缩小，而放大有利于产品质量的其他属性的重要性。正如前文所提到的迪士尼翻包事件，一度被各大媒体争相报道，在一定程度上打击了游客的消费积极性，但后续迪士尼对食品携带的规定修改后，凭借良好的品牌形象又较为迅速地平息了该负面事件，重新赢得了旅游者的信任。这种现象在一定程度上表明，大品牌更能从产品质量的负面事件中恢复。

品牌前沿 2-1　　葡萄酒旅游目的地的品牌权益

葡萄酒旅游兴起，葡萄酒庄已成为新兴的旅游目的地之一。葡萄酒旅游不仅能为酒庄带来额外的收入，还能改善当地的经济福祉，促进当地及其国家的经济发展。西班牙是世界上最大的葡萄酒生产国，亦是世界五大葡萄酒旅游目的地之一。戈麦斯（Gomez）、洛佩斯（Lopez）和莫林（Molin）三位学者以西班牙为研究对象，通过对葡萄酒庄经理和酒庄游客的调查，揭示出葡萄酒旅游目的地品牌权益的影响因素。

研究结果发现，原产地品牌形象、目的地形象是葡萄酒旅游目的地品牌权益的决定因素，其影响效果因利益相关者群体（葡萄酒厂管理者和葡萄酒厂游客）而异。研究证实，相较于管理者，游客更看重目的地形象。而管理者比游客更积极地评估葡萄酒旅游目的地品牌权益、原产地品牌形象和目的地形象。

该研究结果对于葡萄酒旅游活动的顾问、从业者和政策制定者有着重要启示。首先，相关的管理者/从业者可以通过开展相关活动，来提升葡萄酒旅游目的地的大众认知，进而增加游客数量并提高葡萄酒旅游目的地品牌权益。这些活动包括但不限于在学校举行葡萄酒聚会、美食研讨会和积极参与商业会议等。其次，考虑目的地形象对游客的重要性，相关管理者/从业者应积极开展联合活动。例如，葡萄酒厂与旅游组织合作开展营销宣传，以吸引游客。最后，相关管理者/从业者/政策制定者还应注重原产地名称协会（DO协会）的打造与发展。这样做可以提升西班牙葡萄酒旅游目的地的品牌权益和品牌形象，从而增加出口、投资和游客数量。

资料来源：Gomez M, Lopez C, Molina A. A model of tourism destination brand equity: The case of wine tourism destinations in Spain[J]. Tourism Management, 2015, 51: 210-222.

第二节　顾客心智中的旅游品牌知识

构建顾客为本的旅游品牌权益的关键在于顾客心智中的旅游品牌知识。旅游品牌之所以在未来有收益、有价值，是因为顾客拥有的旅游品牌知识造成了其对品牌的差异性反应。本节阐述什么是旅游品牌知识及其构成要素。

一、顾客心智中的旅游品牌知识

（一）联想网络记忆模型

心理学认为，在人们的大脑中，记忆是以节点及节点与节点之间的链环构成的。其中，节点代表了存储的信息，链环代表信息与信息之间的链接关系及链接程度。人们日常接触到的任何信息，包括语言、图像等都可以以信息节点的形式存储。节点与节点之间有链环连接，意味着激活某个节点，可连带激活与该节点相关的其他节点。激活其他节点的概率取决于两个节点之间链接的长度与强度。对某个节点的激活可能是由于外部信息的刺激，也有可能是源于内部长时记忆系统的激活。例如，当你想寻找一个旅游目的地去体验古代劳动人民的建筑智慧与汗水结晶时，你可能会马上想到长城，这是因为长城在华夏文明历史上有着不可磨灭的地位（如“孟姜女哭长城”等民间故事、“不到长城非好汉”等谚语）。在激活长城这个记忆节点后，你会联想起它的位置、景色、背景，以及朋友圈是否有好友在这里打过卡，等等。上述记忆激活的方式被称为激活扩散过程（spreading activation process），上述记忆模型被称为记忆的联想网络模型（associative network model）。[2]心理学家用网状图（如蛛网图）来形象地说明人们是如何存储知识，以及该存储有何特征。

（二）顾客心智中的旅游品牌知识的构成

遵循联想网络记忆模型，储存在消费者心智中的旅游品牌知识，是由旅游品牌节点与节点之间的连线构成。凯勒以记忆的联想网络模型为理论基础，推断认为，品牌知识是由品牌认知（brand awareness）与品牌形象（brand image）构成的。[3]旅游品牌认知涉及的是品牌名、品牌标识、品牌标语、品牌代言人、品牌定价、品牌产品类型、品牌产品质量等信息在消费者心智中被储存的广度和深度。旅游品牌形象是消费者对品牌所有联想的集合体，它反映了品牌在消费者记忆中的图景。优秀的品牌总能在消费者心智中扮演某个形象、占据某个独特位置。

下面以麦当劳为例，来解释品牌知识的两大要素——品牌认知与品牌形象。图 2-1 中，消费者在记忆中形成了对麦当劳的众多联想，其中圆圈部分代表着关键性的核心联想（如麦当劳的金色拱门、食谱等）。核心联想之下又有次级联想（如食谱包括具体的产品、产品质量等）。若一个联想由一个节点代表，那么所有这些节点就构成了品牌联想的内容。此外，节点与节点之间都有连线，线段距离代表了一个节点被激活后可以扩散至另一节点的速度，越短代表两个节点联系得越紧密。[4]节点与节点之间的方向性表明了信息节点之间相互影响的路径，品牌节点之间的影响具有非对称性。[5]

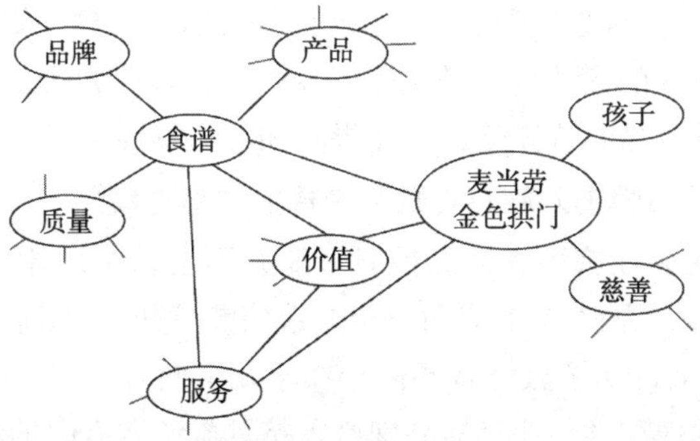

图 2-1　麦当劳的品牌联想

（资料来源：戴维·艾克. 创建强势品牌[M]. 北京：机械工业出版社，2012.）

二、旅游品牌认知

（一）旅游品牌认知的构成

旅游品牌认知（tourism brand awareness）包括旅游品牌识别（tourism brand recognition）和旅游品牌回忆（tourism brand recall）。[3]品牌识别是指当众多品牌同一时间呈现在消费者眼前时，消费者识别出目标品牌的能力；品牌回忆则是指在不呈现品牌的情形下，消费者从记忆中搜索出品牌的能力。可见，旅游品牌识别与旅游品牌回忆的区别在于旅游者在意识到品牌时，是基于回忆模式还是呈现模式。例如，假如你是希尔顿的忠实顾客，你正在为前往某地旅游而预订酒店。在未打开预订软件前，你就已经想好预订希尔顿品牌旗下的酒店，此时希尔顿品牌具有品牌回忆力。但如果你不能提前设想要预订什么品牌，但在浏览的过程中识别出希尔顿品牌旗下的酒店，此时希尔顿品牌只具有品牌识别力。

当旅游者的购买决策先于购买行为时，品牌回忆占据重要角色，那些最容易从记忆中提取的旅游品牌占据优势地位。[6]品牌识别强调在旅游者面对琳琅满目的旅游目的地和旅游产品时，其是否最易于被旅游者所识别出来。此时，品牌的颜色、包装、款式等外观将极大影响旅游者的识别过程。旅游者很多时候是有认知惰性的，部分消费行为常常在旅游决策终端才作出决定，那些提高品牌识别力的因素同样非常重要。

（二）旅游品牌认知的作用

1. 品牌认知让旅游品牌在市场竞争中“捷足先登”

建立品牌认知，让品牌更易于被消费者识别与回忆，这样品牌在众多的竞争对手中以最快速度被消费者所识别与回忆起来，成为消费者的优先选择对象，这种优势称为“捷足先登优势”。人是天生的思维懒惰者，在当前信息爆炸、信息超载的情况下更表现出对冗余信息的厌烦，为避免自身陷于信息海洋而无法做出有效的决策，人类发展出一些认知捷径（cognitive heuristics）来处理信息，并据此形成决策。[7]陌生的旅游品牌仅仅因为被旅游者多次注意到，就增加了品牌吸引力，这种因简单暴露而产生的好感就被称为简单暴露效应（mere exposure effect）。[8]又如，当询问旅游者是喜欢迪士尼还是环球影城时，那些更容易想出选择迪士尼理由的旅游者对迪士尼的评价更高，而那些更容易想出选择环球影城理由的消费者则对环球影城的评价更高，这种仅仅因为某种“知觉流畅性”（perceptual fluency）而导致的对品牌的高评价也是认知捷径的一种表现方式。[9]增加旅游者对旅游品牌的接触，就会提高旅游品牌认知度，从而提高知觉流畅性。

2. 品牌认知使旅游品牌进入旅游者购买选择的“考虑集”

认知惰性的存在还会让旅游者在选择时可能并不会系统地评估所有旅游品牌以及它们各自的优劣势，而只会在脑海中形成两三个候选旅游品牌，形成品牌考虑集（consideration set）。品牌考虑集一方面说明了旅游者倾向于在某几个旅游品牌之间进行转换；另一方面说明了旅游品牌竞争的残酷性，即目标品牌必须挤进旅游者有限的考虑集，已经进入考虑集的旅游品牌会抑制消费者考虑同类竞争旅游品牌，这就是“先入为主”。[10]旅游品牌认知带来的“捷足先登优势”在那些购买决策倾向于漫不经心的旅游者群体中表现更明显。

此时，消费者对产品选择表现出“低介入度”（low involvement）。

（三）建立旅游品牌认知的途径

旅游组织建立品牌认知的途径是让旅游者不断接触品牌元素，从而建立旅游品牌熟悉度。旅游品牌熟悉度的建立可以通过多种渠道得以实现，既有旅游品牌本身的元素（品牌名称、品牌标识、包装等），也可以通过旅游品牌次级联想建立认知度（如品牌的代言人、产地、渠道等）。例如，甘孜这个旅游目的地在自媒体时代一炮而红。它是怎样建立起如此高的品牌认知的呢？原来自媒体发挥了显著作用。一方面，当地旅游管理部门通过拍摄当地自然风光和风土人情，并且经由社交媒体分享，让旅游者接触到甘孜这个世外桃源；另一方面，当地旅游管理部门于 2020 年打造了网红丁真，丁真作为甘孜旅游目的地的形象代言人，加深了大众对甘孜的了解与认知。

为提高旅游品牌认知，旅游组织需要强化品牌与某个特定联结物之间的联系。旅游者只能记住旅游品牌的某个独特诉求，即独特销售诉求（unique selling proposition，USP），面面俱到式的宣传与定位只能导致旅游品牌的空心化。通过广告营销反复传播所选定的独特销售诉求，能提高旅游品牌认知。

三、旅游品牌形象

（一）旅游品牌形象的含义

旅游品牌形象是消费者对旅游品牌所有联想的集合体，它反映了旅游品牌在消费者记忆中的图景。旅游品牌联想的形成既源于旅游组织的品牌营销活动，也有可能源于非品牌营销活动。旅游者对旅游品牌形成的联想既可以通过旅游组织自身拥有的渠道获得（如官方网站、广告营销），也可以通过旅游组织之外的渠道获得（如第三方评论、其他消费者在网上的体验评论等）。今天，旅游品牌形象的形成更需要旅游者参与，这就是旅游品牌的价值共创（value co-creation），[11-12]旅游者不再是被动地接受旅游组织所传递的品牌内涵，而是会主动地参与到旅游品牌价值的生产与传递过程。共创过程成为旅游者品牌联想的重要渠道。如麦当劳设置了专门用于故事营销活动的微博账号——“麦桌桌”，将消费者故事全部分享和展示其中，该账号的运营开始于 2017 年 7 月，最后更新于 2017 年 9 月，为期 2 个月。通过这种讲述品牌消费者故事的设计模式，引导消费者表达了对品牌的态度，并与麦当劳一起塑造了品牌形象。

（二）旅游品牌联想的类型

消费者对旅游品牌的联想可以发生在以下三个层面上：品牌属性层面（attribute）、品牌利益层面（benefit）和品牌态度层面（attitude）。

1. 属性联想

属性是指产品或服务的特征。属性可以是与产品功能相关的属性（如产品规格、材料等），也可以是与产品本身功能无关的属性（如用户特征、使用场景等）。旅游组织需要了解旅游者关注的属性，因为旅游者会在属性判断基础上形成旅游品牌态度。

2. 利益联想

利益是消费者从产品或服务中获得的价值，是消费者对品牌的真正需求所在。品牌属性是利益的外显，品牌利益则是属性表象背后的“真相”。手段–目的链（means-end chain）模型认为，消费者在购买产品或服务时，其出发点是为了实现某种价值，为此需要获取某种利益，而满足该利益的方式就是提供消费者需要的产品或服务属性。因此，手段–目的链模型将品牌诉求分成由浅到深的三个逻辑阶段：属性–利益–价值，它为旅游组织开发品牌诉求提供了操作指南。例如，故宫文创的诉求逻辑是：融入清朝宫廷文化（属性），体现出特别的历史底蕴（利益），从而提升购买者的文化体验（价值）。旅游品牌利益分为功能利益（functional benefits）、情感利益（emotional benefits）和象征利益（symbolic benefits）三种类型。

第一，功能利益。功能利益往往涉及产品/服务的物理性质或性能。例如，酒店的功能利益表现为住宿、餐饮、会务等。

第二，情感利益。情感利益是消费者在消费过程中获得的某种积极、正面的情感体验，强势的旅游品牌往往赋予消费者良好的情感体验。

第三，象征利益。象征利益带给消费者更高层次的价值，如体现自尊、获得认同、获得赞赏等。例如，奢华酒店品牌往往强调传递某种象征利益。

3. 态度联想

品牌态度是消费者在产品/服务体验后形成的对品牌的整体评价。品牌管理者非常关心顾客对品牌的态度，因为营销活动总是通过影响消费者态度来促成购买行为或形成情感偏好。20 世纪 60 年代以来，众多学者投身研究态度，其中，费希宾（Fishbein）的多属性态度模型因其简明有效而获得广泛的运用，该模型认为态度通常由两方面组成，一方面是消费者对于购买产品的态度，即自我认知；另一方面是消费者认为其他人对此种产品的态度，即从众心理。

（三）构建旅游品牌联想

旅游组织的品牌经理人要创建旅游品牌联想，需要从三个方面着手：品牌联想的喜爱度、品牌联想的强度和品牌联想的独特性。

1. 品牌联想的喜爱度（favorability of brand association）

品牌联想三维度中首先要解决效价（valence）问题，即确保旅游品牌联想是积极的、正面的。例如，肯德基和麦当劳的品牌经理需要采取措施让顾客对其快餐食品形成正面联想（如“卫生”“快捷”等），回避负面联想（如“垃圾食品”等）。

2. 品牌联想的强度（strength of brand association）

品牌联想的强度与消费者加工和存储品牌信息的过程相关，消费者对旅游品牌信息越是深思熟虑，越是精细加工，该信息在记忆中就越容易得到强化，也就越容易被消费者从记忆中提取出来。例如，迪士尼在宣传片中添加了米老鼠、冰雪奇缘、白雪公主等动画 IP 人物，展示了可能与迪士尼消费相关的情景（主题趣玩、亲子互动、城堡烟花等），这些真实又梦幻的场景有助于迪士尼在旅游者心中确立“主题乐园”的定位。旅游品牌一旦与这些消费场景建立联系，则旅游者在碰到此类场景时将很容易从记忆中提取该品牌。

3. 品牌联想的独特性（uniqueness of brand association）

品牌联想的独特性与品牌定位息息相关。品牌管理者需要向消费者传递出本品牌与竞争者的差异性。例如，同样是酒店品牌，汉庭、如家等连锁酒店品牌追求产品的性价比，而安缦、悦榕庄等高端酒店品牌则强调环境所能带给消费者的独特体验。

品牌的独特性联想解决了品牌在一个品类中与其他品牌的区别问题。例如，在酒店品类中，安缦酒店以文化导向为消费者提供亲近自然的机会；迪拜帆船酒店以奢华为导向打造出“黄金屋”的称号；丽思·卡尔顿酒店则将服务作为信条融入经营点滴之中。越是在竞争激烈的市场，旅游品牌越需要强调其独特性。

总之，品牌知识是形成品牌权益的前提条件。要形成旅游品牌知识，旅游营销者必须让旅游者对旅游品牌有高度的认知，并对旅游品牌产生正面的、强有力的、独特的品牌联想。图 2-2 展示了品牌知识的构成要素。

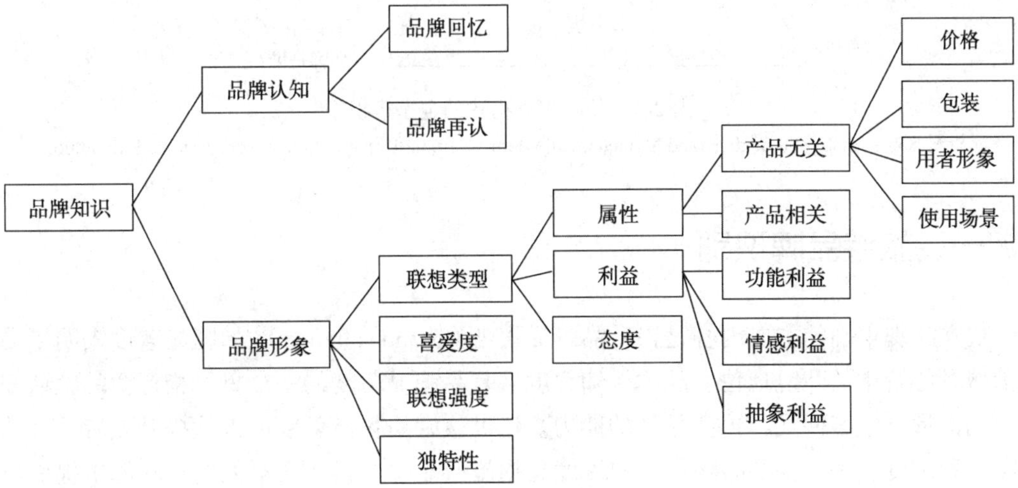

图 2-2　品牌知识图

（资料来源：Keller. Strategic Brand Management[M]. 3rd Edition. Upper Saddle River: Prentice Hall. 2006.）

第三节　构筑顾客为本的旅游品牌权益的逻辑

构筑顾客心智的品牌权益需要遵循四个逻辑阶段，每一阶段又由若干要素构成[1]。图 2-3 描绘了这四个逻辑阶段和每个阶段包括的要素。我们先对这四个阶段作如下概括。第一阶段为品牌识别，它主要解决“品牌是谁”的问题，品牌显著度越高，顾客就越清楚“他/她是谁”。第二阶段为品牌内涵，它解决品牌“代表什么”“有何内涵”的问题，品牌传递给顾客功能性利益和象征性利益。第三阶段为品牌响应，它表明顾客对品牌的反应，代表顾客对品牌如何“判断或感受”的问题。第四阶段为品牌关系，它反映了顾客与品牌之间的关系问题。①

图 2-3 展示了顾客心智中的品牌权益创建的四个阶段[1]，从金字塔底端初始的品牌显著度开始，直到顶端的品牌共鸣。如果用“脑与心”（理性与感性）为划分标准，品牌大体可分为两类：一类是以理性诉求为主的功能型品牌；另一类是以感性体验为主的享乐型品牌（如迪士尼乐园给旅游者的梦幻体验）。理性诉求为主的功能型品牌权益构建更为强调金字塔左侧的内容，以感性诉求为主的享乐型品牌则更注重金字塔右侧的内容。

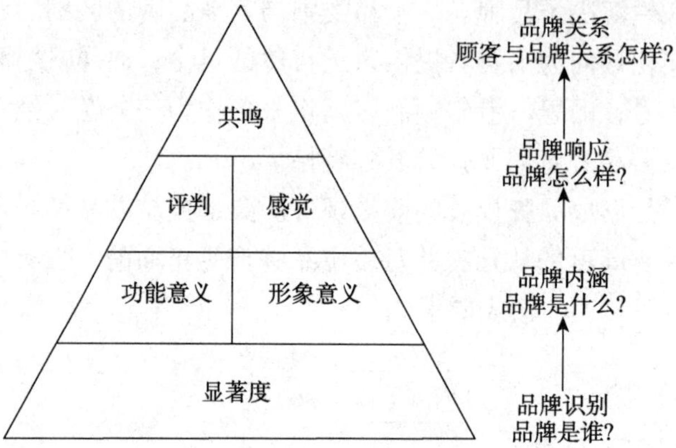

图 2-3 品牌权益构建的金字塔模型

（资料来源：Keller. Strategic Brand Management[M]. 3rd Edition. Upper Saddle River: Prentice Hall. 2006.）

一、旅游品牌识别

建立品牌识别的主要内容是提升品牌显著度（brand salience）。品牌显著度表明了品牌在消费者心智中的凸显地位，品牌认知程度就是品牌显著度的一个重要指标。品牌认知是在不同情形下顾客回忆与再认品牌的能力。建设旅游品牌显著度可以从提升旅游品牌认知的深度和广度着手。旅游品牌认知的深度是指旅游品牌及其元素被人们从脑海中提取出来的可能性以及难易程度。一个不用提示或稍加提示即可回忆起来的旅游品牌比一个需要具体呈现产品才能被识别的旅游品牌具有更深的品牌认知。旅游品牌认知的广度是指在旅游者记忆中，旅游品牌与购买场景、消费场景联系的范围。旅游品牌认知的广度经常被旅游组织管理者所忽略，对于多数旅游品牌而言，首要问题不是品牌是否被记忆，而在于品牌是在何时何地被记忆，以及该记忆的容易程度与频率。较窄的广度意味着旅游者将该旅游品牌限定在较少的使用场合，从而减少了品牌的使用数量。

拓展旅游品牌认知的广度通常有两个途径：第一个是识别与开发新的使用场合和使用机会，第二个是识别与开发新的使用方法。例如，携程从酒店预订到机票预订再到提供旅游线路与租车服务，不断拓展市场空间，该方法拓展了产品的使用场合，也有助于增进旅

① 关于顾客心智中的品牌权益的四个阶段的逻辑，此处主要参考了权威学者凯勒的文献 Keller L., Building customer-based brand equity[J]. Marketing Management, 2001, 10(2): 14-20. 为了让读者更全面理解这一逻辑，本书还综合了相关的权威学术研究成果并引用作者重点调研、观察的知名品牌案例来进行更贴切的诠释。

游品牌认知的广度。

建设品牌显著度对于中国的旅游组织品牌建设有着更为重要的意义。中国消费者更加注意旅游品牌知名度的作用，而广告曾是提高旅游品牌知名度的最常用手段；广告多的旅游品牌通常会被认为是大品牌，人们推断其产品与服务的质量更好，更值得信任。[13]滴滴快车在广告投入上就毫不手软，在微博、抖音、微信等社交 App 上都能看到滴滴的宣传片，其 2018 年投放的广告片《不是每一个英雄，都要拯救世界》讲述了四个滴滴司机的故事，更是打动了无数消费者的心。

二、旅游品牌内涵

（一）旅游品牌功效（brand performance）

旅游品牌功效表明旅游品牌背后的产品或服务能满足顾客对其功能需求的程度。品质是品牌功效的决定因素。针对中国市场的品牌研究发现，中国消费者对品牌的第一联想是品质，产品或服务质量几乎成为品牌的代名词。[13]首先，质量代表了安全/放心，旅游品牌可以减少旅游者对产品或服务质量的担心。其次，质量代表了产品或服务的人性化和个性化。旅游者认为，好品牌应该带给他们更舒适的体验、提升出行的便利度、关注旅游者的需求等。

此外，外围线索也成为判断旅游品牌功效的重要依据。旅游者在某些时候无法评估产品或服务属性，或者旅游者本身没有动力或能力对产品或服务属性进行判断，此时外围线索成为品牌功效的主要依据。产品来源国或产地就是影响品牌功效的非产品属性的外围线索。[14-15]例如，在旅游过程中的农产品购买中，旅游者往往会认为有地理标志的农产品质量会优于没有地理标志的农产品的质量，地理标志能够帮助旅游者快速识别产品的优势。此时，地理标志就是质量判断的外围线索。不少旅游纪念农产品会申请地理标志，不仅可以提高旅游者的品牌购买意愿，而且可以提升品牌溢价，因为消费者的消费动机不再是简单的实用性，而是更关注旅游产品所能带来的历史文化体验感。表 2-1 总结了消费者用以推断旅游产品或服务质量的部分外围线索。

表 2-1　常见的旅游产品或服务的质量线索

世界遗产	世界遗产是全人类公认的具有突出意义和普遍价值的文物古迹及自然景观
“非遗”传承	带有非物质文化遗产标签的旅游纪念品或目的地，会让旅游者拥有更强的文化认知与体验
地理标志	旅游者往往会认为有地理标志的农产品质量会优于没有地理标志的农产品的质量
主题公园 Logo	主题公园推出的专属纪念品较未贴标签的同类产品溢价能力更高
关键意见领袖	关键意见领袖的背书或推荐增加消费者对产品或服务的信任
产品或服务价格	产品或服务的高价格往往被认为是高质量的
第三方认证	公正权威的第三方评估认证为产品或服务的品质提供了担保

（二）旅游品牌形象（brand image）

旅游品牌形象是旅游者对旅游品牌所有联想的集合体，它反映了旅游品牌在旅游者记忆中的图景。旅游品牌形象超越了产品或服务的具体属性，体现了旅游品牌的抽象概念。旅游者既可以从自身的品牌使用体验构建旅游品牌形象，也可以通过品牌广告、他人口碑等方式建构旅游品牌形象。根据品牌形象的来源，旅游品牌形象大体上如下。

（1）旅游者形象。品牌使用者的形象往往是品牌形象的一个重要部分。例如，希尔顿和汉庭的住客形象就不同，希尔顿的住客形象是有高品质需求、高服务标准要求的出行人群，而汉庭的住客形象是快节奏的大众消费人群。旅游品牌现有使用者的人口统计因素或心理因素都可以成为潜在顾客的联想物。再如，旅游消费者一般认为，度假型目的地的潜在消费者多为年轻人，而历史文化型目的地的潜在消费者是中老年人。

旅游者形象对旅游品牌形象的作用是通过人们对使用者群体的刻板印象实现的。已有的旅游品牌使用者成为潜在顾客的参照群体，这个参照群体可区分为消费者期望回避的群体与渴望接近的群体。例如，广西巴马县是全国闻名的长寿村，并在旅游发展过程中成为最好的慢性病康复旅游目的地之一。但由于前来的游客多患癌症，慢慢变成了远近闻名的“癌症村”，这也让有意前往此地的游客多了更多担忧。出现这样的旅游目的地污名事件会对品牌的使用者形象造成负面影响。所幸的是，当地政府在意识到此问题后，联合当地企业及居民展开品牌传播活动，在共同努力下，有效重塑了长寿村的正面形象。

（2）旅游品牌个性。第二类品牌形象是旅游者可能会将旅游品牌视为一个人，从而赋予旅游品牌各种个性特征。詹尼弗·阿克（Jennifer Aaker）从 1997 年开始研究品牌个性（brand personality），她根据西方人格心理学中“大五”模型，以美国品牌为研究对象，发现品牌具有五大类个性，市场上近 90%的品牌可以归为五类个性之中。[4]具体而言，这五类个性是指：真诚（sincerity，如诚实、健康、愉悦）、刺激（excitement，如激情、富有想象力、时尚）、能干（competence，如可靠、睿智、成功）、教养（sophistication，如高贵、迷人）、粗犷（ruggedness，如外向、硬朗）。[16]品牌个性的概念自提出以来就得到广泛的接受，并被品牌管理人员运用于实践中。基于詹尼弗·阿克所提出的品牌个性框架，埃金吉（Ekinci）于 2006 年首次在旅游目的地背景下探讨了该框架的适用性和有效性，认为品牌个性是指旅游者所认同的一组与旅游地相关的人格特质，包括真诚、欢乐和刺激三个维度，其中真诚和刺激是主要因素。[5]

优秀的品牌总是有自身鲜明的个性。例如，云南阿者科村独具民族特色的哈尼族传统民居蘑菇房被古朴的石板路串联起来，仍旧保留着传统的祭祀和民俗文化，让来到这里的旅游者感到踏实，感到诚实质朴、具有负责任的态度，也能够感受到阿者科真诚的个性。北京故宫位于中国政治中心，近年来故宫博物院一直在不断创新，很多文创产品因新潮而广受现代年轻消费人群喜爱。例如，“故宫口红”，一经发售就卖到断货，成为网红产品；《我在故宫修文物》《国家宝藏》等也成为超高播放量的大热 IP……凡此种种，都让旅游者感到，那个曾经“高高在上”的古城，焕发出了一种全新的勃勃生机，体现了故宫的活力个性。

独特的品牌个性有助于旅游品牌通过差异化区别于竞争对手，增强旅游者的品牌偏好和效用，并在消费者和旅游品牌之间建立牢固的情感联系，获得更大的消费者信任和忠诚度，进而增强旅游品牌溢价能力。强有力的、正面的和独特的旅游品牌联想有助于消费者对旅游品牌作出行动。满足上述三维度的旅游品牌联想/品牌形象有助于提高消费者对旅游品牌的判断与感受，即旅游品牌建设的第三个阶段。

三、旅游品牌反应

（一）旅游品牌判断（brand judgment）

品牌判断是顾客在对品牌直接或间接体验基础上形成的总体评价，品牌功效和品牌形象都会影响消费者的品牌判断。品牌判断发生在两个层面：一个是态度层，另一个是行为意向层。前者是对品牌的态度评价，后者是对是否考虑购买品牌的判断。艾奇森（Ajzen）提出的多属性态度模型认为消费者对品牌的整体判断通常取决于品牌的具体属性与利益[17]。旅游者根据旅游品牌属性和属性的重要性计算出整体旅游品牌态度。例如，顾客对餐厅的评价会由餐厅的地理位置、服务水平、硬件设施、口感等各种因素综合而成。

态度可以预测行为意向，对旅游品牌的好感会带来品牌购买行为。旅游品牌建设要实现的最终目的在于增进旅游产品或者服务的销售，而让旅游者购买旅游品牌的前提是让旅游品牌进入旅游者的购买考虑集。实践经验表明，旅游者对旅游品牌的考虑集数量从 1 个到 5 个不等。

当然，消费者的判断或推断也受某些线索的启发。品牌前沿 2-2 介绍了一项有趣的研究，该研究发现将生态友好型产品摆放在众多市场情境（零售货架、线上商店、广告画面等）的视觉空间“上方”位置，能提高人们对产品的好评和购买意愿。该成果一经发表，就被旅游休闲领域的顶级期刊 *International Journal of Hospitality Management* 等所引用，空间上方位置摆放旅游目的地的生态友好型产品是促进游客消费与购买的积极线索。

品牌前沿 2-2　　生态友好型产品的视觉空间上方摆放效应

随着人类生活环境的不断恶化（如冰川融化、气候变暖等），加强推广生态友好型产品的消费得到越来越多的社会关注。旅游休闲业也需要引导游客购买生态友好型产品，以促进旅游目的地以及整个社会在环境保护方面的进步。然而，人们在实际消费中并不愿意购买生态友好型产品，这一现象在忽视环境问题、认为环境问题离自己很遥远的人群中尤为明显。基于此，由中国学者王海忠等人领衔，法国、澳大利亚等高校学者合作参与的一项研究，创新性地从空间视觉角度出发，提出将生态友好型产品摆放在视觉空间（如零售终端货架、印刷及电子广告画面等）的上方位置，能够提高消费者对生态友好型产品的积极态度和购买意愿。

研究结果表明：第一，垂直空间的上方位置与生态友好型产品之间存在积极、正面的隐喻关联，即将生态友好型产品摆放在视觉空间的上方位置，意味着购买生态友好型产品的行为是一种利他的、亲社会的“高尚”行为。第二，生态友好型产品摆放在视觉空间的上方位置，能显著地促进那些环境意识较为薄弱、认为环境问题离自己很远的人群提高绿色意识和购买行为。第三，生态友好型产品摆放在视觉空间的上方位置更符合人们的信息处理规律，能加快人们的信息接收流畅性。例如，生态友好型产品摆放在空间“上方”时，人们对这种视觉信息的加工流畅性评分为 7.29 分，但对摆放在空间“下方”时的评分却只有 5.98 分。可见，把生态友好型产品摆放在空间上方更符合人们的知觉规律。

这一研究成果对提高人们的绿色消费意识，促进经济领域（包括旅游休闲产业）实现绿色发展新理念，具有重要的意义。首先，该研究证明了生态友好型产品与“上方”空间位置之间的隐喻映射关系，因此卖方可以通过调整生态友好产品的空间位置来进行促销。其次，研究揭示了人们对环境问题的心理感知距离是促进消费者绿色行为的重要影响因素，因此对于认为自己远离环境问题的消费者来说，需要通过将生态友好型产品摆放在空间“上方”，以此有效触发他们对这些产品的积极态度反应。最后，研究创新性揭示出知觉加工流畅性这一驱动机制。将信息处理的范畴扩展到空间视觉位置信息，当消费者面对摆放在上方的生态友好型产品时，会加快人们的信息处理流畅性。可见，如何摆放生态友好型产品的空间位置，要尊重人们的心理知觉规律。

资料来源：Wang H, Shen M, Song Y A, et al. Do up-displayed eco-friendly products always perform better? The moderating role of psychological distance[J]. Journal of Business Research, 2020, 114: 198-212.

（二）旅游品牌体验（brand experience）

品牌体验是一种主观的、内在的态度反应（诸如认知、情感和感觉）和行为反应。品牌体验概念可追溯到体验经济和体验营销。最早于 20 世纪 90 年代，约瑟夫 · 派恩（B. Joseph Pine）和詹姆斯 · 吉尔摩（James H. Gilmore）论述了体验经济的概念，体验是企业以服务为舞台，以商品为道具，围绕消费者创造出值得消费者回忆的活动。[18]在体验概念提出后，营销领域的学者相继提出了顾客体验、产品体验、服务体验、消费体验等概念。施密特（Schmidt）博士提出的体验营销概念获得最大关注，其著作《体验式营销》将不同的体验形式总称为战略体验模块——知觉体验、思维体验、行为体验、情感体验和关联体验[19]，即体验营销要求企业从消费者的感官（sense）、情感（feel）、思考（think）、行动（act）、关联（relate）五个方面定义、设计营销策略。

体验营销突破了“理性消费者”假设，认为消费者的消费行为除了包含知识、智力、思考等理性因素以外，还包含感官、情感、情绪等感性因素。品牌体验具体包括感官体验、情感体验、思维体验和行动体验四个维度。基于此，斯图尔特 · 巴尔内斯（Stuart Barnes）在 2014 年提出，四维品牌体验模型特别适用于旅游情境，他们将该模型发展为旅游目的地品牌体验模型，并检验了四个维度对重游意向和口碑推荐的中介作用，研究发现旅游品牌体验显著影响游客满意度和忠诚度。[8]感官体验是由视觉、听觉、嗅觉、味觉及触觉形成的知觉刺激，以形成美学的愉悦、兴奋、美丽与满足；情感体验可由正、负面的心情及强烈的感情所构成；思维体验可通过创造惊奇感、诱发及刺激而产生，以吸引消费者注意、引发好奇心；行为体验可通过创造身体感受行为模式、生活形态及互动关系而形成。品牌体验的研究让旅游品牌建设回归于营销的本质——满足消费者作为人的直觉需求，而不是理性推断。[20]表 2-2 是国际上有代表意义的品牌体验的测量量表。品牌案例 2-3 描绘了全球顶尖旅游品牌迪尼士是如何贯彻落实四维度品牌体验的。

表 2-2 品牌体验测量量表

感官体验（sensory）	这个品牌在视觉或其他感官上给我留下深刻印象
	在感官体验上，我觉得这个品牌是很有趣的
	这个品牌在感官体验上一点也不能吸引我*
情感体验（affective）	这个品牌能够促发我很多的感情与情感
	我对这个品牌并没有很强烈的感情色彩*
	这个品牌是一个情感化的品牌
行为体验（behavioral）	当我使用这个品牌时，我很愿意与它发生深入互动
	消费这个品牌可以让人产生身体上的体验（body experience）
	这个品牌不是行动导向（action oriented）*
思维体验（intellectual）	当我接触到这个品牌时，我会投入很多知识去思考它
	这个品牌不会引发我的思考*
	这个品牌会引发我的好奇与解决问题的兴趣

注："*"表示反向问题。

品牌案例 2-3　迪士尼——极致体验，带你进入欢乐魔法世界

1955 年，世界上第一个迪士尼乐园——加州迪士尼乐园诞生。截至目前，迪士尼已经在全球建立了六个迪士尼乐园，成为当之无愧的主题乐园巨头。那么迪士尼是如何做到的呢？其中，体验营销功不可没。每位进入迪士尼游玩的游客都会读到这样一句话：在这里，你将进入幻想和魔法的世界。迪士尼通过打造别具一格的体验营销，带领游客进入欢乐的幻想和魔法的世界。在此，就让我们一起领略迪士尼如何将品牌体验四维度落地生根。

- **感官体验**

感官体验在迪士尼乐园中无处不在，是乐园为游客所提供的最基础体验形式。以奥兰多迪士尼世界为例，园内设有中央大街、小世界、明日世界、拓荒之地等区域，不同区域内装修风格各异。中央大街上布置老式马车、怀旧餐厅茶室等，让游客梦回 19 世纪、20 世纪的美国。而拓荒之地，则让人重温移民拓荒情境。此外，随处可见的米老鼠等卡通角色、新奇刺激的机动游戏以及梦幻快乐的三维电影等，都为游客提供了丰富的感官体验。

- **情感体验**

迪士尼乐园致力于为游客创造欢乐的情感体验。除了提供各种娱乐设施外，优质的服务质量是迪士尼为游客提供欢乐体验的重要保障。首先，迪士尼乐园在员工内部注重营造"享受工作、快乐工作"的氛围，激发员工的积极性。员工充满快乐的 DNA，会感染每个游客。其次，设置"S.C.S.E"员工基本行动准则，S.C.S.E 准则是指安全（safety）、庄重（courtesy）、全情表演（show）、高效（efficiency），这一准则赋予员工自主判断并采取行动的权利与责任，并将其贯彻到员工的所有日常工作中。通过上述措施，迪士尼培养了一批能够“制造快乐”的员工。这些员工亲切热情，为游客提供人性化服务，让游客尽享欢乐感受。

- **行为体验**

迪士尼乐园意识到，要向游客传递“欢乐、梦幻”，不能只局限于感官、情感体验，还应注重行为体验，即为游客提供参与互动的机会。在巴黎迪士尼乐园，游客可与米老鼠、白雪公主等童话人物一起巡游，并有机会参与相关电影的拍摄工作；在上海迪士尼乐园，游客可与演员扮成的玲娜贝儿、星黛露等卡通人物互动；在洛杉矶迪士尼乐园与奥兰多迪士尼世界，游客可以举行童话婚礼，将新娘装扮成公主，乘坐豪华马车到达婚礼地点，与王子进行婚礼仪式，在婚礼中，米奇、米妮以及众多迪士尼人物还会翩翩起舞。此项业务一经推出，便受到游客青睐。迪士尼乐园通过行为体验，让游客真切感受到欢乐与梦幻。

- **思维体验**

迪士尼亦注重为游客提供思维体验，让游客在游玩过程中能够学到一定的知识。针对少年儿童群体，迪士尼设计了形式各异的文教活动，让孩子们既能玩得开心，又能学得快乐。如香港迪士尼乐园举办的“迪士尼公主梦幻世界”活动，能让孩子们学习待人接物、着装、餐饮等方面的知识。又如，迪士尼联合少儿节目《小神龙俱乐部》所播放的《迪士尼公主梦幻宝典》系列节目，让孩子在观看故事的同时，塑造其独立、坚强、勇敢的品质。而针对成年游客群体，迪士尼则主要进行自然生物、地理环境等方面的知识科普。

资料来源：王美娜. 迪士尼乐园的体验营销组合策略[J]. 中国商界（下半月），2010（3）：125-126，136.

四、旅游品牌关系

（一）旅游品牌共鸣（brand resonance）

旅游品牌共鸣是指消费者与旅游品牌之间“同喜同悲”的程度。品牌共鸣位于品牌建设金字塔模型的顶端，它意味着消费者与品牌之间既有情感联系，又有行动承诺。这种情感联系包括对品牌的依恋（brand attachment），最后达到对品牌至爱的程度（brand love）。行动承诺可以体现在重复购买品牌、向他人推荐品牌以及抵制品牌负面信息等行为上。研究表明，当消费者与品牌之间建立认同后，即使面对该品牌的负面消息也会主动为品牌辩护。[21-23]

人们购买旅游品牌产品或服务的重要原因在于旅游品牌有助于消费者表达自我身份，久而久之，消费者与旅游品牌之间就发展了情感联系，这是类似于人与人之间（如男女之间）的依恋关系。朴克（Park）等人就把品牌依恋定义为消费者自我与品牌之间的认知和情感联结。[24]这种依恋关系的极致是消费者对品牌的至爱。美国密歇根大学的拉吉夫·巴特教授（Rajeev Batra）等提出品牌至爱包含了对品牌的积极评价、依恋和热情，[25]并开发出品牌至爱的测量量表，据此测量、评估消费者与品牌之间的至爱程度。[26]对旅游品牌拥有“爱”的狂热的消费者会表现出将品牌标识烙印在自己身上、彻夜排队等候其新产品上市的热情行为。值得注意的是，旅游者自我形象一致性也会对旅游品牌偏好产生影响，进而产生与旅游品牌的共鸣。

品牌前沿 2-3　　消费者自我形象一致性如何影响品牌偏好?

自我形象一致性可以预测消费者的情感反应和偏好，对于品牌价值表达、服务质量改进、广告投放效果至关重要。自我形象包括两种类型：真实的自我形象（描述一个人的真实身份是怎样的）以及理想的自我形象（描述一个人渴望成为什么样）。以往的研究中实际自我形象和理想自我形象的一致性被认为会对消费者的品牌偏好产生相同的影响。然而，最近的研究更仔细地区分了它们之间的差异，实际的自我形象一致性和理想的自我形象一致性在考虑其他因素影响时可能对品牌偏好和行为决策表现出不同的效果。基于此，黎耀奇等人检验了实际和理想的自我形象一致性是不是两种不同的构念，并通过自我品牌联系的中介作用和自我激励的调节作用探讨了自我一致性对品牌偏好的影响。

本研究采用问卷调查的方式进行，数据来源于中国广州、珠海和惠州的六个购物中心，共收集了461份有效问卷进行验证性因子分析和假设检验。研究结果表明，实际和理想的自我形象一致性与品牌偏好之间均存在正向相关关系，自我品牌联系在实际的或理想的自我形象一致性和品牌偏好之间起着中介作用。此外，自我形象一致性与自我形象联系之间的关系受到自我动机的调节，其中，自我验证动机调节了实际自我形象一致性通过自我品牌联系来影响品牌偏好的关系，自我增强动机调节了理想自我形象一致性通过自我品牌联系影响品牌偏好的关系。

研究结果为企业消费者品牌偏好管理提供了新的途径。企业在形成品牌战略时需要决定是引入品牌形象来激发消费者理想的自我还是传达真实的自我，因为实际的自我形象一致性不同于理想的自我形象一致，例如，如果消费者认为自己是“随和、友好和热情的”，管理者可以在品牌沟通中实施一个实际的自我形象一致性策略来增加消费者自己的实际自我形象和品牌形象之间的一致性，并可能增加品牌偏好。因此，当一个品牌试图通过品牌形象与消费者建立联系时，一个基于消费者自我形象的动态细分和品牌计划是非常重要的。此外，品牌管理需要考虑消费者的不同动机，可以利用不同的广告策略进行信息沟通，根据消费者不同的动机建立与自我品牌联系相关的消费者实际或理想的自我形象一致性。

资料来源：Li Y., Zhang C, Shelby L, et al. Customers' self-image congruity and brand preference: A moderated mediation model of self-brand connection and self-motivation[J]. Journal of Product & Brand Management, 2022, 31(5): 798-807.

对旅游品牌拥有共鸣的旅游者会表现出重复购买和重游行为。对于旅游品牌来说，仅仅购买或游览一次的旅游者无法给品牌带来稳定且可持续的收入来源，而只有那些会重复购买或者重游的旅游者才是品牌希望吸引和保留的消费者，并且对旅游品牌拥有共鸣的旅游者还会主动向他人推荐自己钟爱的旅游品牌。正如前文所提到的东京迪士尼重游率神话，高质量、人性化的服务表现不仅保障和提升了游客在东京迪士尼的游玩体验，还赢得了游客的青睐与推荐，实现广泛的口碑集客效果。此外，即使当旅游品牌深陷负面信息的旋涡时，忠诚的顾客也会认为旅游品牌负面信息不可信，当无法否认负面信息时，还会认为旅游品牌被攻击的某个方面是无足轻重的。[27]

品牌前沿 2-4　目的地品牌至爱的前因与后果——来自芬兰拉普兰的案例研究

禺拉斯（Ylläs）位于芬兰拉普兰北极圈北部，是知名的大型户外度假胜地。禺拉斯内含森林、湿地和湖泊等景观，拥有滑雪场等设施，可开展越野滑雪、冬季自行车和山地自行车、徒步旅行等活动。现在禺拉斯越来越受国际游客的欢迎，据芬兰统计局 2017 年数据，每年约有 50 万人访问禺拉斯。来自芬兰的三位学者阿罗（Aro）、索米（Suomi）、萨拉涅米（Saraniemi）以禺拉斯为案例地，研究影响目的地品牌至爱形成的因素，以及目的地品牌至爱所带来的效果。

研究者对到禺拉斯度假的游客进行了半结构化访谈，访谈内容包括禺拉斯的口碑、负面经历等。这些问题都以开放形式呈现，如“你为什么多次访问禺拉斯？”“你在禺拉斯有过任何负面经历吗？”……研究结果表明，游客在访问期间所经历的积极体验、品牌个性、品牌的自我表达等都会影响品牌至爱的形成。同时，品牌至爱能够给目的地带来积极的效果，例如，品牌至爱提高了游客的忠诚度，提升了游客的重游意愿等。

研究结果给目的地管理者和营销人员丰富的营销启示。首先，目的地可以采取相应措施，提高目的地的游客重游率。这些措施包括但不限于开发专门为游客提供交通和住宿选择的应用程序、帮助游客规划旅行活动等。其次，目的地在进行营销宣传时应当纳入当地景观、历史等内容，以凸显目的地的独特性，吸引游客。最后，为了与游客保持长期良好关系，目的地品牌可以在社交媒体上培育品牌社区，促进目的地与游客，以及游客相互之间的互动。

资料来源：Aro K, Suomi K, Saraniemi S. Antecedents and consequences of destination brand love—A case study from Finnish Lapland[J]. Tourism Management, 2018, 67: 71-81.

【本章小结】

1. 顾客为本的旅游品牌权益认为，旅游品牌权益是顾客对旅游品牌所拥有的知识引起的对品牌营销活动的差异性反应，它包括两个要素：①顾客的差异性反应；②顾客的品牌知识。

2. 创造旅游品牌权益的关键是在旅游者心智中构建丰富的旅游品牌知识，品牌知识由品牌认知与品牌形象构成。品牌认知具有“捷足先登”的作用。

3. 旅游品牌形象是消费者对旅游品牌的所有联想的集合体，它反映了旅游品牌在旅游者记忆中的图景。品牌联想发生在三个层面：品牌属性层面、品牌利益层面和品牌态度层面。旅游品牌需要在旅游者心目建立起正面的、强有力的和独特的联想。

4. 创建旅游品牌权益逻辑上分为四个阶段：旅游品牌识别、旅游品牌内涵、旅游品牌响应和旅游品牌关系。

【术语（中英文对照）】

简单暴露效应 mere exposure effect　　品牌权益 brand equity
知觉流畅性 perceptual fluency　　品牌价值链 brand value chain
顾客视角的品牌权益 customer-based brand equity（CBBE）
考虑集 consideration set
独特销售点 unique selling point（USP）　　垂直品牌延伸 vertical extension
价值共创 value co-creation　　品牌知识 brand knowledge
建构品牌知识 construct brand knowledge　　联想网络模型 associative network model
品牌属性 brand attribute　　品牌利益 brand benefit
品牌认知 brand awareness　　品牌态度 brand attitude
品牌形象 brand image　　手段目的链模型 means-end chain
品牌再认 brand recognition　　功能利益 functional benefits
品牌回忆 brand recall　　情感利益 emotional benefits
品牌个性 brand personality　　抽象利益 symbolic benefits
品牌判断 brand judgment　　品牌体验 brand experience
品牌共鸣 brand resonance　　品牌联想强度 strength of brand association
品牌联想喜爱度 favorability of brand association
品牌联想独特性 uniqueness of brand association
品牌依恋 brand attachment　　品牌至爱 brand love
品牌显著度 brand salience　　体验营销 experience marketing
品牌功效 brand performance

【即测即练】

一、选择题

自学自测　　扫描此码

二、名词解释

1. 基于顾客的旅游品牌资产（customer-based brand asset）
2. 旅游品牌知识（brand knowledge）
3. 旅游品牌认知（brand awareness）
4. 旅游品牌显著度（brand salience）

三、简答题

1. 结合一个具体的旅游品牌，回答创建强势品牌的四个阶梯分别是什么？
2. 基于顾客的旅游品牌权益的关键要素是什么？
3. 简要陈述旅游品牌认知的构成及作用。
4. 品牌权益对旅游企业的重要意义有哪些？
5. 简述旅游品牌联想的主要类型。
6. 如何从深度和广度来构建旅游品牌显著度？

【思考与讨论】

1. 品牌权益概念对旅游品牌经营管理的意义是什么？
2. 旅游组织提升品牌认知度的手段有哪些？
3. 创建好的旅游品牌体验的方法与手段有哪些？

【参考文献】

[1] 凯文·莱恩·凯勒. 战略品牌管理（第 3 版）[M]. 卢泰宏，吴水龙，译. 北京：中国人民大学出版社, 2009.

[2] Anderson J R. The Architecture of Cognition[M]. Cambridge, MA: Harvard University Press, 1983.

[3] Keller K L. Conceptualizing, measuring, and managing customer-based brand equity[J]. Journal of Marketing, 1993, 57(1): 1-22.

[4] John D R, Loken B, Joiner C. The negative impact of extensions: Can flagship products be diluted?[J]. Journal of Marketing, 1998, 62(1): 19-32.

[5] Herr P M, Farquhar P H, Fazio R H. Impact of dominance and relatedness on brand extensions[J]. Journal of Consumer Psychology, 1996, 5(2): 135-159.

[6] Menon G, Raghubir P. Ease-of-retrieval as an automatic input in judgments: A mere-accessibility framework?[J]. Journal of Consumer Research, 2003, 30(2): 230-243.

[7] Judgment under Uncertainty: Heuristics and Biases[M]. Cambridge university press, 1982.

[8] Fang X, Singh S, Ahluwalia R. An examination of different explanations for the mere exposure effect[J]. Journal of Consumer Research, 2007, 34(1): 97-103.

[9] Reber R, Winkielman P, Schwarz N. Effects of perceptual fluency on affective judgments[J]. Psychological Science, 1998, 9(1): 45-48.

[10] Ahluwalia R, Gürhan-Canli Z. The effects of extensions on the family brand name: An accessibility-

diagnosticity perspective[J]. Journal of Consumer Research, 2000, 27(3): 371-381.
[11] Payne A F, Storbacka K, Frow P. Managing the co-creation of value[J]. Journal of the Academy of Marketing Science, 2008, 36(1): 83-96.
[12] Vargo S L, Lusch R F. Evolving to a New dominant logic for marketing[J]. Journal of Marketing, 2004, 68(1): 1-17.
[13] 王海忠. 中国消费者品牌知识结构图及其营销管理内涵[J]. 财经问题研究, 2006 (12): 59-66.
[14] Bilkey W J, Nes E. Country-of-origin effects on product evaluations[J]. Journal of International Business Studies, 1982, 13(1): 89-100.
[15] Johansson J K, Douglas S P, Nonaka I. Assessing the impact of country of origin on product evaluations: A new methodological perspective[J]. Journal of Marketing Research, 1985, 22(4): 388-396.
[16] Aaker J L. Dimensions of brand personality[J]. Journal of Marketing Research, 1994, 34(3), 347-356.
[17] Ajzen I. The theory of planned behavior[J]. Organizational Behavior and Human Decision Processes, 1991, 50(2): 179-211.
[18] 约瑟夫・深恩, 詹姆斯・H. 体验经济[M]. 吉尔摩. 毕崇毅, 译. 北京: 机械工业出版社, 2012.
[19] Schmitt B H. Experiential Marketing: How to Get Customers to Sense, Feel, Think, Act and Relate to Your Company and Brand.[M]. New York, 1999.
[20] Brakus J J, Schmitt B H, Zarantonello L. Brand experience: what is it? how is it measured? Does it affect loyalty?[J]. Journal of Marketing, 2009, 73(3): 52-68.
[21] Ahluwalia R, Burnkrant R E, Unnava H R. Consumer response to negative publicity: The moderating role of commitment[J]. Journal of Marketing Research, 2000, 37(2): 203-214.
[22] Raju S, Unnava H R, Montgomery N V. The effect of brand commitment on the evaluation of nonpreferred brands: A disconfirmation process[J]. Journal of Consumer Research, 2009, 35(5): 851-863.
[23] Cheng S Y Y, White T B, Chaplin L N. The effects of self-brand connections on responses to brand failure: A new look at the consumer–brand relationship[J]. Journal of Consumer Psychology, 2012, 22(2): 280-288.
[24] Park C W, MacInnis D J, Priester J, et al. Brand attachment and brand attitude strength: Conceptual and empirical differentiation of two critical brand equity drivers[J]. Journal of Marketing, 2010, 74(6): 1-17.
[25] Carroll B A, Ahuvia A C. Some antecedents and outcomes of brand love[J]. Marketing Letters, 2006, 17(2): 79-89.
[26] 彭韧. 管理客户终身价值[J]. 21 世纪商业评论, 2007(11): 86-89.
[27] Ahluwalia R, Unnava H R, Burnkrant R E. The moderating role of commitment on the spillover effect of marketing communications[J]. Journal of Marketing Research, 2001, 38(4): 458-470.

第三章
旅游服务质量感知

没有质量，就没有销售；没有销售，就没有利润；没有利润，就没有工作。

——美国汽车工人联合会（UAW）

学习目的

学习本章之后，读者将对以下品牌问题有更清晰、准确和透彻的理解：

- 什么是质量？为什么创建旅游品牌与质量不可分离？
- 世界上有哪些有影响力的质量管理理念？代表性人物有哪些？
- 什么是旅游服务质量？旅游服务质量的构成要素和特点分别是什么？
- 如何理解基于顾客的感知质量？
- 如何从顾客、品牌、公司视角理解旅游服务感知质量的重要性？
- 公司可以采取哪些策略提升旅游品牌在消费者心目中的感知质量？

本章案例

- 众信旅游——以“匠人之心”打造“匠人之作”
- 旅行人格酒店——亚朵与马蜂窝的双赢营销
- 服务机器人“润”——助力酒店口碑提升
- 欢乐谷——质量为先造就品质

开篇案例　众信旅游——以“匠人之心”打造“匠人之作”

众信旅游集团成立于1995年，是全国最大的出境旅游运营商之一和全国最大的出境游批发商之一。众信旅游主打出境游批发、出境游零售、整合营销服务三大出境游业务，同时也为顾客提供游学、移民置业、旅游金融、健康医疗等一系列出境综合服务。2019年，众信旅游全年总服务人次超过210万。

从1995年企业成立，到2014年深交所挂牌上市成为万众瞩目的“民营旅行社第一股”，再到跻身中国旅游集团二十强，在这20多年里，面对瞬息万变的旅游市场、不断转型升级的旅游需求以及越发激烈的行业竞争，众信旅游何以能取得不凡的品牌佳绩？以服务品质为前提，以产品为核心，为顾客提供高品质服务与产品便是众信旅游的制胜秘笈。

1. 制定标准，培训员工，打造规范标准化服务

旅游服务具有无形性、生产和消费不可分离等特点，要保证旅游服务的品质，制定服务标准是关键。众信旅游制定了出境旅游服务标准体系，具体包括服务通用基础标准体系、服务保障标准体系、服务提供标准体系、岗位工作标准体系四部分，共计150多条，完整覆盖旅游服务的行前、行中、行后各个环节，以此实现了对各项业务流程的科学、精准、规范化管理。员工是流程优化的践行者和服务标准的落实者，为此，众信旅游建立了科学、系统的员工培训机制，通过全行业独树一帜的立体培训课程，整体提升一线员工的综合服务能力。旅游服务的好坏，是否取得如期的旅游效果，是否实现了如期的满意度，都需要通过客户对服务的感知来检验。众信旅游还注重服务反馈，通过游客评议表、呼叫中心回访等多种方式获取客户反馈评价，对于不合格产品和服务进行针对性分析，制定整改措施，对服务质量体系进行持续改进，并辅以“质量年”“标准年”等活动，使旅游服务更加标准化、规范化、系统化，正所谓“没有最好，只有更好”。众信旅游始终坚持将顾客感受和体验放在第一位，通过操作规范化、标准化来提高服务质量，打造了行业领先的服务标准和服务品牌，为消费者提供专业、有保障的一站式全方位服务。

2. 扩规模，降成本，整合资源，提供可靠优质产品

从更大范围、更高层次、更强密度整合高品质供应商资源，并对整个供应商体系管理进行持续完善细化，是旅游企业提高成本把控能力、保证接待服务质量的重要手段，亦是决定企业价值创造力和拓展边界的重要因素之一。众信旅游经过20余年的飞速发展，通过自身对行业发展的影响力，对上游资源的不断拓展和掌握，已在公司业务的上游资源上形成得天独厚的优势。

在航空资源方面，众信旅游拥有自己的机票代理资质，并与国内、国际50多家航空公司建立了长期紧密的合作关系，是中国国航、奥地利航空、海南航空、卡塔尔航空等多家航空公司的A类客户。不管是国际航班、国际国内联运，还是国际联运，众信旅游都能在很短时间内提出机票配置的最优解决方案。在旅行社资源方面，截至2015年，众信旅游通过签订协议等方式已与全球各大洲90多个国家和地区的400多个地接社建立了合作关系，是这些地接社的重要客户，并视情况直接与境外酒店、餐厅、旅游车公司、景区联系，定期进行供应商筛选。2018 年，众信旅游最终完成众信旅游和竹园国旅原有两家大的出境游批发商的完全合并，进一步凸显公司规模效应以及加强成本控制。

在整合丰富优质上游资源的基础上，众信旅游在淡旺季都可以用优惠价格拿到充足的机票、景区门票等产品，在实现低成本、规模化运作的同时，为客户提供了可靠的、优质的旅游服务产品。

3. 洞察需求，不断创新，推动产品的升级迭代

公司成立不久，众信旅游就意识到品牌想要长久发展，不仅要巩固已有业务，还要直接与游客接触，洞悉其需求，研发符合不同游客需求的新产品。例如，2007 年，在中国邮轮市场方兴未艾之际，众信旅游包下国际豪华邮轮歌诗达号，举办银婚晚会、诗歌朗诵、“小小航海家”、“小小外交官”等多项主题活动，开展邮轮旅游业务，吸引了众多不同年龄、不同需求的游客。此后，众信旅游逐渐建立了一整套完善的产品研发体系，打造了一支专业产品研发队伍，不断对产品进行升级换代。

众信旅游每年都会以游客需求为核心，以目标人群的偏好为划分依据，推出不同系列的年度产品。以 2018 年为例，年初众信旅游在北京发布 2018 年度产品，以“U-tour Design”为核心理念,从产品制造向产品创造进一步升级，推出“设计师系列”“一家一团系列”“五天年假系列”“达人带路系列”四大原创品牌产品系列，强调旅行产品的创造力、品质感和服务性，旨在满足新时代广大消费者的旅游及美好生活需要。其中，“一家一团系列”是专为家庭游消费群体设计的独创品牌系列产品，体现了众信旅游对家庭旅行新需求的独特洞察，提出了“专属、自由、私密、省钱、省心、放心”的服务理念。从 2012 年的 U-MINITOUR 到 2016 年年底的“一家一团”，众信旅游为提升家庭游品质持续迭代更新，不断追求完美细致，让服务更有温度。“五天年假系列”则被定义为“属于年轻上班族的半自助旅行”，该系列 36 条产品线全部按照假期时间合理设计产品团期及行程天数，安排符合年轻人喜好的新奇体验活动、时尚购物场所、特色美食等，定价符合年轻上班族消费水平，建立起独特的产品竞争优势，体现了众信旅游不断进行“产品向上”，适应年轻一代对旅游产品的升级需求。“设计师系列”以及“达人带路系列”则带有鲜明的性格色彩和社群属性，更能增加游客的获得感和幸福感。

众信旅游锐意创新，目前已为消费者推出上千款优质旅游产品，在旅博会上荣获“最佳产品销售奖”“最佳人气奖”“最受欢迎旅行社”等诸多奖项。

4. 线上线下结合，双渠道打造优异感知质量

自 2007 年以来，众信旅游坚持实施“批发零售一体、线上线下结合”的发展战略，建立了基本覆盖全国的旅行社代理商网络，并通过众信会员俱乐部，为会员提供差异化、贴心的服务，拥有大批忠实稳定的客户群；旗下众信旅游网作为专业的旅行服务电子商务网站，为旅游者提供团队游、自由行、酒店预订、签证服务、会员服务等一站式全方位的旅游服务。

在线下渠道方面，自 2016 年起，众信旅游开始较为明显地扩张线下门店区域，部分重点区域已将市场拓展下沉至三、四线城市，在维持门店保有量的基础上，公司门店数量仍在逐年稳步增长，截至2020年年末，公司在全国16个省、自治区、直辖市拥有开业零售门店852家，签约门店数量1000余家。线下零售终端会不定期开展会员特卖会、参展旅交会、商场巡展、社区推广等各类落地推广活动，加强员工培训，并与多所旅游院校进行校企合作，为零售门店做好人员储备，这使得消费者能够通过有形的线下门店环境对公司优质产品和服务形成更直观的了解。此外，2018年众信旅游会员俱乐部举办主题会员沙龙100多场次，覆盖摄影、绘画、手作、养生、品酒、旅游文化分享等多个社群，通过细分社群圈层进行精准运营，为会员提供更加个性化的服务。

在线上渠道方面，2018年众信旅游与头条旅游联合推出#年假去旅行#话题，话题收到微头条5090条、小视频4506则，3.8万人次参与讨论，累计曝光量达2.4亿次。在知乎则推出品牌提问："春节去哪些地方旅行，才能成功避开人山人海？"吸聚100多条高质量内容，共同为春节全家旅行的主题发声，较好地将春节小众目的地产品系列推向目标客群市场。2020年，众信旅游集团正式启动"全球旅行达人招募计划"，该计划将把上游目的地资源、下游零售渠道以优质内容和独家产品为纽带进行打通，以更精准的"内容+场景"营销，建立更有效的旅行产品"带货"路径。

在"以服务品质为前提，以产品为核心"的发展理念指引下，众信旅游在20余年发展过程中不断加快优质资源聚集、产品创新、服务升级，为消费者提供了丰富优质且独具特色的出境游产品和服务，为消费者创造了美好的旅行体验。

资料来源：

[1] 赵垒. 众信旅游：以"匠人之心"打造"匠人之作"[EB/OL]. 中国旅游新闻网.

[2] 众信旅游. 2018年年度报告[R].

[3] 众信旅游. 2016年年度报告[R].

党的二十大报告指出，高质量发展是全面建设社会主义现代化国家的首要任务。中国式现代化的本质要求我们坚持中国共产党领导，坚持中国特色社会主义，着力推进高质量发展，推动构建新发展格局，实施供给侧结构性改革。未来五年是全面建设社会主义现代化国家开局起步的关键时期，我国将以"经济高质量发展取得新突破，科技自立自强能力显著提升，构建新发展格局和建设现代化经济体系取得重大进展"为主要目标任务。众信旅游品牌的案例向我们诠释了服务品质对于旅游品牌的重要性。本章的核心是确立服务质量与旅游品牌之间的内在关系。服务质量如同一台计算机的硬件，而相关的广告、促销、公关等品牌化活动则如同计算机的软件。如果硬件有缺陷，不管软件如何先进，计算机也不能正常运转。因此，即便是百年历史的老字号旅游品牌，要想获得可持续发展，助力旅游产业在稳增长、扩内需中的重要作用，推动旅游产业成为发展新质生产力的重要动能和实现高质量发展的重要着力点，也必须将对质量的承诺与不断提升作为创建旅游品牌的首要工作。

本章首先阐释质量的含义及质量管理理念，之后介绍旅游服务质量，接下来会花很大篇幅讨论如何提升旅游品牌在旅游者心目中的感知质量。

第一节　质量管理理念

一、质量的内涵

尽管我们对质量（quality）这一术语并不陌生，但人们对这一概念的理解尚未达成共识。一项以美国东部 86 位公司经理为对象的研究，调查了他们对“质量”一词的理解，结果发现，这些经理对质量的含义至少有数十种理解，包括完美、一致性、消除浪费、交货速度、服从程序、提供良好的可用产品、头一次就把事情做好、让顾客惊喜或愉悦等[1-4]。可见，质量本身是一个多维的、复杂的概念。

那么，对质量有没有一个较为统一的界定？1978 年，美国国家标准学会（American National Standards Institute，ANSI）和美国质量协会（ASQ）将质量界定为“表征产品或服务满足特定需求的能力的特性及其总和”。[5]这一质量观是从消费者角度来界定的，说明质量是一种能够满足消费者需求的能力的综合体。然而，这一概念相对冗长，目前许多公司采用一种更简洁、更易理解的基于顾客需求驱动的质量观。本书认为，从顾客需求视角理解质量，则质量就是产品或服务满足或超越顾客期望的程度。

初步了解质量的内涵之后，我们接下来介绍世界上主流的质量管理理念。有没有明确的质量理念、公司是否奉行这些质量理念，关系到一个国家能否培育出国际知名品牌，也决定了一国经济是否强大以及能否影响世界。

二、基于产品的质量管理理念

戴明、朱兰和克劳斯比是公认的质量管理领域的三位先驱。他们在质量管理、测量和改进方面提出了很多独创性的想法，奠定了质量管理的理论基石，对企业和组织机构都产生了深远影响[6]。在此，我们将重点介绍这三位先驱的质量管理理念，同时也对其他质量管理学者（如费根鲍姆、石川馨、田口玄一等）的质量管理理念做简介。①

（一）戴明的质量管理理念

戴明（W. Edwards Deming）是世界著名的质量管理专家，他因对世界质量管理发展做出的卓越贡献而享誉全球。尽管戴明的母国是美国，但他对日本产业界所产生的影响更大。以戴明命名的“戴明品质奖”，至今仍是日本品质管理的最高荣誉，这一荣誉证书由日本天皇亲自颁发。

作为质量管理的先驱者，戴明对国际质量管理理论和方法始终产生着异常重要的影响。与其他管理大师不同的是，戴明从未精确定义或描述过质量。在他看来，变异（variation）

① 有关世界主流的质量管理理论和主要发达国家的国家质量奖相关方面的详细论述，可参考文献詹姆斯 · R. 埃文斯，威廉 · M. 林赛. 质量管理与质量控制[M]. 7 版. 焦叔斌，译.北京：中国人民大学出版社，2010.

是导致劣质产品的罪魁祸首。为了减少变异，他提倡一种永无止境的循序改进，这包括设计、制造、测试、销售，以及随后的市场调查、再设计、改进等。一旦改进了产品质量，生产率就会自动提高。高质量带来高生产效率，从而带来长期的竞争优势。戴明的“质量链式反应”框架（如图 3-1 所示）表述的就是这一观点。

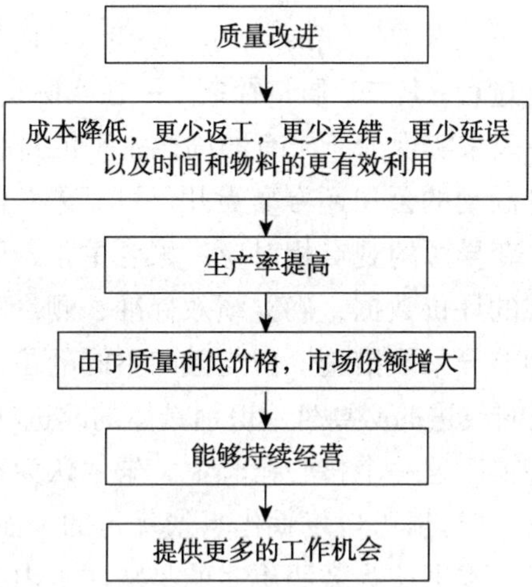

图 3-1　戴明的“质量链式反应”①

戴明一直在不断地修改和完善自己的理论。在他去世之前，他将自身的质量管理理念归纳为“十四点”，这“十四点”为随后全世界的质量管理实践奠定了理论基础。戴明“十四点”的主要内容包括：①建立并向全体员工发布公司或组织的目标和宗旨。对此，公司必须具有长远的眼光，投资于创新、培训和研发，并承担提供工作岗位和改善公司竞争地位的责任。②高层管理和全体员工要理解顾客驱动的新质量理念，以适应今天的全球化商业环境。③理解检验对过程改进和降低成本的作用。通常，企业会雇用专门的质检人员来找出存在缺陷的产品。④终结仅将价格作为采购标准的落后思维，而要关注采购原料及部件的质量。⑤持续不断地改进生产和服务系统。⑥开展培训。⑦训练管理者的领导艺术。⑧驱除恐惧、建立信任、创建创新的氛围。⑨优化团队、群体和员工的努力以实现公司的目标和宗旨。⑩取消针对员工的宣传口号。⑪取消生产中的数量定额和目标管理。⑫消除剥削人们享受工作自豪感的障碍。⑬鼓励每个人的教育和自我改进。⑭采取行动，实现转型。

（二）朱兰的质量管理理念

约瑟夫·朱兰（Joseph Juran）于 1904 年出生于罗马尼亚，1912 年来到美国。朱兰的代表作是《质量控制手册》，这本书是有史以来最详尽的质量工作指南，目前已经被修改过多次，仍然备受学界和业界欢迎。与戴明一样，朱兰也在 20 世纪 50 年代向日本人传授质量原理，在日本的质量复兴运动中扮演了非常重要的角色。

朱兰同意戴明的观点，即质量低劣和国外竞争会导致巨大损失，美国工商界正面临着严重的质量危机。两者都认为，只有包括管理层在内的系统每个成员都运用关于质量的新思维才能应对这一危机。开展质量管理方面的培训对高层管理者是非常有必要的。但与戴明不同，朱兰对质量提出了一个简单的定义——“适用性”。他建议从两个角度来看质量，二者缺一不可。其一，产品良好的性能——这能形成顾客满意；其二，产品没有缺陷——这避免了顾客的不满。增加满意和避免不满这两个动机都会驱使企业生产出具有适用性的产品。

此外，朱兰还提出“质量三部曲”（quality trilogy），它们是：其一，质量计划——为实现质量目标而进行准备的过程；其二，质量控制——在实际运营中达到质量目标的过程；其三，质量改进——通过突破来实现前所未有的绩效水平的过程。在他提出这套体系的时代，从事正式的计划和改进活动的公司还寥寥无几，可见朱兰的思想具有前瞻性。

与戴明关于识别和减少变异源的观点相对应，朱兰主张，质量控制包括确定应当控制什么，建议测量单位以客观的评价数据，确立绩效标准，测量实际绩效，解释实际绩效与标准之间的差异，并对这种差异采取措施。但与戴明不同的是，朱兰制定了一个非常具体的质量改进程序。它包括证明改进的必要性、识别具体的改进项目、组织对于项目的支持、诊断问题的根源等。在“恐惧”这一个核心概念上，朱兰认为戴明让管理部门驱除恐惧的这一点是错误的，在他看来，“恐惧可以发掘出人最优秀的一面”。

关于对恐惧的不同认识，本书认为戴明更多的是从注重内在动机、减少绩效评估、发挥人的自主能动性方面来阐释恐惧的负面作用，而朱兰更多的是从利用恐惧激发人的潜力、让人们在有压力的环境下作业的视角来阐释恐惧的正面作用。二者虽有冲突之处，但不是完全相互排斥的。本书认为轻度的恐惧与压力可以激发人的潜力，但过度的恐惧气氛并不能挖掘出人的最优秀一面，相反会使人走向极端，产生仇恨与报复心理，最终会制造员工与管理层之间的摩擦与纠纷，不利于团队实现愿景。

（三）克劳斯比的质量管理理念

菲利普·克劳斯比（Philip B. Crosby）的质量理念的精髓体现在他所谓“质量管理定律”和“改进基本要素”中。其中，他的质量管理定律主要包括以下几点内容。

第一，质量意味着符合要求，而非优美。克劳斯比主张，一旦明确了要求，对质量的判断就相当于对要求是否达到的判断，不符合就意味着质量的不足。因此，管理层必须明确地界定这些要求，而不应将其交给一线人员。可见，克劳斯比对质量的理解体现在定量层面上，这就使得质量不再只是一个空洞的口号，而是可以测量、可以进行操作化定义的一个概念。

第二，不存在质量问题这回事。克劳斯比认为，问题必须由产生问题的人员或部门来识别，因此，一个企业只可能遇到会计问题、制造问题、设计问题、前台问题等。相应的，对质量问题的解决不能由质量部门来承担，相反，产生质量问题的根源是会计部门、制造部门、设计部门、前台部门等，因此应当由这些部门来承担责任。质量部门的任务是测量符合性，报告结果，引导以积极的态度开展质量改进。可见，克劳斯比在“不存在质量问题”这一观点上与戴明相似，质量问题要从源头上杜绝，而不是容许它出现，否则就会增加解决质量问题的成本，降低企业生产率。

第三，没有质量经济学这回事，一次就把事情做好总是便宜的。克劳斯比相信“质量经济学”毫无意义。他撰写了一本质量管理领域的名著《质量免费》(*Quality Is Free*)，认为如果能一次性把事情做好，那么就无须在随后再花钱去做质检。这一点对很多企业具有警示意义，每年中国的“3·15”晚会都会曝出很多企业的质量丑闻，如果这些企业能在源头上把好质量关，那么质量丑闻就不会登上门来。

第四，测量绩效的唯一指标就是质量成本，即“不符合”的代价。克劳斯比强调，绝大多数公司在质量成本上花掉了销售额的15%～20%，但是质量管理良好的公司在质量成本上仅花掉销售额的2.5%，主要用于防御和评价领域。克劳斯比主张企业测量并公布不良质量成本，这些质量成本的数据非常有用，可以引起经理人员对问题的关注，促使其选择时机制定纠正措施，并且跟踪质量改进。朱兰也支持测量并公布质量成本这一观点。

第五，唯一的绩效标准就是“零缺陷”(zero defect)。克劳斯比认为，“零缺陷”的中心思想是第一次就把事情做好，全神贯注于预防缺陷而非找出缺陷来修补。克劳斯比对“零缺陷”进一步进行了如下阐释：人们习惯于相信差错是不可避免的，他们接受差错而且还期待自己出错，但是一旦到个人生活中，他们就不再坚持这些标准，试想有多少人在付账时不能察觉自己被少找了零钱？[7]他认为，我们每个人持双重标准，一个是关于我们自己的，另一个是关于工作的，人们对个人标准总是严格，对工作标准总会懈怠、注意力不集中。他为“零缺陷”的可行性找到了理论依据。

与戴明和朱兰不同，克劳斯比的方法主要集中在行为方面。他强调运用管理过程而非统计技术来改变企业的文化和态度。但与朱兰相似而有别于戴明的是，他的方法与现有的组织架构适应得很好，造成这种情况的原因可能是戴明提出的质量管理更多的是一种理念，很难量化，但朱兰和克劳斯比则侧重于操作层面，因此很多企业觉得朱兰和克劳斯比的质量理念更容易实施，而戴明的理念是一种精神指导。

（四）费根鲍姆的质量管理理念

费根鲍姆(Armand Vallin Feigenbaum)因提出“全面质量管理”概念而被广为人知。他将全面质量管理定义为：“为了能够在最经济的水平上，在充分满足用户要求的条件下进行市场研究、设计、生产和服务，把企业内各部门形成质量、维持质量和提高质量的活动融为一体的一种有效体系。”

他的全面质量管理理念集中体现在“质量三步骤”中，这三个步骤包含：①质量领导。费根鲍姆认为管理部门对于质量管理必须保持持续的关注和领导，不应该只是在质量失败后进行被动地回应。②现代质量技术。虽然，传统的质量部门有80%~90%的质量问题是无法解决的，但是让工程师、一线员工和办公室职员都对新技术进行持续地评估和实施，可最大限度地满足顾客的需要。③组织承诺。每个组织都应该承诺将质量融入企业的经营计划以及各方面的活动中，并持续培训和激励员工队伍去实现经营计划。

20世纪60年代，日本企业将全面质量管理这一概念作为它们一切活动的基础，并将之命名为“公司范围的质量管理”。可见，费根鲍姆对日本企业界的影响之大。

（五）石川馨的理念

作为日本质量革命的先驱者，石川馨(Kaoru Ishikawa)始终是日本质量界中最重要的人物，直至1989年去世。他在日本质量战略的发展中扮演着重要的角色，没有他的领导，日本的质量运动就不会享誉世界。石川馨在费根鲍姆的全面质量管理概念的基础上，进一步推动了从高层管理到一线员工的全体员工的更广泛参与，减少了对质量专家和质量部门的依赖。

他的质量管理理念主要包括以下观点：①质量始于教育，终于教育。要对员工和管理层都进行教育和培训，帮助他们树立质量理念。②质量工作的第一步是了解顾客需求。多进行市场调研，了解顾客所需所想。③当检验不再必要时就达到了质量控制的理想状态。④消除问题的根源而非症状。导致问题的根源可能是某个部门失职，也可能是部门间存在摩擦或缺乏互动合作。⑤质量控制是所有员工和所有部门的责任。出现质量问题不能只问责质量管理部门。⑥不要混淆手段和目标。每个公司都有自己的宏伟愿景，也有阶段性的绩效，前者是目标，后者只是工具和手段。⑦质量第一，要着眼于长远的收益。⑧质量是品牌的基石，而营销只是工具，只能让品牌锦上添花。⑨当下级如实汇报事实时，上级不得发怒，发怒只会强化下级的恐惧心理以及对事实的隐瞒。⑩简洁的统计分析可以解决公司问题。⑪没有离散信息（即变异）的数据是假数据，因此真实的数据应该是包含极端值的。

（六）田口玄一的理念

田口玄一（Taguchi Gen'ichi）是一位日本工程师，他阐述了减少变异在经济学上的价值的观点。他认为，以制造业为基础的质量就是符合这一定义的内在缺陷。假设某质量特性的规范是 0.5±0.020。根据这一定义，这一质量特性的实际值可以落在[0.480,0.520]的任意一点上。这种定义假定顾客会接受[0.480,0.520]的任意值，而会对公差限之外的质量感到不满。同时，他还假定，成本与质量特性的实际取值无关，只是它落在了规定的公差限内，如图 3-2 所示。戴明非常欣赏田口玄一的这一观点。

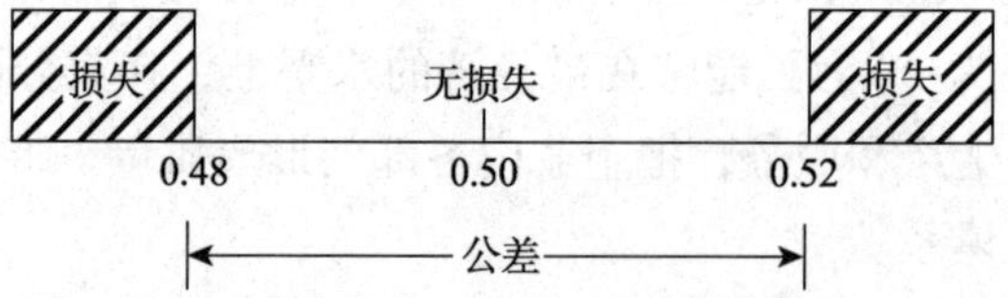

图 3-2 对质量变异的经济学观点

（资料来源：詹姆斯·R. 埃文斯，威廉·M. 林赛. 质量管理与质量控制[M]. 7版. 焦叔斌，译. 北京：中国人民大学出版社，2010.）

三、小结

本节主要介绍了质量的定义及国际上主要的质量管理理念。戴明是质量管理界的先驱和奠基人。他提出了“十四点”，他的质量管理理念对朱兰、克劳斯比、费根鲍姆、石川馨、田口玄一的质量管理思想产生了深远影响。与戴明相比，朱兰和克劳斯比更加强调对质量进行更为精确和可以量化的定义，田口玄一则进一步用经济学的观点对质量进行了测量。费根鲍姆侧重于质量管理的行为层面，提出了“全面质量管理”概念，使质量管理成为很多企业进行其他活动的基础。石川馨的质量管理理念与戴明以及其他学者有很多相似之处，如强调质检的不必要性、强调团队合作的作用、强调恐惧的负面作用等，但是石川馨又对戴明的观点进行了丰富和补充，新增了对营销的认识、对变异数据的认识、对手段与目标的认识等。

综上，我们可以看出这六位质量管理领域的大师的观点尽管立足点不同，但有一点是共通的：都强调消费者和顾客的作用。那么，企业在质量管理中为什么要重视消费者的作用呢？这就需要由营销学者来回答。我们先在第二节介绍旅游服务质量，之后在第三节专门介绍顾客驱动的感知质量，来解答质量管理中消费者的作用。

第二节　旅游服务质量

一、旅游服务质量的内涵

伴随旅游业的发展，质量的理念逐渐从制造业渗透到服务业，学者开始不断加强对旅游服务质量（service quality in tourism）展开研究，取得了丰富的研究成果，但对于旅游服务质量内涵的界定一直存在争论，至今尚未形成一致的看法。比较有代表性的旅游服务质量定义如表 3-1 所示。

表 3-1　旅游服务质量的定义

来源	定　义
凯勒（Keller）和威尔马（Weiermair）	旅游服务质量就是旅游者在整个旅行过程中的体验质量
UN Tourism	旅游服务质量是游客完成旅游过程的结果，其前提为：价格水平可接受，符合合同条款和基本质量要素，诸如旅游产品和服务的功能安全性与心理安全性、可进入性、透明性和原真性，且保持旅游活动与人文、社会环境和谐
高伟洁	旅游服务质量可从狭义和广义两方面进行定义：狭义的旅游服务质量单纯是指旅游从业人员提供的劳务服务质量；广义的旅游服务质量则包含旅游企业提供的有形设施设备、实物产品及无形劳务服务的质量
李英军等	旅游服务质量是旅游企业所提供综合性服务活动满足顾客需求的程度总和
《质量管理和质量管理体系要素第 2 部分：服务指南》	旅游服务质量是旅游服务活动所能达到规定效果和满足旅游者需求的能力和程度，即旅游服务质量是反映产品或服务满足明确或隐含需要能力的特征和特性的总和

我们认为，尽管学术界以及权威旅游机构对旅游服务质量的定义不尽相同，但大部分都认为旅游服务质量的内涵应包含以下几个方面：①旅游服务质量是旅游者实际感知的对象；②旅游服务质量是在旅游服务提供方为旅游服务接收方提供服务的真实瞬间实现的；③旅游服务质量主要是通过旅游者的主观认识加以衡量和检验。

二、旅游服务质量的构成要素

旅游组织在提升服务质量的时候，不能只注重某一方面。例如，酒店不能只关注服务设施和服务环境，而忽视了员工的服务质量和水平。游客在接受服务的时候，关注的是服务的方方面面，任何一个细节存在问题，都有可能降低游客对旅游服务质量的评价。对此，旅游组织需要注意服务质量的构成要素，主要包括旅游服务过程质量和旅游服务结果质量。

（一）旅游服务过程质量

过程质量是衡量旅游者对获得服务结果的过程的满意程度。旅游服务的生产和消费具有同步性，服务的生产过程就是旅游者的消费过程，服务人员的行为举止必然会影响到旅游者对服务质量的感知。除了服务人员的仪表仪容、服务态度、服务程序、工作效率等因素会影响到旅游服务过程质量之外，其还受到旅游者心理特点、知识水平、行为偏好的影响。例如，酒店顾客当中，一部分人可能会对服务人员的一个微笑感到惊喜，但另一部分则可能表现得习以为常，这说明顾客的主观因素会影响服务质量。过程质量是旅游组织的“软件”，它说明旅游组织是如何提供服务的，旅游过程质量又称功能性质量。旅游者通常会采用主观的方式来感知功能服务质量。

（二）旅游服务结果质量

结果质量是指旅游组织提供的服务项目、服务时间、设施设备、环境气氛等满足旅游者需求的程度。例如，酒店顾客在规定的时间内得到一间客房和酒店设施设备的使用权；黄山三日游会给旅游者带来一种登山体验。所有这些都是旅游服务的结果，旅游者对服务结果的满意程度形成结果质量。结果质量与旅游组织的“硬件”有关，如餐饮企业的菜肴口味、旅游服务场所的卫生状况、旅游购物场所的商品质量等都取决于旅游组织的技术能力。因此，结果质量又称为技术性质量，旅游者对技术性质量的评价相对比较客观。

三、旅游服务质量的特点

旅游者体验的质量是旅游者在实际消费过程中，对所获得的技术性质量和功能性质量的认知。如果体验的服务质量与预期的服务质量相吻合或者高于预期服务质量，旅游者就表现为满意，否则旅游者则会产生不满意感。基于旅游服务质量的概念及其形成要素，下面总结了旅游服务质量的特征。

（一）旅游服务质量是一种主观质量

与有形产品的质量相比，旅游服务的质量具有很强的主观性，不同的旅游者可能对同一种旅游服务产品的质量产生不同的感知。即使是同一旅游者，在不同阶段，对质量的要求也可能会发生变化。因此，旅游服务质量是旅游者感知的对象，而不是设计者和操作者所感知的对象，它更多地要按旅游者的主观认识加以衡量和检验，因此旅游服务质量是一种具有极强主观性的质量。

（二）旅游服务质量是一种差异性质量

旅游服务过程和消费过程都涉及“人”的作用因素，包括旅游者、服务人员、管理人员等。人是复杂的个体，存在差异性和多变性，因此，不同时间、不同的旅游服务提供者所提供的服务都会是不同的，即使是同一个旅游服务提供者，在不同时间提供的旅游服务质量也可能会存在差异，不同的旅游消费者，乃至同一旅游消费者在不同的时间对相同旅游服务的质量感知也不尽相同。此外，旅游者的文化素养、兴趣爱好、价值取向等因素都会直接影响他们对旅游服务的需求和评价，因而旅游服务质量的差异性或多变性极强。

（三）旅游服务质量是一种互动质量

由于旅游服务具有生产与消费的同时性，因此，旅游者所感知到的旅游服务质量是服务提供者与其在互动过程中形成的。互动性是旅游服务质量区别于有形产品质量的一个重要特征。如果没有旅游者的积极参与和紧密配合，或是旅游者无法清晰地表达旅游服务诉求，那么，旅游服务过程将会失败，服务质量将是低下的。

品牌前沿 3-1　如何用服务氛围与内部服务质量提升一线酒店员工的服务导向

服务具有与商品不同的特征，如生产与消费的同时性、无形性等，这使得服务组织几乎不可能准确地监督或管理服务交付。因此，如何找到改进服务管理的方法，已成为服务管理研究者的首要课题。由华侨大学旅游学院与华南师范大学旅游管理学院共同组成的研究团队，基于服务利润链理论，探索了服务氛围在联系内部服务管理和外部服务绩效方面的作用，以及服务氛围运作的边界条件，这项研究有望进一步改进酒店的服务管理。

研究采用便利抽样法，对中国 15 个城市的 24 家酒店的 81 个部门（如前台、中餐餐饮部、西餐餐饮部等）的经理和员工（客户联络员工）进行了调查。研究结果显示，当员工发现领导者通过授权（如授予裁量权）支持他们更好地服务客户时，他们会认为领导者重视服务质量，从而感知到积极的服务氛围，进而为客户提供更优质的服务。此外，当一线员工从组织内的其他单位获得优质的内部服务时，他们有更强的能力来解决客户的问题，能及时响应外部客户的请求，向他们提供良好的服务。

这一研究结果，对酒店管理者如何改进服务管理具有重要意义。首先，酒店管理者可以通过实施授权、招聘服务型员工、培训服务型技能、支持和奖励服务工作等措施来营造良好的员工服务氛围。例如，为了向客户提供满意且令人惊讶的服务，丽思卡尔顿酒店首先实施了正式和非正式的授权实践，使员工能够根据每位客户的需求和期望自主决策如何对待顾客或服务失误中如何给予顾客补偿。其次，管理者还应加强对员工的培训，以提高其服务能力；与员工分享客户的信息和知识，并向员工提供资金，支持他们提出并实施创造性、个性化的想法，可以更好地为客户服务。此外，酒店各部门应加强部门间沟通和协调，以确保内部服务的质量，让一线员工能够更好地为外部客户服务。

资料来源：Lin M, Ling Q, Liu Y, et al. The effects of service climate and internal service quality on frontline hotel employees' service-oriented behaviors[J]. International Journal of Hospitality Management, 2021, 97(1): 102995.

第三节 感知质量——顾客驱动的质量观

在第一节我们介绍了学者从不同角度对质量以及质量管理的理解，本节则从顾客和消费者角度来阐释感知质量。这种顾客驱动的质量观，与本书的核心概念——顾客为本的品牌资产是一脉相承的。品牌资产源于顾客心智、顾客内心对品牌的有形属性（如质量、性能、品牌要素等）以及无形特征（如内涵、文化、故事等）的感知和理解。学者诺斯沃西（Noseworthy）认为，消费者对一个品牌的最基本诉求是功能卓越，只有在满足功能诉求的基础上，他们才会去追求美感享受与情感体验[8]。卓越功能的标志之一是质量上乘。因此，本节在介绍感知质量的内涵与组成成分的基础上，将重点阐述顾客心目中的感知质量对品牌资产的贡献。

一、感知质量的界定

感知质量（perceived quality）是什么意思？不同学者对它的定义存在差异。学者凯勒认为，感知质量指的是消费者对一件产品或服务的总体质量或其优越性的感知，这种感知与其相关选择和想达到的目的有关。[9]而学者戴维·阿克（David A. Aaker）认为感知质量指的是消费者根据特定目的、与备选方案相比，对产品或服务的全面质量或优越程度的感知状况。[10]尽管存在文字表述的差异，但可以发现凯勒和戴维·阿克都将感知质量界定为顾客对产品或服务的优越性的感知。本书沿用戴维·阿克的定义，将感知质量与几个相关概念间的差别与联系阐释如下。

（一）感知质量与实际质量（或客观质量）

实际质量或客观质量是指产品或服务实际提供的质量是否优越。感知质量是无形的，是消费者心目中对质量的感知。实际质量和感知质量间往往存在差值，表现为如下三种情况。其一，当差值为正时，说明产品或服务的实际质量大于感知质量。这一结果并不是企业所期望的而且会稀释品牌资产。导致这一结果的原因可能是企业在营销、公关、品牌宣传、顾客参与等方面付出的精力与努力很少。因此，公司应该在营销战略中投入更多的物力与财力，帮助消费者了解其品牌，提升对品牌的产品品质的感知。其二，当差值为零时，说明品牌的实际质量完全被消费者感知到。现实生活中旗舰店里陈列的品牌往往属于这一类。其三，当差值为负时，说明消费者对产品或服务的感知质量低于其实际质量。奢侈品品牌往往属于这一类。

（二）感知质量与生产质量

生产质量（manufacturing quality）指的是生产出来的产品与产品说明书中的要求完全一致。这与第一节中质量管理大师朱兰所提的“零缺陷”相类似。感知质量侧重于消费者在内心对产品或服务的感知。感知质量侧重于产品在市场上，获得的消费者或顾客认可与评判，因而是顾客导向的质量观。而生产质量侧重于产品在生产过程中，生产的产成品与生产之前设计或质量部门中对产品质量标准的契合，因而是一种制造导向的质量观。

（三）感知质量与顾客满意度

消费者对感知质量的评估与自己对产品的期望无关。而顾客满意度（customer satisfaction）则与顾客对产品的期望有关，它反映的是产品期望与实际使用效果间的差值。一个消费者可以在完全没有使用某产品或服务的情况下形成对该产品或服务的质量感知，但是要形成满意度，必须实际使用该产品或服务，并在认知过程中对比使用前和使用后的心理状态。

（四）感知质量与态度

态度（attitude）是个体对某一事物的一种评价倾向，包含认知、行为与情感三个成分。而感知质量仅反映顾客对产品质量的认知部分，不包括行为和情感部分。态度往往是基于先前的接触与学习而形成的，而感知质量的形成并不一定要与先前的产品接触相关。再者，感知质量高不一定代表态度积极，尤其是当消费者并不是该品牌的忠诚用户时。

二、感知质量的内容

在理解感知质量的内涵之后，我们将分别介绍产品的感知质量与旅游服务的感知质量，这有助于基于功能的旅游产品及基于体验的旅游服务制定具体的、有针对性的战略与策略，以提升感知质量。

（一）有形产品的感知质量

哈佛大学学者大卫·加文（David Garvin）提出了产品质量七要素模型。[11]

1. 性能

性能即产品主要属性的功能水平。例如，立白洗衣粉在主要属性——去除衣服污渍方面的表现，因此，可以根据立白洗衣粉的去污能力判断其性能。

2. 特征（色）

特征（色）即对产品主要属性起补充作用的次要属性。例如，立白洗衣粉的去污能力是其基本属性，这一基本属性是所有洗衣粉品牌都应该有的。但立白洗衣粉和其竞争品牌相比，独有的一个特征是快速溶于水。这一快速溶水特征便是特色。

3. 与说明书一致（没有次品）

这一点反映的是产品的质量合乎规格，达到近乎完美、零缺陷的程度。

4. 可靠性

可靠性即在一段时间内产品性能的稳定性。消费者总是喜欢购买性能可靠稳定的产品，尤其是该产品在将来的某一段时间会被频繁使用时。知名品牌必须具备性能可靠和稳定的条件，若性能时好时坏，是配不上知名品牌的。

5. 耐用性

耐用性即产品预期的使用寿命。对于价格昂贵、大宗量的产品（如汽车、挖土机等），顾客特别强调耐用性。越耐用的产品被感知到的质量越高。沃尔沃汽车以“最安全的车”著称，它的耐用性是家喻户晓的。

6. 适用性

适用性即产品的服务能力。适用性反映的是产品或服务在使用过程中让消费者感知到的方便程度，使用起来越方便的产品被感知到的服务能力越强，适用性越高。例如，对于老年消费者而言，他们可能更喜欢使用带有按键的手机而非触摸键的手机，因此按键手机对老年消费者的适用性便高于触摸键的手机。

7. 适宜与完美

适宜和完美主要是从产品的风格与设计方面来阐述消费者对质量的感知。风格独特、造型优美的产品外观会让消费者体验到美感享受和精神愉悦，因而会提升对其感知质量的评价。但需要指出的是，在新产品的研发与设计中，很多设计商总是喜欢设计出全新的、完全超出消费者想象的新产品，但实际上这一举措常常以失败告终[12]，原因是消费者无法理解这些新产品，并且会怀疑产品的性能是否可靠[8,13]。可见，产品要先保证性能可靠，之后才能追求外观独特，不然会适得其反。

对上述指标所形成的信念，通常会决定消费者对该品牌产品的感知质量，进而影响到消费者对品牌的态度和购买可能性。[9]

（二）旅游无形服务的感知质量

在旅游活动中，旅游经营者向旅游者提供的是各种各样的服务，这种无形服务是旅游产品的核心部分。根据帕拉舒拉曼（Parasuraman）、赞瑟姆（Zeithaml）和贝利（Berry）对众多服务业的服务质量感知情况，确定了旅游服务感知质量的五大因素。[14]

1. 有形性

有形性即服务场所的实际设施、设备以及服务人员的外表是否表现出高品质。新加坡航空公司提供的尽管只是一次航空飞行，但是很多乘客都会对飞机上空姐的衣服及微笑留下深刻印象。因此，人们从有形的空姐制服及微笑之中，感受到新加坡航空公司是一家高品质的航空公司。同时，很多景区在景区内多个景点附近设置导览图，游客可以从图中准确地找到自己所在的具体方位，然后通过景区景点地形分布提示前往自己想去的地方，这些有形的设施提升了游客对景区提供的无形服务的评价。

2. 可靠性

可靠性即服务提供商在执行服务过程中表现出的准确程度。飞机的准时起飞、餐厅的准时上菜、酒店的准时接机服务等都表现出服务的可靠性。

3. 能力

能力即消费者在接受服务的过程中对服务提供者的专业技能的感知。服务提供者的专业程度会影响顾客对其服务能力的感知。同时，服务提供者自身的自信通常也会是消费者评价其能力的一个指标。

4. 响应速度

响应速度即服务提供者的服务快捷程度。响应速度这一点对于旅游行业而言非常重要，对旅游消费者的疑问与求助进行快速的响应与解答会给消费者留下好印象。例如，旅行社快速找回游客丢失的物品能够显著提升游客的感知质量。

5. 移情能力

移情能力（empathy）是指服务提供者是否能够设身处地想顾客之所想。一个卓越的服务提供者会站在顾客的角度感受其所经历的快乐与忧伤。每个人都希望自己能够被他人理解，对于顾客而言更是如此。本书认为，移情是服务五要素中对服务质量影响最大的一个因素，但同时又是最难通过培训来获得的一种能力。这是因为，有形性、可靠性、能力和响应速度可以通过标准化的培训来获得，这就使得这四个因素很容易被竞争者模仿，因而它们并不是服务性企业的核心竞争力；但移情能力这一点却不能被轻易模仿，移情能力更多的是与生俱来的特征，后天难以培养。

综上，旅游服务感知质量的五因素与有形产品的感知质量七因素之间有很多相似之处，如旅游服务可靠性与产品质量的可靠性相对应。但与产品质量相比，旅游服务的特点是服务由人来提供，因此人的作用会对服务质量产生更大的影响，例如，服务人员的响应速度、移情能力、可信程度与专业程度会直接影响到消费者对服务质量的感知和评价。目前，旅游服务业中的一些企业（如快餐连锁店、经济型旅馆等）通过向顾客提供标准化的服务来提升感知质量，而另一些企业（如豪华酒店、餐厅等）则通过提供个性化、精益化的服务来提升感知质量。本书认为，标准化的旅游服务有助于提升消费者对旅游服务质量五因素模型中前四个因素的感知，但是个性化服务有助于提升对移情能力的感知。因此，旅游服务行业可以根据自身实际情况来确定差异化营销策略，标准化旅游服务有助于实现规模化经营，但个性化旅游服务更能获得游客的品牌共鸣，被游客推崇，从而使溢价水平更高。

三、旅游服务感知质量的重要意义

感知质量对旅游组织和对旅游者而言分别具有什么样的作用？本书结合戴维·阿克和其他学者的观点，将感知质量的作用归纳为以下几个方面。

（一）对旅游者而言

旅游服务感知质量对旅游者的作用表现在有助于其做出购买决策和自我评价。具体而言，这一作用体现在以下几个方面。

（1）为旅游者的购买决策提供理由。很多时候旅游者面对琳琅满目的旅游产品和旅游目的地，往往感到眼花缭乱，无从选择。而感知质量会作为一种启发式捷径，帮助旅游者简化“考虑集”，只购买高感知质量的旅游产品。

（2）让旅游者体验到自信。关于品牌关系的最新研究发现，如果旅游者钟爱的品牌在使用过程中出现故障，旅游者的自信心会下降，会觉得自己是一个无用的人。[15-16]由于感知质量源于对产品可靠性、耐用性的感知，因此，旅游者为了保持自信和提升自我效能会选择性能可靠、耐用的产品或服务。

（3）让旅游者赢得他人的赞成和夸奖。每个人都希望赢得周围人对自己的认可，这种认可很多时候源自所使用的产品或接受过的服务。试想一下，当你在外旅游，帮家人朋友选购的旅游纪念品获得他们的一致赞赏，你此时的感受是什么？又如，当你在朋友圈晒出旅行游玩的照片，收获大量点赞和好评，此时你的感受又是怎样？想必你会体验到愉悦与自豪，下次会继续在朋友圈分享你的旅行照片。

（二）对旅游品牌而言

旅游服务感知质量对旅游品牌的影响力是其他任何因素无法比拟的，主要体现在下述几方面。

（1）旅游品牌市场定位的重要考虑因素。品牌制造差异化营销策略的关键依据是感知质量。高感知质量的旅游产品往往会被投放到高端零售终端（如定制旅行社），而中等感知质量的旅游产品会被投放到低端零售终端（如知名大众旅行社），低感知质量的旅游产品则被投放到地方性的小旅行社。

（2）旅游品牌延伸的基础。品牌延伸作为一种品牌发展战略，极为常见。旅游服务感知质量对于旅游品牌延伸的作用表现在两个方面。其一，母品牌在旅游者心目中的感知质量决定了其延伸的品类能走多远。旅游服务感知质量越高的品牌，其能够延伸的品类与母品牌越有差异。其二，母品牌的高感知质量还为子品牌提供背书和担保。因而，母品牌的感知质量有助于旅游者更快地接受子品牌。相反，如果低感知质量的母品牌过度延伸，旅游者不但会降低对子品牌的评价，还会对母品牌产生负面态度，从而稀释母品牌资产。

（3）旅游品牌联盟的重要考虑因素。如果说品牌延伸是借助品牌自身力量来自我发展壮大的话，那么品牌联盟则是借助外力来取得自我发展。不管是联盟品牌还是被联盟品牌，都希望对方在旅游者心目中具有高感知质量，因为高感知旅游服务质量本身就是提升品牌认知度和品牌形象的免费广告。例如，2019 年四川省成立了文化旅游企业联盟，77 家文旅企业抱团发展，显著提升了四川文化旅游企业的整体竞争力，对扩大四川旅游品牌的知名度和影响力具有重要作用。

（三）对旅游组织而言

对旅游组织而言，旅游服务感知质量直接影响公司的利润、定价、市场占有率等。

（1）感知质量是定价的前提，是提升旅游组织绩效和利润的基础。高的感知质量会为旅游组织获取溢价提供条件。高端品牌之所以能溢价或高价，是因为它们自身的高感知质量。

美国战略规划研究所开展的一项针对 3000 多家企业的市场份额与获利能力关系（profit

impact on market share，PIMS）调查发现，产品质量对企业的投资报酬率和销售利润率有着显著的正向促进作用。具体而言，产品质量最低的 20%的企业其投资报酬率仅为 17%，而产品质量最高的 20%的企业的投资报酬率则在 34%。难怪《PIMS 规则》的作者罗伯特 · 巴慈尔（Robert Buzzell）和布拉德利 · 盖尔（Bradley Gale）在著作中指出："从长远来看，影响企业业务单元绩效的最重要的单个因素是产品或服务的感知质量。"[17]

（2）提升渠道成员的利益。每个渠道成员（如旅行社、OTA 零售商等）都喜欢为旅游组织销售高感知质量的产品，因为高感知质量的产品能够赢得更多顾客的青睐和购买，最终会让这些渠道成员受益。品牌案例 3-1 表明，马蜂窝为了传递对顾客个性的尊重，特地发起"我的旅行人格"营销传播活动，通过与亚朵酒店的联合营销，将这种主张也传递给亚朵，让亚朵酒店在住客心目中也形成正向传递独特个性化体验的正面形象。

品牌案例 3-1　　旅行人格酒店——亚朵与马蜂窝的双赢营销

马蜂窝是一个以"自由行"为核心的服务平台。2016 年，面对以携程为代表的传统 OTA 在线旅游品牌和以穷游网为代表的其他自由行旅游品牌的竞争，马蜂窝决定进行品牌战略化升级。马蜂窝关注到，"90 后"年轻群体已经成为自由行消费的中坚力量，而自我定义、拥抱新事物、喜欢冒险，是"90 后"的重要特质。因此，马蜂窝将突破口集于"未知旅行"，建立未知旅行实验室，开展"90 后"的针对营销活动。

马蜂窝未知旅行实验于 2017 年 11 月 27 日发起"我的旅行人格"活动，来传递马蜂窝对用户个性的尊重：不论你是哪一种人格，在马蜂窝都值得被尊重和满足；不论你是哪一种旅行人格，都能在马蜂窝上找到合适的攻略。马蜂窝一方面在线上发布宣传短视频，另一方面在线下联合亚朵集团在上海的徐汇区打造了一家只存在 72 小时的"旅行人格酒店"。

旅行人格酒店共有 9 间客房，分别对应挑食患者、活体购物车、五星阿宅、本地卧底、搭讪艺术家、野生艺术咖、冷门挖掘机、景点赛高、朋友圈 GPS 等 9 种旅行人格。每间客房装修风格、入住体验截然不同。以"本地卧底"客房为例，房间布置上选用了黄包车钟表、旗袍花瓶、缝纫机电话等具有浓郁"上海味"的摆设，契合"本地"特性。特殊体验上赠送入住顾客一份极具本地风情的免费当地体验，如在本地师傅的带领下学习制作旗袍、去中式会馆"缀百衷"品茶、闻香、聊昆曲等。旅行人格酒店于当月 29 号晚间 22 点向公众开放在线预订，吸引了众多消费者前往体验。

亚朵与马蜂窝的此次联合营销，实现了双赢。亚朵认为酒店不仅是住宿场所，更是能给予消费者独特个性体验的空间。此次独特的旅行人格酒店营销则是亚朵开启"酒店生活化"，摆脱酒店单一住宿功能的深入尝试，帮助亚朵吸引了众多年轻、热爱新奇的人群的目光。对于马蜂窝而言，旅行人格酒店是马蜂窝与用户之间交流的载体。马蜂窝通过旅行人格酒店为年轻人带来个性化差异化的产品与体验，展现自己对当代年轻人的了解程度；年轻人则通过旅行人格酒店进一步了解马蜂窝，即马蜂窝不仅是一个提供攻略的平台，更是一个具有趣味性和冒险精神的值得信赖的"酷"平台。通过打造旅行人格酒店，引入年轻人喜爱的品牌、话题与玩法，马蜂窝将自身"有趣、自由行"的品牌印象强势植入“90 后”用户认知中，大大提升了品牌声量。

资料来源：

[1] 黎辉. 这家“旅行人格酒店”只存在 72 小时，但亚朵和马蜂窝这波营销真亮了[EB/OL]. TBO 商业观察.

[2] 阳叶萍. 你的“旅行人格”是什么样的？马蜂窝带你找到自己的范儿[EB/OL]. 北京晚报.

（3）提升旅游组织市场占有率但不会对成本产生不利影响。学者戴维·阿克和雅各布森（Jacobson）对感知质量与除投资报酬率外的其他战略变量间的关系进行了研究，他们发现：①感知质量可以提升市场占有率。将其他影响市场占有率的因素进行控制后，他们发现感知质量与市场占有率间呈正向关系，感知质量越高，产品受消费者的欢迎度越高，品牌的市场占有率也越高。②感知质量对成本没有不利影响。感知质量的提高可以降低次品率，进而会降低成本。[18]

综上，本节介绍了旅游服务感知质量的含义、组成成分，以及它对消费者、品牌和公司的重要意义。旅游服务感知质量是指旅游者根据特定目的、与备选方案相比，对旅游产品或服务全面质量或优越程度的感知状况。对于有形产品而言，人们会根据性能、属性、与产品说明书的契合度或一致性、可靠性、耐用性、适用性、适宜和完美七个要素来判断产品的感知质量。对于旅游无形服务而言，消费者会根据有形的服务设施或设备、服务可靠性、服务人员的能力、响应速度、移情能力等多个因素来评价其感知服务质量是否优越于竞争者。旅游服务感知质量对旅游者、旅游品牌、旅游组织等都具有举足轻重的作用。本章第四节，我们将阐述旅游组织可以运用哪些策略来提升品牌的感知质量。

第四节　旅游服务感知质量提升战略

旅游服务感知质量就像一块王牌，它能帮助旅游组织获得市场竞争优势。但是，提升旅游产品的感知质量并不是一件容易的事，这需要旅游组织上下共同努力，也需要旅游者和其他利益相关者的共同参与。

一、设计高感知质量的服务传递系统

作为旅游组织的内核，旅游服务传递系统（tourism service delivery system）是指旅游组织如何将服务从组织的后台传递至前台并提供给顾客的综合系统，其内涵是旅游组织的运作和管理过程。从其组成部分来看，旅游服务传递系统包括硬件要素系统和软件要素系统。硬件要素系统是旅游服务传递系统的有形部分，主要包括服务设施、布局、技术和所使用的设备等；软件要素系统是旅游服务传递系统的无形部分，主要包括服务传递流程、员工的工作培训及对服务中员工及客户作用的描述。每个要素系统都对旅游服务感知质量的传递具有不可替代的作用。

旅游服务传递系统必须最大限度地使顾客满意，同时能够有效提高旅游组织的运营效率和控制运营成本。许多服务的观念是可以被竞争者效仿的，但是一个设计合理的服务传递系统却无法简单抄袭，因此，旅游服务传递系统就成为潜在竞争者的一道障碍，成为旅游组织的核心竞争优势。

旅游组织的服务传递系统是通过对旅游服务过程的描绘来揭示组织运营的主要特征的。设计旅游服务传递系统是一项富有创造性的工作，需要对组织的生产作业流程和服务资源状况有准确的认知，从而提供一种与竞争对手有所不同的服务概念和战略。它是旅游组织服务战略、服务文化、服务管理和服务营销的综合体现。

综上，只有旅游组织不断优化旅游服务传递系统，满足顾客的个性化需要，才能确保顾客对旅游服务感知质量的提升，进而提升组织的综合竞争力。

二、善用传递高感知质量的信号

这些信号可以是显眼的、可视的。例如，5A 级景区是通过对景区旅游交通、游览区域、旅游安全、接待能力等 12 个方面综合评定的，代表中国旅游景区的最高等级，游客对其感知质量通常较高；世界自然遗产暗示自然资源禀赋较高，而世界文化遗产则暗示人文资源品级较高。同样，这些信号也可以是微小的、不显眼的。有时候，品牌的某些微小属性往往对品牌评价和喜爱具有放大作用[19]。例如，机器人将外卖送到客房是酒店的一个相对而言不重要、不易觉察的属性，但是添加这一属性后消费者会对酒店的评价更高（参见品牌案例 3-2）。

品牌案例 3-2　　服务机器人“润”——助力酒店口碑提升

随着劳动力成本上涨及疫情防控需要，机器人替代人力的需求日趋增加，特别是在酒店领域。据世界机器人大会报告，2016—2023 年中国机器人市场平均增长率将达到 18.3%，2021 年中国机器人市场规模达到 839 亿元。酒店服务机器人行业迅速发展，云迹科技作为服务机器人的领军企业，着眼于引领带路、房间送物以及信息宣传三项实用性需求，研发了服务机器人“润”，并与洲际、万豪、华住、首旅如家、锦江国际、世茂、雅诗阁等酒店集团旗下诸多酒店品牌签约。

智能服务机器人“润”在外形上呈现圆柱体形，整个身躯具有良好的支撑与稳定性。在配色上，采用经典黑白配色，突出简约商务风。同时，“润”机身外壳上预置的大面积留白可供用户利用贴纸等进行个性化外观改造，从而满足不同酒店的个性化需求。在功能上，作为“轮式机器人+机器人电梯物联模块”技术的产物，“润”的运行及部署简洁易操作，能够实现领路、客房送物、自主搭乘电梯、自动拨打电话、信息播报宣传和自主充电等工作。“润”的使用，不仅能够减少酒店一线员工的工作量，将员工从“重复枯燥”的工作中解放出来，还能避免人与人之间的接触，在疫情期间更能保证客人安全。此外，“润”还可以与客人简单聊天，如日常问好、讨论天气等。

智能服务机器人“润”的加入为酒店客人带来全新的科技体验，提升了用户对酒店的科技感知度，引发大批顾客在OTA平台上自发晒图和评价。这些晒图文案十分有趣，如“机器人送物到房间，小朋友稀罕坏了，入住体验很棒!”“酒店机器人自动送上门并拨通房间电话，孩子收到十分惊喜!”，等等。据云迹科技对旗下机器人“润”的酒店应用数据统计，“润”的加入帮助酒店在OTA平台上的得分平均提升了0.1～0.2分，其中“机器人”成为点评评分出现频率最高的关键词。可以说，服务机器人不仅是酒店特殊的一线工作从业者，更是酒店的“服务质量传递者”和“口碑助力者”。

资料来源：

[1] 云迹科技. 云迹科技服务机器人全球“上岗”400多家酒店，引领酒店智能化进程[EB/OL]. 环球旅讯.

[2] 王颖. 调查：酒店机器人服务员多地上岗！抗疫战里的“科技兵”[EB/OL]. 智东西.

[3] 钱玉娟. 云迹科技：站上酒店场景服务机器人的风口[N]. 经济观察报，2021-10-11(19).

三、培育注重质量的企业文化

对质量的负责不仅要体现在执行层面，还须体现在公司的文化与理念层面。为了维持和增加绩效而注重质量是一种短视思维，因为在这种外在动力的驱动下生产人员和产品经理只会将注意力放在维持现有的质量水平上。但是，如果旅游组织能将注重质量作为一种企业文化和理念向每位员工灌输，那么员工就会有内在动机去提升产品和服务质量，并将提升质量作为自己的一种行为规范。在任何时候，文化对一个组织、一个团体甚至一个国家的影响要高于外在物质层面的激励，当将追求高质量作为一种企业文化时，企业必将走得更长久。品牌案例3-3描述了中国旅游领军企业华侨城经营欢乐谷品牌营造欢乐文化的宝贵实践经验。

品牌案例3-3　　欢乐谷——质量为先造就品质

欢乐谷是中国旅游领军企业华侨城集团兴建的新一代主题公园，亦是中国第一个自主创新的主题公园连锁品牌。自1998年深圳欢乐谷开园以来，欢乐谷秉承着精细化、差异化、品质化的理念，不断采取创新举措，为游客带来高品质体验。迄今为止，欢乐谷已在北京、上海、成都、武汉等九大城市中开设园区，并荣获“全国文明旅游先进单位”、“最佳主题公园”等系列荣誉。

欢乐谷的成功，与其质量为先的企业文化有密不可分的关系。2002年，为了实现更好发展，欢乐谷制定了《欢乐文化纲领》，提出欢乐谷以“致力于打造中国最好的主题公园”为使命，以“安全创新”“游客开心”为理念，以“三先服务”为准则，从使命、理念、价值等多方面强调为游客提供安全、高品质的产品与服务。在《欢乐文化纲领》的领导下，在产品质量方面，欢乐谷顺利通过ISO 9001质量管理体系认证，积极导入“管理战略工程”模式，不断提供符合标准且满足顾客要求的产品。在服务质量方面，欢乐谷启动系列欢乐文化工程，在企业内部全面导入文化并对员工进行培训，建立“六员一体”管理模式，创建“HMP”欢乐时刻服务理念，将“服务之诚”“游客至上”的核心理念融入企业文化，强调员工与顾客之间的情感联系，让员工认同并内化为自身价值观，成为其践行标准，为游客提供品质服务、传递欢乐的内驱动力。

在质量为先的企业文化影响下，欢乐谷交出了一份领跑行业的亮眼成绩单。2021 年以来，全国九地欢乐谷游客接待量、营业收入等多项指标较前年同期均显著增长。欢乐谷品牌已深入人心，成为中国区域性主题公园当之无愧的典型。

资料来源：

[1] 余弦. 中国连锁主题公园：欢乐谷“欢乐文化”的建设历程[J]. 青年文学家，2009(16): 96.
[2] 欢乐谷. 中国的欢乐谷：构建主题公园的连锁品牌[M]. 广州：中山大学出版社，2008.
[3] 王洋. 北京欢乐谷“人气”背后有“底气”[N]. 中国旅游报.

四、建立旅游服务补救机制

旅游服务补救是指旅游组织在对顾客提供服务出现失败和错误的情况下，对顾客的不满和抱怨当即做出的补救性反应。旅游服务失败和错误的情况时有发生，严重影响到顾客的感知质量。对此，旅游组织应该根据具体情况和失误的严重程度来采取恰当的服务补救措施。主要的执行策略主要包括如下具体内容。

（一）外部服务补救策略

1. 响应速度

在出现服务失误后，旅游组织应该立即在现场及时补救，将问题就地解决。认真对待顾客对旅游组织的意见及投诉，对顾客的投诉做出快速反应，诚恳主动地替顾客解决问题。为了实现这一点，旅游组织应当给顾客提供便捷的投诉途径，可利用电话、电子邮件等手段征集顾客意见及建议，并建立能够迅速解决失误问题的工作程序以及专司其职的部门，高效率地处理顾客投诉，满足顾客的需求，从而降低服务补救的成本。

2. 物质补偿

服务失败发生后，旅游组织应分清原因，就服务失败类型及其给顾客造成的损失进行认真的评估，弄清双方的责任，既不推卸责任也不轻揽责任，并结合双方应承担的责任和损失，对顾客进行物质补偿。物质补偿策略主要包括赔偿、折扣等有形补偿，常见的形式有送优惠券、提供免费服务、打折促销、赠送礼品、退款等。一般而言，提供补偿的水平越高，顾客对服务补救的满意度和服务总体的满意度也就越高，而超额补偿将导致最高水平的顾客满意。但是，为避免服务失败纠纷，应根据评估的责任，制定相应的补偿标准。

3. 精神补偿

旅游组织服务失误后仅进行物质补偿是不能令人满意的，需要再加上精神层面的无形补偿，包括道歉、移情和跟进措施等。其中，道歉是最为常见的精神补偿方式，会使顾客感受到尊重，一般服务失败不太严重时，道歉均可奏效，从而为保留顾客奠定基础。移情是指对顾客的困境表示真切的感同身受，这种理解会使顾客意识到组织对其遭遇的困境是相当在意的，一旦顾客意识到这一点，许多愤怒就会烟消云散。跟进措施主要是指服务补救后的电话或信件问候，以确保事情得到了顺利解决，这能够进一步对顾客产生正面情绪影响，努力将其转化为忠诚顾客。

（二）内部服务补救策略

1. 建立完善的授权机制

首先，要有明确的责权利关系。明确规定员工的职责同时给予其相应的权力，然后根据员工的任务完成情况进行相应的奖励或惩罚。其次，要把权力授予相配的员工。根据员工特点来安排岗位，达到扬长避短的目的。最后，要建立完善的控制体系。授权同时，管理者仍然保留指导权、检查权、监督权和更改权，并且有义务在下属遇到困难时给予指导，定期检查工作进度，监督下属的工作，当出现重大差错时进行更改。

2. 加强员工培训

顾客投诉是服务失误的信息源和服务改进的动力源。旅游组织应该加强对一线员工的培训。通过培训使他们了解顾客期望的解决办法，具备处理顾客投诉的能力和做好服务补救工作、提高顾客满意度的技巧。

3. 理解和激励员工

在发生服务失误时，如果管理层一味责备员工和推卸责任，既会伤害员工感情和工作积极性，也不利于对外部顾客的服务补救。正确的做法是，应本着及时性、移情性和协作原则来帮助员工共同面对问题，理解和激励员工，让员工及时调整情绪，提供补救所必需的信息和资源，有效地开展对外服务补救。

品牌前沿 3-2　服务补救中的外貌效应

由于服务交付的可变性，一般来说，服务失误是不可避免的，因此服务的补救和恢复得到了广泛的学术关注。在研究补救服务失误的恢复性策略中，主要包括补偿和道歉。恢复性会受到多种因素的影响，例如服务故障的严重程度、故障类型等，但鲜有研究关注员工特征，以下介绍的两篇文章都是围绕服务补救中的外貌效应所展开的。

学者刘必强认为服务提供者的外貌将持续影响整个服务体验，并且随时在消费者心目中建立服务人员的整体形象，即使在出现服务失误的情况下。他提出“娃娃脸”效应在其他学科中已经被广泛讨论，但在酒店业此类服务失误场景下未得到充分研究。本文基于刻板印象内容模型，采用了四个基于场景的实验，结果表明“娃娃脸”的服务提供商对消费者的恢复有正向影响，但是随着服务失误严重性的增加，“娃娃脸”效应会减弱，成熟面孔效应会增加。学者黎耀奇等人研究了当出现服务失误时，进行服务补救的员工外貌吸引力能否及如何影响游客对于服务失误的态度。研究结果表明，极具外貌吸引力的员工能够积极影响游客对员工和公司的态度，并且这可以在降低游客的社交感知距离方面起作用。

这两项研究都丰富了旅游服务失误和补救场景下对于外貌吸引力效应的整体性理解。服务行业的从业者可以从以上洞察发现更有效地应对服务失误，服务行业的管理者可以通过这两项研究意识到服务员工展示资产的管理，但同时也建议外貌吸引力不应该只是招待过程中强调的身体特征，管理者还需要注意外貌吸引力所带来的负面影响。

资料来源：

[1] Liu B, Li Y. Teddy-bear effect in service recovery[J]. Annals of Tourism Research, 2022, 94: 103400.

[2] Li Y, Zhang C, Fang S. Can beauty save service failures? The role of recovery employees' physical attractiveness in the tourism industry[J]. Journal of Business Research, 2022, 141: 100-110.

五、重建旅游者对旅游品牌的认同

很多旅游组织会为了追求短期经济绩效与利润而削减质量开支，导致旅游产品质量缩水。此时，旅游组织如何重塑消费者对旅游品牌的信任和认同呢？除了实质性地改进旅游产品和服务质量之外，公司也要想办法修复信任，取得质量认同。通过提价来强化旅游产品的高品质感知、直接告知消费者产品的高品质、少做质量方面的口头承诺而多付诸质量提升行动、采取第三方认证和背书等方式，均可以重建消费者对存在质量问题的旅游品牌的认同。

综上，本节阐释了提升旅游感知质量的战略。这些战略既包含组织架构方面的（如设计高感知质量的传递系统），也包含文化层面的（如将追求高质量作为一种企业文化来培育）。同时，公司还可以通过可视元素（如景区质量等级）和微小不起眼的元素（如机器人送餐）来传递高感知质量的信号。此外，公司利用后营销（after-marketing）战略可以强化消费者的购后体验和品牌忠诚。最后，提价、直接告知、第三方认证以及切实可行的质量承诺与保证也可以提升感知质量。本书认为，上述战略并非相互对立而是共存的，但一个组织建立起来的质量文化是所有战略中最重要的。本书建议公司应该在培育质量文化的基础上，根据自身情况来选取旅游感知质量提升战略。品牌前沿 3-3 介绍了酒店内部服务质量方面在全球顶尖期刊发表的研究成果。

品牌前沿 3-3　　酒店内部服务质量管理：决定因素与影响

在过去二十年内，越来越多的旅游企业如丽思·卡尔顿酒店、西南航空公司、星巴克等，通过提升内部服务质量（ISQ）来保持竞争优势。ISQ 成为旅游组织为客户实现满意服务质量的先决条件，特别是在酒店领域。酒店员工在工作中面临各种压力，其必须完成高要求任务，以满足客户和主管的要求，因此内部服务质量至关重要。此外，酒店人员流失严重，较多年轻且缺乏经验的员工被酒店招募，他们更需要同事和主管的大力支持。鉴于此，伍晓奕、王洁、凌茜三位学者以酒店为背景，探讨了 ISQ 的决定因素及其影响机制。

研究整体采用了探索性的顺序设计，使用了混合方法。研究者共设计了两个研究。研究 1 采用焦点小组访谈，以确定 ISQ 的可能决定因素。研究 1 结果显示，管理系统（管理、薪酬以及培训体系)、社会系统(协作文化、跨部门沟通与服务领导)、个人系统(角色压力、移情人格、同事关系)三个主要类别的因素，会影响实现内部服务质量的动力与能力，从而影响内部服务质量本身。研究 2 对福州和厦门的 10 家五星级酒店进行了问卷调查，验证和扩展了研究 1 的结论。研究 2 的结果显示，酒店内良好的管理系统和社会系统以及个人系统中良好的同事关系和同理心，能够鼓励员工投入自己的工作，提升员工的反应能力，并引导员工对同事给予支持，最终提升员工感知的内部服务质量。

这一研究成果对酒店领导者如何提高内部服务质量具有重要借鉴意义。首先，领导者需要监控并推进管理系统的改善。设计良好的流程管理系统、薪酬系统以及培训系统，可以激励员工，并促使其相互扶持，从而提高内部服务质量。其次，领导者应努力建立协作文化，加强部门间的沟通，从而建立员工之间的信任和尊重，促进员工合作，进而培养高质量的内部服务。最后，领导者也需重视员工本身。在招聘方面，尽可能地招聘善解人意的员工；在工作中，应通过举办相应活动等形式，积极引导员工之间形成良好关系，并缓解员工压力。

资料来源：Wu X, Wang J, Ling Q. Managing internal service quality in hotels: Determinants and implications[J]. Tourism Management, 2021, 86: 104329.

第五节　目的地品牌感知质量提升战略

一、创新目的地旅游产品体系

目的地应结合当地资源禀赋和客源市场定位等多方面条件，着力创新目的地产品体系，尽力满足广大人民群众的多元化和新型旅游消费需求，提升目的地品牌感知质量。一方面，目的地要根据市场发展趋势和旅游消费特征的变化，以盘活存量为基础，充分挖掘现有旅游生产要素的潜能，实现传统旅游产品和业态的转型升级，夯实旅游供给体系的基本盘；另一方面，目的地应注重打造复合型的旅游产品，实现观光、休闲度假和专项产品的结合，人文、自然和社会产品的结合；注重高中低端产品的统筹开发，在扩充传统观光型的初级产品之余，还要突出高水平、参与式、体验式旅游产品的开发，通过创新创意、精深加工等给旅游产品注入体验、娱乐、特色等元素，满足游客的多元化需求，促进其感知质量提升。

二、完善目的地旅游设施配置

基础设施和旅游服务设施是保证目的地旅游开展的前提，直接反映目的地是否能在根本上对游客的需求进行考虑，影响到游客对目的地品牌的感知质量，因此需要加大投入来发展。例如，部分旅游目的地位置偏僻，网络信号不佳，景区无法实现 Wi-Fi 全覆盖等，均需要加大投入来实现其建设的完备与合理分布。再如，在针对老年群体的康养旅游目的地，房间住宿可以最大限度提高地面防滑效能及洗手间的安全性能等，以满足老年顾客群体的需求，提升其感知质量和满意度。

旅游设施与游客旅途过程中的基本需求息息相关，由于基础设施不完善所带来的安全、卫生、通信等问题，导致许多旅游景点游客旅游评价低、重游率降低、入住率下降、收入减少。2015 年年初，“旅游厕所革命”席卷全国，发现部分旅游目的地存在厕所数量不足、质量不高、布局不合理、管理不到位等突出问题。旅游基础设施的升级，是旅游舒适度提升的重要保障。

三、强化目的地融合营销宣传

宣传是旅游产品销售的第一步，是顾客对目的地形成第一印象的首要环节。目的地应依托当地传播度较广的旅游名片，从全域旅游的视角做好旅游景区与景点的融合营销宣传工作。

首先，聘请专人对官网的信息进行及时更新、网站维护，网站综合信息的扩充，使顾客了解景区景点的基本情况、经营特色、门票优惠条件、延伸服务等相关内容，以人性化方式与顾客沟通。同时及时添加景区景点活动动态，以便顾客能及时搜索到相关信息。此外，还可制作景区宣传片、纪录片，运用微博、微信平台进行转发宣传，扩大目的地品牌的影响力。近年来，越来越多的旅游目的地开始利用新媒体营销的辅助规划，形成网络高质量的旅游路线。利用新媒体平台如微博、抖音进行宣传，打造酒店网络品牌，为客人提供全方位的品牌体验。利用新媒体平台高传播度，如直播等形式，迅速提高企业的知名度和影响力。

其次，为了提高顾客满意度，打造目的地品牌的良好形象，应该以周到细致的服务提升顾客的感知质量。在顾客预订方式上要体现多元化、人性化，工作人员在与顾客沟通中，要注意把握分寸，不夸大其词，要让顾客了解旅游产品的优点与特点，同时以周到的服务来获取顾客好评。

四、建立顾客本位的沟通机制

建立顾客本位的客户关系管理，通过满足顾客服务需求，提高顾客的满意度，来提升顾客的忠诚度，已成为目的地在激烈市场竞争中获胜的重要手段。而若要提高服务质量和顾客的满意程度，就需要先了解服务的问题和缺陷所在。这样，就需要加强与顾客的沟通。目的地加强与顾客情感沟通可以从以下几方面进行：其一，利用会员制度，邀请旅游者加入目的地会员，对目的地的服务进行评价与监督。这可以有效掌握游客对目的地品牌的感知状况和满意度，能够及时了解旅游目的地存在的问题和不足，并尝试询问他们的改进意见，进而便于更加准确高效地建立行之有效的应对手段；其二，主动询问顾客的服务需求，有些顾客性格低调内敛，不愿意拿“自己的事”麻烦别人，发现这种情况后目的地服务人员可以主动询问服务需求并尽一切可能予以满足；其三，为顾客提供亲情服务，有许多顾客是为庆祝生日、结婚纪念日、子女考中大学等家庭重大事件，目的地服务人员可以向他们赠送与主题契合的礼物，分享他们的喜悦。如此，通过各种渠道的顾客情感沟通，加深顾客对目的地的印象，增加顾客对目的地的忠诚度。品牌前沿 3-4 介绍游客与目的地之间的心理联结，即形成“人–地”关系。

品牌前沿 3-4　　从人—品牌关系到人-地关系:自我目的地联结

在目的地品牌研究领域，旅游是一个符号化的过程。旅游符号迎合了人们情感和精神的需要，旅游者会通过旅游符号系统的表意功能传达自己对世界的理解。在此种旅游动机下，目的地与游客之间的自我一致性能够赋予游客额外的符号价值，从而提高游客对目的地的评价。然而，在实际消费中，部分游客在挑选目的地过程中并没有选择与自己形象或身份地位相匹配的目的地，有部分游客甚至抵制与自己形象或身份相匹配的目的地。对于那些期望通过目的地形象提升自身形象和社会地位的游客，与自己形象相一致的目的地缺乏身份提升的价值，即自我目的地一致性并不能带来正面的游客评价。基于以上背景，黎耀奇和关新华两位学者重点剖析了自我目的地一致性对游客评价的影响作用，并且首次提出了自我目的地联结的概念，探讨游客自我目的地一致性感知影响的心理机理。

基于结构方程模型，研究发现自我目的地联结能够中介自我目的地一致性与游客目的地形象感知的关系，表明了自我一致性是否能够影响游客的态度评价，取决于游客是否与目的地建立情感联结。当目的地能够赋予游客情感联结时，游客会对目的地产生独特的心理体验，并将目的地作为自我概念的一部分而存在。通过自我目的地联结过程形成高质量的“人–地”关系，最终实现游客的态度偏好和品牌忠诚。

研究具有一定的实践意义，具体表现为：一方面，文章通过分析游客的自我目的地一致性对目的地形象的影响，论证了游客对目的地与自我概念相似性在目的地形象感知过程中的重要作用。在目的地形象传播的过程中，旅游目的地相关管理部门应致力于提高游客的自我目的地一致性，从而提高游客对目的地形象的评价，增加游客的故地重游行为，帮助我国旅游业从粗放式向集约式发展转变。另一方面，研究进一步表明，游客的自我目的地一致性并不是直接提升其对目的地的形象感知，而是通过自我目的地联结的中介起作用。因此，旅游目的地相关管理部门应该丰富游客与目的地之间可能的情感纽带，如为游客提供更多具有当地人文特色的旅游纪念品，将游客带进当地人的生活，激发游客与目的地产生更多的接触点等。

资料来源：黎耀奇，关新华. 从人—品牌关系到人—地关系：自我目的地联结[J]. 旅游学刊，2015, 30(9): 52-62.

【本章小结】

1. 质量就是满足或超越顾客的期望。

2. 质量管理大师戴明、朱兰、克劳斯比、石川馨、费根鲍姆、田口玄一等也提出了各自的质量管理理念。这些理念的共同之处是，都强调公司所有战略中要"质量先行"，并且重视顾客参与和顾客满意。

3. 感知质量，指的是消费者根据特定目的、与备选方案相比，对产品或服务全面质量或优越程度的感知状况。感知质量和实际质量、生产质量、顾客满意、态度和感知价值等是不同概念。

4. 旅游服务质量的构成要素包括旅游服务过程质量和旅游服务结果质量。

5. 旅游服务质量具有主观性、差异性和互动性的特征。

6. 有形产品感知质量的内容包括：性能、属性、与产品说明书的一致性、可靠性、耐用性、适用性、适宜与完美。

7. 旅游服务感知质量的内容包括有形性、可靠性、能力、响应速度、移情能力。

8. 旅游服务感知质量可以为消费者购买提供理由并提升消费者信心以及赢得社会赞同；旅游服务感知质量可以为品牌延伸、品牌联盟等提供依据；旅游服务感知质量可以为企业带来投资回报、提高市场占有率以及销售额，可以让利益相关者实现共赢。

9. 旅游组织提升感知服务质量的战略与策略包括：设计高感知质量的服务传递系统；运用传递高感知质量的信号；培育注重质量的企业文化；建立旅游服务补救机制；重建顾客对品牌的认同等。

10. 目的地提升感知质量的战略与策略包括创新目的地旅游产品体系、完善目的地旅游设施配置、强化目的地融合营销宣传、建立顾客本位的沟通机制。

【术语（中英文对照）】

质量 quality
旅游服务质量 service quality in tourism
感知质量 perceived quality
生产质量 manufacturing quality
态度 attitude
顾客满意度 customer satisfaction
移情能力 empathy
后营销 after-marketing
变异 variation
零缺陷 zero defect
旅游服务传递系统 tourism service delivery system

【即测即练】

一、选择题

自学自测　扫描此码

二、名词解释

感知质量

三、简答题

1. 如何提升旅游服务的品牌感知质量。
2. 戴明“十四点”质量管理理念的主要内容有哪些？
3. 费根鲍姆质量管理理念的“质量三步骤”的具体内容是什么？
4. 有形产品的感知质量的主要要素有哪些？
5. 旅游无形服务质量的五因素模型具体指哪些内容？
6. 旅游服务感知质量对旅游者和对旅游品牌分别具有什么样的作用？

【思考与讨论】

1. 如何理解旅游品牌与旅游服务质量之间的关系？
2. 论述旅游服务质量的主要特点。
3. 什么是旅游服务感知质量？旅游组织在质量过硬的基础上，可通过哪些手段向市场传递优异的感知质量？

【参考文献】

[1] Garvin D A, Quality W D P. Really mean[J]. Sloan Management Review, 1984, 25: 25-43.

[2] Smith G F . The meaning of quality[J]. Carfax Publishing Company, 1993(3):235-244

[3] Reeves C A, Bednar D A. Defining quality: Alternatives and implications[J]. Academy of Management Review, 1994, 19(3): 419-445.

[4] Seawright K W, Young S T. A quality definition continuum[J]. Interfaces, 1996, 26(3): 107-113.

[5] 詹姆斯 · R. 埃文斯，威廉 · M. 林赛. 质量管理与质量控制[M]. 7 版. 焦叔斌，译. 北京：中国人民大学出版社, 2010.

[6] Crosby B. Quality Is Free[M]. New York: McGraw-Hill. 1979: 200-201.

[7] Noseworthy T J, Trudel R. Looks interesting, but what does it do? Evaluation of incongruent product form depends on positioning[J]. Journal of Marketing Research, 2011, 48(6): 1008-1019.

[8] Keller Kevin Lane, 王海忠，陈增祥. 战略品牌管理[M]. 北京：机械工业出版社, 2021. Aaker D A. Building Strong Brands[M]. The Free Press, 1998.

[9] Garvin D A. Product quality: An important strategic weapon[J]. Business Horizons, 1984, 27(3): 40-43.

[10] Gourville J T. Eager sellers and stony buyers: Understanding the psychology of new-product adoption[J]. Harvard Business Review, 2006, 84(6): 98-106.

[11] Jhang J H, Grant S J, Campbell M C. Get it? Got it. Good! Enhancing new product acceptance by facilitating resolution of extreme incongruity[J]. Journal of Marketing Research, 2012, 49(2): 247-259.

[12] Parasuraman A, Zeithaml V A, Berry L L. A conceptual model of service quality and its implications for future research[J]. Journal of Marketing, 1985, 49(4): 41-50.

[13] Cheng S Y Y, White T B, Chaplin L N. The effects of self-brand connections on responses to brand failure: A new look at the consumer-brand relationship[J]. Journal of Consumer Psychology, 2012, 22(2): 280-288.
[14] Fournier S, Alvarez C. Brands as relationship partners: Warmth, competence, and in-between[J]. Journal of Consumer Psychology, 2012, 22(2): 177-185.
[15] Buzzell R D, Gale B T. The PIMS principles[M]. New York: The Free Press, 1987.
[16] Aaker D A, Jacobson R. The financial information content of perceived quality[J]. Journal of Marketing Research, 1994, 31(2): 191-201.
[17] 刘红艳，王海忠，郑毓煌．微小属性对品牌评价的放大效应[J]．中国工业经济，2008，12(1): 103-112.
[18] 王海忠，王晶雪，何云．品牌名，原产国，价格对感知质量与购买意向的暗示作用[J]．南开管理评论, 2007, 10(6): 19-25.
[19] 王海忠，赵平．品牌原产地效应及其市场策略建议[J]．中国工业经济, 2004, 1: 78-86.

第四章 旅游品牌定位

如果缺少定位，品牌就像没有舵的船。

——大卫·阿克（全球品牌管理权威学者）

学习目的

学习本章之后，读者将对以下品牌问题有更清晰、准确和透彻的理解：

- 品牌定位的内涵是什么？品牌定位对旅游组织的重要性何在？
- 旅游组织确立品牌定位3Cs逻辑框架是怎样的？
- 旅游组织品牌定位的战略与方法有哪些？
- 旅游组织执行与贯彻品牌定位的5Ps逻辑框架是怎样的？
- 旅游组织品牌定位的常见误区有哪些？

本章案例

- 如家酒店——不同的城市，一样的“家”
- 网红丁真——“甜野男孩”撬动理塘旅游
- 马蜂窝的品类决策——从旅游论坛到旅游消费指南
- “梦碎白鹿原”——品牌定位的失败

开篇案例 如家酒店——不同的城市，一样的“家”

2002 年，一家以蓝黄为主色调、温馨小屋图形为 Logo 标识的酒店出现在北京朝阳区新源南路 8 号，随后其连锁店进入全国各大城市。它就是后来发展成为中国连锁酒店领头羊、多年荣获中国金枕头奖“最受欢迎经济型连锁酒店品牌”殊荣的“如家酒店”，其已成为中国酒店业海外上市第一股——2006 年 10 月在美国纳斯达克上市（股票代码：HMIN），它的诞生为国内酒店业的发展注入了新的活力。

作为如家集团旗下的核心品牌，如家酒店提供标准化、干净、温馨、舒适、贴心的酒店住宿产品，为海内外八方来客提供安心、便捷的旅行住宿服务，传递着“适度生活、自然自在”的简约生活理念。其实，在国内，连锁酒店的发展最早可追溯于 1993 年的维也纳酒店，最早的经济型酒店可追溯于 1996 年的锦江之星，这些酒店的发展早于如家近 20 年。但如家在后续的发展历程中突出重围、华丽登场，形成了遥遥领先业内的国内最大连锁酒店网络体系，这无疑得益于它“经济型连锁”的成功品牌定位，以及“标准化”的扩张和“用心化”的经营。

1.“豪华”与“经济”之争：经济型连锁

随着我国市场经济体制的建立，特别是加入 WTO 后，国内外交流日益频繁，商务旅行者数量不断增加，酒店业作为我国的朝阳产业——旅游业发展的重要组成部分，在我国经济建设中扮演着重要角色，是我国接待业的重要窗口。但在发展的过程中，我国酒店业出现了“命门”：“豪华的酒店不够实惠，实惠的招待所不卫生、不实用。”于是，2001 年，一个想法跃入了时任中国最大旅行服务公司携程旅行网（简称“携程”）高管季琦的脑海：“在星级酒店和脏乱差的招待所之间存在一个‘真空’地带，或许可以利用携程的销售网络和行业优势整合经济型酒店资源，建立一个在中国处于主导地位的酒店业连锁品牌。”2002 年携程携手中国资产最大的饭店集团——首都旅游集团（简称“首旅”）组建了如家酒店，借鉴首旅多年的饭店经营管理经验和携程旗下国内最大的旅游电子商务网站，致力于发展中国经济型酒店的知名品牌。自此以后，如家酒店坚持经济型酒店的品牌定位，以“大众住宿业的卓越领导者”为愿景，开启了它的民族品牌发展之路，把目标客户聚焦于大众消费群体，着眼于商务出游人士的出行痛点，用实际行动引领中国大众住宿业市场走向成熟和完善。

新生的如家酒店选择了独特的品牌定位，摒弃了传统酒店的购地置产模式，转而采用租赁的方式，舍弃了星级酒店的豪华大堂、豪华设施、讲究的餐厅和艺术性的陈设等，仅保留住宿为核心的功能，找到了每晚 200 元左右的价格空当，并且采取连锁经营的模式，增强了品牌认识、提升了品牌形象，完成了从无到有的蜕变，即使次年遭遇“非典”公共事件的冲击，在酒店业年均入住率不足 10%的低迷情况下，如家入住率不降反增超过 50%。近年来受次贷危机影响，酒店业总体经营惨淡、亏损加剧，经济型连锁酒店却表现出良好的业绩，在酒店行业中快速回暖，表现出较高的反弹性。

2. 坚守品牌定位的“标准化”扩张

随着酒店红利的释放，建立标准化快速扩张能力势在必行，因此，在标准化和差异化之间如家酒店选择了快速复制模式以寻求成本协同、规模效益最大化。正如如家酒店CEO孙坚所说：“这个世界上最成功的东西往往是妥协的成果。”在勾勒出消费者的真实功能性需求后，如家选择扔掉20%的个性化以寻求妥协来谋取规模化快速复制，扩张系统建立连锁经营的标准化运营体系，每一家新布局的酒店，都严格按照标准对建设成本、装修风格等做出规定，坚持连锁特质（统一标识、统一培训和服务、统一企业文化等）。为此，如家还建立了完善的连锁支撑体系，包括酒店预订网络、VI识别系统等。这些标准化举措，全方位确保了如家产品的一致性，避免其品牌定位发生错位。

2002年6月成立半年之内，如家酒店连锁店数量上升到20家。如家在地理位置上起步于北京、上海，随后形成以“华北区”“华东区”“华南区”为核心的市场布局，最后扩展为“四海为家”的总体布局。经营模式上通过“直营”逐步向“特许”“加盟”的方式扩大规模。2005年七天连锁酒店、汉庭连锁酒店诞生，经济型连锁酒店在一线城市竞争加剧，为抢在租赁业务成本上升之前迅速完成布局，如家酒店率先向二线城市下沉，截至2006年上市，当年年底连锁店数量达134家，短短四年时间里，如家酒店以惊人的速度开创了传统酒店行业的一片蓝海，成为我国经济型酒店的领跑者，增强了其品牌定位和价值。在此后的10余年里，如家酒店继续扩大它的领先优势，2007年全面收购七斗星酒店，揭开中国酒店业资本大规模并购的浪潮，收购完成后如家酒店的数量一跃超过330家；2011年“如家”品牌的第1000家连锁店开业，完成单一品牌的千店布局，市场占有率上升为25%。2014年如家酒店以4.21亿美元的品牌价值被世界上最大的传播集团WPP列入“中国品牌100强”，居酒店行业之首。截至2023年9月，如家酒店已在全国300多个城市拥有2700余家酒店，稳居中国经济型连锁酒店第一。

3. 品牌定位升级：从“标准化”到“用心化”

随着经济型连锁酒店的白热化发展，品牌的同质化竞争日益激烈，许多经济型连锁酒店定位雷同，品牌形象模糊，品牌传播方式单一。因此，通过加强品牌定位建设来促进品牌发展意义深远。如家酒店在发展过程中坚持经济型酒店品牌定位的基础之上，逐渐意识到仅靠“标准化”是不够的，标准化运作有其自身发展的弊端，这就需要由“标准化”向“用心化”转变。如家酒店CEO孙坚说道：“在规模化、分散化的经营格局中，在没有标准的地方，只能靠文化、价值观去引导。”例如，过去酒店客房茶杯摆放位置在“标准化”条件下强调所有连锁店必须是统一的，但现在会更多地考虑顾客的需求，只要顾客满意，客房服务员可以按照顾客喜欢的方式自由摆放。服务员怎样才能知道顾客是否满意呢？这就需要服务员更好地聚焦于“人”，深刻地理解如家“家”文化的理念，用心服务，真诚待客，让顾客都有“家”的感觉。

综上，如家酒店发展至今仍然保持较高的市场竞争力，离不开它一直以来“经济型连锁”的品牌定位，以及后续“标准化”的扩张和“用心化”的经营。可见，旅游品牌定位是旅游组织品牌建设的罗盘，需要对特定旅游市场、产品属性等给予明确界定，旅游品牌定位能够帮助旅游品牌在众多的产品中脱颖而出，让消费者能够在第一时间进行区分并记忆，向消费者传递旅游组织的价值文化、思想态度和服务理念，使消费者对旅游品牌留下深刻的印象，从而提升品牌形象。因此，旅游品牌成为旅游产品与消费者连接的桥梁，品牌定位也就成为市场定位的核心和集中表现，旅游组织一旦选定了目标市场，就要设计并塑造自己相应的旅游产品，品牌及企业形象，以争取目标消费者的认同。

资料来源：

[1] 首旅如家集团官网.

[2] 环球旅讯，经济型酒店如家的发展历程[EB/OL].

[3] 谢燕娜，秦耀辰. 如家快捷酒店连锁店空间扩张研究[J]. 旅游学刊，2010, 25(11): 44-50.

[4] 肖建珍. 基于OTA视角的经济型酒店与OTA平台竞合研究——以如家连锁酒店为例[J]. 经济研究导刊，2021(13): 134-136.

党的二十大报告提出：“我们要坚持以推动高质量发展为主题，把实施扩大内需战略同深化供给侧结构性改革有机结合起来，增强国内大循环内生动力和可靠性，提升国际循环质量和水平，加快建设现代化经济体系。”在产品和服务越来越同质化的今天，要想成功打造一个旅游品牌，丰富优质旅游供给，释放旅游消费潜力，推动旅游业高质量发展，品牌定位战略举足轻重。开篇案例中的如家酒店，通过舍弃星级酒店全面兼顾高端设施、豪华大堂，以及餐饮与会展服务等的做法，坚持以住宿为核心的功能定位，把品牌定位在经济型酒店，最终跃居全球酒店排名前十。这一章我们重点学习旅游组织的品牌定位，主要内容包括：旅游组织品牌定位的内涵、品牌定位的意义、确定品牌定位的3Cs框架、品牌定位的战略与策略以及执行品牌定位的5Ps战略框架。

第一节 旅游组织品牌定位的内涵与意义

一、品牌定位的内涵

（一）品牌定位的概念

“定位”概念始于1972年，当时，里斯（Ries）和特劳特（Trout）写了一系列名为《定位时代》的文章，刊载于美国专业期刊《广告时代》（*Advertising Age*）上。品牌定位（brand positioning）是指企业为了在目标顾客心目中占据独特的位置而对公司的产品、服务及形象进行设计的行为。[1]里斯与特劳特的定位观点认为，消费者头脑中存在一级级的小阶梯，他们将产品在小阶梯上排队，而定位就是要找到这些小阶梯，并将产品与某一阶梯建立联系。定位强调把特定品牌置于市场竞争中的独特方位，以便消费者处理大量的商品信息。因此，对于旅游组织而言，定位的关键是如何在旅游者的“心智”中与“竞争对手”进行区分。[2]

（二）与品牌定位相关的其他概念

为了更清晰理解定位这一概念，下面对与品牌定位有关的几个概念加以区分。

1. 市场定位

市场定位（market positioning）是公司根据其竞争者的情况而在市场上采用的差异化竞争战略，[3]借此占有特定资源，从而在产品市场建立自身优势。[4]而品牌定位关注的是如何创造与改变消费者对某公司产品或品牌的感知或认知。[5]相对于市场定位关注企业自身及其竞争者的客观态势，品牌定位更加关注品牌在旅游者心智中的概念或形象。[6]

2. 产品定位

在旅游产品同质化严重、可替代性日益增强的今天，企业在生产产品或服务之前，就要想好自己的产品或服务的目标购买者是谁，从而做到与竞品在质量、性能、款式、用途等方面的差异化。这一过程叫作产品定位（product positioning）。而品牌定位不仅是为了实现产品或服务的差异化，而且是利用影响旅游者选购产品或服务时的有形因素及其为旅游者带来的物质性利益、功能性利益和情感性利益，来塑造独特且有价值的形象，以期占据有利的心理据点。产品定位是品牌定位的支撑和依托。

3. 品牌联想

品牌联想（brand association）是基于消费者主观认知的，在消费者的大脑记忆网络中建立与品牌直接或间接联系的信息节点的总和。这些信息可能是与品牌本身相关的（如品牌知觉、经验、评价、定位等），也可能是与品牌之外的实体有关的（如情景、个性、人物、时空等）。[7]品牌联想是品牌定位长期执行的结果之一。

4. 品牌形象

品牌形象（brand image）是人们对品牌的总体感知，是由品牌的各种联想以某种有意义的方式组织在一起而给人留下的总体印象。[8]恰到好处的品牌定位能够使品牌联想更加丰富，能够使品牌形象更为鲜明。旅游目的地品牌形象是一个内涵比较丰富的概念，是旅游目的地品牌的外在表现形式和旅游者对旅游目的地品牌个性的感知，并通过形成整体品牌形象作用于游客的行为意愿。旅游者可以从情感形象、象征性意义、品牌个性等多个角度感知旅游目的地的品牌形象。

5. 品牌个性

品牌个性（brand personality）是消费者赋予品牌各种人格化特征的集合体。[9]品牌定位与品牌个性不同。品牌定位是由品牌经营管理团队进行调查分析后向消费者宣传的品牌内涵，它是由内而外的；品牌个性虽然也会受到经营管理团队实施的营销方案（如广告等）的塑造，但更多则是由消费者在长期使用中给品牌赋予的、具有人格化的特征，它是由外而内的。但是，两者又是紧密相连的，在很大程度上，品牌个性是品牌定位的结果。品牌定位是塑造品牌个性的必要条件。旅游营销学者发现目的地品牌与企业品牌一样，同样具有品牌个性，并据此提出目的地品牌个性的概念，用于表达旅游目的地的个性特征。旅游目的地品牌个性作为一种符号化的形象功能，对旅游品牌塑造而言无疑具有重要意义，品牌前沿 4-1 介绍了功能联想在促进建立目的地品牌个性中的作用。

品牌前沿 4-1　　功能联想在建立目的地品牌个性中的作用：基于官方网站表达

在线传播一直对目的地品牌形象的塑造影响重大，目的地通过官网“谈论”自己，以塑造自我品牌个性。而目的地的品牌个性受到功能性联想（设施、区位、历史等实体特征）和符号性联想（品牌等抽象特征）的共同影响。国外学者 Sara 等人对目的地官网内容进行分析以探究不同类型的功能性联想如何塑造其品牌个性。

研究者以 PDF 格式收集了欧洲最受欢迎的 12 个城市官网页面，利用定量内容分析法将网站的话语文本转化为数字变量。功能性联想的内容被分为八类：餐饮、购物、住宿、建筑和遗产、文化景点和活动、旅游产品包、景观和自然资源、基础设施和交通；符号性联想即为品牌相关的内容。研究者选择品牌个性量表（BPS）作为分析目的地品牌个性的框架，其中的五个维度分别为真诚（sincerity）、刺激（excitement）、能力（competence）、教养（sophistication）、粗犷（ruggedness），并构建了五个维度的同义词词典，用于统计不同类别下目的地投射品牌个性的比例。通过数据分析发现：（1）功能性联想与符号性联想投射的品牌个性大致相同。欧洲旅游目的地的品牌个性总体表现是：刺激个性最为突出；其次是真诚、教养；能力和粗犷表现最弱，但功能性联想在真诚、能力和粗犷方面贡献更突出，品牌相关的内容则更侧重于刺激和教养。（2）不同功能类别的联想对品牌个性各个维度的贡献有显著差异。目的地个性的刺激维度被文化景点和活动的相关内容显著强化了（贡献度为 51.72%）；基础设施和交通相关内容有助于突出目的地的能力个性（贡献度为 23.08%）；最不突出的粗犷个性受到景观和自然资源（贡献度为 16.51%）、建筑和遗产（贡献度为 18.54%）的影响最大；各类功能性联想对教养和真诚贡献度的差异最小。

这一研究成果，对目的地品牌个性的塑造具有指导意义。目的地营销组织（Destination Marketing Organizations，DMOs）可以通过操纵网站展示的文本内容，选择塑造功能性联想所投射的整体个性，使品牌个性与品牌定位相匹配。例如，特定产品的不平衡信息会影响整体的个性，所以，营销组织及人员不仅可以通过选择词汇，还可以通过强调特定类别的吸引力来操纵平衡网站内容的品牌个性。又如，对于形象定位为富有激情的目的地来说，可以通过着重强调文化景点和活动来增加刺激个性的有效投射，这样有助于目的地品牌个性的打造，和与旅游目的地的形象投射相匹配。

资料来源：Vinyals-Mirabent S, Kavaratzis M, Fernández-Cavia J. The role of functional associations in building destination brand personality: When official websites do the talking[J]. Tourism Management, 2019, 75(8): 148-155.

6. 品牌认同

品牌认同（brand identification）是指消费者认为品牌与自己具有相同特征的程度。[10] 当品牌的特征与旅游者真实自我或理想自我相似时，旅游者会对该旅游品牌产生高度的自我–品牌联结，从而产生品牌认同。而这种品牌认同会影响旅游者的品牌态度和购买行为。[11] 恰当的、与旅游者需求吻合的品牌定位是形成旅游品牌认同的前提。熊元斌和吕丹提出了旅游地品牌认同这一概念，认为旅游目的地品牌认同是游客对某一特定旅游目的地品牌归属感的认知、感受、评估的一系列心理状态和过程。游客通过对旅游目的地品牌的认同以表达自己的社会身份及对旅游地的归属。[12]

二、旅游组织品牌定位的重要意义

（一）品牌定位使品牌信息进入旅游者有限心智

哈佛大学心理学家米勒（Miller）研究发现，普通人的心智难以同时处理七个以上的单位。[13]特劳特认为，消费者心智阶梯最多只能容纳七个品牌，最终只能记住两个——这个原则叫作“二元法则”。[14]快餐业中的麦当劳和肯德基、主题乐园里的迪士尼与长隆等便是很好的佐证。居于第三位及以后的品牌，因其在旅游者心智阶梯中的地位较弱，须不断促销才能改变排序，因而生存艰难。因此，只有通过科学定位，品牌才能在旅游者有限的心智阶梯中占有一席之地。

（二）品牌定位是旅游组织成功创建品牌的基础

要建设一个成功的旅游品牌，需要经过品牌定位、品牌规划、品牌设计、品牌推广、品牌评估、品牌调整、品牌诊断等一系列步骤。其中，品牌定位是整个品牌建设系统的第一个环节，也是其他环节的基础。如果品牌定位失当，那么品牌建设的过程就会产生传递效应，其他环节就会产生偏差和失误，最终品牌的整个建设过程就不会达到理想的效果。同时，如果品牌建设的中间过程出现失误，那么品牌定位又可以为修正这些中间过程提供策略参考，从而实现品牌建设的成效与预期相吻合。

（三）品牌定位可传递品牌核心价值，构建旅游者认同的强势品牌

品牌核心价值是品牌向消费者承诺的核心利益，代表着品牌对消费者的终极意义和独特价值，是一个品牌最独一无二的、最有价值的精髓所在。但是，光有品牌核心价值是不够的，品牌核心价值必须以一种有效的方式传达给旅游者并得到旅游者的认同。而品牌定位正是这样一种有效的传达方式，它可以在品牌核心价值的基础上，通过与目标消费者心智模式中的空白点进行匹配择优，并通过整合传播等手段在旅游者心智中打上深深的烙印，进而建立强有力的旅游品牌形象。品牌核心价值如果能够通过科学的品牌定位去传达和实现，就能促进品牌与目标消费者的关系，从而为构建一个旅游者认同的强势品牌提供可能。

第二节　旅游组织确立品牌定位的 3Cs 框架

品牌定位对于旅游组织打造成功的品牌至关重要。然而，如何才能确立好的品牌定位呢？本节重点分析旅游组织从战略上确立品牌定位的 3Cs 框架，它们是：消费者洞察

（consumer insights）、公司与竞争者分析（company and competitor analysis）、品类决策（category membership decision）。

一、消费者洞察

里斯强调，定位不是去创作某种新奇的、与众不同的东西，而是去操作已存在于受众心智中的东西，以受众心智为出发点，以顾客需求为导向，寻求一种独特的定位。因此，确立定位的首要步骤是洞察消费者的内在需求。所谓消费者洞察，即发现消费者的显性需求和隐性需求，它为发现新的市场机会、找到新的战略战术提供条件，从而成为能够提高营销成效和摆脱市场“肉搏”的有效途径。

（一）洞察消费者需求的外部因素

1. 文化因素

我们在此介绍洞察消费者需求差异的两种跨文化研究理论。

（1）文化价值维度理论。荷兰学者霍夫斯塔德（Hofstede）在 1968 年至 1973 年间，以IBM公司设在全球56个国家和地区的子公司的员工为对象，研究发现了文化的五个维度：权力距离、集体主义/个人主义、男性化/女性化、不确定性规避、短期/长期导向。[15]

第一，权力距离（power distance）。权力距离是指人们对权力不公平分配的期望和接受程度。权力距离大的文化，总是强调严格的上下级关系，社会呈现明显的等级阶层，社会成员能够接受这种不公平；而权力距离小的社会，比较注重平等、民主和非正式关系。权力距离大的文化中的旅游者最看重品牌所表征的社会地位，其次才重视产品或服务所具备的功能。有研究发现，在大权力距离国家中，旅游者认为有能力的旅游组织品牌能提供更多的价值。[16]

第二，个人主义和集体主义。个人主义/集体主义是指一个人如何看待自己与他人、社会的关系，以及这种文化下的社会是更关注个人利益还是集体利益。个人主义文化中，旅游者把品牌视作自我个性和形象的展示；集体主义文化中，旅游者则更多地把品牌视作与身份和群体的联系。[17]

第三，不确定性规避（uncertainty avoidance）。它是指人们对不确定性或未知情景所感受到的威胁程度。高不确定性规避旅游者会在旅途中感知到更多的风险，并尽可能逃避这些风险。例如，在高不确定性规避者看来，更为熟悉的国内旅游目的地能带来更多的安全感。[15]不确定性规避度越高，对国内旅游目的地品牌的忠诚度越高。[18]对于高风险规避者而言，品牌的含义更为重要，因为好的品牌能为高风险规避者带来更多的信任，[19]他们会更倾向于选择可信赖的且表现稳定的品牌，[20]同时具有更高的品牌忠诚度。[21]

第四，男性/女性主义。这是指在社会中居于统治地位的价值标准是由男性主导的还是由女性主导的。在男性气质突出的国家中，社会竞争意识强烈，成功的尺度就是财富功名，而在女性气质突出的国家中，生活质量的概念更为人们所看中。这一概念也体现在旅游营销中，普里查德（Pritchard）等人针对旅游营销宣传册和广告中的语言和意象分析指出，无论是年轻女人的飘逸长发、柔软肌肤、诱人香味、比基尼装扮等女性化景观意象，还是待征服的原始粗犷自然或环境恶劣的国家公园等男性化景观意象，都是对男性游客的刻意迎合。[22]

第五，短期与长期导向（short or long-term orientation）。短期导向的人会视时间为一种有限资源，对时间较没有耐心，而长期导向的人则更愿意为了未来的收获而等待。[23]长期导向观会影响消费者勤俭节约的习惯和强制性购买的行为。短期导向的旅游者侧重于此时此刻，决定一般更基于即刻的需求，而不考虑未来的结果。因此，这类旅游者更可能“立即购买”。相反，长期导向的旅游者更可能在购买之前做计划，并且很少会被即刻的欲望所诱惑。[24]与短期导向旅游者相比，持长期导向的旅游者更易产生稳定的品牌承诺（brand commitment）。[25]

（2）整体型思维模式与分析型思维模式。尼斯贝特（Nisbett）等人认为，处于不同文化的人们存在两种不同的思维模式。其一，整体型思维模式（holistic thinking）。它表现为关注整体，强调客体和情境间的关联性，并且基于这种关联性对事物做出解释和预测。其二，分析型思维模式（analytic thinking）。它偏向从情境中分离出客体，关注客体本身的属性，并根据类别和原则对客体进行理解和判断。[26]而沙龙（Sharon）和休斯顿（Houston）则发现，分析型思维个体倾向于依据抽象的类别和原则分类存储信息，而整体型思维个体则倾向于依据事物之间的关联性来分类存储信息。[6]因此，整体型旅游者更喜欢产品或服务广告，而分析型旅游者更喜欢品牌广告。[27]总体上，两种思维模式的消费者对声望型品牌的延伸评价不存在显著差异，但对于功能型品牌，整体型个体更能建立母品牌和延伸产品之间的关联，因而对品牌的延伸产品的评价要显著高于分析型思维的消费者。[28]

2. 社会阶层

社会阶层是一个社会中具有相对同质性和持久性的群体，它们是按等级排列的，每一阶层成员具有类似的价值观、兴趣爱好和行为方式。低阶层的旅游者存在立即获得感和立即满足感的消费心理，比较注重安全和保险因素；中层旅游者一般讲究体面，同一阶层内的旅游者彼此之间更容易攀比；上层旅游者则更注重成熟和成就感，倾向于购买和使用具有象征性的产品。

3. 参考群体

参考群体（reference groups）是指直接或间接影响一个人的态度或行为的所有群体。那些强烈影响人们态度或行为的参考群体称为意见领袖。在中国，影响旅游者开展品牌评价、购买或出游决策的意见领袖主要有以下几类人群。

（1）行业专家。行业专家又被叫作关键意见领袖（key opinion leader，KOL），指的是拥有更多、更准确的产品或服务信息，且为相关群体所接受或信任，并对该群体的购买行为和出游决策有较大影响力的人。旅游组织会选择具有影响力的旅游博主在内的 KOL 推介旅游，主要目的在于塑造产品和服务的形象、低成本引流和丰富营销渠道。

（2）时尚引领者。作为意见领袖的时尚引领者并不一定仅仅是指通常意义上与时尚关联更为密切的演艺明星，还包括企业明星以及政治人物等。

第一，演艺与体育明星。他们作为参照群体，对公众具有巨大的影响力和感召力。研究发现，用明星做支持的广告较不用明星的广告获得的评价更正面、更积极，这一点在青少年群体上体现得尤为明显。[29]

第二，企业家。自 20 世纪 70 年代以来，越来越多的企业在广告中用企业家作为品牌代言人。各大旅游集团的董事长或总经理在公开宣传中纷纷采用了“我为 × × × 代言”的媒体话术，俨然成为一股风潮，如新疆文旅集团吐鲁番板块副总经理张明明就提出“我为胡杨精神代言”，助推了火洲旅游目的地的创造和兴起。

第三，政治人物。政治人物对于品牌选择与推广也具有重要的经济意义和社会意义。自 2021 年 3 月底开通短视频账号以来，“甘孜文旅局长刘洪”在抖音平台发布了 93 条短视频，全网曝光量超 46 亿次。他以穿越的情节、变装的形式，带网友认识甘孜州泸定县化林村的茶马古道，这条视频吸引超过 1 亿人次网友观看，在抖音平台上已获得 174.8 万条点赞、超 4 万条留言。据悉，其短视频一经上线便火遍全网，来到甘孜游览打卡的游客也与日俱增，带动了当地旅游的发展。

（3）虚拟社交网络引领者。随着互联网的发展，越来越多的普通人通过网络成为意见领袖。例如，在某一具体行业中有一定声誉的博客作者会影响行业内品牌的口碑，博主就是这个虚拟社交网络的意见领袖。而随着互联网在中国的普及，人们的虚拟社交网络沟通（如微博、微信、小红书、抖音等）也实现了令人瞩目的成长，开始超越传统大众传媒沟通的影响力。然而，由于其网络使用的特殊性，这类意见领袖所影响的人群多集中在 20～35 岁、能熟练使用网络查找信息的这一类人中。品牌案例 4-1“网红丁真”反映了网红在代言和推广旅游目的地方面的作用。

品牌案例 4-1　　网红丁真——“甜野男孩”撬动理塘旅游

2020 年 11 月初，抖音一条不到 10 秒的视频突然爆火，视频一经发布便迅速获赞 276 万次，留言及转发高达 13 万次，该视频的主人翁“康巴汉子”丁真意外走红，因其眼神清澈、五官立体、皮肤黝黑，被誉为“甜野男孩”。对此，理塘县文旅团队迅速与丁真签约，丁真也因此成为理塘的旅游形象代言人。理塘旅游因丁真的走红迎来了新的发展机遇。

1. 沉寂的理塘

在丁真走红以前，理塘还是一个不为人知的国家级贫困县。受制于极端气候和恶劣的自然条件，单纯依靠发展农业脱贫致富的道路在理塘显得困难重重。然而，高海拔带来的恶劣气候和艰苦的生活条件一方面限制了理塘的农业发展，另一方面又带来了世外桃源般的旅游资源。理塘境内的格聂雪山，是藏族聚居区有名的神山圣地，雪山、草原、河流、寺庙，得天独厚的美景随处可见。虽然有着丰富的旅游资源，但交通闭塞、产业贫瘠，为发展旅游产业实现脱贫攻坚带来重重挑战。多年来，作为乡村文旅探索的先行者，理塘县政府曾充分利用藏民族文化特色，建造仓央嘉措博物馆等基础配套文旅设施，举办骑马节、康巴汉子选美大会等文旅活动吸引游客，但效果甚微，难以在全国范围内形成广泛影响，依靠文旅融合实现乡村振兴之路道阻且长。

2. 从“丁真的世界”中横空出世

随后，丁真成为“四川甘孜藏族自治州理塘县旅游大使”，为家乡拍摄了视频《丁真的世界》，通过视频的方式把他的世界带到了我们面前：雪山、草原、冰川、藏族文化……与以往见到的旅游目的地宣传视频不同，该视频完全是从丁真个人的视角出发，向大家介绍他的家乡。曾经有人问他：“你的梦想是什么？”丁真回答道：“我没有太想过这个问题，就想骑着我的小马翻山越岭过着简单纯粹的生活。”这正是理塘吸引人们的地方：抬头，可以看见巍峨耸立的雪山、翱翔的雄鹰；低头，可以看见一望无际的草原、飞驰的骏马，它为在高楼耸立的喧嚣城市里疲于生活的人们提供了向往的乌托邦！

这种以小见大的方式给人一种甜美又浪漫的感觉，看腻了“一个模子脸”的人们，都被这张不染凡尘的脸所吸引，让人们一看到丁真的世界就觉得理塘就像可爱的丁真一样，美丽辽阔、自由自在，自然带动了理塘县的旅游热。人们开始关注并走进这个青藏高原东南缘曾经默默无闻的小县城，曾经的贫困县变成了游客们向往的“天空之城”。他的出现也一并带动了当地牦牛干、白萝卜、青稞曲奇等农产品的发展。2021 年一年时间，理塘在网络上的曝光量已达上亿次。理塘文旅局数据显示，2021 年以来理塘实现旅游总收入 17.6 亿元，对比 2020 年同期增长 6.4%；接待游客 160.2 万人次，增幅为 6.3%。一个人带火一座城，丁真真的做到了。

资料来源：

[1] 丁真走红这一年：理塘的意料之外和情理之中[N]. 界面新闻.

[2] 丁真现象，我们看到了什么？[N]. 新华社.

[3] 为什么是丁真？[N]. 光明日报.

（二）洞察消费者需求的内部特质

1. 消费者个性

个性（personality）是导致个人对所处环境刺激做出反应的相对稳定的心理特征。消费者个性影响品牌的机理是，消费者会不自觉地选择与其自身个性相契合的品牌。美国心理学家科斯塔（Costa）和麦克雷（McCrae）在 1987 年对个性进行了研究，提出了“大五”人格理论。这一理论将人的个性划分为外倾性、神经质、开放性、随和性和尽责性五个方面[30]。而基于这一理论，美国学者詹尼弗·阿克（Jenniffer Aaker）研究得出，美国市场上的品牌主要表现为五种品牌个性：真诚、刺激、能力、教养、粗犷。阿克进一步以西班牙以及日本消费者作为对象进行研究，结果发现，在日本消费者心目中，品牌的个性主要表现为坦诚、刺激、教养、能力、平和（peacefulness）；而西班牙消费者品牌的个性主要表现为坦诚、刺激、教养、平静、激情（passion）。[31]中山大学的学者黄胜兵和卢泰宏认为中国品牌的个性维度有“仁”“智”“勇”“乐”“雅”。[32]

品牌个性在旅游领域的研究和应用相对较新。旅游地个性是品牌个性在旅游目的地中的应用，是指旅游者所认同的与旅游地相关的一系列人格特征。阿克首次研究了品牌个性框架在旅游目的地背景下的适用性和有效性，认为品牌个性包括真诚、欢乐和刺激三个维度。[33]而尤斯凯利（Usakli）则认为旅游目的地的品牌个性包括活力、教养、能力、现代和真诚这五个维度。[34]

2. 消费者情感

消费者的购物正从任务型购物转为享乐型购物。旅游者也越来越重视旅途过程中的情感体验。在此，我们重点讨论以下几种旅游者情感因素。

（1）怀旧。怀旧影响旅游者的品牌偏好与旅游决策。具有怀旧情感的广告对广告态度、品牌态度和购买意向具有显著的正向影响，[35]怀旧动机强的游客重游意愿会更强，这也会影响他们对产品或目的地的选择。

（2）依恋。依恋是指个人与品牌之间的一种情感联结，通过产品或品牌满足旅游者支持自我、发展自我的需求，产品或品牌成为一种延伸的自我，旅游者从而对其产生依恋。如果旅游组织管理致力于建立品牌忠诚，他们必须使旅游者形成对其品牌的情感依恋，而不仅是重复购买或重游。[36]

（3）放松。旅游者希望在心理层面形成一种平衡，释放内心的沮丧与痛苦等负面情绪，这就促使他们寻求度假以满足自己的需求。在放松动机的驱使下，旅游者会倾向于购买能带给自己放松感受的休闲型旅游产品。

二、公司与竞争者分析

分析公司与竞争对手之间的优劣势，找到不同品牌之间的差异，是品牌定位需要完成的重要战略分析工作。为此，需要借助于品牌分析工具。在此介绍两种常用的分析工具。

（一）ZMET 隐喻解释技术

ZMET 技术是扎尔特曼隐喻解释技术（Zaltman metaphor elicitation technique）的英文缩写，它诞生于 1995 年。这一技术提出的理论依据是，80%以上的人类沟通是非语言的，因而传统的问卷调查、焦点访谈、个人深度访谈等都不能很好地获得人们内心深处的真正感受。为此，哈佛大学商学院的扎尔特曼教授提出，消费者调查最好用非语言的方式让他们表达内心的思想、观点、感觉和情感。ZMET 技术被广泛应用于与品牌有关的问题，曾为可口可乐、宝洁、杜邦、柯达、通用汽车等世界著名企业提供品牌咨询。

ZMET 技术的操作流程如下。首先，利用计算机动画技术或照相机拍摄几幅图片，代表品牌可能象征的意义。其次，请接受测试的消费者选择，哪一幅画能恰当地表达该品牌。被测试的消费者一般为 20～24 人。再次，利用凯利（Kelly）的记忆联想测试技术来解释选择的背后原因。最后，根据测试分析结果画出一张心智思考图。

（二）品牌定位分析图

品牌定位图分析法（brand mapping）主要用于对市场上各种竞争品牌的定位进行比较分析。品牌定位图是一种直观的、简洁的定位分析工具，一般采用平面二维坐标图对品牌识别、品牌认知等状况做品牌之间的直观比较，以解决有关的定位题目。其坐标轴代表消费者评价品牌的特征因子，图上各点则对应市场上的主要品牌，它们在图中的位置代表消费者对其在各关键特征因子上表现的评价。

品牌定位图的制作包括两个步骤。第一，确定关键的特征因子。旅游组织需要通过市场调查了解影响旅游者购买决策和出游行为的诸多因素及旅游者对它们的重视程度，然后通过统计分析确定出重要性较高的几个特征因子，再从中进行挑选。第二，确定各品牌在定位图上的位置。选取关键因子后，接着就要根据旅游者对各品牌在关键因子上表现的评价来确定各旅游品牌在定位图上的坐标。当然，在确定位置之前，要保证各个品牌的变量值已量化。

三、品类决策

在对顾客、公司自身及竞争对手有了充分了解以后，企业接下来就应该根据前期分析结果制定自身的定位方向：到底是在原有品类上与已有品牌进行竞争，还是创建一个新的品类？

美国认知心理学先驱乔治·米勒在对消费者心智做了大量实验后发现，消费者面对成千上万条的产品信息，习惯于把相似的进行归类，而且通常只会记住该类产品的代表性品牌。打造品牌最有效的、最具生产力的和最快捷的方法就是创造一个新的商品类别，使自身品牌成为一个全新类别里的第一个品牌。以下这些旅游品牌在他们各自所创造的品类中稳居第一：

✓ 迪士尼乐园，第一个主题公园品牌。
✓ 肯德基，第一个跨国连锁快餐品牌。
✓ 携程，第一个中国 OTA 品牌。
✓ ……

这些旅游品牌通过创建一个新品类从而成为行业第一。因此，越来越多的旅游组织把品类创新和品类战略当作组织的核心战略。如何才能创造一个新品类？确定了品类之后，又如何处理好与同一品类里其他品牌之间的关系？

（一）是否构建新品类

并非所有产品都适合采用品类构建的方式来进行新品牌定位。是否适合构建新品类，一般有两个考虑指标。[37]

1. 旅游组织是否有能力来引导消费需求，支持品类品牌获得市场

是否适合创建新品类，取决于旅游组织能否洞察和挖掘旅游者的潜在需求，并能采用不同的产品、服务和市场开发策略把这些潜在需求转变成现实需求。这一过程的实现需要企业主动地考察、研究旅游者潜在需求并加以开发，力争在其提出具体要求和竞争者拿出合适的产品和服务之前，率先把适销对路的产品和服务研发出来，并投入生产推向市场，让消费者逐渐了解它、接受它以至喜欢它。而且，如果没有品类开创者对品牌长期的、持续的培育和推广，品类很难成长，品牌也很难做大。因此，相对于已有品类中的旅游品牌竞争，创建新品类具有更大的风险性。品牌案例 4-2 即很好地反映了马蜂窝是如何抓住旅游者的真实需求实现从社区到旅游攻略的新品牌定位。

品牌案例 4-2　　马蜂窝的品类决策——从旅游论坛到旅游消费指南

马蜂窝（原名：蚂蜂窝）由陈罡和吕刚二人于2006年创立，成立该平台的灵感源于吕刚的一次旅行经历，原本他打算花3万元和朋友去瑞士滑雪，却听说有人花3万元都可以去开展环非之旅了，于是他开始做攻略，和朋友踏上了非洲之旅。结果这段行程虽然实惠但因信息不对称和缺乏经验，把自己和同伴折腾得够呛。回程后吕刚意识到分享旅行经验是一件值得做的事，并且背后存在着巨大的市场需求。就这样，马蜂窝网站上线了。"马蜂窝"寓意着希望背包客可以像蚂蚁和蜜蜂一样协同合作，打造一个用于弥补信息不对称的用户自生产内容的在线旅游论坛。这样，通过阅读其他游客发布的内容，游客可以跳出旅行社的束缚，直接获取有关旅游目的地的真实评价。为了实现这一品牌定位，马蜂窝运用简单的算法，按照目的地给用户分享的游记做标签，分门别类地存储，使得随后有需要的用户可以轻而易举地获取他们理想目的地的信息，这种以小组结构构建的去中心化思路使得马蜂窝在一众BBS论坛模式中脱颖而出，2006—2009年，马蜂窝累计用户10万人。

然而，随着旅游市场的蓬勃发展，陈罡发现，无论在百度还是谷歌，输入目的地后常出现的推荐词为"旅游攻略"，这正是广大网民当下的真实需要。调研后发现，市面上竟然没有一家公司可以真正满足这个需求，于是，马蜂窝开启了自己的新品牌定位。利用早期沉淀的UGC内容，通过人工打捞和算法等手段，分析抽离出景点、酒店等信息，最后集合成攻略，但与其他出于一人的攻略不同，马蜂窝的攻略是"众包"，集万千真实的旅游者之感于一身。旅游攻略作为工具，门槛更低、传播更快，给马蜂窝带来了巨大的流量。到2012年，马蜂窝的用户数量已经突破千万，成为中国最大的旅游社区之一。

2015年，旅游业大环境持续改善，马蜂窝在快速发展的同时也迎来了巨大的挑战，处于OTA类厂商第一梯队的携程、美团、飞猪除了经营原有的B2C电子商务模式之外，也开始在内容层面耕耘。为了应对竞争，马蜂窝在品类决策上重点强调自己以用户为核心所产生的优质内容。一方面，马蜂窝创造各种通道实现广大创作者的商业变现，鼓励用户深度参与内容制作，马蜂窝通过摄影大赛、扶持泛旅游圈层内的达人（如马拉松达人、自驾达人、滑雪达人等），寻找更多优秀的内容创作者；另一方面，马蜂窝进行了全面的技术提升，完成了向大数据公司的转型。2016年，马蜂窝开始探索"内容+交易"的商业模式，以"可预订"为由、以目的地体验为核心利益点投放地铁广告，利用巨大的用户流量，与行业伙伴进行分享合作，完成了和Booking、Agoda、携程、艺龙等国内外OTA的接口对接，马蜂窝还进一步开发面向更多旅游从业人员的行业智能系统解决方案，以及旅游行业的社交网络服务（social networking service，SNS）营销平台。此时，马蜂窝已不仅仅定位为一个社区平台，而更是试图做最专业的"全球旅游消费指南"，站在整个旅游行业产业链的上游，对接客户需求。

由此可见，马蜂窝在发展的过程中积极洞察和发掘消费者的潜在需求，并利用先进的开发策略实现了从潜在需求到真实需求的落地，最终实现了新品类的开发，将产品从旅游论坛转变为旅游攻略，取得了巨大的成功。

资料来源：

[1] 符家铁. 马蜂窝：从内容出发深耕旅游业[J]. 国际品牌观察，2021(19): 51-52.

[2] 刘沧，丁思童. 基于4C理论的UGC型马蜂窝类旅游产品营销对策[J]. 当代旅游，2021, 19(21): 67-69.

2. 旅游市场上品类是否饱和

品类构建需要立足于旅游者心智中的价值定位。由于旅游者的心智是有限的，当某个大品类中的小品类越来越多时，他们可能会陷入新一轮的信息风暴，从而并不能有效地分清和记住新创建的品类。例如，古城古镇一度因为其特有的民俗文化与历史建筑而成为热门旅游目的地，但随着商业化开发程度的不断加深，旅游开发商模仿打造了不少特色小镇，但这一概念已经难以在旅游者心智中占有一席之地，因此出现了以白鹿原民俗文化村为代表的上百家特色小镇的倒下。可见古城古镇本身就是一个市场容量有限的品类，而在这当中再开辟新的品类很难获得市场的认可。不管是与原有品类的已有旅游品牌进行竞争，还是创建新的品类，旅游组织都需要建立竞争参考系以及品牌的差异点。

（二）界定竞争参照系

界定竞争参照系的起点是确定品类成员（category membership）。品类成员指品牌与之竞争的产品和服务或产品和服务的集合，以及功能与之相近的替代品。典型的定位方式是在陈述产品和服务的差异点之前，告知消费者品牌的成员资格。不同的品类成员资格决定了会有不同的竞争参照系，以及不同的差异点。[38]

对于进入某现有品类的新品牌而言，营销经理人需要首先告知消费者该品牌的品类成员资格。例如，当在旅游目的地看到当地盛产的特色产品时，大多数游客可能并不知道这一特产的用途，除非经销商将此与一些更为熟知的旅游纪念品建立起联系，确定其“旅游纪念品”的品类成员身份。另一种情形是，旅游者知道品牌的品类成员，但他们不确定该品牌是否是一个合格的成员。例如，旅游者知道环球国际影城，但他们可能不确定环球国际影城在乐园设施完备性、趣味性等方面是否与迪士尼、欢乐谷、长隆乐园处于同一档次。因此，在推出新产品和服务时，最初的广告一般聚焦在建立品牌知晓度上，随后的广告才致力于构建品牌形象。有三种确立品牌品类成员资格的方式。

第一，宣传品类利益。例如，快捷酒店的基本利益点是“性价比”，度假型旅游产品的基本利益点是“休闲”。

第二，与榜样比较。利用品类中现有的知名或高档品牌来确定自己的品类成员身份。例如，迪士尼乐园是国内最受欢迎的具有西方活跃气息的主题公园，让无数粉丝和爱好者们前往，苏州乐园以西方迪士尼为参照，致力于打造以东方园林安闲、宁静、自然为特点的主题公园。

第三，依赖产品说明。例如，旅游目的地在推出旅游线路产品时，通常会采用攻略的形式，为游客提供包括吃住行游购娱的产品说明。并且按旅游线路的距离，可定位为短程旅游线、中程旅游线、远程旅游线；按旅游线路的时间，可分为一日旅游线、二日旅游线和多日旅游线；按旅游线路的活动类型，可分为度假型旅游线、观光型旅游线、游学型旅游线等。

当然，一种有效的市场定位策略需要将市场品类具体化。同时，该品牌还应该优越于其他竞争品牌，形成与众不同的竞争点策略对品牌定位是至关重要的。

（三）确定品牌差异点

差异点（points of difference）是指消费者能强烈联想到的、给予积极评价的、竞争性品牌不具备的品牌特征或利益，例如，迪士尼的“动画人物”、汉庭酒店的“性价比”、故宫文创的“历史底蕴”。无论是采用建立新品类的定位方向，还是采用进入原有市场的定位方向，旅游品牌都必须具有与众不同的差异点，才能有效地吸引消费者。一般而言，选择差异点需要考虑两个重要的因素：差异点对消费者有吸引力；消费者相信产品或服务能实现差异点。

1. 吸引力标准

吸引力包括相关性、独特性和可信度三个方面。

相关性是指目标消费者必须感觉和发现旅游品牌的差异点和自身是相关联的，并且很重要。正如前文所提到的消费者个性与旅游品牌个性，旅游者自我形象与目的地个性之间存在关联，当消费者发现品牌所蕴含的个性与其自身特质相符合时，他们会更愿意做出购买决策和出游行为。

独特性是指消费者感受到品牌的差异点具有独特性和优越性。例如，安缦酒店在酒店行业里的特殊定位，它在五星级酒店的历史里称得上特殊的存在，发展历史虽不长但已经成为无可争议的顶级奢华酒店的代表。在安缦小型且隐秘的酒店设计中，不会披金戴银地炫富，而是希望能够展示当地事物最真实的样貌，最大限度地展现当地文化和当地自然的协调统一，不会在酒店里安放无用的昂贵设备，而会营造出现代生活里理想化的舒适田园状态。也正是这种独一无二的选址原则和酒店设计，让安缦在众多超大型奢华酒店集团的包围下脱颖而出。

可信度是指一个旅游品牌要能给消费者提供一个可信的理由来选择。例如，当希尔顿和万豪试图定位于“性价比”时，很难竞争过汉庭和如家等经济型酒店，因为在消费者的认知中，希尔顿和万豪意味着“豪华”，汉庭和如家意味着“平价”，这种认知很难被改变。又如，有些旅游产品在推出时，给自己同时加上了度假型、观光型、历史文化型等标签，这样的做法就很难让旅游者信服，因为没有哪种产品能同时实现这么多的功能。

2. 可传达性标准

可传达性包括可行性、沟通性和持续性三个方面。

可行性是指旅游组织能实际创建出品牌的差异点。旅游组织成功的关键除了其定位，还需要通过广告等传播方式成功将其独特定位传递给消费者。

沟通性是关于能否向旅游者很好地传达品牌及其相应联想的问题。正如星巴克在故宫开设门店的案例，品牌方本是希望能采用这种文化碰撞的形式，传达给消费者品牌相关的联想，而不想给消费者带来“文化侵略”感受。正是这种沟通性上的障碍，让星巴克在故宫的尝试以失败收场。这个例子说明，在传统中国文化情境中，星巴克采用文化碰撞的形式来传达品牌个性与联想是不具备可沟通性的。

持续性是关于能否长期实施某种定位的问题。它取决于企业使命、资源利用状况、外部市场力量状况等多种因素。例如，真功夫之所以能在肯德基、麦当劳等巨头林立的快餐市场占据一定地位，取决于其进入的是区别于肯德基、麦当劳的中式快餐市场，与它强大的竞争对手相比，真功夫凭借着典型的岭南风味“蒸饭”和“炖汤”，在中国这片沃土上拥有了 500 多家连锁门店。这个例子说明，真功夫采用的品牌定位之所以得以持续，得益于它所在市场上的目标顾客以及主打的蒸炖风味是可流程化的。因此，品牌定位的可持续需要多方面来支持。

（四）创建品类差异点的方式

对于品类创造者而言，除了要具有与众不同的竞争差异点，还要注意差异点建立的方式。通常，以下几种方式能够帮助新品类创造出有别于现有品类的差异点。

1. 以分化而非融合的方式建立新品类

任何行业或者品类要获得成长，必然走向分化。例如，在酒店行业，分化出豪华型、高档型、舒适型以及经济型等品类；在主题公园行业，分化出文化表现型、历史再现型、名胜微缩型、风情展示型、绿色生态型、科技娱乐型等品类。这些分化都取得了成功，为企业带来巨大的收益。相反，一些企业喜欢采用与分化相反的概念——融合来实现品类创新，但大多以失败告终。

2. 新品类的命名

在营销中，命名是至关重要的决策。品类命名一般要求通俗、容易理解、具有通用性。例如，水果茶、手打柠檬茶、冷泡绿茶等都是简洁、清晰、容易理解的品类名。当前也有一些企业往往采用新奇的名字来为新品类命名。例如，茶颜悦色给自己主打的两款招牌型产品命名为幽兰拿铁与烟雨乌龙，这一命名融合了茶颜悦色作为中式茶饮的品牌定位，其品类命名区别于传统茶饮品牌，在消费者心中留下了深刻印象。

第三节　旅游组织品牌定位的战略与策略

一、旅游组织品牌定位战略

（一）强化战略

强化战略是指加强旅游品牌在消费者心目中的现有地位。如果现有产品和服务在消费者心目中具有强势位置，而这种定位对旅游组织又有利的话，企业就要反复向人们宣传这种定位，强化本企业的产品和服务在消费者心目中的形象。例如，迪士尼采用的强化战略的广告词中就有“别让您的孩子和她因为错过迪士尼而遗憾！只有拥有过它，你的人生才更加完美”，仿佛去一次迪士尼是人生不可或缺的一部分。

（二）区别于竞争对手的定位

如果竞争对手已经在某个品类占据了有利位置，那么本企业也可以从竞争对手的强势中寻找出其固有弱点，从这个弱点下手为自身寻找到有利的、能侵蚀竞争对手市场的定位。例如，携程是国内第一家以酒店、交通预定为主的 OTA，先行者优势是国内市场 OTA 的领导品牌。去哪儿网从其强势特征中分析发现它也有固有的弱点，那就是它主要对接的是代理商，而忽视了旅行者方的需求。于是，去哪儿网以旅行者为目标对象，推出了比价系统，为旅游消费者提供全面、准确的旅游信息服务，这一服务定位也让其迅速跻身 OTA 品牌前列。

（三）利基战略

利基战略是寻找尚未被占据的并为消费者所重视的心理位置。这一战略适用于已有竞争品牌密集的品类的市场新进入者，也适合于新品类的开创者。旅游市场中采用利基战略的典型则是定制化，旅游者不满足于一些传统的旅行方式与旅游线路，定制旅游成为一种全新的旅游模式。旅游供应商根据旅游者的偏好，定制线路的景点、时间、交通以及住宿等内容，不同于传统死板的跟团游，通过满足游客的独特需求而赢得了好评。

（四）会员俱乐部战略

企业或目的地如果在一些有意义的属性方面不能占据第一位，就可采用这种策略。例如，旅游景点可以宣称自己是“最美×××之一”等。一般而言，这种战略适用于已有品类的后进入者。例如，位于湖南沅水上游的黔阳古城是全国保存最为完好的明清古城，但较同省的凤凰古城而言，不管是游客量还是出圈率都逊色很多，因此在推广时采用的就是上述策略，宣称自己是最美古城之一。这让黔阳古城缩小了与领先者的距离，扩大了自己的品牌知名度，提高了自己的竞争力。

品牌前沿 4-2 基于信息一致性原则，分析了不同的品牌定位战略如何影响消费者感知，进而影响旅游目的地品牌资产。

品牌前沿 4-2　　信息一致性、目的地品牌定位战略如何影响顾客为本的品牌资产

近年来旅游目的地间的竞争越发激烈，强大的品牌资产是目的地创造可持续竞争优势的主要资源之一。来自西班牙的研究团队 Castañeda-García 等人探讨了信息一致性、两种不同的目的地品牌定位战略对顾客为本的目的地品牌资产造成的影响。

实验设计操纵了信息一致性（高 vs.低）和目的地实施的品牌定位战略类型（单品牌 vs.多品牌）。结果表明，当旅游者从不同渠道接收到的信息（如 YouTube 中的视频和 WordPress 中的博客）一致性程度较高时，品牌定位战略类型对以顾客为本的品牌资产没有显著的影响；而当信息一致性程度较低时，相对于多品牌定位战略，目的地的单品牌定位战略能给顾客带来更高的品牌资产。究其原因，主要包括以下三方面：首先，信息不一致会使人们产生认知失调，而高度的信息一致性会积极地影响消费者的态度。市场营销领域已有的共识是：在不同渠道中保持品牌信息的高度一致性，是形成顾客为本的品牌资产的关键所在，这是因为信息一致性会正向影响品牌资产的各个维度。其次，相对于单品牌，目的地的多品牌定位战略可能会冲淡目的地的形象与特征。一个目的地内有太多的品牌定位可能会使消费者感到困惑，这种困惑最终会反映在品牌权益与品牌资产上。最后，根据图式理论（schema theory），当旅游者从不同渠道中获得的目的地信息不一致时，他们会对这些信息进行更为精细的加工和处理，这样的信息处理使单一目的地品牌定位战略带来更清晰的品牌形象和更高的品牌权益。与之相反的是，当信息高度一致时，消费者会使用更边缘化的信息处理方式，从而淡化单一目的地品牌定位战略的优势。

该研究成果对于旅游目的地的整合营销传播、目的地品牌定位战略的决策等具有重要实践意义。对于已经实施了多品牌定位战略的旅游目的地而言，应当在与消费者的沟通中保持不同渠道的信息一致性。然而，现代社交媒体是用户的天下，目的地管理者很难控制其中的信息，因此，他们应当尽量在能够控制的信息渠道中保证信息的高度一致性，同时密切关注旅游消费者的在线评论，适度介入其中。此外，目的地的多品牌定位战略能够使消费者感知到一个国家内部的目的地多样性，客观上可以提高游客重游该国的概率。

资料来源：Castañeda-García J A, Frías-Jamilena D M, Del Barrio-García S, et al. The effect of message consistency and destination-positioning brand strategy type on consumer-based destination brand equity[J]. Journal of Travel Research, 2020, 59(8): 1447-1463.

二、旅游组织品牌定位的策略

一般而言，旅游组织在选择具体的品牌定位时，可以使用以下策略或方法。

（一）属性和利益定位

产品或服务属性是指产品或服务本身所固有的性质，产品属性通常是外显的、可视的，但服务属性一般是不可视的。产品或服务利益则是指使用该产品或服务能给消费者带来的收益。通常，属性定位和利益定位具有因果关系。例如，经济型连锁酒店，属性定位是“酒店”，利益定位是“住宿”；故宫文创产品，属性定位是文创产品，利益定位是“纪念品”。

（二）用途定位

万豪是成功运用用途定位的一个案例。以酒店为例，万豪推出了丽思·卡尔顿、喜来登、万怡、源宿等多个品牌，但每个品牌都以自身特定的用途来定位，从而形成鲜明的品牌差异化。具体而言，丽思·卡尔顿的定位是“奢华享受”，喜来登的定位是“高级需求”，万怡的定位是“经典精选”，源宿的定位是“长住需求”。正是万豪旗下酒店的多品牌各得其所，共同奠定了它在这一领域多年来的领导地位。

（三）用户定位

将品牌与某类消费者的生活形态和生活方式的关联作为定位的基础，则品牌就会定位于某类消费群。这种定位方式也称为用户形象定位。例如，安缦酒店定位于喜欢隐居山野大海、对私密性有极高要求、但对价格并不敏感、更追求纯粹的体验和服务的消费者，希尔顿欢朋酒店则定位于商旅精英人士及亲子家庭。肯德基定位于偏好炸鸡、汉堡等西式餐饮的消费者，而真功夫则定位于偏好采用蒸、炖做法的中式餐饮的消费者。

（四）针对竞争对手定位

这种定位策略是指旅游组织为了突出品牌的特性，抓住知名竞争对手的弱点来向消费者推销自己的优点，从而获取市场认可的方法。例如，法国的麦当劳为了突出自己的门店便利性，便以它的对手品牌汉堡王为对象，拍摄了一支广告：荒无人烟的公路上面，行驶着一辆汽车，路边立着两面广告牌，上面分别写着距离麦当劳还有 5 公里，距离汉堡王还有 258 公里，广告语为“麦当劳离你更近”。针对竞争对手定位的方法，又叫作比较定位。

（五）产品品类定位

产品品类定位是指在消费者心智中开创一个新的产品品种，并通过首创这个品种而在消费者心目中树立起这个品种的领导者形象。例如，茶颜悦色首创了中式茶饮这一概念，通过在社交媒体的传播，逐渐变为长沙的地标性品牌与网红产品。慢慢地，一提到中式茶饮这一概念，消费者就会想起茶颜悦色；而一提到茶颜悦色品牌，也就会想到中式茶饮。茶颜悦色推出这一概念，人为地设置了一道同类产品里的竞争品牌难以逾越的心理定位障碍。

（六）价格定位

品牌可以选择将自身产品定位于相对低还是相对高的价格。如果企业具有成本优势，可选择定位于高经济性价比，例如，希尔顿酒店定位于“高档型酒店”，这种高价定位能够满足目标消费者显示自身消费地位的作用，并且能够满足人们的心理需求。而有些品牌则定位于平价，如汉庭酒店定位于“经济型酒店”，为消费者提供性价比高的消费体验。

三、旅游组织执行品牌定位的 5Ps 战略框架

（一）执行品牌定位的 5Ps 战略框架

如本章第二节和第三节的 1、2 小节所述，通过 3Cs 战略分析框架（消费者洞察、公司及竞争者分析、品类决策）确立好品牌的定位之后，旅游组织就要高质量和高效率地执行品牌定位。对于如何有效地执行品牌定位，本书在提炼大量最佳品牌实践基础上，总结提出执行品牌定位的 5Ps 战略框架，现分述如下。

1. 宣传与推广（promotion）

宣传与推广是品牌定位执行的最重要步骤。没有强有力的宣传与推广，品牌定位难以深入人心，难以形成强有力的品牌认知。在宣传与推广品牌定位时，有必要先实施品牌内部推广，然后再实施品牌外部推广。

（1）品牌内部化。品牌在公司内部的宣传与推广统称为“品牌内部化”（internal

branding），它指的是旅游组织确定品牌定位后，向内部员工等可控受众传递这种品牌定位信息。一般而言，可通过三种途径实现品牌内部化。其一，旅游组织内部媒体的品牌传播；其二，旅游组织内部活动中的品牌传播；其三，旅游组织固定场所的品牌传播。迪士尼委员会经常召开关于“迪士尼式创新、服务及忠诚”的内部研讨会，使内部形成共识，要让顾客在迪士尼体验到快乐，员工必须首先进入“角色”。迪士尼员工以“我们是演员”为箴言，激励自己始终向顾客传递家庭娱乐。

（2）品牌外部传播。如果传播预算允许，广告是提高旅游品牌定位知晓度的必要要素。在中国市场，利用好“大势”，紧扣事件营销，品牌定位就能迅速发酵，从而在全国市场范围内，形成所期望的“顾客心智份额第一”。我们把这一战略简称为“大项目营销”（project marketing）。例如，理塘丁真在社交媒体爆火后，其淳朴大男孩的形象得到网友的一致喜爱，甘孜文旅局抓住这一品牌传播东风，通过短视频的形式推出了以藏戏、唐卡、糌粑、锅庄、赛马等为内容的短视频，让全国人民乃至世界关注到了甘孜这片仙境。

在向企业内外传播旅游品牌定位的时候，品牌经理人需要提炼出品牌箴言（brand mantra）。品牌箴言通常是用 3～5 个短语所表现的品牌内涵精要、品牌定位和品牌价值。其目的是使企业内部员工以及外部营销伙伴理解品牌对于顾客所代表的最核心价值主张，有助于为公司内外的营销活动提供行为准则或指南。[39]迪士尼的品牌箴言是“有趣的家庭娱乐”（fun family entertainment），麦当劳的则是“食品、乡亲、乐趣”（food，folks and fun）。[40]

2. 地点决策（place）

品牌定位的执行必须落实在地点上，地点体现在品牌的营销渠道决策上。以酒店行业为例，酒店营销渠道不同于零售型产品分销，它的地点营销决策主要有传统营销渠道和 OTA 两种类型。酒店的传统营销渠道有酒店官网、酒店 App、微信小程序、线下旅行社等，如万豪旅享家微信小程序、香格里拉官网预订。OTA 是互联网普及的产物，已成为酒店最重要的销售渠道之一，重塑了酒店客房的销售方式。OTA 提高了酒店和消费者之间信息的对称性，增加了消费者预订的便利性，提高了酒店的预订流程效率，给酒店带来收益。Booking、携程是当前 OTA 的代表企业。Booking 于 1996 年成立，现已发展成为全球规模最大的旅游电子商务公司，根据其官网数据，Booking 已有超过 2800 万套房源，遍布全球 225 个国家和地区的 118000 个目的地。携程是全球第三大 OTA，于 1999 年成立。其官网显示，目前携程已在全球 200 个国家和地区与近 80 万家酒店建立了长期稳定的合作关系。目前，大多数酒店都采用多渠道营销，如华住酒店集团，既通过其华住会 App、华住会微信小程序等渠道直销，又通过携程、美团旅行、途牛、飞猪等 OTA 分销。

随着共享经济的兴起，共享住宿渠道逐渐成为住宿业的重要营销渠道。共享住宿作为共享经济形式下的住宿服务，是指通过互联网将拥有闲置住宿资产的人和有临时住宿需求的人联系起来，使闲置资产得到合理利用。爱彼迎、途家以及小猪短租是目前共享住宿的代表平台。爱彼迎于 2007 年成立，截至 2021 年年底，其全球活跃房源和体验数量超过 600 万套。途家于 2011 年成立，是国内最早依托共享经济发展起来的共享住宿平台，截至 2022 年年初，途家平台上已经有 200 多万家民宿房源在运营，全国民宿已经超过 350 万家。小猪短租于 2012 年成立，截至 2021 年 6 月，其房源总量超 80 万套。

3. 实体展示（physical evidence）

品牌定位需要通过产品的实体证据来支撑，它们有助于强化品牌定位。多年来，迪士尼一直在动画形象上大做文章，如米奇、米妮、迪士尼公主以及最近大热的玲娜贝儿等动画人物，其广告以富有创意而又有乐趣的方式让迪士尼动画人物作为一种象征文化来诠释该品牌的核心定位：奇幻童话的迪士尼品牌。

又如，亚朵是一家新生活方式酒店品牌，提倡人文、温暖、有趣的“在路上”第四空间生活方式。该品牌在 Logo 设计上添加了品牌定位元素，以微笑 Logo 向消费者展示这是一个会微笑的酒店品牌，从而传递人文、温暖、有趣的生活方式及独特联想。

对于无形服务而言，旅游品牌定位主要由传递服务的员工来实现，服务场所、服务设施设备、辅助性的服务用品及物件等可视要素都影响品牌定位执行的效果。例如，到泰国旅游，泰式 SPA 作为人类非物质文化遗产是每位前来游玩的游客均会体验的一项服务，根据需求会匹配不同手法的按摩师，他们注重力道推拿，能够科学放松人体筋骨，让疲倦的身体得到修复，给游客传递一种放松、休闲的感受。

4. 定价（price）

定价是落实品牌定位的重要因素。虽然定位并不等同于质量，但大量的品牌定位仍然和品质相关，而消费者在很多情况下是无法准确估计产品或服务的客观质量的。因此，价格成为消费者最常用来判断质量的外在线索之一。例如，连锁品牌亚朵推出了 Zhotel 和 A.T.HOUSE 两款高端酒店品牌，但在品牌名称上脱离了消费者对亚朵酒店的原有记忆，刻意不让消费者将亚朵酒店与新推出的两款高端品牌产品产生联想，并且在这两款品牌的命名上，亚朵也选择了更为国际化且简洁的英文，能给人更为“高级”的联想。同时，它的定价也直逼希尔顿、万豪等高端酒店品牌。

5. 坚守定位（persistence）

“罗马不是一天建成的”，这句话恰到好处地说明坚守定位是品牌定位得以落实与执行的最重要理念。对于具有独特定位的品牌来说，就更是如此，因为品牌需要时间来撰写历史和传奇。而市场却并非永远一帆风顺。如果因市场遭受困境就随时改变自己的定位，那么，品牌永远难以确立自己清晰、独特、突出的个性和形象。例如，丽思·卡尔顿就一直坚守着“我们以绅士淑女的态度为绅士淑女忠诚服务”这一精准定位，将酒店核心价值传递给消费者，最终构建了顾客认同的强势品牌。

对于具有独特定位的品牌而言，坚守品牌定位，非但不会限制品牌做大市场规模，反倒更能做大做强。不少例子表明，当品牌拥有鲜明、突出和具有吸引力的品牌个性之后，沿着品牌所打造的生活方式、个性而进行的跨界延伸，更易取得成功。理论研究表明，象征性和体验性品牌属性远比功能性品牌属性更能带来延伸的成功。例如，意大利设计师阿玛尼（Giorgio Armani）在迪拜建起了第一家 Armani 酒店，并有意扩大成为全球连锁酒店，酒店内部的装饰、家具设计全部遵循阿玛尼服装品牌的风格。这种基于品牌个性与象征价值的延伸，扩大了品牌的业务范围，提升了品牌的经营业绩，更重要的是并没有损害品牌既有的定位和无形资产。

（二）品牌定位的常见错误

品牌定位是一项艰苦的工作。许多品牌因定位错误，始终没能在市场上有什么起色。这里总结几种常见的品牌定位错误。

1. 不充分定位

不充分定位是指旅游组织并没有挖掘出品牌强有力的、积极正面的、独特的卖点，因而，并不能在消费者心智中占有什么特定的位置。例如，文创产品如果笼统强调自己作为“纪念品”的定位，不以其背后的文化为差异化特征，那么，在强大的宣传攻势下，旅游者虽然会记住品牌的名称，但无从分辨它们的个性、卖点、差异化，也无法形成品牌偏好。品牌案例 4-3“梦碎白鹿原”，一座耗资 3.5 亿元的民俗村，为何不到 4 年即被拆除，归根结底是品牌定位不充分。

品牌案例 4-3　“梦碎白鹿原”——品牌定位的失败

著名作家陈忠实的经典作品《白鹿原》还原了朗朗乾坤下的白鹿村，白氏家族和鹿氏家族几代人的恩怨情仇，在多人物的精细刻画中，拥抱所在时代，回归人性的本质，回归生活的写实，让人们对神秘而传奇的白鹿村以及生龙活虎的关中风情心驰神往。穿梭时光，故事“所在地”即为今日陕西西安往东 30 多公里白鹿原畔的半坡上、被誉为“风水宝地”的“白鹿原民俗文化村”。这里曾经是省市各级的重点建设项目，保留了最原始的自然森林公园形态，通过仿古建筑、美食特产、传统技艺等形式彰显关中文化，被打造成为集生态观光、休闲度假、民风民俗体验于一体的综合性旅游度假区。2016 年，借着电视剧《白鹿原》正式开拍，让主打白鹿原文化的白鹿原民俗村冲上热搜，备受关注，开业当天，白鹿原民俗村就接待游客 12 万人次，红极一时。

然而，好景不长，2017 年年底，仅一年时间，白鹿原民俗村游客数量削减大半，商铺纷纷关门。2018 年试图追建一座 7D 网红玻璃桥盘红景点，但却无能为力。2019 年 8 月白鹿原文化村关闭改造，淡出公众视线。2020 年，白鹿原民俗文化村宣布拆除。究其原因我们不难发现，未充分定位就快速上马、急于求成是白鹿原民俗村失败的原因：

其一，旅游项目规划必须通盘考虑区域内的资源禀赋，对旅游项目进行科学考察、合理规划，而非到处造景、盲目开发。白鹿原文化村虽然建在白鹿原地区，但主要建筑均为人工新建或改造的仿古建筑，不具有年代感，缺乏历史文化的沉淀。除此以外，随着“白鹿原”IP 热，短短两年内，仅仅 200 多平方公里的白鹿原上，就聚集了白鹿原民俗村、白鹿原影视城、白鹿原景观农田等多个大大小小的项目，一个小小的白鹿原上，哪能承载那么多的旅游项目。

其二，缺乏创新，同质化现象严重，没有挖掘出白鹿原民俗文化村特有的价值，未能让游客感受到当地特有的民俗文化。在游客印象里，白鹿原文化村就是一条仿古小吃街，而且卖的大多也是陕西较为普遍的大众小吃美食，如油泼面、油糕、蒜羊血等，这样的小吃街实在毫无新意与特色，并且价格也比周边的要高。不少游客表示，这样的地方"去一次之后不会再去，里面除了关中小吃，就是随处可见的旅游产品，实在没啥特别的兴趣"。

其三，运营方式和盈利模式不当，对旅游市场和游客消费需求变化反应不足。白鹿原民俗文化村运营过程中没有平衡好与村民、商户的利益分配，村民抱怨：因占地及补偿问题村里人已与民俗村经营者发生多次冲突，并且民俗村建成后，商铺不让当地村民租用经营，都租给外地人，只让少数村民应聘保洁等岗位。

综上，白鹿原民俗文化村逐渐衰落进而被拆除，并非一朝一夕的事，品牌定位不充分导致了规划不科学、同质化严重、缺乏稳健合理的开发运营模式等问题，最终使这样一座具有良好旅游资源禀赋的古村落开发以失败告终，实在令人惋惜！

资料来源：

[1] 白鹿原民俗文化村被拆 文化小镇不能荒芜特色[N]. 中国青年报，2020-3-18.

[2] 再探白鹿原民俗村："网红小镇"为何"帅不过三秒"？[N]. 2021-5-26.

2. 令人困惑的定位

由于品牌经理人主观上对旅游品牌的诉求太多，这会使消费者对品牌定位感到困惑，导致对品牌形象产生混淆。所以，即使一个旅游品牌有很多卖点，经理人也需要从中提取眼前及未来最有优势的、市场最看重的 1～2 个卖点，以此确定品牌定位并向消费者持续不断地传播。许多知名旅游品牌只是靠一个方面的优势而成名并成为消费者的首选，如敦煌莫高窟的"丝路文化"、迪士尼的"梦幻童话"、汉庭的"性价比之王"等。

消费者难以相信品牌所宣扬的定位，这种情况在旅游目的地宣传中也表现得极其明显，如很多目的地在广告宣传上同时强调了文化传承与现代化服务，事实上这会让旅游者怀疑文化的原真性是否得到保障，如此定位只会引起旅游者的怀疑，其市场效果可想而知。

品牌定位并不是一件容易的事情，旅游组织常常会落入品牌定位的陷阱，犯下不充分定位、混淆定位、可疑定位等错误。因此，当旅游组织进行品牌定位时，一定要经过充分的调查与思索。当组织定位不当时，常常需要对旅游品牌进行重新定位。

第四节　旅游品牌更新

旅游品牌更新是指旅游组织有规律、有频率地对品牌实施新的营销活动，对品牌加以振兴与激活，使品牌永远处于与时俱进的状态。旅游品牌更新的内在动因是品牌定位的调整与改变，虽然旅游品牌更新外在的表现是品牌标识等可视要素的更换。如果旅游品牌不能适时进行更新，顾客会久而生厌，而后离开。但是，如果旅游组织的品牌更新不遵循科学原理，轻者实现不了品牌更新的预期目标，重者会将品牌积累起来的固有优势消磨殆尽。因此，旅游组织应该把品牌更新看作一种需要战略思维的常态化工作。本节将介绍旅游品牌更新的内涵，分析品牌更新的背景，讨论旅游组织实施品牌更新的战略与策略。

一、旅游品牌更新的内涵

（一）旅游品牌更新

旅游品牌更新（tourism brand updating）是指旅游品牌通过实施一系列新的营销战略和策略，使品牌持续提高市场影响力和市场业绩。一般来说，旅游品牌更新的内在驱动因素主要是旅游品牌定位的微调与改变（包括品牌细分市场的改变，品牌等级的提高或下调等）。旅游品牌更新的外在表现包括对品牌有形要素的更新与调整。旅游品牌更新的总体目标是使品牌永葆活力，通过让市场对品牌产生更新颖、更具时代感的印象，从而提升品牌市场业绩和无形资产。

（二）旅游品牌更新与旅游品牌复兴的区别与联系

旅游品牌复兴（tourism brand revival）是指对历史上曾经辉煌但现在已经没落、已经淡出市场或已经走下坡路的旅游品牌的振兴与激活。它和旅游品牌更新的内涵存在差异。

旅游品牌复兴的客体一般是指“老字号品牌”（time-honored brands），它们是已经从目标消费者记忆中没落或正在走下坡路的品牌。但是，旅游品牌更新的客体并不是已经从记忆中没落或市场销路已走下坡路的老品牌，而是市场上仍在常规运行但需要及时激活的品牌。因而，旅游品牌更新的范畴更广和更为普遍，而旅游品牌复兴的范畴则更为特定。如果说旅游品牌复兴体现的是旅游组织对特定品牌在特殊时期的激活和重新推向市场，那么旅游品牌更新则更强调为了让品牌适时地、规律性地、经常性地处于一种鲜活、旺盛的生命状态而实施的常规但又有战略意义的营销活动。

旅游品牌复兴是旅游品牌更新的特例。旅游品牌更新包括对多年淡出市场的老字号品牌的复兴，但更多的是针对正在运行品牌的及时激活与提振，使其日新月异、历久弥新、历久弥坚。

二、实施旅游品牌更新的背景

（一）旅游品牌定位不能与时俱进

随着时间的推移，旅游品牌原有目标市场不可避免地趋向老化，市场销售开始萎缩。此时，旅游品牌面对新的潜在顾客就显得不合时宜了。通过旅游品牌更新，重新进行品牌定位，品牌就可能赢得新的顾客细分市场，从而提高市场业绩。例如，肯德基炸鸡最初奠基于人们对创始人哈兰·山德士（Harland Sanders）上校的认同，他以美国南方独特的香草和辣味配方烹调炸鸡，味道的独特性使肯德基获得极大成功。但 20 世纪 80 年代以后，健康意识的增强使消费者将肯德基炸鸡联想为高油脂、高热量等负面形象。人们开始慢慢离肯德基炸鸡而去，开始更多地光顾那些提供健康食物的餐厅。在这种情况下，1991 年肯德基炸鸡决定引入新的品牌定位，减少炸鸡，增加烤鸡和蔬菜；配合这一改变，肯德基将品牌名称全称（Kentucky fried chicken）更新缩写为 KFC，这样避免了与油炸（fried）

产生直接联想。

（二）原来的旅游品牌定位无效

如果市场对投放的产品或服务反应冷淡，销售情况与预期差距太大，此时旅游组织需要检讨品牌原来的定位与目标市场决策是否犯了错误。如果确实有误，就应该进行彻底的品牌再定位。例如，20 世纪初，云南旅游业发生了一次悄无声息却影响巨大的深刻转型。最初，云南旅游业定位于民俗风情的历史文化景点，但业绩事实表明这仅仅能带来走马观花的旅游消费，无法产生吃、住、行、游、购、娱的联动效应。20 世纪初开始转型为重视小资情调和诗意栖居，吸引小资白领和中产来到以大理、丽江和香格里拉为代表的城市度假休闲和定居，成为旅游界公认的云南旅游分水岭。

（三）旅游品牌原来的目标市场界定狭窄、规模小

有时品牌定位和执行效果不错，但品牌只在一个有限的或正在萎缩的细分市场产生影响力。此时通过品牌更新，品牌就可以吸引更广大的顾客群体，从而丰富品牌联想，扩大市场规模和影响范围。正如品牌案例 4-2 中的马蜂窝案例，最初的马蜂窝在线旅游论坛使有需要的用户轻而易举地获得他们理想目的地的信息，这让马蜂窝在一众 BBS 论坛模式中脱颖而出。但是，这样的旅游服务并没有完全满足消费者的真实消费需求，因此马蜂窝开启了新的品牌定位，通过众包手段将多人经验合成攻略分享于千万人，成为中国最大的旅游社区之一。

（四）旅游品牌执行趋于疲惫

如果随着时间的推移，旅游品牌的营销活动总是不断地重复，那么品牌就可能让消费者产生无趣和厌烦。此时，仅在营销策略执行上做小幅度的调整，将难以吸引市场的注意力，慢慢地，旅游品牌将最终丧失市场影响力。更有甚者，如果一个旅游品牌的定位或形象多年来没有什么变化，那么，在此定位之下的营销创新举措就可能难以施展。如果此时竞争品牌因实施令人惊奇的突破性新定位和传播而取得竞争优势的话，该品牌就需要通过更新定位带来重振和新鲜感。当品牌执行过于疲惫时，通过品牌更新，制造有价值的新闻以获取媒体和市场的注意力，不失为可选择的战略之举。例如，到了 2015 年，马蜂窝迎来了与美团、携程与飞猪等 OTA 企业的竞争，为了应对此类竞争，马蜂窝不得不在品类决策与品牌定位上进行更新。

三、旅游品牌更新策略

旅游品牌更新营销策略既体现在旅游组织常规性营销方案之中，也可能以某特定时期采取的非常规营销活动为载体。旅游品牌更新的常见策略有以下几种。

（一）扩大市场容量的旅游品牌更新策略

如果能让现有顾客不断增加旅游品牌的产品或服务使用量，那品牌就能得到更新，它包括以下策略。

1. 定位于更宽泛的使用场景

旅游组织可以通过消费者教育活动，推动消费者从偶尔使用该产品或服务转变为经常使用该产品或服务，从特定情景下使用品牌产品或服务转变为众多情景下使用品牌产品或服务。消费习惯的改变是提高产品或服务使用量的前提。例如，当王老吉凉茶2002年将自己重新定位于“预防上火的饮料”之后，营销传播提示人们可能上火的众多情景（如熬夜、吃火锅、吃油炸食物、长时间工作等），这就大大提升了人们对红色王老吉凉茶的消费频率。王老吉凉茶顺势进入快速周转消费品的终端渠道。通过提高使用频率的办法，红色王老吉凉茶重新焕发青春活力。

旅游品牌的使用场景，需要随着产品或服务的市场生命周期的演进而调整。当某个品类的产品或服务首次进入特定地理市场时，总是与某一特定使用情境联系在一起的。例如，在西方消费文化中，果汁最先用于早餐，葡萄酒用于正餐，肥料用于草坪。但随着时间的推移，这类产品的市场供应量增加，那些能开发新的使用情境的品牌，通过与新的使用情境建立联结，从而率先进行了品牌更新。例如，20世纪90年代初期，速溶咖啡刚刚进入中国市场时，主要作为礼品使用，产品规格、包装、定价等与此种使用场景相配合。后来，随着人们越来越多地接受速溶咖啡饮品，速溶咖啡品牌的定位显然不能再限制在送礼场景中，而应该扩大到更多的工作或生活场景中。如果消费者使用品牌的场合能不断扩大与延伸，品牌就得以不断更新。因此，更多的使用情境增加了品牌与顾客的接触点，从而能提高旅游品牌知名度，而品牌知名度是旅游品牌无形资产的首要元素。

2. 建立积极的使用情境联想

红色王老吉凉茶通过“过吉祥年，喝王老吉”的广告，把王老吉品牌与中国最传统的节日——农历春节联系起来，从而赢得了凉茶消费的黄金季。要建立品牌积极的使用情景联想，品牌商需要迎合重大节庆、事件（如奥运会等）投放重磅广告与促销。在情人节时人们的首选礼物是巧克力和鲜花，因而，巧克力的品牌经理需要将自身品牌与情人之间浓情蜜意的情境联系起来。基于使用情景的旅游品牌联想是顾客心智的旅游品牌无形资产的重要因素。而更新的、与时俱进的使用情境，会让旅游品牌永远处于社会趋势的前沿，这样的品牌能与市场上的消费者建立密切关联性（relevance）。所有的旅游品牌都需要与时俱进，都需要随时与市场具有关联性，否则就会被遗忘。

3. 实施轰动性促销方案

品牌促销不只能够提高购买频率，更能强化市场对旅游品牌的鲜活印象和记忆，使品牌永远处于被激活状态和保持鲜活形象，从而不被市场遗忘。促销方案如何才能推动品牌更新？这就需要促销活动本身具有“轰动性”。例如，长隆所创建的潮流标杆——水上电音节就是长隆水上乐园的制胜法宝，连续8年蝉联世界主题娱乐协会年度榜单上游客接待量的榜首。电音节主要以新生代客户群体为核心，每年都会邀请时下年轻人最喜欢的歌手艺人，打造时下最流行的主题。2021年的长隆水上电音节以“星潮之夜”为主题，邀请国际顶尖电音DJ制作人、人气明星和火爆嘻哈现场演出。多位艺人以“长隆·燥浪发电官”的身份在 2021 年“五一”假期轮番开唱，引发了极大的轰动。

（二）进入新市场的旅游品牌更新策略

1. 新顾客群体

旅游品牌在特定阶段，有其特定的目标市场。但是，随着旅游品牌的发展与演进，如果原来瞄准的目标市场的需求已近饱和，或者目标市场本身的容量存在萎缩趋势，那么，开辟一个新的目标市场，也是旅游品牌得以更新的重要策略。有时，品牌重新界定的目标市场，可能会给旅游品牌带来颠覆性的新机和改变。

2. 新地理市场

旅游品牌更新的另一策略是进入新的地理市场。对于欧美知名品牌而言，新兴市场无疑是其寻求品牌更新和成长机会的潜力目标市场。例如，美国百胜餐饮 2014 年第一季度营收中，超过一半来自中国市场，旗下肯德基和必胜客在中国很受欢迎。据悉，百胜餐饮在中国的连锁店总数量已超过 6300 家，其中大多数是肯德基连锁餐厅。百胜餐饮在中国市场取得的成绩对整个公司营收的贡献是巨大的，而这得益于百胜食品公司在中国改革开放的初期就率先决定进入中国市场，1987 年百胜食品选择在北京王府井商场开设了肯德基店，这比美国快餐领袖品牌麦当劳进入中国市场提前了整整 5 年。

（三）旅游品牌要素的更新策略

旅游品牌更新必须借助推出一个或多个新的品牌要素来传达品牌更新信号。品牌要素更新传递了新的旅游品牌信息，标明了新的品牌含义。不同的旅游品牌要素（如品牌名、标识、标语等），其更新频率存在差异且有其自身规律。

1. 旅游品牌要素更新的内容

（1）旅游品牌名称更新。品牌名称一般情况下不适宜频繁改变或调整。但如果品牌名已显得过时，就需要进行更新。联邦快递原来的全名是“federal express”，后来更名为“FedEx”，新品牌名不再像原来那么过分强调“联邦”（federal）。虽然“联邦”这个英文单词给消费者稳定感、可靠感，但当公司强调“隔夜送达”概念时，“联邦”就显得有些官僚主义和政府化，还可能与“美国邮政服务快递”之间产生混淆。而更新后的品牌名 FedEx 简洁且富有时代感。1991 年肯德基品牌的英文名（Kentucky fried chicken）更名为“KFC”，更新后的品牌名既简洁利索又不再有醒目的“油炸”（fried）这个含有负面联想的词。所以，当品牌名的寓意显得不合时宜时，必须当机立断通过废弃原有品牌名和启用新品牌名来实现品牌更新。

（2）旅游品牌标识或符号更新。一般来说，伴随品牌名的改变，旅游组织会推出一个新的品牌标识或符号。2021 年美团外卖官方正式宣布 Logo 焕新，由一只全力奔跑的大袋鼠形象，变成了一个更有亲和力的黄色袋鼠头像，去掉了图案中的阴影，让整体设计更趋向扁平化。这向受众传递了一种更为亲民和生活化的客户导向与企业文化。

（3）旅游品牌标语的更新。一个有影响力的旅游品牌标语能够捕捉品牌认同的本质。与品牌名称相比，品牌标识相对更容易改变、调整或取代。通常，旅游需要进行品牌更新时，都会倾向于启用一句新的品牌标语来向市场宣告开启品牌更新的序幕。1983 年，百事可乐公司聘请罗杰·恩里克（Roger Enrico）担任总裁。他认为软饮料品牌之间的口味难分优劣，焦点在于塑造品牌文化。于是，1984 年百事可乐推出“百事可乐，新一代的选择”广告语，昭示着品牌更新的开始。这次品牌更新让百事可乐将目标市场锁定为“二战”后生育高峰期出生的美国青年人（婴儿潮），定位为“新生代的可乐”。新生代超级巨星迈克尔·杰克逊（Michael Jackson）成为品牌代言人，借此塑造了百事可乐“新鲜刺激、独树一帜”的品牌个性，从而与可口可乐老一代消费群界限分明。结果，百事可乐销量扶摇直上，可口可乐与百事可乐市场销售额之比从“二战”后的 3.4∶1 扭转到 1985 年的 1.15∶1。

除了上述品牌名、品牌标识和品牌标语等要素之外，旅游品牌还可以通过更新包装、推出新产品、启用新代言人等方式，来执行旅游品牌更新。

2. 旅游品牌要素更新的频率

不同旅游品牌要素的更新频率存在差异。一般而言，品牌名的变更影响面最大，因而一般会相对稳定，变更频率较低。据统计，肯德基自 1952 年创建其品牌名和标识以来，到 2006 年的 54 年间品牌标识共变更 6 次；柯达在 1907—2006 年的 100 年间，标识共变更 6 次，品牌名保持不变。有人用电影《七年之痒》来形容品牌名、品牌标识等这些高层级品牌要素的变更频率是 7 年左右一个周期，即所谓“七年一大变”。但是，像品牌广告语这类中等层级的品牌要素，需要 3 年左右更新一次，即所谓“三年一中变”。而新产品、新包装等更低层级的品牌要素，需要 1 年左右更新一次，即所谓“一年一小变”。

旅游品牌更新是常规性营销工作，必须被列入旅游组织营销经理的议事日程。如果旅游品牌长期固化不变，面对竞争品牌的营销攻势，顾客就极易把品牌遗忘，品牌就会落入购买者的“考虑集”之外，形成扬·鲁比肯（Yong & Rubicam，Y & R）公司所谓的“坟墓”象限的品牌。所谓“坟墓”象限的品牌指的是那些曾经为人熟悉，但因没及时更新而被遗忘的品牌。旅游品牌经理人不能让品牌落入“坟墓”象限之后才去激活，那样会很费精力且收效甚微；旅游品牌经营管理团队要适时执行品牌更新，让旅游品牌随时处于激活状态。例如，北冰洋汽水源于 1936 年的北平制冰厂，1985 年改制成立北京市北冰洋食品公司之后进入辉煌期，产品深受消费者欢迎，供不应求。但是，1994 年北冰洋汽水被合资给百事可乐之后，市场上就没有北冰洋汽水销售了。到了 2008 年，北冰洋上级单位北京一轻集团希望将老字号“北冰洋”汽水重新推向市场，但在退出市场 15 年后，北冰洋品牌的忠诚消费群已不是饮料的主力消费者了，而年轻消费群又有自己喜欢的新一代饮料品牌。北冰洋汽水原来的品牌影响力不能再现。类似于“北冰洋”汽水这样境地的“老字号”品牌，在中国还有很多，它们的主管部门或企业，在它们从市场消失多年之后，又想到要把它们重新推向市场，这种旅游品牌复兴往往很难在市场上取得显著效果。

四、旅游品牌退役

当市场环境恶化、旅游品牌资产的来源枯竭、更新旅游品牌的营销努力又难以奏效时，旅游品牌就到了难以挽救的地步。此时，旅游品牌不得不退出历史舞台。旅游品牌退役（tourism brand retirement）就是指旅游组织对那些没有发展前途的品牌，不再投资而是让它退出市场。旅游品牌退役时需要运用以下战略。

（一）挤奶战略

挤奶战略（milk strategy）是指旅游组织避免向该品牌继续投资，并通过逐步回收品牌的剩余价值来获得额外现金收益。适合挤奶战略的旅游品牌具有如下特征：①销售量持续下降。但行业销售量下降速度不是非常快，市场对该产品或服务品类或行业尚存在部分的市场需求。②市场需求下滑。旅游品牌所处业务领域的未来没有了吸引力，品牌不是处在一个成长性行业中。③旅游组织有使用资金的更好途径。④该旅游品牌具有足够的顾客忠诚度，品牌逐步退出市场还可以获得销售额或利润。

挤奶战略具体可分为以下几种。第一，减少产品或服务种类或款式。以此达到减少品牌支出的目的。第二，旅游品牌合并。将两个或多个衰退品牌并成一个更强大的旅游品牌；或者将某一个或几个衰退的品牌并入另一个有成长力的旅游品牌。2022 年，受到疫情影响的华住集团正式宣布怡莱品牌与你好酒店合并，提高单体酒店的抗风险能力，这是典型的砍品牌的做法。第三，快速挤奶。大幅减少旅游品牌支出或提价以使短期现金流最大化。

（二）清算战略

旅游品牌清算（tourism brand liquidation）是更为彻底的退役战略。当旅游品牌出现以下一种或多种情形时，旅游组织需要对品牌采取清算战略：①旅游品牌所在业务下降速度很快且对该业务无明显的未来需求。②旅游品牌在市场的位置并不牢固。市场上已有一个或多个占支配地位且其竞争优势无法逆转的品牌。③旅游组织使命发生变化，品牌所处业务属于多余的甚至有害的领域。④旅游组织在该品牌上不存在不可回收的专有资产，也不存在与供应商的长期合同未履行等退出壁垒。

旅游组织实施清算战略时，管理者需要具有自我批评的意志，因为经理人不愿意承认品牌颓势不可逆转的现实。而且，旅游品牌已经在组织大家庭中存在多年，有的还可能是组织初创时依赖组织收入的发家品牌，管理层或创业团队从情感上是难以割舍这个品牌的。但到了应该清算的情况，旅游品牌经营管理团队就得采取果断的清算战略。

品牌前沿 4-3　　企业社会责任（CSR）更新策略

无论在产品还是服务方面，中国已成为世界上最大的新兴消费市场。作为其中一部分，接待业正面临着日益激烈的竞争，例如，在细分咖啡店市场中，本土小众品牌咖啡店和跨国连锁品牌咖啡店之间激烈的竞争促使它们不得不采取积极的营销策略，以确保中国顾客的忠诚度。因为在标准化和同质化很高的市场中，品牌咖啡店很难用咖啡质量、服务质量、位置或环境等来留住顾客。基于此，黎耀奇等人创新性地提出了企业社会责任（corporate social responsibility，CSR）更新策略，探讨了 CSR 更新策略对客户忠诚度的影响，并探讨了 CSR 更新策略、品牌声誉和客户—公司识别的关系。

以星巴克咖啡店为例，通过三个实验进行假设检验。研究结果发现，CSR 更新策略对客户忠诚度的直接影响并不显著，客户—公司识别的中介作用显著，因此，客户—公司识别是企业 CSR 更新策略与客户忠诚度之间的完全中介。其次，品牌声誉调节了 CSR 更新策略对客户—公司识别的影响，对于大品牌来说，更新 CSR 比未更新 CSR 更增加了客户对企业的识别，因为客户倾向于认为其 CSR 活动是基于利他主义，CSR 更新策略可以解决 CSR 边际效用递减规律的负面影响，同时提高客户对企业的认同和客户忠诚度；相比之下，对于小品牌来说，CSR 活动在提高客户—公司识别方面没有任何变化，比起更新企业 CSR 来说不更新更好，因为客户往往认为他们的 CSR 活动是基于自身利益，这种企业社会责任更新的努力降低了客户的品牌识别和忠诚度。

CSR 更新策略对企业管理有着重要的意义。对于咖啡店这样的接待业而言，声誉良好的大品牌咖啡店可以采取 CSR 更新策略，以避免边际效用递减规律带来的负面影响，CSR 更新策略可以提高客户品牌识别和客户忠诚度，例如，星巴克作为少数几家采用 CSR 更新战略的咖啡店之一，保持了其强大的品牌形象，并主导着全球品牌咖啡店市场。其次，CSR 更新策略只适用于品牌声誉好的咖啡店，在制定企业社会责任更新策略时，咖啡店管理者应该以自己的品牌声誉为基础，制定适合自己的更新策略，而不一定要遵循其他企业的做法。

资料来源：Li Y, Liu B, Huan T C . Renewal or not? Consumer response to a renewed corporate social responsibility strategy: Evidence from the coffee shop industry[J]. Tourism Management, 2019, 72: 170-179.

【本章小结】

1. 有效的品牌定位有助于旅游品牌打入消费者心智。

2. 3Cs 框架为旅游组织分析环境并建立有效的品牌定位提供了思维逻辑。3Cs 框架是指消费者洞察（consumer insights）、公司与竞争者分析（company and competitor analysis）、品牌品类归属（brand category decision）。

3. 旅游组织可选择的品牌定位战略有强化战略、区别于竞争对手的定位战略、利基战略、会员俱乐部战略等。

4. 旅游组织常见的品牌定位策略或方法有属性和利益定位、用途定位、用户定位、针对竞争对手定位、产品种类定位、价格定位等。

5. 旅游品牌定位执行的 5Ps 逻辑框架是指旅游品牌的内部化及外部推广（promotion）、品牌的地理区域和终端售点决策（place）、产品的实体展示（physical evidence）、与定位相符的定价（price）、品牌定位的维护（persistence）。

6. 错误的旅游品牌定位常常有不充分定位、令人困惑的定位和让人怀疑的定位。当旅游品牌定位无效时，需要对品牌重新定位。

7. 旅游品牌更新是指通过对品牌实施一系列新的营销战略，使其保持品牌活力、影响力和市场业绩。旅游品牌复兴与旅游品牌更新不同，品牌复兴的对象一般是“老字号”品牌，而品牌更新的对象包括年轻品牌和老字号品牌。

8. 旅游组织遇到这些情形时，需要实施旅游品牌更新：旅游品牌定位不能紧跟时代发展；原有目标市场与定位错误；顾客偏好发生了变化；旅游品牌吸引的市场有限；旅游品牌营销方案执行起来显得疲惫。

9. 旅游品牌更新的策略主要包括扩大市场容量的品牌更新策略、进入新市场的品牌更新策略、品牌要素的更新策略等。旅游品牌要素的更新是消费者或公众可视的品牌改变，品牌要素的更新内容包括更新品牌名、标识或符号、标语等要素。旅游品牌要素更换的频率要视要素而定，“七年一大变”“三年一中变”“一年一小变”用来概括不同层级品牌要素更新频率差异性的通俗说法。

【术语（中英文对照）】

品牌定位 brand positioning
市场定位 market positioning
产品定位 product positioning
品牌联想 brand association
品牌形象 brand image
品牌个性 brand personality
品牌认同 brand identification
消费者洞察 consumer insights
公司与竞争者分析 company and competitor analysis
品类决策 category membership decision
参考群体 reference groups
意见领袖 opinion leader
品牌定位图分析法 brand mapping
扎尔特曼隐喻解释技术 Zaltman metaphor elicitation technique
差异点 points of difference
品牌内部化 internal branding
品牌箴言 brand mantra
旅游品牌更新 tourism brand updating
旅游品牌复兴 tourism brand revival
老字号品牌 time-honored brands
旅游品牌退役 tourism brand retirement
挤奶战略 milk strategy
旅游品牌清算 tourism brand liquidation

【即测即练】

一、选择题

自学自测 扫描此码

二、名词解释

1. 旅游品牌差异点
2. 旅游品牌形象
3. 旅游品牌定位
4. 权力距离（power distance）
5. 不确定性规避（uncertainty avoidance）
6. 男性/女性主义
7. 整体型思维模式（holistic thinking）
8. 分析型思维模式（analytic thinking）
9. ZMET 技术
10. 旅游品牌更新
11. 旅游品牌复兴
12. 旅游品牌退役

三、简答题

1. 论述旅游品牌定位的常见方法，针对每种方法选择一个你熟悉的实例进行解释。
2. 执行品牌定位的 5Ps 战略框架包含哪些内容？
3. 以一个你熟悉的旅游品牌为例，阐述旅游品牌定位的流程。
4. 旅游组织在哪些背景下需要实施品牌更新战略？
5. 不同的旅游品牌要素的更新频率具有哪些一般性规律？
6. 旅游品牌退役时一般需要实施哪些战略？

【思考与讨论】

1. 试比较品牌定位和品牌联想两个概念的关联与区别。
2. 试举例说明旅游品牌定位的主要战略有哪些？
3. 试举出你最熟悉的三个旅游品牌，分析确立品牌定位之后的品牌定位执行过程。
4. 理解品牌更新的内涵，收集中国市场上旅游品牌更新的 2～4 个成功案例，分析讨论促成其品牌更新成功的营销策略有哪些。

【参考文献】

[1] Kottler P, Keller K L. Marketing Management[M].Upper Saddle River. NJ: Prentice-Hall, 2006.

[2] 阿里·里斯，杰克·特劳特. 定位[M]. 北京：机械工业出版社, 2011.

[3] Porter M E. How competitive forces shape strategy[J]. Harvard Business Review, 1979, 57(2): 133-143.

[4] Day G S, Wensley R. Assessing advantage: A framework for diagnosing competitive superiority[J]. Journal of Marketing, 1988, 52(2): 1-20.

[5] Crawford C M. A new positioning typology[J]. Journal of Product Innovation Management: An

International Publication of the Product Development & Management Association, 1985, 2(4): 243-253.

[6] Dobni D, Zinkhan G M. In search of brand image: A foundation analysis[J]. ACR North American Advances, 1990, 17:110-119.

[7] 吴新辉, 袁登华. 消费者品牌联想的建立与测量[J]. 心理科学进展, 2009, 17(2): 451-459.

[8] Aaker D A. Managing Brand Equity[M]. Simon and Schuster, 2009.

[9] Aaker J L. Dimensions of brand personality[J]. Journal of Marketing Research, 1997, 34(3): 347-356.

[10] Hughes D E, Ahearne M. Energizing the reseller's sales force: The power of brand identification[J]. Journal of Marketing, 2010, 74(4): 81-96.

[11] Escalas J E. Narrative processing: Building consumer connections to brands[J]. Journal of Consumer Psychology, 2004, 14(1-2): 168-180.

[12] 熊元斌，吕丹. 旅游地品牌认同与旅游者忠诚关系的实证研究框架建构[J]. 武汉商学院学报，2014, 28(6) : 5-10.

[13] Miller G A. The magical number seven, plus or minus two: Some limits on our capacity for processing information[J]. Psychological Review, 1956, 63(2): 81-97.

[14] Ries A, Trout J. The 22 Immutable Laws of Marketing: Violate Them at Your Own Risk[M]. Harper Business, 1993.

[15] Hofstede G. Culture's Consequences: International Differences in Work-related Values[M]. Sage, 1984.

[16] Erdem T, Swait J, Valenzuela A. Brands as signals: A cross-country validation study[J]. Journal of Marketing, 2006, 70(1): 34-49.

[17] Roth M S. The effects of culture and socioeconomics on the performance of global brand image strategies[J]. Journal of Marketing Research, 1995, 32(2): 163-175.

[18] Straughan R D, Albers-Miller N D. An international investigation of cultural and demographic effects on domestic retail loyalty[J]. International Marketing Review, 2001,18(5): 521-545.

[19] Douglas S P, Craig C S. The changing dynamic of consumer behavior: implications for cross-cultural research[J]. International Journal of Research in Marketing, 1997, 14(4): 379-395.

[20] Dawar N, Parker P. Marketing universals: Consumers' use of brand name, price, physical appearance, and retailer reputation as signals of product quality[J]. Journal of Marketing, 1994, 58(2): 81-95.

[21] Lam D. Cultural influence on proneness to brand loyalty[J]. Journal of International Consumer Marketing, 2007, 19(3): 7-21.

[22] Pritchard A , Morgan N J. Privileging the male gaze[J]. Annals of Tourism Research, 2000, 27(4):884-905.

[23] Hofstede G. An American in Paris: The influence of nationality on organization theories[J]. Organization Studies, 1996, 17(3): 525-537.

[24] Nevins J L, Bearden W O, Money B. Ethical values and long-term orientation[J]. Journal of Business Ethics, 2007, 71(3): 261-274.

[25] 杨清云. 消费者长期导向观对品牌情感, 承诺和忠诚的影响关系[D]. 上海：华东师范大学, 2008.

[26] Nisbett R E, Peng K, Choi I, et al. Culture and systems of thought: holistic versus analytic cognition[J]. Psychological Review, 2001, 108(2): 291-310.

[27] Ng S, Houston M J. Exemplars or beliefs? The impact of self-view on the nature and relative influence of brand associations[J]. Journal of Consumer Research, 2006, 32(4): 519-529.

[28] Monga A B, John D R. When does negative brand publicity hurt? The moderating influence of analytic versus holistic thinking[J]. Journal of Consumer Psychology, 2008, 18(4): 320-332.

[29] 张燕玲. 明星广告影响力指数研究[D]. 成都：四川大学, 2006.

[30] McCrae R R, Costa Jr P T. Personality trait structure as a human universal[J]. American Psychologist, 1997, 52(5): 509-516.

[31] Aaker J L, Benet-Martinez V, Garolera J. Consumption symbols as carriers of culture: A study of Japanese and Spanish brand personality constructs[J]. Journal of Personality and Social Psychology, 2001, 81(3): 492-508.

[32] 黄胜兵, 卢泰宏. 品牌个性维度的本土化研究[J]. 南开管理评论, 2003, 6(1): 4-9.

[33] Usakli A, Baloglu S. Brand personality of tourist destinations: An application of self-congruity theory[J]. Tourism Management, 2011, 32(1): 114-127.

[34] Ekinci Y, Hosany S. Destination personality: An application of brand personality to tourism destinations[J]. Journal of Travel Research, 2006, 45(2): 127-139.

[35] Pascal V J, Sprott D E, Muehling D D. The influence of evoked nostalgia on consumers' responses to advertising: An exploratory study[J]. Journal of Current Issues & Research in Advertising, 2002, 24(1): 39-47.

[36] Zeithaml V A, Bolton R N, Deighton J, et al. Forward-looking focus: Can firms have adaptive foresight?[J]. Journal of Service Research, 2006, 9(2): 168-183.

[37] 道恩・亚科布齐. 凯洛格论市场营销[M]. 李雪，刘艳霞，于岩等，译. 海口：海南出版社, 2003.

[38] 王海忠. 完全品牌定位的中国经验[J]. 经济管理, 2007 (21): 49-52.

[39] Vriens M, Hofstede F T. Linking attribute, benefits, and consumer values[J]. Marketing Research, 2000, 12(3): 5-10.

[40] Lane Keller K. Brand mantras: rationale, criteria and examples[J]. Journal of Marketing Management, 1999, 15(1-3): 43-51.

第五章
旅游品牌要素战略

美感是和听觉、视觉不可分离地结合在一起的，离开听觉、视觉，美是不能设想的。

——车尔尼雪夫斯基（俄国著名作家）

学习目的

学习本章之后，读者将对以下品牌问题有更清晰、准确和透彻的理解：

- 什么是品牌要素？旅游品牌要素的作用是什么？
- 不同旅游品牌要素的设计应遵循哪些原则？
- 如何理解感官化旅游品牌？
- 如何增强旅游品牌的感官效果？
- 怎样应对未来感官旅游品牌主导的营销竞争？

本章案例

- 麦当劳——金拱门的故事
- “茶颜”之争——茶颜悦色 vs.茶颜观色
- 黄鹤楼——景区商标注册的先锋
- 守护华侨城品牌价值

开篇案例　麦当劳——金拱门的故事

麦当劳（McDonald’s）是源自美国的跨国连锁快餐店，也是世界上最大的快餐连锁店之一，主要贩售汉堡包、薯条、炸鸡、汽水、咖啡等快餐食品，总部位于美国芝加哥。麦当劳兄弟和雷蒙·克洛克（Raymond Kroc）自 1955 年在美国伊利诺伊州开设第一家餐厅至今，已在全世界的 120 多个国家和地区开设了三万多家餐厅。依据麦当劳最新公布数据，2023 年其全球营业额达 254.94 亿美元，2024 年第一季度实现营收 61.7 亿美元，同比增加 4.6%。在世界品牌实验室发布的全球品牌排行榜上，麦当劳排名前三，其品牌价值不可估量。

1. 品牌标识——金拱门

麦当劳品牌（McDonald’s）的品牌标识由其首字母变形而成，富有现代感，色彩也大胆采用鲜亮的黄色作为主色调，这样的颜色容易让人联想到价格普及的企业，还能让人联想到希望、愉快、辉煌，并且在任何气象状况或时间里黄色的辨认度都十分高。呈现 M 的弧形图案，设计非常柔和，与店铺大门的形象搭配起来，会让顾客很容易产生走进这家店一窥究竟的欲望。从图形上来说，M 型是很简单清爽的设计，无论大小、形状均能较简单地复刻再现，即使从远距离来看也具备高识别度。另外其简洁的图形延展性也极强，配合节日构建节日主题的品牌标识也较容易。

2. 形象代表——麦当劳叔叔

代表麦当劳品牌吉祥符号和核心灵魂符号的麦当劳叔叔，在不同的国家和地区，根据当地不同人文情况，以及当地主流文化，形象识别会有所调整，但麦当劳叔叔的形象在全球消费者心中都是一个永远磨灭不了的记忆。这个核心的视觉符号促使麦当劳的生意非常红火地发展起来，麦当劳叔叔是友谊、风趣、祥和的象征，他总是呈现出一副传统马戏小丑打扮，黄色连衫裤，红白条的衬衣和短袜，大红鞋，黄手套，一头红发。在美国 4～9 岁儿童心中，他是仅次于圣诞老人的第二个最熟悉的人物，象征着麦当劳永远是大家的朋友。此外，作为麦当劳公司用以吸引小朋友的主要虚拟角色，他演绎成了麦当劳品牌的核心视觉符号和文化符号，并赋予他生命和灵魂，伴随企业走向世界的每一个角落。伴随着麦当劳公司全球化的经营方针，麦当劳叔叔还被设定为能使用 31 种语言进行交流，包括汉语及印度语等。麦当劳广告代言人与普通广告截然不同，它以麦当劳叔叔这个虚拟人物做代言人。首先，无须向麦当劳叔叔付广告费。麦当劳广告成本因而一下子就降低了，符合广告策略的最小成本原则。其次，麦当劳叔叔不会犯错误。作为现实中不存在的麦当劳叔叔，自然不可能干傻事来损害麦当劳的形象。再次，麦当劳叔叔深受儿童欢迎。其形象滑稽可爱，很符合儿童的喜好，通过儿童影响父母的快餐店选择无疑是明智的。最后，麦当劳叔叔克服了麦当劳品牌进军国际市场的本地化差异问题，因其快乐活泼的卡通形象迅速在国际化市场中被不同文化所认可与接受。

3. 品牌广告语

麦当劳的广告语先后经历了三个发展时期。分别是：为快乐腾点空间；为世界杯腾出空间；I'm lovin' it!（我就喜欢）。不同时期的广告语都洋溢着一种年轻、时尚活力的气息，“我就喜欢”更是体现了一种都市人洒脱的生活信仰。麦当劳在不同时期所倡导的品牌理念都是符合城市主流消费的，所以能够在全球那么多个国家和地区人群中取得成功，因为在每个地区它都拥有一个城市的主流快餐消费人群，在每个地区的推广都与当地的主流消费文化相吻合。在麦当劳曾经使用过的全部23个广告语中，“I'm lovin' it!”是首个在全球范围推广的，这句品牌标语在不同的国家被翻译成了不同的语言，在中国的版本是“我就喜欢”。

资料来源：丁跃，文俊鸿. 品牌形象·标志·广告——透视麦当劳品牌[J]. 红河学院学报，2005，3(3)：5.

党的二十大报告指出，我们要“增强国内大循环内生动力和可靠性，提升国际循环质量和水平，加快建设现代化经济体系，着力提高全要素生产率”。国家发展改革委等部门在《新时代推进品牌建设的指导意见》中提出：“鼓励企业推进产品设计、文化创意、技术创新与品牌建设融合发展，建设品牌专业化服务平台，提升品牌营销服务、广告服务等策划设计水平。实施商标品牌战略，加强商标品牌指导站建设，培育知名商标品牌。引导企业诚实经营，信守承诺，积极履行社会责任，塑造良好品牌形象。支持企业强化商标品牌资产管理，提升品牌核心价值和品牌竞争力。”

麦当劳的案例向我们展示了这家世界知名企业对品牌形象、品牌标识等品牌要素及其传递内涵的重视。该品牌在设计品牌要素时坚持了简洁易辨识、寓意丰富、理解成本低等原则，因而容易被消费者识记，形成了自身特有的品牌资产。在本章，我们将重点阐述品牌要素的概念、类别、设计标准和设计指南。在强调可持续发展的新旅游时代，如何避免旅游组织间的价格竞争，除了强化硬质量之外，还需要为旅游品牌注入情感和体验等附加属性。因此，本章除了介绍传统的旅游品牌要素之外，还要阐释旅游品牌感官要素，即基于消费者的视觉、听觉、嗅觉、触觉、味觉等设计的感官化和情感化旅游品牌要素。本章旨在通过介绍旅游品牌要素的核心与前沿知识，帮助旅游公司高层和品牌营销经理提升对旅游品牌的全面认识，提升旅游品牌竞争力。

第一节 旅游品牌要素的内涵和意义

一、旅游品牌要素的内涵

成功品牌历经百年而不衰的原因之一是它们的品牌要素在消费者心目中留下了烙印。那么，什么是品牌要素？品牌领域权威学者凯文·凯勒认为，品牌要素（brand elements），有时也称为品牌特征（brand characteristics），是指那些用以识别和区分品牌的各种有形或无形元素的总称。[1]可见，品牌要素本身是商标设计系统，用来帮助市场上的消费者及其他利益相关者识别和区分目标品牌与竞争品牌。

品牌要素主要包括如下类别：品牌名称、域名、标识、形象代表、口号、广告曲和包装等。这些要素在旅游品牌中随处可见，例如，麦当劳为其品牌传播设计了一系列的品牌要素，包括网址、金拱门的标识、“I'm lovin' it!”的口号、广告曲等。我们将在随后对每种具体的要素进行阐释。为帮助读者准确理解品牌要素的内涵，先对品牌要素做出如下解释说明。

首先，产品成分标签并不是品牌要素。在旅游情境中，旅游商品类别会标注产品的成分构成或质量等级等信息，但这些信息并不具有差异性，它们构成产品类别的各种必要成分。差不多每个品牌的产品都需要标示这些产品成分信息，这些成分标签并不是品牌要素。

其次，品牌形象代言人不是品牌要素。一个品牌可以借助品牌代言人提高自身的知名度和可信度。例如，易烊千玺 2017 年出任丹麦首位旅游形象代言人，凭借其高人气和庞大的粉丝群体，极大提高了丹麦的旅游知名度。但要明确的是，品牌形象代言人（通常为影视娱乐和体育明星等）与某一品牌间的关系是暂时的、非唯一的，品牌代言人并不能帮助消费者区别竞争品牌和目标品牌。同时，鉴于品牌要素本质上属于商标设计系统，品牌代言人不满足这一属性。

最后，对于单个品牌而言，并不需要囊括所有的品牌要素。通常，品牌名称是必需的，因为品牌名本身即能给品牌带来资产。[2]对于标识、口号、包装、形象代表、域名等，大多数品牌都会有，但少数品牌只会拥有其中的一个或几个。例如，大多数的目的地品牌要素主要集中在标识和口号上，而包装、形象代表、广告曲等要素则并不常见。

二、旅游品牌要素的重要意义

（一）构成旅游品牌的有形骨架和躯干

正如第一章所述，广义的品牌是指人们对产品及其公司所拥有的所有联想的总和。但如果仅仅从广义上理解品牌，就会过于抽象，难以让消费者感知、感受和接近。对于旅游品牌而言，其品牌要素是有形的、可捕捉的、可感受的，它们支撑并表达品牌的内涵、情感、精神或灵魂。因此，旅游品牌要素有助于旅游者理解旅游品牌的精粹，增加旅游者对旅游品牌的认识。

（二）有助于旅游者简化购买选择集

这是从信息存储的角度来理解旅游品牌要素的重要性。随着旅游时代的到来，旅游者现在面临的问题不是缺乏选择而是选择太多。这会大大降低旅游者对自己旅游产品或服务选择的信心。[3]因此，当旅游者要在备选方案中选出一种旅游产品或服务时，形象化的、熟悉的、高知名度的品牌要素（如名称、标识等）就会起简化作用，帮助旅游者选择，并增加他们对自己决策的信心。[4-5]

（三）构成旅游者心智的旅游品牌权益的重要来源

这是从旅游品牌资产的形成视角来看待旅游品牌要素的重要性。顾客为本的品牌资产

（customer-based brand equity, CBBE）认为，品牌资产产生的源泉是顾客心智（即顾客知识）。而顾客心智并不是先天赋予的，相反，顾客心智源于日常生活中的品牌暴露和顾客对品牌的使用经历。通过接触旅游品牌，旅游者在头脑中存储了关于旅游组织的品牌名称、品牌标识等具体品牌要素的记忆，这些记忆经过再次加工形成了品牌知识，它们引导旅游者发展与旅游品牌的进一步关系，最终给旅游组织带来财务回报。

综上，品牌要素是那些用以识别和区分品牌的各种有形或无形元素的总称。品牌要素不包括产品成分标签、品牌形象代言人等。对于旅游品牌而言，其品牌要素的重要性体现在，它能传递旅游品牌形象、外观，并通过这些形象化的外观，传递品牌的精神或灵魂，从而形成基于旅游者心智的旅游品牌资产，进而增加旅游者决策信心并为旅游组织的长期财务收益作出贡献。

第二节　设计旅游品牌要素

本章第一节简要地介绍了品牌要素的定义、类别以及旅游品牌要素的重要性。如何将这些理论知识运用于具体的旅游品牌要素设计实践中？本节将着重解决这一问题。本节首先简介品牌要素的一般设计标准，之后会重点阐释旅游品牌中每种要素的优点，以及设计时的注意事项。

一、知名品牌的要素特征

既然品牌要素如此重要，那么设计具体的品牌要素时要遵循哪些原则？在总结过往的理论研究和实践的基础上，[1-2]本书提出设计品牌要素的六条标准，供公司品牌营销经理人借鉴。这六条标准是：可记忆性、寓意丰富、可爱性、可转换性、可适应性、可保护性。其中，前三项标准是品牌营销商创建品牌资产时采用的进攻性战略，而后三项标准则是公司在维持和提升品牌资产时采用的防御性战略。公司可以根据品牌发展的不同阶段，决定对两类战略加以取舍或赋予不同的重要性。

（一）可记忆性

可记忆性（memorability）是指品牌要素要在消费者头脑中很容易被识别和被回忆或被提取。根据认知心理学的观点，注意产生于记忆之前。[6]因此，一种品牌要素具备可记忆性的前提是它能够引起消费者的注意。哪些特征更能引起消费者的注意呢？一般而言，越独特、越与众不同的特征越易引起注意、越能增加记忆。[2]安徽旅游 Logo 不仅浓缩了徽派建筑文化，还包含了民俗文化等文化价值信息，例如，它运用三条笔触来代表徽派建筑的屋檐，使得安徽旅游品牌名称的可记忆性很高。

（二）寓意丰富

寓意丰富（meaningfulness）是指品牌要素要能同时表达两类信息：关于品类特性的一

般信息，以及关于品牌属性和品牌利益的具体信息。对于第一类信息，消费者希望一看到某种品牌要素就知道它所代表的具体产品品类。但是一旦某品牌要素代表了相应品类，消费者的固有印象就已经形成，此时很难对该品牌进行延伸。第二类信息常被用在品牌定位和形象传播中。例如，昆明市政府在央视打的品牌广告“昆明永远是春天”的标识语，仿佛一幅明丽的“春城无处不飞花”的图景，抓住了昆明最本质的特征，契合了广大旅游者向往自然、向往清新美丽而温暖休闲的心理，有利于昆明旅游形象的传播和推广。

（三）可爱性

可爱性（lovable）可以从两个方面去理解：美学或视觉、听觉等方面的吸引力，以及形象丰富、富有乐趣。美学以及五官的吸引力可以通过设计品牌元素时采用的风格和主题来体现，同时风格和主题必须一致才能传达品牌形象。[7]例如，中国南方航空公司的标志是一个深蓝色的实心圆圈，圆圈外围是暗黄色的实线，其中深蓝色代表着蓝天，暗黄色的实线则代表着飞机在蓝天中飞行很安全，不会飞出暗黄色的界线。同时在圆圈的中央镶嵌着一朵鲜红色的木棉花，说明南方航空公司总部在广州（因为木棉花是广州市的市花）。这一标志将南方航空公司的风格和主题很好地结合在一起。至于形象丰富和富有乐趣，则主要表现在品牌要素所表达的含义上，品牌要素要能引起消费者的好感并激发正面的情绪体验。

（四）可转换性

可转换性（transferability）首先体现在品牌要素是否有助于品牌延伸。一般而言，品牌要素越宽泛，越不包含具体的品类和属性信息，就越容易在跨品类间进行转换。例如，维珍（Virgin）集团涵盖的业务极为广泛（包括旅游、航空、音乐唱片、可乐等），使得维珍的品牌延伸非常成功。

此外，可转换性还表明品牌要素在不同地区和文化间传播时不会引起歧义或误解。国际品牌在全球营销时，尤其要注意品牌在特定地区，其品牌要素是否遇到文化障碍，是否在当地被误解或引起歧义。

（五）可适应性

可适应性（adaptability）指的是品牌要素的更新难易程度。由于竞争环境、消费者价值观和生活方式等会随着时间发生变化，因此品牌要素也要与时俱进，做出相应调整。在更改相应的品牌要素时要注意两个问题。

1. 每种品牌要素的更新难度有所不同

相对而言，品牌名称最难发生改变，因为品牌名称是一个品牌的精髓，更名代表着整个旧品牌的逝去、老用户的流逝以及品牌资产的消失。同样，域名的更改也具有一定难度。域名是消费者深入了解某品牌的线上渠道和平台，域名发生更改意味着消费者与品牌发生接触的线上渠道或平台被切断。然而，与品牌名称和域名相比，品牌标识、形象代表、口号和广告语等的更改则较为容易。例如，杭州市的旅游宣传口号就经历了多次变更，采用过的口号包括“杭州，诗意之旅”“最忆是杭州”“诗情画意最杭州”等。

2. 更新品牌要素时要确保品牌基因的一脉相承

每个品牌都有自己最核心的价值理念，这些价值理念往往通过品牌要素来体现。尽管一些品牌要素需要适时更新，但在更新时必须将这些核心价值理念传承和延续下来，否则该品牌以前的所有努力都将前功尽弃。肯德基在这方面就做得很好，每次更改时都延续了其品牌创始人哈兰·山德士（Harland Sanders）上校的头像。这个头像传递着肯德基品牌的家乡风味和烹调传统的内涵。

（六）可保护性

可保护性（protectability）是指品牌要素要便于阻止竞争者模仿和获得法律保护。可保护性可以从防止竞争者模仿和争取法律保护这两个层面来理解。

从防止竞争者模仿角度来讲，品牌营销经理人在设计品牌要素时要事先考虑该要素是否独特、是否容易被模仿。独特、较难被模仿的品牌要素可以给公司省去很多打击赝品、仿冒品的时间和精力投入。

从法律保护角度来讲，一旦设计好品牌要素后，品牌营销经理人首先要在国际范围内检验该要素有无被使用。如果未被使用，则应该在第一时间向合适的法律机构正式登记注册。值得一提的是，营销者要时刻铭记登记注册只是获得法律保护的第一步，在注册后还要积极投入财力和物力对商标侵害者以及未授权使用者等进行查证和打假。因此，如果说第一点是进攻战略的话，那么第二点则是预防战略，二者应该兼顾。

综上，每种品牌要素的设计均要围绕可记忆性、有意义性、可爱性、可转换性、可适应性、可保护性六大原则。下文我们将具体分析每种品牌要素设计时要注意的事项。

二、旅游品牌名称

品牌名称（brand name）是构成品牌的最为基本和必不可少的要素。它可以反映产品内容、提高品牌认知、强化品牌联想，并最终给品牌带来资产。旅游品牌名能够影响旅游者对旅游产品或服务质量的判断。[8]鉴于品牌名的基础性地位，公司往往不会轻易更改品牌名。一般而言，更改品牌名要非常慎重，除非经过多次市场调查后发现新的品牌名要比旧的品牌名在上述六个标准上更有优势。如何取一个适宜的品牌名，是旅游组织品牌经营管理团队非常关心的问题。

下面介绍品牌的中文名称、外国品牌的中文译名，以及中国品牌的英文命名等方面的注意事项。

（一）本土旅游品牌的汉语命名

对于大多数中国公司而言，它们的目标市场是国内消费者，因此取一个能够与中国传统文化相兼容、又颇受国内消费者喜欢的名字会显得非常必要。研究表明，汉语品牌命名要坚持下述原则。[9]首先，与单音节名称相比，双音节的品牌名称更受偏爱（如“携程集团”要比“携集团”或“程集团”更受喜爱）。其次，第二个音节必须是升调的（取第一声或第二声）。如携程中的“程”便是二声。最后，品牌名称在语义上应该有正面的内涵或寓意。例如，“华侨城”的品牌名称不仅直接说明了华侨这个主体，而且对于中国人来说，具有亲切感，迎合了本土消费者的爱国心理，更易激发旅游者的正面联想。

（二）外国旅游品牌的中文译名

有研究表明，国外品牌名在翻译成汉语时要注意以下事项。首先，将国外品牌名直译成汉语是最常用的策略，但是直译出的语言要在汉语情境下有意义。例如，全球民宿短租公寓预订平台 Airbnb 的中文品牌名称被翻译为“爱彼迎”，暗含着“让爱彼此相迎”的寓意，具有中国本土化色彩，成为该品牌有效克服入华水土不服这一困境的重要举措之一。其次，汉语品牌名要比英文品牌名更加强调产品的利益属性。例如，全球领先的旅游评论网站猫途鹰（Tripadvisor）原先是以“到到网”的名称进入中国市场，这个名称没有强调该网站平台的任何利益属性，而将其翻译成“猫途鹰”，一方面是因为猫头鹰这个动物形象在绝大多数中国年轻人心中接受度很高，另一方面反映了该品牌是深耕于旅游业的利益属性，为猫途鹰品牌快速融入中国市场开了个好头。最后，译成的汉语品牌名要比西文品牌名在语义上更丰富并能激发正面联想（如开心、温馨、美好的回忆等）。例如，万豪酒店旗下 30 个标志性品牌酒店之一 St. Regis 的中文名为瑞吉酒店，这一中文译名传递着该酒店品牌“吉祥、幸福、奢华、精致”的意义。

（三）本土旅游品牌的西方化命名

消费者在实际生活中会接触到很多产自中国但使用了西化品牌名的“假洋产品”。为什么发展中国家（尤其是印度和中国）的部分消费者对外语品牌名更加偏爱？研究发现，发展中国家（如中国、印度等）消费者喜欢外语命名的品牌是出于如下缘由。[10-12]第一，外语命名的品牌暗示它是全球性品牌。这种品牌的感知全球性（perceived globalness）象征着高品质、高地位和高声望，对崇尚西方发达国家生活方式的消费者而言，外语命名的这种效应更加突出。第二，与参照群体保持一致性。在发展中国家，如果消费者的社交圈中使用国外品牌的人日益增多，那么消费者会被迫使用国外品牌以免受到社交圈中其他人的冷嘲和排斥。第三，独特性需求（need for uniqueness）。人类本身是一个矛盾体——徘徊于独立的自我与顺从社会的“两难”困境之中。当身边的人都在使用汉语命名的品牌时，一些独特性需求高的消费者会使用外语命名的品牌，以此来彰显自己的与众不同。第四，新颖性寻求（novelty seeking）。对于有些消费者而言，喜欢外语命名的品牌仅仅是因为他们对使用国产品牌产生了厌倦，想通过使用国外品牌满足自己的好奇心。[13-14]然而，在发展中国家也并不是所有的消费者都更偏爱国外品牌，一般而言，老年人、怀旧心理突出的人更偏好国产货，年轻一代、喜欢追求刺激者则更偏好外国货。[15-18]

那么，本土品牌西方化命名时要注意哪些事项？首先，西文名要与中文名传递相似含义。以“明十三陵”为例，其英文名称为“the Ming Tombs of Thirteen Emperors”。这一译名正确传递了景区名称的含义，其中明代表中国的一个朝代，也就是明朝，十三陵代表此朝代 13 位皇帝的陵墓，这样游客就能够真正理解此景点名称。其次，西文名要注意海外的文化、风俗等差异。鸡在中国象征着“勤劳”，因此很多国产品牌的名称中都包含鸡，如金鸡牌鞋油、金鸡牌闹钟等。但是，如果“金鸡”被译为“golden cock”，就会令国外消费者感到厌烦，因为“cock”在英文中还含有男子的生殖器官的意思。这种翻译就会让人感到粗鲁，不仅反映出公司缺乏语言修养，同时也有损品牌形象。最后，西文译名要传递高质量的形象。鉴于新兴市场中有部分消费者对能传递身份和地位的品牌存在好感，国产品牌的西文译名可以迎合消费者的这种诉求。例如，上海王宝和大酒店的西方译名是Central Hotel Shanghai，其中“Central”不仅是指代其地段有着“最重要的”“核心”之意，也暗含着酒店的高品质和高端，反映出入住上海王宝和大酒店能给顾客带来优越感和身份感。

关于文旅产品的品牌命名策略，品牌前沿 5-1 介绍一项针对电影续集片名的研究，该项研究发现，文字片名总体上比数字片名赢得更大观影意愿，但也要根据电影的时间导向题材而定。这一有趣的研究结论适用于广泛的文化产业而不只是电影。

品牌前沿 5-1　　大片是如何炼成的？电影片名策略的市场效应

电影在文旅产业中占有重要地位。广受人们喜爱的电影大片多由续集构成。续集电影片名在原电影和续集电影之间发挥链接作用，续集电影片名是否吸引人，对观众是否前来观影具有显著作用。那么，人们所熟知的电影大片，续集片名有何讲究呢？在此介绍一项结合行为实验和电影市场近 60 年真实数据分析的电影片名效应研究成果。

研究一在大学生群体中通过行为实验完成，大学生是电影票房重要贡献者。实验的所有参与者被随机分配到两种不同的续集电影片名组（文字片名 vs.数字片名）。实验结果显示，电影续集的文字片名更优。研究一还引入了学术概念“想象可达性”。实验参与者对文字片名的续集电影具有更高的想象可达性（$M_{数字}=2.87$，$M_{文字}=3.50$）。这说明想象可达性在电影片名和观影意愿之间起着完全的中介作用——充当了中间桥梁。

研究二引入了电影题材的时间导向概念。题材的时间导向分为回溯性和前瞻性两种，前者是将叙事着眼点放在过去，讲述已发生事实（如纪录片、历史剧等）；后者将叙事着眼点放在未来，讲述未来的或虚构的、想象的内容（如科幻片、魔幻片等）。调查结果显示，若电影为前瞻性题材，文字片名能引起更高观影意愿（$M_{文字}=4.16$，$M_{数字}=2.50$）；若电影为回溯性题材，则数字片名引起了更高观影意愿（$M_{文字}=4.10$，$M_{数字}=5.16$）。

整体上，作为重要的文旅娱乐产品，电影要打造出大片，需要通过成功的续集来实现。而续集电影的文字片名总体上比数字片名带来更大观影意愿，因为前者给观众更多画面感；但电影题材的时间导向起着重要的调节作用，对前瞻性时间导向影片来说，文字片名比数字片名带来更强观影意愿；而对于回溯性时间导向影片来说，数字片名比文字片名带来更强观影意愿。

这项研究对影视、图书、文艺等广义的文化产业，具有重要的战略启示。其一，文化产品需要在命名上确立一个大方向，文字片名较数字片名有可能带来更大的市场成功。其二，文化产品要先带给消费者“想象可达性”，而后才能获得积极的市场反应。对于电影来说，这项研究表明，文字片名要先让观众对电影内容产生更强“画面感”（文中运用的科学概念是“想象可达性”）。可见，文化产品本身富有想象力；如果不能赋予读者或观众想象空间，文化产品就难以收获市场的积极反应。其三，文化产品要重视在时间导向方面选题材。以电影为例，大片是更应该让人们在脑海中回忆过去还是追寻未来呢？事实上，两种题材都需要，但中国市场上，前瞻性电影题材相对较为稀缺。

资料来源：王海忠，欧阳建颖，陈宣臻. 续集电影的片名策略及其市场效应研究[J]. 管理科学学报，2019，22(11)：19-32（12 月第 6 期）.

三、旅游品牌标识

品牌标识（brand logo）是构成品牌的重要视觉要素。它包含文字标识（如迪士尼公司的英文名“Disney”）和非文字标识（通常称为符号，如迪士尼蓝色背景的城堡标志）。一个品牌可以包含两者或其中之一。关于品牌标识的设计，要遵循以下四个原则。

（一）造型独特，并易于与竞争者区分

中国大多数旅游景区标识存在同质化严重、缺乏特色的缺陷，并且旅游景区标识系统之间相互的简单复制、机械模仿，造成了旅游景区标识系统趋向于“无差别风格”，标识设计方案缺少当地的地域风貌、风土人情、历史文化等特点。如果旅游品牌标识近似，就会造成混淆，不利于旅游品牌传播，也不利于打造和维护旅游品牌资产。

（二）简洁、明了，避免复杂、歧义和累赘

由于消费者短时记忆的信息量只有 3～7 个，因此复杂、累赘的品牌标识很难被识记。

（三）尊重消费者文化偏好

例如，东方消费者要比西方消费者更加注重美感，更加注重与自然的和谐，更加看重风水，同时也更加重视质量信号的传达。[19]因此，在东方国家，旅游组织在设计新的品牌标识时要对上述几点赋予相应的权重。

（四）重新设计存在风险，但微调却耳目一新

旅游品牌标识要适时更新以应对新环境，避免消费者产生视觉疲劳。然而，重新设计标识仍然具有一定风险。新标识有时会引起旅游品牌忠诚者的反对，他们会对新标识给予负性评价，并可能失望，最终出现品牌转换行为。相反，对于非忠诚顾客而言，他们由于没有与旧标识建立强烈的情感联结，很可能更容易接受新标识。[20]因此，旅游公司如果能在更改旧标识前与忠诚顾客及时沟通，并向他们详细解释更改的原因以及新标识与旧标识间的相似之处，则可以有效地避免忠诚客户的品牌转换行为。星巴克品牌迎合新时代潮流和年轻人的时尚审美，将自身的标识加以微调，彰显了餐饮品牌的灵活性。

四、旅游品牌形象代表

品牌形象代表（brand character）是品牌符号的一种特殊类型，是品牌形象的传递者。因此，品牌形象代表在本质上属于品牌要素。它常取材于现实生活，并通过广告形式推出。

其中旅游品牌形象代表一般是虚构形象，如米其林先生、携程网的“海豚”、马蜂窝的“小蚂”和“小蜂”等。

与品牌名称相比，品牌形象代表的优点非常明显，它有助于建立品牌认知、增加品牌的可爱性和趣味性、易于在跨文化和跨品类间进行转换等。设计品牌形象代表时要遵循以下原则。

（一）不能喧宾夺主

对于一个品牌而言，品牌名称始终是最重要、第一位的，品牌形象代表只能为名称增色而不能让后者黯然失色。一旦品牌形象代表喧宾夺主，部分消费者可能无法有效识别品牌。这种现象发生多了，就会稀释品牌资产。

（二）文化特质过重的形象代表可转换性低

尽管上面提到旅游品牌形象代表与旅游品牌名称相比更容易进行跨品类和跨文化转换，然而这只适用于那些文化色彩不是过浓的旅游品牌形象代表。例如，中国长城和敦煌莫高窟是中国文化的强有力代表之一，用在一些强调历史渊源的产品类别（如中国茶叶、书画等）是适宜的，但如果用在电子产品（如手机、电脑等）、数字科技（如视频、社交等）等充满现代气息的产品类别之中，就可能难以让消费者形成深刻印象。

（三）适时微调

如同旅游品牌口号和标识一样，旅游品牌形象代表也需要适当更改，以彰显旅游品牌活力并减少消费者视觉疲劳。但更改前后，旅游品牌的核心基因需要传承，否则旧旅游品牌形象的资产将付诸东流。肯德基在过去的 60 多年中数次对哈兰·山德士上校形象代表进行微调，每次微调都是肯德基品牌更新战略的一个重要组成部分。

品牌前沿 5-2　　美的总是好的吗？

在实体经济的市场实践中，美貌溢价总被认为能够促进消费者偏好、提高服务效率。这也导致服务企业在招募服务员工过程中会出现“以貌取人”的现象，但随着研究的不断深入，已经有更多研究表明外貌吸引力是一把双刃剑，在带来积极影响的同时，也会产生消极结果。以下两篇文章将会进一步介绍外貌刻板效应在组织一线和共享住宿环境中的作用机制。

黎耀奇等人通过 7 个实验对组织一线服务中服务人员的外貌刻板效应进行系统分析。研究发现，服务人员的外貌吸引力对顾客响应有着正面的影响，服务人员外貌吸引力越高，顾客正面服务评价就越高、契合水平以及顾客公民行为意愿越高。但这一效应存在边界条件，当顾客社交焦虑高，或者顾客处在私密的消费情景、面对高专业化服务时，这一效应不再成立。

此外，团队还通过二手数据和两个场景实验，验证美貌溢价在共享住宿中是否存在相关性。研究结果表明，美貌溢价和美貌惩罚在电子商务环境中都存在。过高的外貌吸引力和普通的长相都可能降低消费者的预定决策，而中等吸引力的房主会刺激更多的预定行为。另外，感知的可信度调节了外貌吸引力对预定决策的影响。

这两项研究都打破了“美的就是好的”刻板印象，消费者在决策过程中除了外貌吸引力外，会更关注可信度和真实性。研究结论有助于引起国内外学者对于外貌刻板印象的持续关注，并可为如何缓解外貌歧视问题，以及提升服务体验提供一定的启示。

资料来源：

[1] Li Y, Peng L, Ma S, Zhou X. Beauty premium or beauty penalty in sharing accommodation situations based on lay theories[J]. International Journal of Contemporary Hospitality Management, 2022, 34(3): 1225-1245.

[2] 黎耀奇，谢礼珊，方淑杰. 美的总是好的？消费者对服务人员外貌吸引力的响应机制研究[J]. 南开管理评论，2021, 24(4): 74-84.

五、旅游品牌口号

品牌口号（brand slogan）是用来传递有关品牌的描述性或说服性信息的短语，常出现在广告中，有一些品牌口号也印在包装上。品牌口号对一个品牌而言起着非常重要的作用，如旅游品牌口号可以宣传旅游品牌精神、反映旅游品牌定位、丰富旅游品牌联想、清晰旅游品牌名称和标识等。设计旅游品牌口号时需要遵循相关原则。

（一）要容易识记和区分，以体现独特性和可记忆性

相比那些普通的、没有新意的口号，有趣的、意想不到的和有特色的旅游口号更容易得到旅游者的偏爱。例如长城的口号“不到长城非好汉”、浙江省杭州市的口号“上有天堂，下有苏杭”、山东省曲阜市的口号“孔子故里，东方圣城”等，年复一年为人传诵，成为金句。它们成为其品牌无形资产的重要组成部分。

（二）与品牌建立联系

研究者让消费者对强品牌与其品牌口号间的关系，以及小品牌与其品牌口号间的关系进行评价，结果发现，消费者认为强品牌与其口号间的关联更为紧密。[21]通常，品牌口号可以通过重复演绎品牌名称，来加强与品牌间的联系。例如，携程旅行的口号“携程在手，说走就走”、中国东方航空公司的“东航，让旅行更精彩”。

（三）旅游口号的设计可采用多种语言修辞风格

旅游口号需要使用修辞手法吗？答案是肯定的。当下，潜在的旅游者生活在一个充斥品牌的世界中，很多时候平淡无奇的旅游口号根本不会被觉察。因此，使用修辞的旅游口号会更引人注目、令人过目不忘。例如天津的宣传口号“天天乐道，津津有味”、华侨城集团的品牌口号“提供优质生活的创想家”等都是很好的修辞风格。

（四）更新旅游口号，利弊并存

适时更新旅游品牌口号，是旅游品牌发展过程中的必然选择。更新口号的好处体现在

它能不断激活品牌新联想，使品牌朝气蓬勃。而不利之处体现在新口号容易给消费者造成困难，尤其是当旧口号和产品的联系过于紧密时，品牌就更不容易导入新口号。因此，最好在旧口号的基础上适当修改，而非完全引入一个与旧口号没有关联的新口号，这样能使旧口号的品牌资产延续下来。例如，贵州的旅游口号从原来的“奇山奇水，多彩贵州”更新为“走遍神州大地，醉美多彩贵州”，让人眼前一亮，“走遍”突出了贵州与其他地方的不同，“醉美”和“最美”同音，突出了贵州的特色产业“酒”，寓意着朋友来了有好酒，表明了贵州人民的热情好客。

六、旅游品牌广告曲

旅游品牌广告曲（brand jingles）以音乐的形式描述旅游品牌，是一种被延伸的旅游品牌口号。通常，它会以广告形式进行传播，例如云南旅游品牌的广告曲《丽江之恋》，四川旅游品牌的广告曲《阆中之恋》，以及海南旅游推介歌曲《海南 Disco》。

即使是处于不同文化背景、不同地理区域，人类对音乐也有着共同的天然偏好，因此旅游品牌广告曲的可转换性高。同时，广告曲作为一种被延伸的品牌口号，朗朗上口，易于识记，因此在宣传品牌知名度、增加品牌联想等方面也很有优势。但广告曲也有一些不足，如较为抽象、和产品关联较弱、易于淡化品牌名等。因此，建议营销者在制作广告曲时将品牌名含在其中，避免消费者“只知其曲，不知其名”。

七、包装

包装（packaging）是指设计和制造产品的容器或包裹物。包装能为消费者创造方便价值，能为生产者创造促销价值。具体而言，包装的作用非常明显，如充当品牌推销者、产生溢价、有助于消费者识别公司和品牌、强化品牌联想、保护知识产权等。

旅游公司要设计出有效的旅游包装，需要做好一系列工作。

（1）树立包装观念。包装就是第五个P（packaging），它有时与产品、定价、渠道、促销同等重要甚至更为重要。

（2）完整理解包装的要素。包装的要素包括规格大小、形状、用材、色彩、文字说明以及品牌标识。

（3）推出包装前需要经过一系列测试。包括工程测试、视觉测试、经销商测试、消费者测试等。

八、域名

统一资源定位器（uniform resource locator，URL）用来确定品牌在互联网上的网页地址，通常又称域名（domain names）。随着互联网的普及，几乎每个大的品牌都会注册专门的网址，并在网站上公布关于公司历史、文化、最新动态、产品研发等信息。因此，URL

相当于一个窗口，能够激发顾客点击网站的好奇心、强化品牌认知。

在开发、设计 URL 时要注意以下三点。

（1）URL 要独特。由于大量简单易记的 URL 已注册，因此，营销者有时需要另辟蹊径、自造单词以便于与已有的 URL 相区分。

（2）防止非法使用。营销者要时刻严密监视公司的 URL 有无被非法使用，一旦发现被非法使用要付诸法律措施。

（3）URL 一般不宜进行改动。URL 的作用如同品牌名，一旦更改就会切断顾客与品牌之间的桥梁。但是网站上的颜色、图片、线条等布局可以进行必要的改动，以避免消费者产生视觉疲劳和厌倦。

综上，本节花了较大篇幅阐释每种品牌要素的优点或重要性，以及具体的设计指南和注意事项。尽管每种品牌要素所起角色不同，但它们并非相互独立、相互排斥。相反，各种品牌要素如同品牌的躯干，共同支撑着品牌的血液和灵魂。只有发挥好各品牌要素间的协同作用，才能共同服务于品牌这一主体。因此，各品牌要素必须传达一致的、相同的品牌含义、品牌联想和品牌形象。只有这样，才能让消费者理解品牌的精粹，最终形成顾客为本的品牌资产。

第三节　增强旅游品牌感官

感官营销（sensory marketing）是指利用消费者的感官感受，影响消费者行为的营销活动[22]。借鉴学者克里希纳（Krishna）的观点，本书将感官品牌战略（sensory branding）定义为：公司在品牌要素的设计和营销活动中充分利用消费者的感官感受，激发和满足消费者的欲望和诉求，提升品牌的品质感知。本节先简要介绍感官元素在旅游品牌要素设计中的作用，接下来分别介绍增进旅游品牌的视觉感（visual perceptions）、听觉感（auditory perceptions）、触觉感（olfactory perceptions）、嗅觉感（haptic perceptions）、味觉感（gustatory perceptions）的方法。本节最后会对旅游感官品牌的未来发展做出预测。

一、品牌感官体验的重要性

人类生来就拥有“五官”（视觉、听觉、触觉、嗅觉和味觉）感受，这些感官有助于人类逃避危险、寻找食物、探索未知世界、品尝山珍海味等。然而，很奇怪的是，市场营销知识界直到最近几年才对品牌的感官体验予以重视。回顾20多年的理论研究，本书发现，市场营销学术界迄今主要关注质量、价格以及其他功能性属性。这一定程度上是受到经济学“理性经济人”假定的误导，同时也受到物质经济生活水平的限制。然而，感官体验极为重要。这主要源于如下两方面的思考。

（1）消费者对感官体验的需求日益增加。例如，在体验经济时代，随着旅游者旅游经历的日益丰富多元，旅游消费观念的日益成熟，旅游者对感官体验的需求日益高涨，他们已不再满足于大众化的旅游产品，更渴望追求个性化、体验化以及情感化的旅游经历。通过感官体验，他们会体验到更多的真实感和存在感。

（2）五种感官是消费者形成品牌资产的窗口。品牌资产存在于顾客心智中。然而，顾客心智并非“空穴来风”，日常生活中通过五种感官加工品牌信息更有助于形成顾客心智的品牌资产。

感官体验和情感品牌战略紧密相连。情感化品牌（emotional branding）一词的提出者马克·戈贝（Mac Gabe）认为，现在的消费者是多么渴望温情、渴望关爱，因而他们寻求味觉和嗅觉等体验。[23]可见，感官体验看似是消费者的表层诉求，实则为潜藏在表层下的深层情感诉求——获得情感的满足、共鸣。顾客为本的品牌资产模型的金字塔结构表明，（顾客与品牌之间的）共鸣处于最高境界。一些卓越的旅游品牌，如沉浸式主题乐园中的环球影城和迪士尼、新加坡航空公司等一直致力于增强消费者的感官体验。

二、旅游品牌的五种感官体验

（一）旅游品牌视觉感

品牌标识和包装等属于视觉元素。本章第二节围绕六个基本原则阐释了设计这些要素的原则。为避免内容雷同，此处着重从感官体验和情感体验的新角度阐释品牌标识和包装的设计策略，其中包括国际上的一些最新研究结论。

1. 旅游品牌标识的视觉感

此处着重阐述三点：其一，旅游品牌标识的色彩选用要遵循哪些指南？其二，旅游品牌标识的周围要不要边框？其三，旅游品牌标识应该采取大标识还是小标识？以下依序加以解释说明。

对于品牌标识的色彩，有两点基本指南可供借鉴。

第一，色彩选用要和产品类别相匹配。例如，在景区标识标牌的设计中常用五种颜色，包括红色、蓝色、黄色、绿色和白色。其中红色景区标识设计一般用于警告和禁止，常见于景区的命令性规范标志。蓝色一般代表着科技感和安静稳定，非常适合大空间使用，因此有很多的景区标识标牌设计会选择蓝色。黄色景区标识常被用在安全标志和紧急提示上。绿色景区标识广泛应用于城市建设道路、应急通道、旅游文化景点等。在景区标记信息系统中，大部分的白色用来进行文字填充和箭头指向。

第二，怀旧类产品的品牌标识比较适宜选用黑色、白色。黑白影像作为引发怀旧情绪的手段之一，具有减少个体失落感的作用[24]。同时，随着彩色的盛行，黑色、白色正逐渐淡出人们视野。因此，“老字号”旅游品牌采用黑白标识不仅可以唤醒人们对某一特殊时代的记忆，同时也能从中创造相对于后进者的比较优势。

对于品牌标识的周围是否采用边框，学者卡特赖特（Cutright）发现，[25]控制感缺失时消费者倾向于寻求高度结构化、有边框的产品及其标识。例如，在遭受恐怖袭击、金融危机等破坏性打击的特殊时期，消费者对周遭环境的控制感降低，厂商需要通过科学的设计品牌标识边框，来提振消费者信心，恢复人们对环境的控制感。如何通过品牌标识的边框设计来增进消费者的控制感？相对而言，控制感受到威胁的消费者对用圆圈或正方形包围的品牌标志表现出更强的偏好。例如，此时消费者会更偏爱提供边框的餐盘、旅游纪念品等。图 5-1 是学者卡特赖特在具体的实验研究中采用过的实验刺激材料，他研究发现，缺乏控制感时消费者对有边框的品牌标识的喜爱程度胜过无边框的品牌标识。[25]

图 5-1　卡特赖特实验素材

对于品牌标识的大小，学术界也进行了一些有趣的研究。例如，国内市场营销学者王海忠等发现，不同人格特征的消费者对奢侈品品牌标识大小的偏爱就存在显著差异。具体来说，独立型自我监控者（independent self-monitors），即在不同场合均表现相对稳定的、一致的自我概念的个体更喜欢较为隐匿的小的品牌标识，而依存型自我监控者（dependent self-monitors），即在不同场合、情境表现出变化的、不一致的自我概念的个体，则更喜欢醒目的、大的品牌标识。[26]这一研究发现对旅游奢侈品行业的品牌营销具有显著的借鉴价值，旅游奢侈品品牌经理人在设计品牌标识时，要考虑消费者的个体人格特征的差异，对品牌标识大小的偏爱看似简单，其实能反映出消费者深层的个性和自我概念。

2. 旅游品牌包装的视觉感

品牌包装的视觉要素主要包括包装尺寸大小选取、包装上产品图片位置、包装容器的高矮胖瘦等。这些包装要素影响消费者的产品感知及购买或消费数量。

第一，包装尺寸与消费行为间的关系。

包装尺寸对消费行为的影响效应，因情境而异。小包装会增加消费量，因为小包装（尤其是食品）会降低消费者的自我控制（即让自己的消费行为更放纵），这样他们会低估摄取的热量。可见，对自我控制能力较弱的消费者而言，小包装反倒能让他们消费的量更多。[27]这暗示，对于包装旅游产品厂商而言，推出小包装会让消费者感到食用更方便，因而会提高消费购买量。

然而大包装也有自身不可替代的优点。其一，大包装会让消费者感觉内部实物的分量或数量更多，因而提高了产品的支付溢价。有研究发现，不同寻常的尺寸包装往往会模糊消费者对内部实物的数量感知。[28]因此，在一些餐厅，食品器皿的型号一般较大；同样，有的旅游纪念品往往使用多层包装，使旅游者感知的纪念品尺寸很大。这些大包装容器会给消费者产生“分量足”的感觉。大小商家正是利用这种“大包装”模糊消费者对市场价格的感觉，让消费者支付溢价。其二，大包装是传递身份地位的信号。有研究发现，由于无力感和低权力处境，消费者会选择较大包装的食物和饮料，以此来显示自己的身份，这样在心理上起到了恢复权力感的效果。[29]

第二，包装上产品图片位置与重量感知间的关系。

登格（Deng）和卡恩（Kahn）研究发现，在二维空间中，消费者认为包装的底部和包装正面右侧是更重的位置，因此，当同样重量的产品图像被放置在这些位置时，消费者会感觉产品更重；相反，包装的顶部和包装正面左侧被认为是更轻的位置，因此，同样重量的产品图像放置在这些区域时，消费者会感觉产品更轻。[30]可见，企业营销人员如果将美味食物的图片放置在包装袋的右侧底部，就会激发消费者的食欲并增加购买可能性；相反，便携式产品等的图片放置在包装袋的左侧顶部或正面顶部，则会减少消费者重量感知，引起他们更大的购买意愿。

综上所述，品牌标识和包装等的设计中，视觉元素显得尤为重要。营销者可以从色彩、线条、尺寸等角度来满足消费者的视觉诉求以及深层的情感需求。

（二）旅游品牌听觉感

本章第二节介绍了广告曲、口号等听觉元素的设计，本节重点介绍旅游品牌如何利用辅助性声音和背景音乐增强听觉感。

1. 辅助性声音

辅助性声音（instrumental sounds）是指暗示产品某些属性的状态、发挥辅助性作用的声音。这些辅助性声音的作用不仅能应用于品牌的产品判断层面，还能影响消费者的情感。例如，景区的水流声除了暗示水体景观质量外，还起到维系消费者情感纽带的作用。一个忠诚于景区目的地的旅游者，如果某一次在该景区内没有听到水流的声音，可能会觉得有点异常和不安。

2. 环境声音

除辅助性声音外，环境声音（environmental sounds）或背景声音也可以帮助旅游组织塑造听觉感，有时某种环境声音还会成为某品牌的专属所有。例如，与众多酒店不同，位于巴厘岛的宝格丽酒店会根据顾客的不同心境提供不同的背景音乐。又如，部分景区选择播放背景音乐来渲染旅游氛围（如三亚旅游景区的《天涯海角》），通过视听互补实现情景交融，引导人们融入旅游环境。目前，国内旅游品牌对环境声音的重视程度仍显不足，未来需要提升的空间仍然很大。

（三）旅游品牌触觉感

触觉是很重要但最容易被忽视的感官。

（1）触觉是连接心灵与外界的桥梁，尤其是当其他四种感官丧失功能时。

（2）触觉能提供质量信号，增加个体的探索欲望。有研究发现，只有经过事先抓握和提举后，个体才会决定是否进行下一步的、更有针对性的探索和尝试。[31]

（3）对触摸的需求（need for touch）是个体的一种本能。在目的地营销实践中经常可以看到一些关于触觉感官的信息，如“凉爽一夏”“沐浴温暖阳光”“松软的沙滩”等对宜人的气候和舒适体感的描述，很好地唤醒了旅游者的触觉想象，成为目的地触觉营销可行的方法。

鉴于触觉的上述重要性，企业营销策略在增强品牌的触觉感方面要注意以下事项。

1. 触觉属性的重视性视产品品类而不同

有研究发现，刺绣类旅游纪念品的不同品牌之间在材料的质地（柔软度）和重量等属性上存在显著差异。消费者在购买前对该类产品的触摸欲望很强。相反，明信片、旅行日历等品类产品的不同品牌在材料的质地和重量属性方面的差异就不大，对于该类产品，消费者认为购买前触摸的必要性就很低。[32]

2. 购前触摸对消费者购物行为的影响

旅游商场里常常碰到这样的情形，提供样品或允许打开的产品会吸引更多的试用者和触摸者，这些人在店内逗留时间会延长，最后购买的可能性也会更高[33]。然而，与此相关的奇怪现象是，消费者喜欢购前触摸的产品，却未被选中购买，而真正放进购物车的却是未被触摸过的、放在里侧的、包装严实的产品。其中可能的原因是被他人接触过的产品会引起消费者的厌恶感。[34]然而，当先触摸的人是消费者所爱戴的或所欣赏的人物（如有魅力的男性或女性，以及受人敬重的公众人物等）时，这种厌恶感又会消失。[35]因此，在旅游商场，厂商可以采取两种措施来促进顾客的购买。其一，提供适量的样品或包装松散的旅游产品，以鼓励和方便消费者触摸。但与此同时，要确保货架后台的产品是崭新的、包装严实且未被打开过的。其二，在产品包装上标明该类产品被某知名人物（如当红明星或专家等）喜欢和使用过，这样做的目的除了能提供产品可信度外，还能增加消费者的触摸好奇心。

3. 不同情绪下的触摸需求

在负性情绪（如失望、悲伤、生气等）状态下，消费者更愿意触摸具有高触觉感质地（如材料的质地柔软度）的产品，这样可以体验到享乐；相反，正性情绪（如开心、兴奋等）状态下，消费者更愿意购买能提供视觉属性的产品，且更愿意探索周围环境。[36]为此，旅游组织可以在营销策略上进行创新。例如，通过播放略带怀旧的背景音乐诱发消费者轻微的负性情绪体验，这会增加消费者对旅游产品的触摸需求和在店内或景区内的逗留时间；而触摸过旅游产品之后就更能产生购买行为，在店内或景区内逗留时间更长，购买可能性也更大。

（四）旅游品牌嗅觉感

与其他感官相比，嗅觉的特殊之处在于其感官意识的形成并不是与生俱来的，而是后天习得的。嗅觉联想的后天可塑性给予营销者非常大的利用空间和自由度，加之嗅觉的辨识性和记忆性较好，使得利用嗅觉的感官联想开展营销活动成为一种可能。[37]例如，酒店和航空企业调制独特的香氛以创造独特的服务体验并强化顾客对品牌的识别是常见的嗅觉营销手段。[38]然而，要塑造品牌的嗅觉感，仅利用“气味营销”是不够的，还要了解气味与消费者的情绪、背景环境等的关系，同时要注意品牌嗅觉感具有的个体以及跨文化的差异性。

1. 嗅觉与消费者怀旧情绪之间的关系

人类对气味信号的处理不如视觉信号那样迅速，气味信号诱发回忆需要的时间更长，但一经诱发，个体便会回忆出熟悉的气味。[39-40]这说明气味能诱发消费者的怀旧情绪。可见，当某种气味被某一品牌打造成为其专属所有时，这一气味就成为品牌无形资产的一部分，能够延续持久的影响力。例如，丽枫酒店的英文名字“LAVANDE”来自法文薰衣草的音译，因此薰衣草的香气毋庸置疑成为酒店的主打香气，意在把酒店香气当成自在居住体验的一个标签与品牌认知的一部分。这种香气能让品牌变得更为立体，逐步占领消费者的心智，提高品牌的黏性。对于旅游品牌而言，要认识到嗅觉在旅游品牌资产经营管理过程中的重要性，旅游品牌经营管理团队要维护气味的独特性和专属性，不要随意更换气味；同时，新旅游品牌在创建嗅觉感时要培养消费者对该气味的独特偏好。

2. 巧妙借用环境气味和音乐的杠杆

海南国际旅游岛的宣传片《海南·深呼吸》中将呼吸洁净的空气作为耀眼招牌，凭借嗅觉上的特殊感官体验，塑造不同于其他海滨城市的优势，为目的地品牌的嗅觉“添色”。但研究者也建议，利用环境的嗅觉刺激来增加产品品牌销量的尝试不能过度。

3. 注意嗅觉在个体和文化之间的差异

从个体差异来看，有研究发现，对于冲动型购物者而言，环境香味对其作用不大，而令人舒心的背景音乐则会使他们愿意花更多的钱。相反，对于深思熟虑、不盲目购物的消费者而言，环境（如酒店）中的香味会增加他们的花销。[41]从文化角度而言，由于气味偏好是消费者后天学习获得的，因而不同文化下的个体对同一气味有着不同喜好。奶酪气味让西方国家的消费者普遍感到愉悦，但却容易唤起东亚国家消费者的厌恶情绪。[42]可见，旅游组织营销人员在打造旅游品牌的嗅觉特征之前要做好充分的市场测查，不要盲目地将同一气味的品牌推向所有海外市场。

综上所述，打造旅游品牌的嗅觉感时要充分考虑到外在影响因素，这些因素可以是旅游者消费时的情绪、环境气味、个体差异以及文化因素。

（五）旅游品牌味觉感

对于旅游目的地来说，“食”是旅游活动的六要素之一，不仅可以作为独特的旅游吸引物和形象的组成部分，而且能够创造独特体验，成为目的地营销中不可或缺的感官维度。目的地味觉属性特征的传递也因此大多依附在美食旅游资源和地方饮食文化的传递上，具体表现为对地方特色美食旅游资源的开发、吸引力的打造与传播。然而，由于味道难以储存和传播，直接利用味觉感官通道的难度较大，故在味觉信息的传递上通常采用了通感的表达方式，即用其他感官信息来表达味觉体验。在跨感官的表达过程中如何更好地完成感官的转译，成为味觉感官营销所要解决的关键问题。例如，消费者会认为餐厅的食物摆盘越好看，味道也会更好。

近 10 年来，感官品牌战略的研究已经逐渐丰硕起来。旅游品牌的未来竞争已不再只是质量、价格等功能属性的竞争；无形的感官属性的竞争变得越来越重要。善于利用感官属性的旅游品牌能更好地满足旅游者的情感需求，将获得越来越多旅游者的喜爱。[43-44]

品牌前沿 5-3 基于文献计量法，分析了旅游设计中的感官要素，揭示了感官对于旅游者体验形成的重要作用。

品牌前沿 5-3　　旅游设计中的感官要素研究——基于文献计量学的方法

人类与生俱来就拥有“五官”（视觉、听觉、嗅觉、触觉和味觉），感官对于旅游者体验的形成起到重要的作用，因而在旅游业发展的过程中逐渐被重视，成为旅游目的地旅游体验和场所设计中重点考虑的因素。例如感官输入，会对游客塑造特定的情绪反应，并通过关注当地身份和资源来促进更真实的体验和可持续的现场行为。但如果不以适当的方式计划这一方面，外部环境中的不同元素仍将是个人体验的一部分，这可能会影响有意义的表演、思维方式和心理参与。以往众多研究从单一视角探讨感官刺激（如听觉刺激或视觉刺激等）对旅游者体验的影响，这实际上忽略了多感官的综合性影响。就此，长期致力于研究感官信息旅游体验的学者 Dora Agapito 使用文献计量方法，基于主题词共现和作者共现网络相结合的思路，关注多感官的综合性影响，有利于旅游品牌管理者从单一感官（如视觉）的角度转化为多感官刺激的视角，为未来研究和实践提供洞察与启发。

研究发现，2013 年以后，旅游情景中的多感官研究有了长足的进展，不少国家和期刊也有相关文献的踪迹，说明这一新兴研究领域在旅游设计背景下变得日益重要。研究揭示了四个有助于理解和设计旅游体验的现有研究主题，包括：第一，旅游目的地的具身体验。涉及多感官刺激对具身体验、游后记忆、消费以及地方建构等内容，同时关注到针对残障人士的多感官体验设计。例如，中青旅控股公司发起了“听海”“听城”“听风”视障人士旅行团，透过触觉、味觉、听觉等多感官刺激，视障人士同明眼人一样感受大好河山。第二，目的地体验营销。强调目的地的多感官营销对旅游者品牌体验、目的地形象形成等的作用，并强调技术在其中所产生的影响。例如，民谣歌手赵雷的一曲《成都》，刻画出成都旅游特有的“休闲与慢节奏”的气质与个性，歌曲中的“小酒馆”已成为成都新的旅游景点。第三，旅游体验规划和管理。重点关注多感官刺激在不同类型的旅游类型（如邮轮旅游、活动旅游、野生动物旅游等）的作用。第四，美食旅游体验。将美食体验的多感官性与目的地个性联系起来，强调多感官性对设计独特和可持续的旅游体验至关重要。

综上所述，这项研究通过对已有研究的梳理，聚焦多感官的综合效应，为感官在旅游体验设计方面提供了管理与营销思路。例如，在具体实践方面，旅游目的地可以注重多感官与先进技术的结合，采用元宇宙、VR 技术等强化游客在旅游场所的沉浸式感官体验；探索如何将美食的独特多感官方面用于目的地体验的设计中，将地方美食与目的地身份挂钩，通过美食感官体验塑造目的地的独特性。

资料来源：Agapito D. The senses in tourism design: A bibliometric review[J]. Annals of Tourism Research, 2020, 83: 102934.

第四节　旅游品牌防御与保护

本节首先简述品牌防御与保护的概念和作用，随后会用较大篇幅阐述旅游品牌防御与保护的必要性，说明防御和保护不当引发的不良后果。

一、旅游品牌防御与保护的内涵和意义

（一）品牌防御与保护的内涵

什么是品牌防御与保护（brand defense and protection）？这需要从广义和狭义两个层面来理解。狭义的品牌防御与保护是指对品牌要素（即品牌名称、标识、包装、广告语、URL、品牌形象代表等）的防御与保护。狭义的防御和保护的目的是使标识品牌的品牌要素免受竞争对手的模仿、偷用、不当使用和滥用，保护品牌识别系统不受损，从而使得品牌无形资产不被稀释。

广义的品牌防御与保护是指除狭义的品牌要素防御与保护之外，还包括防止品牌不当延伸、不当杠杆与联盟、不当品牌组合或更新等各种品牌战略失误而导致的对品牌资产的稀释。由于广义的品牌防御与保护在本书的其他章节（如品牌定位、基于顾客心智的品牌资产、品牌杠杆、品牌延伸、品牌更新、品牌组合等）也有所涉及。本节从狭义层面讨论品牌防御与保护问题，这也是品牌防御与保护的最基本内容。

（二）旅游品牌防御与保护的重要意义

之所以将旅游品牌要素的防御与保护作为本章的讨论重点，是因为旅游品牌要素的防御与保护对于旅游品牌资产是最基本的，也是至关重要的。

1. 保护好旅游品牌要素，就保护了旅游品牌无形资产的有形载体

旅游品牌的影响力是无形的、看不见、摸不着的，但它需要有形的实体要素作为基础，来帮助消费者形成具体的旅游品牌印象，从而产生旅游品牌知识，建立旅游品牌联结，促进购买行为，并最终形成基于旅游者心智的旅游品牌无形资产。

2. 保护好旅游品牌要素，就保护了旅游组织专属商标相关的知识专利

品牌要素，尤其像不宜频繁更改的品牌名称、品牌标识等是每个企业的一种专有权利，一旦在权威法律机构（如工商局）注册之后，就会在法律上生效。此时，任何竞争对手如果对这些品牌要素进行不当使用，都必须承担相应法律后果。因此，对于旅游品牌而言，保护和防御旅游品牌要素不被非法使用，就相当于保护了旅游公司的知识专利。

3. 保护好旅游品牌要素，就可以维护好旅游品牌鲜明独特的识别，便于强化旅游品牌市场地位

旅游品牌要素具有独特性和排他性，这有助于旅游者将其与竞争对手区分出来，同时也有助于旅游者识记和熟悉品牌，进而选择购买。同时，当两种旅游品牌在质量、价格等功能属性上的表现相同时，旅游者更倾向于选择熟悉的旅游品牌。形象模糊、丧失独特性的旅游品牌要素会对品牌产生负面后果，轻则会令旅游者感到困惑，重则会令旅游者感到失望，甚至被旅游者抛弃。

4. 旅游品牌要素最容易被竞争对手模仿和盗用，最需要加以保护和防御

构成旅游品牌要素的品牌名称、标识、包装、形象代表等是由一些可以理解的、有意义的、特定的图形和文字组成，可理解性和有意义性使这些图形和文字很容易被他人模仿、

盗用、偷换等。

可见，保护和防御旅游品牌要素不被侵蚀显得极为重要和必要。品牌知名度会给旅游组织带来丰硕的财务回报，可是，“枪打出头鸟”，知名品牌面临被模仿、被盗用的风险也更大，更加需要防御和保持。如果防御不到位，丧失的便是来之不易的旅游品牌声誉。品牌案例 5-1 中介绍的一场事关“茶颜悦色”与“茶颜观色”的抄袭之争就很好地说明了防御旅游品牌要素的重要性。

值得一提的是，旅游品牌要素是包含品牌名、包装、品牌图文标识等成分的统一体，因而对旅游品牌要素的防御和保护并不局限于单个成分，相反要对所有的成分都进行防御和保护。

品牌案例 5-1　“茶颜”之争——茶颜悦色 vs.茶颜观色

长沙有一家奶茶店品牌：“排队 1 小时，喝茶 10 分钟”，却仍有人每天一杯、乐此不疲。这家店就是火遍全网的“茶颜悦色”。打卡一杯“茶颜悦色”已成为广大游客到长沙旅游的标配，“茶颜悦色”也致力于将品牌打造成长沙独有的文化，助推长沙经济的发展。然而，正当“茶颜悦色”用心经营自己的奶茶品牌，朝着更好方向发展时，却遭遇了诉讼，被告正是与“茶颜悦色”一字之差的“茶颜观色”。有关攻讦与博弈的“真假奶茶”之争从此进入了大众视野，一场商标权之争在长沙揭幕。

1. 事件回顾

“茶颜悦色”于 2013 年 12 月在长沙开业，至今已有 200 多家分店；2019 年一家与“茶颜悦色”一字之差的“茶颜观色”开业。不料，2019 年 10 月“茶颜观色”注册商标专用权人广州洛旗公司以侵犯商标权为由将“茶颜悦色”商标注册人湖南茶悦餐饮管理有限公司告上法庭，要求赔偿其损失 21 万元，并在公众号、微博等平台上致歉，消除不利影响。

两大“茶颜”奶茶商标注册及使用、商标外观设计等情况列表如下。

	茶颜悦色	茶颜观色
注册时间	2015 年，注册在后	2008 年，注册在先
使用时间	2013 年，使用在先	2017 年，使用在后
使用范围	奶茶店，无堂食	茶馆，有堂食
商标 Logo	茶颜悦色 Modern China Tea Shop	茶颜观色 Modern China Tea Shop

2. 结果与启示

2020 年 4 月，湖南省长沙市岳麓区人民法院当庭宣判驳回广州洛旗公司全部诉讼请求，茶颜悦色商标注册人湖南茶悦餐饮管理有限公司胜诉。事实上，茶颜观色虽然注册商标在先，但如果绝对地以在先商标注册人的利益作为唯一的衡量因素，简单认定被告使用茶颜悦色商标标识的行为构成商标侵权，将会给连续、诚信使用特有名称和商标的经营者的正当权益及其积累的商誉造成不当损害，也有违市场公平原则。除此以外，虽然二者在标识、字形、含义及构图组合后的整体结构上有一定相似，但茶颜悦色于2013年12月就开始使用，而茶颜观色于2017年才开始推广。

胜诉后，茶颜悦色老板无奈向公众承认："在创立茶颜悦色之初，缺乏商标意识，到了后来有了一点规模，想着把品牌护城墙修坚固一点，才发现自己的商标注册有漏洞，根基并不牢固，反倒被山寨品牌倒打一耙。"由此可见，品牌要素防御至关重要，品牌企业应趁早申请专利、注册商标，在公司前期创业时，多咨询专业法律人士的意见，避免商标侵权困扰；在注册主要商标后，应趁早申请一系列的防御商标和联合商标，增强申请注册商标的权利意识。除此以外，品牌企业可通过大数据等现代技术手段及时跟踪、固定和保全侵权证据，将侵权行为扼杀在萌芽状态，避免侵权企业发展壮大后增加维权成本。

资料来源：

[1] 中国裁判文书网.

[2] 茶颜悦色官网.

[3] 侵犯"茶颜悦色"商标案入选年度知识产权行政保护典型案例[N]. 潇湘晨报，2022-4-27.

[4] 李梓青. 从"茶颜悦色"被诉案看企业商标管理[J]. 黑龙江人力资源和社会保障，2021(18)：130-132.

二、旅游品牌防御与保护不当引起的后果

品牌防御与保护不当会给旅游组织带来不良后果，这种不良后果集中体现在品牌资产被稀释（dilution of brand equity）上。品牌资产有不同的分类视角，世界知名品牌评估公司英国博略品牌价值评估的方法主要采用以顾客为基础的品牌资产（customer-based brand equity）和以财务收益（主要是未来现金流）为基础的品牌资产（finance-based brand equity）。因此，这里所说的旅游品牌资产被稀释是指因旅游品牌要素防御和保护不当而引起的这两类品牌资产的稀释。稀释的严重后果是旅游品牌丧失忠诚顾客，旅游组织现金流中断，破产倒闭。

接下来，我们分析旅游品牌资产被稀释的三种表现形式，以及每种形式背后的成因。

（一）旅游品牌弱化

品牌弱化（brand blurring）是指某一品牌要素与特定公司或其产品相联系的紧密程度受到削弱，或者变得模糊不清。导致旅游品牌弱化的原因主要有以下几点。

1. 旅游品牌要素缺乏独特性

独特性是指目标品牌与竞争品牌在品牌名、品牌标识以及口号上的差异性，由此引起消费者独特的、强烈的、积极的品牌联想。然而，目前国内旅游口号中多出现如"山水××，生态家园""浪漫之都，时尚××"等元素，同质化现象较为严重，并没有形成目的地的

独特卖点，使目的地品牌资产被稀释。而长城的品牌口号“不到长城非好汉”则与其他文旅目的地的口号有明显不同，品牌知名度和认可度较高。

除品牌口号趋同外，同一品类中的山寨品牌对知名品牌名称的偷换和改动也会导致品牌弱化。餐饮市场上这类例子不胜枚举。例如，内蒙古知名餐饮品牌“小肥羊”品牌名被后起的“肥羊王”品牌盗用了某些元素。若能基于独特性、特殊性以及抽象性等标准确定品牌要素，那么品牌弱化就能在源头上得到预防。

2. 缺少对旅游品牌要素的全球排查

一个旅游品牌要素的遴选、确定要经历广泛征集、初步筛选、备选提案调研、入选提案遴选以及最终确定等阶段。但经过上述步骤确定旅游品牌要素后，企业还需要记住重要的最后一步：对最终确定的旅游品牌要素进行全球性排查。全球性排查可以在备选提案调研阶段实施。如果该阶段能发现入选的旅游品牌要素已在全球范围内被其他企业注册过，那么企业此时就要中止后续工作。这样不但能节省人力和物力投入，还可以充分预防可能的法律纠纷以及消费者困惑。

3. 旅游品牌要素缺少充分的商标注册

旅游组织在完成了全球性排查以及后续的市场调研等程序后，还要对旅游品牌要素进行充分的商标注册。很多旅游组织以为只要对商标名进行注册就可以高枕无忧，这其实是一个误区。实际上，商标注册工作的疏漏失误是产生品牌弱化的最常见环节。旅游品牌要素注册时要考虑商标是在某一个品类还是跨品类注册等问题。

（二）旅游品牌丑化

品牌丑化（brand tarnishment）是指品牌要素受到污损、贬低或其他负面影响，使该品牌要素及其代表的产品在消费者心目中的正面形象被冲淡、被丑化的现象。其中，旅游品牌被丑化的成因主要来自如下两点。

1. 商家将知名的景区名称、目的地名称注册为商标，借此“搭便车”

近年来，越来越多商家热衷于把这些本该属于社会公共资源的名称注册为商标，以达到占有该名称无形商业价值的目的，给公共资源造成了损失。例如，历史遗迹、风景名胜等名称具有很大商业价值，是一个地区宝贵的无形资产。这类名称被商家用于商标中，历史文化认同价值被移位到对商品或服务的认同，但是被抢注后难以保障社会形象，商标被淡化甚至丑化。如重庆 5A 级旅游景区“仙女山”就曾被注册使用在兽药等商品上，一旦关联的品牌商品出现问题，该地域可能会受牵连，降低美誉度。要避免类似负面事件发生，国家商标管理部门需要制定相关政策，明确规定对国家名胜风景、历史人名等加以保护，不可以被工商企业申请商标。同时，对工商企业应该进行更多道德教育，使企业认识到借风景名胜、历史人名地名等来作为商标推广产品，是急功近利的行为，产品质量才是企业生存发展之本。

2. 旅游组织在设计商标时不够细心导致品牌的某些要素有歧义，给“恶搞”和“丑化”提供了机会

虽然，企业的商标或品牌名及其缩写原本并没有负面含义，但经坊间“恶搞”并广泛流传，就很容易带来实际上的负面联想，最终稀释品牌无形资产。这种形式的品牌丑化在中国旅游市场及文化下并不少见。例如，坊间不少人曾把“绿茶餐厅”这个知名品牌与某些负面字词联系起来……这些看似搞笑的做法，如果在坊间广泛流传开来，其实会给品牌造成不良影响。旅游品牌管理者需要根据当地消费者的口语文化，对品牌名及其简称、缩写加以科学化、艺术化的设计修饰。旅游品牌经营管理者需要主动应对这种负面现象。

相比品牌弱化，品牌丑化对旅游品牌无形资产的稀释程度更大，对旅游企业或目的地品牌造成的负面影响更为严重。品牌丑化带给旅游企业或目的地最直接的后果是使旅游品牌声誉一落千丈，忠诚顾客流失、财务收益剧减。良好的品牌声誉是品牌创始人和经营管理者耗费多年心血建立起来的无形资产，是维持忠诚客户的基础。对这些忠诚客户而言，品牌要素就像他们的脸面，如果有人对这些要素进行恶意涂污、丑化，那就会伤及他们的自尊心，并促使他们做出品牌转换行为。有鉴于此，对品牌而言，声誉的受损就像一道无形伤疤，很难被彻底修复。

面对旅游品牌丑化，管理者并非无所作为。旅游品牌经理人在确定旅游品牌要素时要慎之又慎。此外，万一自己的旅游品牌要素被他人丑化，要第一时间采取措施，该调整某些旅游品牌元素的，要立即着手调整；有必要向旅游者解释的，要恰当地解释旅游品牌要素的内涵。

（三）旅游品牌退化

品牌退化（brand degeneration）是指品牌要素具有的独特性、专有性等特征被削弱，逐渐演变为某个产品类别的通用称呼的现象。其中，旅游品牌退化的成因主要有如下两点。

1. 公司对品牌要素缺少及时和充分的市场监管，给模仿者留下了有利可图的空间

朗科公司最先为其移动硬盘注册了商标名“优盘”。当时，这个品牌名极具显著性。但长期以来朗科公司未对竞争对手是否使用该品牌名进行及时和有效的市场监控，这使得同行和消费者慢慢地将其视为计算机移动存储器的通用名称。其结果导致“优盘”这一品牌名的独特性完全丧失。

2. 缺乏及时和持续的品牌宣传，使得消费者误认为该品牌名是某品类产品的通称

德州扒鸡最初起源于山东德州牌的扒鸡，原本是一个品牌名，但由于假冒现象十分猖獗，现在渐渐地成为品类名。如果你说买德州扒鸡，潜在顾客会问你要什么牌子的德州扒鸡。顾客只会记住德芳斋、乡盛牌的德州扒鸡，而不会记住德州牌的德州扒鸡。

与品牌丑化类似，品牌退化对旅游品牌资产的稀释力度也是显著的。旅游品牌退化带给旅游公司最直接的后果是旅游品牌无形资产像一块蛋糕一样，被无数“持证者”分摊，如果“持证者”足够多的话，旅游公司的品牌无形资产将被完全瓜分掉，市场份额和目标顾客也会被瓜分。但是，如果旅游公司能在品牌要素投入使用的整个过程中进行及时、持续的宣传推广、视察监管、打假等，仍然会大大降低品牌退化发生的可能性。

三、旅游品牌防御与保护的策略

完整的品牌防御与保护战略是一个系统，它既包含品牌要素的筛选和调研，也包含品牌要素的商标注册，还包含品牌要素正式投入使用后采取的各种法律保护措施。本书重点关注品牌要素确定后，旅游组织在商标注册时应该采取哪些策略，注册之后又有哪些保护策略。

（一）科学的商标注册策略

公司要及时申请注册商标以取得商标的法定所有权。这一步发生在品牌要素确定之后、投入使用之前。旅游品牌要素进行注册后，这些品牌要素才成为商标（trademark），才能在法律上被认定为公司的专有知识产权，即商标权。商标权的产生有两种形式：注册产生以及使用产生。

目前，注册产生商标权的形式被世界上大多数国家使用。当然，世界上也有少数国家采用使用产生商标权的形式，即商标可以通过使用产生权利，因而先使用者拥有商标所有权。中国实行商标注册产生权利的办法。因而，如果旅游组织想立足于中国市场，必须及时注册商标，否则如果被竞争者抢先注册了商标的话，旅游组织的商标权利将不能得到法律的保护。品牌案例 5-2 反映了黄鹤楼作为我国著名旅游景点，在努力经营景区的同时，也在积极地进行品牌防御与保护，积极进行商标注册，丰富了景区拥有的知识产权。

品牌案例 5-2　　黄鹤楼——景区商标注册的先锋

武汉市黄鹤楼公园位于武昌蛇山，西至司门口大桥头，南临阅马场和红楼，北抵京广铁路干线，始建于公元 223 年。它的主要景点包括黄鹤楼、白云阁、毛泽东词亭、搁笔亭、千禧吉祥钟、“鹅”碑亭、诗碑廊、黄鹤归来铜雕和九九归鹤图浮雕，占地面积约为 356700 平方米。“黄鹤楼”作为武汉最重要的文化符号和无形资产之一，其商标保护一直备受关注。

自20 世纪末开始，黄鹤楼公园陆续开展了商标注册、品牌保护等多项工作。黄鹤楼公园管理处经营管理科负责人张剑介绍，“黄鹤楼”遭遇的商标侵权事件屡见不鲜，每年投入的商标维权费用在10 万元以上。经过多年的挖掘和整理，目前黄鹤楼公园已注册商标 145 项，拥有软件著作权 3 项、Logo 著作权 1 项以及若干网站域名许可备案，黄鹤楼知识产权保有量在中国历史文化名楼中遥遥领先。并且，2022 年 1 月 4 日，武汉市黄鹤楼公园对外发布称：2021 年年底，该公园获得《知识产权管理体系认证证书》，成为通过《企业知识产权管理规范》（GB/T 29490—2013）国家标准认定的 5A 级景区。更值得注意的是，黄鹤楼公园管理处还成立了黄鹤楼公园知识产权和法务管理中心，集中处理侵犯商标权、专利权的情况。这些举措标志着黄鹤楼公园的品牌保护战略执行又达到了一个新的高度，从法律和规范的层面维护了品牌无形资产，有利于强化品牌的市场地位。

资料来源：

[1] 赵蓓，贾艳瑞. 论品牌故事与品牌联想的关系[J]. 东南学术，2016(5)：116-122.

[2]“黄鹤楼”有商标保险了 全国 5A 级景区首个[N]. 长江日报，2022-3-10.

为减少日后品牌无形资产被稀释的潜在风险，旅游组织可以采取如下科学的商标注册策略。

1. 注册联合商标

联合商标（associated trademark）有两种解释。第一种解释是，联合商标是除正商标外的其他近似商标，也即如果同一商标所有人在同一类商品上注册了若干个近似的商标，这些近似商标中先注册的或者主要使用的商标则被称为正商标（或称为主商标），其余的商标被称为正商标的联合商标。第二种解释是，所有这些近似商标都称为联合商标，而不区分或指明正商标。就拿美团这一产业来说，在美团成立的同一年就开始申请注册相关商标，包括“美团”“美团网”“MEITUAN”“美团 MEITUAN.COM”等，中文、拼音、域名统统都有。在这里，“美团”是主商标，而其余商标就是联合商标。

注册联合商标充分显示公司的远见卓识，是对日后竞争对手对品牌要素模仿采取的预防措施。因此，联合商标对公司而言作用极大，它可以对正商标起到保护作用，能阻碍他人“搭便车”；它还有利于企业日后发展多个产品系列（如高端产品、大众化产品等）。

2. 注册防御商标

防御商标（defensive trademark）是指商标在当时的行业或产品类别成功注册之后，商标所有人为防止他人在该商标核定使用的产品类别之外使用相同的商标，而在其他产品类别或行业中也对该商标加以注册。此时，最先注册的商标称为“正商标”，注册在其他各产品类别里的商标则为“防御商标”。之所以称“防御商标”，是因为商标所有权人在无意、无力注册时，就要到这些产品类别去生产制造相关产品并打造品牌。在其他产品或服务领域注册商标的根本动机在于“防御”他人盗用已注册的商标。与联合商标不同，正商标和防御商标的名称完全相同，但正商标的目的是使用，防御商标的目的是防护、保卫。

今天，我们看到很多知名品牌并没有做好商标的防御注册。因此，在市场上这些知名商标都会遭遇被其他企业在别的产品类别里将其注册为合法商标的情况，这在某种程度上会对知名品牌造成不便或尴尬以至于产生负面效果。例如，贵州西江千户苗寨风景区是旅游界的知名品牌，但“西江千户苗寨”“千户苗寨”的商标已分别被贵州和上海的自然人抢注。注册防御商标对旅游组织而言极为重要。一方面，注册防御商标会减少旅游品牌弱化现象的发生，并强化游客对旅游品牌的独特性联想，另一方面，注册防御商标还可以为旅游组织日后的品牌延伸打下基石。例如，维珍集团在航空、金融、饮料、音乐唱片等行业都注册了“维珍”（Virgin）商标，这使得它成为品牌延伸领域最成功的案例之一。

3. 注册国际商标

在全球化时代，很多旅游组织都要拓展海外市场。进军海外市场的第一步应该是注册国际商标（international trademark），即在海外市场注册商标。国际商标的注册要坚持“商标先行、产品推后”的原则，即要在产品出口海外或到海外市场投资经营之前，抢先注册商标。如果等到进入当地市场之后再去注册商标，那公司就要花费更多时间和成本。

与联合商标、防御商标不同，注册国际商标需密切关注市场动态。中国企业需要特别重视的一点是：要当心和避免自己的商标被一些海外的商标职业炒家所利用。目前，国际上存在一些商标职业炒家，他们专门对那些生意上主要在国内的知名企业下手，在海外多个国家抢先在这些业务类别注册商标。等到这些中国知名企业到海外拓展市场时，才发现自己使用好多年的商标在当地市场已被注册，因而自主品牌产品根本无法合法进入。迄今为止，中国企业在国际市场注册商标的意识还比较淡薄。

（二）采取法律措施打击侵权行为

在商标投入使用阶段，企业可以采取如下措施打击侵权行为。

1. 识别和发现商标侵权行为

企业在采取行动保护商标权益之前，要先识别竞争者的哪些行为构成了商标侵权行为。商标侵权行为的类型有如下几种。

（1）未经商标注册人的许可，在同一种商品或者类似商品（或服务）上使用与其注册商标相同或近似的商标的行为。近似商标可以分为视觉上近似、发音上近似、含义上近似等。

（2）销售侵犯商标注册专有权的产品的行为。一般实施这种侵权行为的人往往是商品的经销商，他们销售的商品可能与企业的商标近似。

（3）伪造、擅自制造他人注册商标标识或者销售伪造、擅自制造商标标识的行为。一旦伪造、擅自制造的注册商标流向社会，就为假冒注册商标、使用侵权商标等活动提供了方便条件。

（4）未经商标注册人同意，更换其注册商标并将该更换商标的商品又投入市场的行为。这种行为也称为“反向假冒”。在实际生活中，有的企业购买他人质量较好、价格较低的商品后，将其贴附的注册商标消除或拆掉，换上自己的商标又投入市场。尽管这种行为没有使用商标权人的商标，但是剥夺了被撤换商标的企业创立自己品牌的机会，降低了这些品牌的市场占有率。

一旦发现上述侵权行为，企业要组建监管商标侵权的队伍并查找侵权渠道。在做这些准备工作时，公司要沉着冷静，不要急于声张，继续关注侵权者下一步的活动，为行政诉讼积累更多证据。品牌案例 5-3 以我国知名旅游组织华侨城为例，讲述了它近年在品牌防御事件方面采取的措施。品牌防御已成为旅游组织在中国市场上的营销活动的重要组成部分。

品牌案例 5-3　守护华侨城品牌价值

华侨城集团有限公司（简称“华侨城”），成立于 1985 年 11 月 11 日，总部位于深圳，是隶属于国务院国资委管理的大型国有中央企业。自1989年建成中国首座主题公园“锦绣中华”至今30余年，华侨城不断创新旅游产品，从静态微缩、互动体验、生态度假、都市娱乐，到特色小镇和美丽乡村建设，实现了产品从单一到混合形式的演变。目前，华侨城集团已形成文化产业、旅游产业、新型城镇化、电子科技产业及相关业务投资五大产业体系。

华侨城在品牌的维护上付出了很大努力，作为“全国文化企业30强”“中国旅游集团20强”的文旅龙头企业，华侨城的品牌具有很高的价值。然而，在经营发展的过程中，华侨城也面临着品牌侵权的情况。为此，华侨城积极行使法律手段，保护品牌要素，维护华侨城品牌鲜明独特的识别，强化华侨城集团品牌及子品牌市场地位。

1.“欢乐谷”品牌防御事件

2012年10月13日江西欢乐谷旅游投资有限公司投资30亿元的庐山欢乐谷项目正式签约落户星子县。2012年10月18日华侨城发布公告称，公司未参与任何与“庐山欢乐谷”项目有关的事宜，与江西欢乐谷旅游投资有限公司无任何关系，且华侨城已委托律师致函江西欢乐谷旅游公司，要求其立即停止侵权行为，停止使用“欢乐谷”字号的企业名称，消除影响、赔礼道歉，并保留追究法律责任的权利。

华侨城表示“欢乐谷”注册商标所有人为该公司控股股东华侨城集团，经其特许授权，华侨城独占使用“欢乐谷”注册商标，其他任何法人或自然人未经许可无权使用“欢乐谷”注册商标。华侨城集团对欢乐谷这个产品品牌的维权的重视将对潜在侵权的行为起到威慑作用，从源头上减少品牌权益被侵犯的可能。

2.“城市客栈”品牌防御事件

深圳市华侨城城市客栈有限公司（简称“深圳城市客栈”）系隶属于华侨城集团的一家以经营城市客栈精品商务连锁酒店为主营业务的公司。深圳城市客栈使用的“城市客栈”商标，于2007年8月21日获得《商标注册证》，取得“City Inn 城市客栈”服务商标的商标专用权。2019年，深圳城市客栈发现在中山市一家酒店以“城市客栈”为名经营酒店服务，2008年6月4日以“城市客栈”为商号注册成立，且在酒店招牌、广告牌、服务标志、账单等上使用“城市客栈”“CITY INN”字样。深圳城市客栈认为，中山城市客栈恶意以市场知名度较高的深圳城市客栈的注册商标的主体文字部分作为企业商号，并使用相同的商标，侵犯了深圳城市客栈的注册商标专用权，并向中山市中级人民法院起诉并最终胜诉。深圳城市客栈的品牌要素得到保护，进一步保护了华侨城集团专属的商标相关的知识专利。华侨城集团员工自觉监控产品品牌不受侵犯，华侨城整体形成对品牌的防御和保护的意识，有利于其品牌的进一步发展，减少被搭便车、被抹黑的可能。

资料来源：

[1] 华侨城的品牌密码[J]. 国资报告，2021(5)：95-98.

[2] 华侨城官网.

[3] 韩萌，浅析多元化企业集团提升竞争力途径：以深圳“华侨城”实施品牌战略为例[J]. 现代商业，2011(7)：122.

2. 采取相应措施应对侵权行为

当侵权证据足够充分时，企业可以采取下述可能的举措来进行应对。

（1）自行制止侵权行为。这是一种自力救济的方式，可以减少后续维权成本，缩小侵权带给企业的损失以及负面影响。值得注意的是，这种发警告函的方式几乎没有什么强制力。一些执迷不悟的侵权人很有可能在接收到警告函后提高警惕，这将使后续的打假行动异常艰难。

（2）请求工商部门查处。依据《商标法》，企业发现侵权行为时，可以向县级以上工商行政管理部门投诉。

（3）采取海关保护措施。很多侵犯商标权的产品会通过海关进出，如果侵权商品出口，则会影响企业的海外市场；如果侵权商品进口，则会影响企业的国内市场。所以企业要及时进行商标权海关备案，发现侵权活动时，请求海关扣留侵权嫌疑货物。

（4）达成仲裁。作为解决民事纠纷的重要方式，仲裁要比诉讼收费更低、结案更快、程序更简便，并且不公开审理，一次裁判便可以得到结果。因而，仲裁解决往往要比法律诉讼更可行。

（5）启动诉讼司法程序。诉讼是处理商标侵权最为激烈的方式，也是对侵权人最有震慑力的手段。

3. 发起商标侵权的诉讼

商标侵权诉讼需讲究一定的策略和技术，不能盲目仓促。首先，要确定诉讼的目标。企业在提出诉讼前要先问自己如下问题：自己的目标和期望是什么？这个案件的胜算有多大？诉讼将面临怎样的风险，以及自己是否有能力承担？将这些问题想清楚后再决定要不要诉讼。其次，发动诉讼程序。程序包括：发现并确认侵权、取得侵权的证据、向侵权人发送警告函、正式提出侵权诉讼等步骤。最后，制定诉讼策略。诉讼策略可以用“5W”来概括，即为什么要诉讼（why）？诉讼主体是谁（who）？诉讼理由是什么（what）？什么时候诉讼（when）？在哪里诉讼（where）？

4. 应对商标侵权的风险管理

如果企业不幸被他人告上法庭，应采取下述应对策略：评估商标侵权的风险、提出商标侵权的抗辩、抓住程序上的机会、进行对抗性的诉讼等。

在如今变幻莫测的全球化市场中，任何品牌都无法保证自己不会被稀释。企业可以根据本节所介绍的影响品牌稀释的因素，观察和监控自己企业是否存在类似问题，从微观的角度防微杜渐。此外，企业还应该从宏观的战略角度部署品牌防御战略（如建立常规的品牌监控机制、开展系统的品牌审计、建立完善的品牌防御管理体制等）。企业要将品牌防御与保护当作一种战略持续推行。只有这样才能将品牌资产被稀释的风险降到最低。

【本章小结】

1. 品牌要素，也称品牌特征，是指那些用以识别和区分品牌的各种有形和无形元素，它们共同构成品牌的商标知识产权系统。

2. 旅游品牌要素主要包括旅游品牌名称、标识、形象代表、口号、广告曲、包装和URL（域名）等类别。

3. 品牌要素的设计要坚持可记忆性、有意义性、可爱性、可转换性、可适应性、可保护性6条标准。

4. 品牌名称是品牌的核心，它保持最大的相对稳定性。本土旅游品牌汉语命名和西化命名，以及外国旅游品牌的中文翻译时，均要遵循一定的语言文化规则。

5. 品牌标识是构成品牌的视觉元素。它包含文字标识和非文字标识。旅游品牌标识要独特、简洁易懂，并和传统文化相一致。

6. 形象代表是品牌符号的特殊类型，是品牌形象的传递者。设计旅游品牌形象时要避免品牌形象遮盖品牌名称，并尽量减少使用文化特质过重的符号。

7. 品牌口号是用来传递有关品牌的描述性或说服性信息的短语。它需要具备独特性、易理解等特点。它可以和品牌或产品发生关联，也可以毫无关联。

8. 旅游广告曲用音乐的形式描述旅游品牌，是一种被延伸的音乐品牌口号。广告曲可以包含品牌名，以加深消费者记忆。

9. 包装是指设计和制造产品的容器或包裹物。设计包装需要遵循一定步骤。

10. 统一资源定位器 URL 用来确定互联网上的网页地址，通常又称域名。URL 要独特，并防止他人非法使用。一般不建议更改 URL。

11. 旅游感官品牌是指在旅游品牌要素的设计和营销中利用了旅游者的感官感受，以激发和满足旅游者欲望和诉求，最终提升旅游品牌品质感知的营销活动。它包含视觉、听觉、触觉、嗅觉和味觉等感觉。

12. 品牌防御与保护有狭义和广义之分。本书聚焦于狭义层面的旅游品牌防御与保护，主要是指对旅游品牌有形要素的防御与保护。

13. 旅游品牌防御与保护不当会造成品牌资产被稀释，它表现为品牌弱化、品牌丑化和品牌退化。

14. 科学的商标注册策略有助于对品牌进行防御和保护。申请商标注册时，可以采取的科学策略主要包括注册联合商标、注册防御商标、注册国际商标等。

15. 在商标投入使用阶段，企业需要识别和发现商标侵权行为，并对侵权行为采取自行制止、请求工商部门查处、请求海关保护、仲裁、启动诉讼程序等方法。

【术语（中英文对照）】

品牌要素 brand elements	品牌特征 brand characteristics
顾客心智 customer mindset	可记忆性 memorability
寓意丰富 meaningfulness	可爱性 lovable
可转换性 transferability	可适应性 adaptability

品牌形象代表 brand character
品牌口号 brand slogan
旅游品牌广告曲 tourism brand jingles
品牌包装 brand packaging
域名 domain names
感官营销 sensory marketing
品牌资产被稀释 dilution of brand equity
感官品牌战略 sensory branding strategy
视觉感 visual perceptions
听觉感 auditory perceptions
嗅觉感 olfactory perceptions
触觉感 haptic perceptions
味觉感 gustatory perceptions
品牌弱化 brand blurring
统一资源定位器 uniform resource locator, URL
品牌防御与保护 brand defense and protection
基于顾客的品牌资产 customer based brand equity
基于财务收益的品牌资产 finance based brand Equity
品牌丑化 brand tarnishment
品牌退化 brand degeneration
商标 trademark
联合商标 associated trademark
防御商标 defensive trademark
国际商标 international trademark

【即测即练】

一、选择题

自学自测　扫描此码

二、名词解释

1. 旅游品牌标识（tourism brand logo）
2. 旅游品牌要素（tourism brand elements）
3. 旅游品牌要素可记忆性（memorability）
4. 旅游品牌要素可爱性（lovability）
5. 旅游品牌要素可保护性（protectability）
6. 旅游感官营销（tourism sensory marketing）
7. 狭义的旅游品牌防御与保护
8. 广义的旅游品牌防御与保护
9. 旅游品牌丑化（tourism brand tranishment）
10. 旅游品牌弱化（tourism brand blurring）
11. 旅游品牌退化（tourism brand degeneration）

12. 旅游联合商标（tourism associated trademark）
13. 旅游防御商标（tourism defensive trademark）

三、简答题

1. 旅游品牌口号设计的注意事项有哪些？
2. 旅游品牌要素设计的一般标准有哪些？
3. 旅游品牌要素对于创建和培育旅游品牌有什么重要作用？
4. 设计旅游品牌口号时需要遵循哪些一般性原则？
5. 区分狭义和广义的旅游品牌防御与保护的差异。
6. 旅游品牌防御与保护有什么重要意义？
7. 因品牌防御与保护不力导致的旅游品牌资产被稀释表现为哪些形式？
8. 为了有效防御和保护旅游品牌，旅游组织在申请商标注册时应该采取哪些策略？

【思考与讨论】

1. 旅游品牌要素的 6 个标准中，你认为哪个最重要，原因是什么？

2. 请举出 3 个案例，谈谈你是如何理解感官旅游品牌战略的营销作用的。

3. 请列举对旅游者触觉感、味觉感以及嗅觉感利用得很好的 3 个旅游品牌例子，总结出它们取得积极效果的经验。

4. 查找资料，举出 3 个旅游案例来说明联合商标注册、防御性商标注册各自发挥的品牌防御与保护作用。

【参考文献】

[1] 凯文·莱恩·凯勒. 战略品牌管理(第 3 版)[M]. 卢泰宏，吴水龙，译. 北京：中国人民大学出版社, 2009.

[2] 大卫·艾克. 管理品牌资产[M]. 吴进操，常小虹，译. 北京：机械工业出版社, 2012.

[3] Lee B K, Lee W N. The effect of information overload on consumer choice quality in an on-line environment[J]. Psychology & Marketing, 2004, 21(3): 159-183.

[4] Baker W, Hutchinson J, Moore D, et al. Brand familiarity and advertising: Effects on the evoked set and brand preference[J]. ACR North American Advances, 1986, 13: 637-642.

[5] Coates S L, Butler L T, Berry D C. Implicit memory and consumer choice: The mediating role of brand familiarity[J]. Applied Cognitive Psychology: The Official Journal of the Society for Applied Research in Memory and Cognition, 2006, 20(8): 1101-1116.

[6] Cowan N. Evolving conceptions of memory storage, selective attention, and their mutual constraints within the human information-processing system[J]. Psychological Bulletin, 1988, 104(2): 163-191.

[7] Simonson A, Schmitt B H. Marketing Aesthetics: The Strategic Management of Brands, Identity, and Image[M]. Simon and Schuster, 1997.

[8] Brucks M, Zeithaml V A, Naylor G. Price and brand name as indicators of quality dimensions for consumer

durables[J]. Journal of the Academy of Marketing Science, 2000, 28(3): 359-374.
[9] Huang Y Y, Chan A K K. Chinese brand naming: From general principles to specific rules[J]. International Journal of Advertising, 1997, 16(4): 320-335.
[10] Leclerc F, Schmitt B H, Dubé L. Foreign branding and its effects on product perceptions and attitudes[J]. Journal of Marketing Research, 1994, 31(2): 263-270.
[11] Batra R, Ramaswamy V, Alden D L, et al. Effects of brand local and nonlocal origin on consumer attitudes in developing countries[J]. Journal of Consumer Psychology, 2000, 9(2): 83-85.
[12] EM Steenkamp J B, Batra R, Alden D L. How perceived brand globalness creates brand value[J]. Journal of International Business Studies, 2003, 34(1): 53-65.
[13] Xiao G, Kim J O. The investigation of Chinese consumer values, consumption values, life satisfaction, and consumption behaviors[J]. Psychology & Marketing, 2009, 26(7): 610-624.
[14] Zhou L, Hui M K. Symbolic value of foreign products in the People's Republic of China[J]. Journal of International Marketing, 2003, 11(2): 36-58.
[15] Hung K H, Gu F F, Yim C K B. A social institutional approach to identifying generation cohorts in China with a comparison with American consumers[J]. Journal of International Business Studies, 2007, 38(5): 836-853.
[16] 王海忠. 消费者民族中心主义的中国本土化研究[J]. 南开管理评论, 2003, 6(4): 31-36.
[17] 王海忠, 赵平. 基于消费者民族中心主义倾向的市场细分研究[J]. 管理世界, 2004 (5): 88-96.
[18] 王海忠. 中国消费者世代及其民族中心主义轮廓研究[J]. 管理科学学报, 2005, 8(6): 88-96.
[19] Henderson P W, Cote J A, Leong S M, et al. Building strong brands in Asia: Selecting the visual components of image to maximize brand strength[J]. International Journal of Research in Marketing, 2003, 20(4): 297-313.
[20] Walsh M F, Winterich K P, Mittal V. Do logo redesigns help or hurt your brand? The role of brand commitment[J]. Journal of Product & Brand Management, 2010, 19(2): 76-84.
[21] Dahlén M, Rosengren S. Brands affect slogans affect brands? Competitive interference, brand equity and the brand-slogan link[J]. Journal of Brand Management, 2005, 12(3): 151-164.
[22] 阿莱德哈娜・科瑞斯纳. 感官营销[M]. 王月盈, 译. 北京: 东方出版社, 2010.
[23] 马格・戈拜. 情感化的品牌：揭开品牌推广的秘密[M]. 王毅, 王梦, 译. 上海: 上海人民美术出版社, 2011.
[24] Grainge P. Monochrome Memories: Nostalgia and Style in Retro America[M]. Praeger Pub Text, 2002.
[25] Cutright K M. The beauty of boundaries: When and why we seek structure in consumption[J]. Journal of Consumer Research, 2012, 38(5): 775-790.
[26] 王海忠, 秦深, 刘笛. 奢侈品品牌标识显著度决策: 张扬还是低调——自用和送礼情形下品牌标识显著度对购买意愿的影响机制比较[J]. 中国工业经济, 2012 (11): 148-160.
[27] Coelho do Vale R, Pieters R, Zeelenberg M. Flying under the radar: Perverse package size effects on consumption self-regulation[J]. Journal of Consumer Research, 2008, 35(3): 380-390.
[28] Thaler R. Mental accounting and consumer choice[J]. Marketing Science, 1985, 4(3): 199-214.
[29] Dubois D, Rucker D D, Galinsky A D. Super size me: Product size as a signal of status[J]. Journal of Consumer Research, 2012, 38(6): 1047-1062.
[30] Deng X, Kahn B E. Is your product on the right side? The "location effect" on perceived product heaviness and package evaluation[J]. Journal of Marketing Research, 2009, 46(6): 725-738.

[31] Lederman S J, Klatzky R L. Haptic classification of common objects: Knowledge-driven exploration[J]. Cognitive Psychology, 1990, 22(4): 421-459.

[32] McCabe D B, Nowlis S M. The effect of examining actual products or product descriptions on consumer preference[J]. Journal of Consumer Psychology, 2003, 13(4): 431-439.

[33] Peck J, Shu S B. The effect of mere touch on perceived ownership[J]. Journal of Consumer Research, 2009, 36(3): 434-447.

[34] Argo J J, Dahl D W, Morales A C. Consumer contamination: How consumers react to products touched by others[J]. Journal of Marketing, 2006, 70(2): 81-94.

[35] Argo J J, Dahl D W, Morales A C. Positive consumer contagion: Responses to attractive others in a retail context[J]. Journal of Marketing Research, 2008, 45(6): 690-701.

[36] King D, Janiszewski C. Affect-gating[J]. Journal of Consumer Research, 2011, 38(4): 697-711.

[37] Lwin M O, Morrin M. Scenting movie theatre commercials: The impact of scent and pictures on brand evaluations and ad recall[J]. Journal of Consumer Behaviour, 2012, 11(3): 264-272.

[38] Zemke D M V, Shoemaker S. Scent across a crowded room: Exploring the effect of ambient scent on social interactions[J]. International Journal of Hospitality Management, 2007, 26(4): 927-940.

[39] Goddard L, Pring L, Felmingham N. The effects of cue modality on the quality of personal memories retrieved[J]. Memory, 2005, 13(1): 79-86.

[40] Aggleton J P, Waskett L. The ability of odours to serve as state-dependent cues for real-world memories: Can Viking smells aid the recall of Viking experiences?[J]. British Journal of Psychology, 1999, 90(1): 1-7.

[41] DuBose C N, Cardello A V, Maller O. Effects of colorants and flavorants on identification, perceived flavor intensity, and hedonic quality of fruit-flavored beverages and cake[J]. Journal of Food Science, 1980, 45(5): 1393-1399.

[42] Herz R. The scent of desire: Discovering our enigmatic sense of smell[M]. Harper Collins, 2009.

[43] 柳武妹, 王海忠, 王静一. 消费行为领域的触觉研究: 回顾, 应用与展望[J]. 外国经济与管理, 2014, 36(4): 25-35.

[44] 钟科, 王海忠, 杨晨. 感官营销战略在服务失败中的运用: 触觉体验缓解顾客抱怨的实证研究[J]. 中国工业经济, 2014 (1): 114-126.

第六章

旅游品牌营销策略

不做总统就做广告人。

——杰弗里·库鲁圣，阿瑟·舒尔茨

学习目的

学习本章之后，读者将对以下品牌问题有更清晰、准确和透彻的理解：

- 终端渠道对旅游品牌的价值何在？
- 如何构建有竞争力的终端渠道？
- 非媒体、自媒体的旅游品牌传播有何特征？
- 如何利用非媒体、自媒体传播旅游品牌？

本章案例

- Club Med 地中海俱乐部的组合营销模式
- 万豪“品牌金字塔”
- “华住会”常客计划
- “新加坡女孩”——新航的品牌名片
- 与品牌互动的新方式——贩卖机

开篇案例　　Club Med 地中海俱乐部的组合营销模式

Club Med，来自法国，成立于 1950 年，中文名为“地中海俱乐部”，是全球最大的旅游度假连锁集团。这家旅游集团公司一共拥有遍布全球 5 大洲 30 个国家和地区的 80 多个度假村，其醒目的海神戟标志遍布全世界最美丽的角落。截至 2022 年 2 月，亚太区共拥有 13 座度假村。2022 年 8 月在中国更是出现了“5 村满房”的盛况。2024 年 5 月 27 日，Club Med 亮相 2024 ITB（Internationale Tourismus-Börse）China 上海国际旅游交易博览会，向国内外旅游买家展示了其品牌独特的度假及旅游体验，以满足中国消费者日益精细化的旅行需求。

一、独特的品牌营销理念

在追随全球中产阶级爆发式的增长导致的消费升级过程中，Club Med 推出了独特的度假文化。Club Med 员工都被称为 G.O.（gentil organisateur，意为“亲切的组织者”）。和一般酒店的服务员不同，他们要掌握的技能都是为了“更好地陪游客玩”，他们每天精力充沛地工作十多个小时，要会两种或更多的语言，精通各种运动项目，能与孩子打成一片，晚上还要组织不同主题的歌舞表演。他们不仅是服务者，更是游客度假体验的引领者。

二、传播策略

美国作家尼尔·波茨曼在《童年的消逝》中曾说：“这是一个没有儿童的时代。”孩子是每一次旅行中最容易被忽略的，成了大人度假出游的负担。Club Med 敏锐地洞察到这一片亲子游蓝海市场，早于 1967 年就创办了带孩子度假的“迷你俱乐部”，成为世界上第一个专为儿童推出一价全包假日服务的度假公司，开创了全球亲子度假的先河。

除了依靠传统“迷你俱乐部”占据高端亲子游市场，Club Med 还于 2015 年宣布，旗下新度假理念品牌 Club Med Joyview 在中国全面启动，将精致短途假期的新度假体验引入中国，带领大城市的消费者回归自然，享受多彩假期。Club Med Joyview 秉承着“清新自然，多彩生活”的度假理念，为人们提供多种通过自驾 2～3 小时就能到达的精致短途度假计划。

Club Med 最大的行业优势在于产品力。首创一价全包业务模式，即游客按全包价格享受各种阳光或滑雪活动，包括住宿、娱乐、儿童看护、餐饮及开放式酒吧等在内的多种服务。因为目标群体主要为家庭用户，该公司打造独特 G.O.团队，为旅客提供全面管家式服务，大幅提升游客游玩体验。但一价全包制很容易被同行所模仿，因此该公司需要不断地提升产品力以获得客户认可。

2007 年，在庆祝“迷你俱乐部”成立 40 周年之际，Club Med 瞄准了东南亚的度假热潮，在亚太地区的亲子度假村举办“夏日家庭嘉年华”，并选择了覆盖面广、快速便捷的网络媒体，作为向庞大中国消费市场渗透的捷径。Club Med 与网易联手发起“2007 夏日家庭嘉年华——网络摄影大赛”，抢在暑期度假前占领先机，向潜在目标群体展开了裂变式营销。通过为网友提供自制电子贺卡并发送给朋友分享的参与体验，网友之间一传十、十传百快速形成了链式传播。活动进行一星期，参与人数已经超过 5000 人，转发邮件数量则为 5 倍。

三、终端渠道策略

2019 年 Club Med 直销收入占比保持 65.0%的高水平。集团优化了能支持 18 种语言的 35 个 Club Med 网站，并扩展新的在线销售渠道和平台，手机端的转化率提高 24%。Club Med 直销渠道包括：自有店铺、呼叫中心、官网在线销售，间接销售网络为与包括 Thomas Cook 在内的旅行社合作销售。Club Med 还推出内部开发的村内独特亲子互动体验即非凡家庭活动（amazing family），并向全球 22 家度假村拓展。

除了线下体验外，该公司不断推进数字化创新，增强线上体验。通过推进客户服务数字化、销售营销数字化及度假村运营数字化，并开发度假村的应用程序，提升线上获客渠道以及客户黏性，同时提高运营效率。2021 年其直销比例为 73.5%，较 2015 年提升 11.6 个百分点。

在与国内主要渠道的合作中，技术也扮演了重要的角色。Club Med 度假村不同于普通的酒店客房产品，不仅有普通的客房及早餐预订，更有一价全包式的度假产品。为此，Club Med 与德比软件合作，不仅实现了按酒店客房预订，更实现了根据不同成人数和儿童年龄段组合的一价全包度假产品在渠道的售卖，这样既完整展现了 Club Med 独具一格的产品和 G.O.文化，又实现了两种产品在美团、途牛、飞猪等主要渠道上的快速上线。

谈到不同渠道正在发生的差异化定位时，Club Med 集团全球总裁亨利说，无论渠道今后如何变化，他最关心的是这些渠道是否向终端消费者正确传递了 Club Med 的核心价值。Club Med 是中国市场最早的一价全包度假品牌，对于不熟悉这个品牌的消费者来说，初次看上去价格可能会有点昂贵（因为价格包含了一切可能的消费），但是当消费者真正明白了其含义时，就会明白其定价是物有所值了——在 Club Med，游客会拥有美好的体验。例如，员工可以代为照顾孩子、帮助孩子学习掌握新技能，等等。所以，Club Med 所选择的合作伙伴必须具备向消费者清楚传递其真正价值的能力。

资料来源：

[1] 网易. 动静结合的创新网络营销——全球度假连锁集团 Club Med 与网易合作案例解析[J]. 广告大观（综合版），2007(8)：130-131.

[2] 王京. CLUB MED 新推出的 Joyview 能否在中国续写辉煌[N]. 环球旅讯.

[3] 贺燕青. CLUB MED 深度报告：崛起的亲子游稳固的护城河[R]. 中信建投.

[4] 洪丽萍. 下半年增长 60%，CLUB MED 中国如何唱响“冰与火之歌”[N]. 新旅界.

党的二十大报告强调建设具有强大凝聚力和引领力的社会主义意识形态，加强全媒体传播体系建设，塑造主流舆论新格局。《中国城市文旅品牌发展报告 2024》显示，从城市文旅品牌传播的渠道和载体来看，以“两微一抖”、B 站、小红书等为代表的新平台逐渐成为主流渠道，综艺、影视、歌曲、短视频、短剧等成为重要载体。在旅游品牌建设过程中，营销组合策略发挥着非常重要的作用。其中，营销渠道和营销传播是两个重要的组合策略。旅游品牌在这两大组合营销策略上的投入总量、力度，以及营销策略质量、水平，决定了旅游品牌对旅游者心智无形影响力的大小，也直接影响旅游品牌在市场的销售收益和市场份额。此外，营销组合策略的优劣也关系到旅游品牌在国内大循环和国际大循环中的表现和质量。本章重点聚焦旅游品牌的终端渠道策略和传播策略。

第一节 旅游品牌的终端渠道策略

终端渠道是产品或服务进行展示、销售的最终环节，旅游者在终端的所见、所闻、所听、所感，会直接影响其对产品或服务的评价和旅游品牌感知。可见，终端渠道对旅游品牌资产的建立和品牌价值的传递起着重要作用，旅游品牌管理者需要制定合适的终端渠道战略。

一、终端渠道对旅游品牌的作用

将乌镇作为江南水乡的外立面打造，就是一个终端渠道展示。对于旅游产品而言，在互联网时代，线上终端渠道更加重要。“数字敦煌”是一项敦煌保护的虚拟工程，该工程包括虚拟现实、增强现实和交互现实三个部分，使敦煌瑰宝数字化，不仅可以利用计算机技术和数字图像技术实现对文物保护，还可以打破时间空间的限制，满足人们游览的需求。由此可以看出，终端渠道的产品展示对旅游者有着非常大的影响，对品牌也具有不同寻常的作用。终端渠道的传统功能表现在，通过搭建一个品牌展示和销售的平台，满足最终消费者的需要。近年来，终端渠道除了发挥产品搭配、展示、销售等传统功能之外，还是消费者获得品牌体验的重要渠道，终端为消费者提供了品牌体验的场所。本书将终端渠道对品牌的功能分为以下三大方面。

（一）终端是旅游品牌的展示平台

终端是各种产品的展示场所，为消费者选择旅游品牌提供了便利。如果供应商的产品没有出现在正规的终端，那就无法建立起积极的品牌形象。历史上，中国是世界贸易大国，但却是“品牌小国”，其重要原因之一是，中国产品并不知道在海外市场进入正规终端零售点的战略意义，中国出口商很多时候根本就不在意在什么终端出售，导致不少中国产品在海外市场的地摊出售。经年累月，这无疑就造就了中国产品的负面形象。正如国际营销学家凯特奥拉（Cateora）和格雷厄姆（Graham）所说，世界丝绸的95%出自中国，中国以出产最好的丝绸原料闻名于世，但具有讽刺意味的是，中国又同样获得生产廉价披肩的恶名，人们总是把上等披肩与法国、意大利联系在一起。[1]现在越来越多的旅游品牌商认识到，要想创造国际知名品牌，旅游组织必定要让自身的产品进入到正规的终端渠道销售。

但品牌的定位不同，其选择的终端渠道也不一样。因此，旅游品牌终端战略并不意味着越高端的终端就越好，适合自己品牌定位的终端就是合理的终端。品牌案例 6-1 中的世界知名酒店企业万豪集团，拥有多个不同定位或档次的品牌，各自选择了与自身形象匹配的终端，共同形成了品牌金字塔模式。

品牌案例 6-1　　万豪“品牌金字塔”

万豪国际（Marriott）集团是全球具领导地位的酒店管理企业。其悠久的历史源自1927年，由约翰·维拉德（J. Willard）和爱丽斯·万豪（Alice S. Marriott）于华盛顿创立的一间啤酒小店起步。万豪酒店是与希尔顿、香格里拉等齐名的酒店巨子之一，总部位于美国，截至2022年年底，在全球130个国家及地区拥有超过6500家酒店。不同的企业有不同的成功之道。就酒店业而言，上述企业在品牌及市场细分上就各有特色。希尔顿、香格里拉等单一品牌公司通常将内部质量和服务标准延伸到许多细分市场上，而万豪则偏向于使用多品牌策略来满足不同细分市场的需求，人们熟知的万豪旗下的品牌有“庭院旅馆”（Courtyard Inn）“丽兹·卡尔顿”（Ritz Carlton）等。

在美国，许多市场营销专业的学生最熟悉的市场细分案例之一就是“万豪酒店”。这家著名的酒店针对不同的细分市场成功推出了一系列品牌：公平（Fairfield）、庭院（Courtyard）、万豪（Marriott）以及万豪伯爵（Marriott Marquis）等。在早期，公平是服务于销售人员的，庭院是服务于销售经理的，万豪是为业务经理准备的，万豪伯爵则是为公司高级经理人员提供的。后来，万豪酒店对市场进行了进一步的细分，推出了更多的旅馆品牌。

在市场细分这一营销行为上，万豪可被称为超级细分专家，其以“目的地+品牌”的战略，在不同的细分市场主动布局，积极适应和引导中国旅行市场的升级变化。在原有的四个品牌都在各自的细分市场上成为主导品牌之后，万豪又开发了一些新的品牌。在高端市场上，万豪将专注于满足宾客个性化的出行目的。例如，丽兹·卡尔顿酒店在为高档次顾客提供服务方面备受赞赏。它作为间接商务和休闲品牌，与“万豪”在价格上基本相同，但它面对的是不同消费心态的顾客群体——万豪国际吸引的是已经成家立业的人士，而“新生”的目标顾客则是那些职业年轻人。在低端酒店市场上，主要将性价比作为优先考虑因素。万豪酒店由公平旅馆（Fairfield Inn）衍生出公平套房（Fairfield Suite），从而丰富了自己的产品线。位于高端和低端之间的酒店品牌有城镇套房（Towne Place Suites）、庭院（Courtyard）和居民客栈（Residence Inn）等，分别代表着不同的价格水平。

万豪通过不同市场的细分，不同终端的匹配，吸引了一批批目标价值客户，并且注重不同终端的顾客维系，在酒店产品和服务严重同质化的今天，万豪的做法也许能为我们提供新的发展思路。

资料来源：化春光. 万豪酒店的品牌制胜[J]. 旅游时代，2012(4)：48-51. 有删改.

终端作为旅游品牌的展示平台，其终端视觉设计显得非常重要。例如，迪士尼将主题乐园作为品牌露脸的“门面”，通过景观设计吸引消费者购买，为其提供场景体验以提升品牌形象。它在终端设计上紧紧围绕品牌理念，通过终端景观设计向观众传达场景想要阐释的故事，增加了大多数景观没有的丰富性，每一家迪士尼终端主题乐园都是迪士尼品牌极好的广告宣传点。再如，东京迪士尼乐园的美国滨水区史高治·麦克达克（Scrooge McDuck's）百货前的喷泉装置被设计成成堆的金钱，史高治是唐老鸭故事里著名的吝啬鬼，以敛财储藏著称，当人们走到这个区域时，就会想到史高治是如何积累财富的。

（二）终端是顾客品牌体验的重要场所

旅游品牌强化顾客品牌体验的最重要场所就是终端渠道，其不仅可以通过产品陈列和展示创造品牌体验，还能拉近旅游品牌和旅游者之间距离。为了让消费者在迪士尼能够得到梦幻般的体验，除了依靠景观场景设计，迪士尼员工也会提供充满热情、细致入微的人性化服务。例如，在童话主题乐园，扮演童话人物的迪士尼乐园员工的说话方式、行事态度都无比贴合自己饰演的童话角色，让消费者仿佛置身于真正的童话世界。除此之外，迪士尼还致力于在细节方面为消费者提供优质的服务与体验。例如，迪士尼会给当天过生日的游客发放生日徽章，使用生日徽章能够预订游乐项目，避免排队，乐园里一些演职人员在看见你有生日徽章的时候会热情地拥抱你，祝福你生日快乐。

（三）终端是品牌营销策略落地的重要场所

终端是品牌营销策略落地的重要场所。旅游品牌形象塑造、品牌包装与外观、针对消费者的促销等营销策略，必须通过终端才能落地执行。多数品牌通过在终端店的事件营销，提升了品牌知名度和美誉度，增加了品牌资产。亚朵酒店从品牌创立发展至今，针对我国新中产阶层对商旅住宿的需求，以“阅读”和“属地摄影”为切入点，结合O2O和社群平台的互联网运营模式，对中端酒店的服务进行了创新，取得了不错的效果。

品牌前沿 6-1　满减还是满返？不同旅游产品促销方式如何影响旅游者购买意愿

对产品/服务相同的促销信息进行不同的表述，可能会导致消费者决策结果差异，这种现象称为“促销框架效应”。促销框架效应是影响旅游企业营销活动成功与否的重要因素之一，然而，目前较少有学者聚焦旅游者对旅游产品促销框架效应的偏好和响应。基于此，学者刘必强等人基于框架效应理论，探讨了减损型促销框架（如满减促销：满400元减80元）和获利型促销框架（如满返促销：满400元返80元）对旅游者购买意愿的影响及其作用机制。

研究通过三个实验进行假设检验。研究结果发现，由于旅游情境之下个体的损失厌恶偏差更加凸显，相对于获利型促销框架，减损型促销框架更能提升旅游者对旅游产品的购买意愿，并且感知价值在其中发挥了完全中介的作用；此外，旅游者的调节导向显著调节了促销框架对购买意愿的影响，即对于促进导向的旅游者而言，获利型促销框架对其购买意愿的提升作用反而更强。

研究对于旅游企业和管理者而言具有重要的管理启示。第一，旅游企业应该更多地采用减损型促销框架，旅游管理者应该更多地强调企业自身的旅游产品/服务能够直接为消费者降低购买成本，减少货币损失，如积极采用现金折扣、满减促销以及分享返现等营销策略，进而提升旅游者的购买意愿和品牌忠诚度。第二，旅游企业应该着力于降低消费者对自身旅游产品/服务的货币感知。一方面，旅游管理者可以根据旅游产品特点和市场竞争状况，以提高旅游者感知价值为出发点，分析其心理状态和消费需求，了解旅游者对旅游产品的期望和价格调整的诉求，通过针对性的促销活动给予顾客一些超出预期的额外惊喜，以此来提高顾客的感知价值；另一方面，在既定价格下，旅游企业可以考虑着力提升产品价值，维护产品质量，打造品牌声誉，进而让消费者感受到不仅降低了购买成本，而且获得了同等高质量的产品。第三，旅游企业应该深入了解目标群体，进行合理的市场细分，对于不同导向（促进或防御）的消费者采用不同的促销框架来提升购买意愿。

资料来源：刘必强，黎耀奇，翁敏珠. 满减还是满返？旅游产品促销框架对旅游者购买意愿的影响研究[J]. 旅游学刊，2022, 37(19): 107-122.

二、旅游品牌的终端渠道决策

终端渠道决策涉及三方面的问题。其一是终端网点密集度的问题，也就是说，终端渠道应该拥有多大的覆盖面。其二是不同终端渠道的协调整合问题。其三是自建终端渠道和第三方终端渠道之间的平衡问题。供应商需要结合自身的品牌战略来处理以上三个方面的问题。相应的，旅游品牌的终端渠道战略分为以下几种。

（一）密集终端与精选终端的抉择

终端渠道的密度影响旅游品牌资产的建立。供应商需要选择采用密集分销还是采用独家分销的终端战略。密集终端指的是品牌在某特定区域内的众多销售点都能买得到，密集终端又称为“宽”的终端。精选终端则是指品牌在某特定区域内只在有限的终端销售，精选终端又称为“窄”的终端。密集终端与精选终端的选择取决于品牌的战略定位。“宽”的终端渠道虽然能增加旅游品牌曝光度，但由于“宽”的终端渠道控制力较弱，品牌难以掌控所有终端渠道，因此品牌需要在密集终端与精选终端之间寻找一个合适的平衡点。

（二）终端的陈列与氛围决策

旅游品牌应该从终端产品陈列、展示、氛围、终端促销等方面来打造终端形象。品牌在终端的布局以及照明、颜色、音乐、气味等氛围，都是终端管理的内容。例如，喜来登作为五星级酒店品牌，在酒店设计方面有着严格的标准。喜来登酒店设计呈现了都市避风港的设计理念，使宾客在舒适的环境中放松身心，拥抱自然之美，从建筑中提取体块设计元素并运用到室内平面布置上，让室内空间更具构成感、立体感，同时将生活方式元素引入设计，让酒店更加生活化，打造精致时尚、自然舒适的空间，让商旅人士在静谧中感受繁华，触摸城市的质感。

（三）终端的实时更新

当品牌要实施重大战略举措时，终端常常是其调整的重要内容。如果终端不能做到同步调整或升级，则会对现有的品牌造成负面影响。例如，随着数字化支付技术的普及，麦当劳也迅速推进线下门店的“未来体验”计划，大量增设自助点餐机，通过自助自主选择，将汉堡的定制权交给消费者，这提升了产品价格并让麦当劳实现更多盈利。可见，终端渠道是品牌调整或更新其营销战略并执行落地的重要体现。

（四）自建终端与第三方终端的抉择

自建终端是指供应商建立自己的终端，将品牌的终端渠道掌控在自己手中。但是，供应商要成功地兼顾产品提供领域和终端零售领域，需要旅游品牌具有独特的优势（如技术实力特别强、渠道经销网络强、拥有出色的品牌等），这对绝大多数旅游品牌来说难以满足，因此他们更多采用传统渠道与第三方渠道结合的多渠道系统。多渠道终端是指公司针对同一或不同的细分市场，采取多条渠道的分销体系。目前，大多数酒店都采用多渠道营销系统，如华住酒店集团，既通过其华住会 App、华住会微信小程序等渠道直销，又通过携程、美团旅行、途牛、飞猪等 OTA 分销。

品牌案例 6-2　　“华住会”常客计划

2006 年 9 月，汉庭常客俱乐部——“汉庭会”成立，现今改为“华住会”。“华住会”既是华住的会员俱乐部，也是一个高效、简单、温情的酒店预订平台。2021 年“华住会”已经拥有 1.6 亿名会员，意味着每 10 个国人，就有一个“住客”。成为“华住会”会员，可以入住体验分布在全国 1308 个城市，分属 17 个品牌的 6896 家中的任意一家酒店。成为“华住会”会员，即可享有一系列会员计划给予的会员特权：享受更优惠的价格，入住更随心，积分多一倍且礼券更丰富。

1. 会员级别

企业会为会员提供很多专享服务，且会员会籍越高（分为星会员、银会员、金会员和铂金会员），享受的特权越多（如星会员累计 3 个定级间夜升级为银会员，房价折扣 9.8 折；最高级的铂金会员享受房价折扣 8.5 折，入住享免费早餐 2 份，房态允许的情况下享有提前入住客房升级等服务，享有客服热线优先接听服务和华住商城消费专享 9.5 折等服务）。此外，会员级别越高，会员享有的购卡礼、升级礼和生日礼价值越高；会员级别越高，享有的基础积分系数越高（最高可享 2.5 倍积分），也意味着会员等级越高，积分越容易。

2. 积分累积渠道

（1）提前在华住渠道预订客房并成功入住。华住渠道包括华住会 App、华住会微信、华住会小程序、华住会手机官网（M 站）、华住会官网（域名为 huazhu.com）、华住会客户服务中心（4008-121-121）以及华住集团酒店门店。

（2）雅高集团心悦界积分和华住会积分可相互兑换。（最低转换值：2000 雅高心悦界积分 = 6000 华住会积分或 12600 华住会积分 = 1000 雅高心悦界积分）

3. 积分兑换渠道

从 2016 年 1 月 1 日起，积分兑换免费房全新升级为积分支付，100 积分等于 1 元。升级前，积分的用途主要是兑换免费房，兑换附加一些限制条件，如需要攒大半年的积分才能兑换，需要提前 1 天预订且限制酒店房型，与优惠活动无法共享等，会员兑换体验一般。升级后，积分兑换变为积分支付，积分支付成为一种支付方式，会员只需按常规途径预订客房，选择“积分支付”即可。酒店所有房型都可以用积分支付，积分支付也可以和优惠券、特惠活动等叠加使用，积分支付的入住间夜也纳入定级间夜。此外，商城礼品等也可以进行积分支付。“华住会”真正实现了“积分当钱花”，想花就花。

资料来源：冷汗青. 基于消费者视角的华住酒店集团“华住会”常客计划研究[J]. 商展经济，2021(11)：49-51.

第二节 旅游品牌传播策略

要打造强大的品牌，旅游组织必须制定科学创新的营销传播策略。旅游品牌传播具有向品牌的顾客和利益相关方表明旅游品牌的含义、主张、价值观的作用。它还能介绍产品或服务的功能和利益，展示品牌形象，帮助品牌赢得旅游者的情感和偏爱。

一、旅游品牌传播组合

旅游品牌在进行营销传播时，可以选择的传播媒介多种多样（如电视、广播、报刊、微博、微信、抖音等）。在此，我们根据品牌经营管理者对传播媒介的控制能力强弱将常用的品牌传播媒介分成三类——非媒体、自媒体和大众媒体（如图 6-1 所示）。

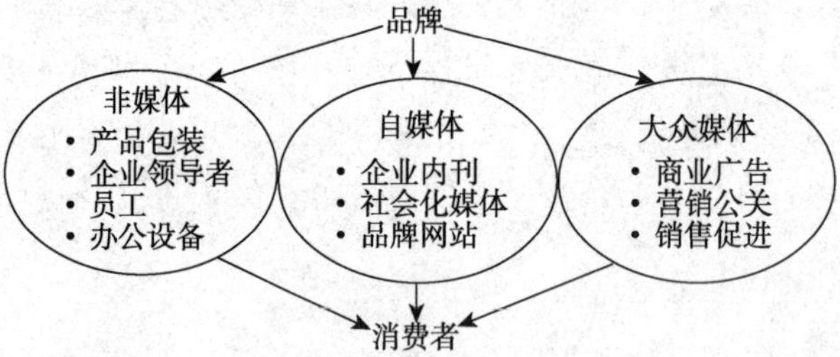

图 6-1 三类品牌媒体传播及其组成要素

（一）非媒体传播

非媒体指的是那些原本并非作为传播媒介使用，但对传播品牌信息发挥重要作用的信息载体，如产品包装、企业领导者、员工、办公设备等都能发挥旅游品牌传播的功效或作用。

（二）自媒体传播

自媒体指的是那些具有媒介属性，旅游品牌对其具有完全自主控制权、使用权的信息载体。如企业内刊，企业公众号、微博、抖音等社会化媒体，以及旅游品牌官网等都是品牌经营管理者可以控制和使用并用于传播品牌信息的自媒体。

（三）大众媒体传播

大众媒体指的是那些具有媒介属性，但品牌经营管理者对其没有自主使用权的信息载体，品牌经营管理者需要通过购买或租用媒介的方式来发布旅游品牌相关信息。大众媒体主要包括商业广告、公共关系、销售促进等。

二、非媒体传播

（一）产品包装传播

1. 旅游产品包装传播的内涵

旅游产品包装是指在产品流通过程中起到保护、促进销售、促进联想的产品辅助物的总称。[2]对品牌而言，包装是品牌向旅游者传递视觉体验的重要载体，能让消费者对品牌"一见钟情"，产生良好的第一印象。旅游品牌的包装还能帮助消费者建立品牌联想或形象，是品牌需要加以重视的传播媒介。

2. 旅游产品包装传播品牌的方式

"人靠衣装，马靠鞍"，包装之于旅游品牌就如同服饰之于人，抢眼的包装设计能带来强烈的感官识别力，帮助品牌从众多竞争者中脱颖而出，吸引消费者的眼球。文字和图案是产品包装传播品牌信息的两个要素。[3]

（1）文字要素。文字要素主要由品牌名称、标语、正文等组成。标语是用简短的文字概括和提炼品牌传播的主题，以方便消费者的记忆和识别，而正文是对标语展开得更为具体的解释说明。故宫文创产品外包装设计中就考虑了这些元素，它的包装策略提升了故宫文创纪念品所蕴含的功能属性和情感属性，例如：故宫与润百颜联合推出的故宫口红系列，其产品包装顶部以篆刻体"宫"展现了品牌名称；故宫系列笔记本的每一款产品也在外壳上体现了品牌名称，如故宫小确幸笔记本，让旅游者对该产品的品牌来源一目了然。

（2）图像要素。图像要素是指包装上以图形呈现的各种视觉要素，主要由插图、商标、Logo组成。其中，插图是主体部分，它辅助文字要素进行品牌传播，可以增强文字的说服力，形象地表达品牌传播的主题，刺激消费者产生品牌联想。为让消费者产生良好的第一印象，品牌经营管理者要让插图与商标、旅游品牌标识之间相互呼应，营造视觉协调性。[4]例如，喜茶的饮料杯上的图案是喜茶的专属Logo，这是一个简洁黑白笔画的萌呆小人造型，举着一杯印有"喜茶"两字的饮料，简洁黑白笔画的造型具有强烈的视觉辨识度，令人过目难忘。

3. 旅游产品包装传播品牌的策略

旅游品牌传播应结合品牌定位来设计品牌的视觉识别系统，并将这些视觉系统的全部或某些元素融入旅游产品包装设计之中，以此展示品牌独有的个性。以下是旅游产品包装传播品牌的一般性策略建议。

（1）包装要体现品牌理念。在设计产品包装时，应该融入品牌理念，使消费者能从与产品包装的接触中联想到品牌理念。例如，知名主题乐园品牌迪士尼就成功地使用景观打造包装产品来传播“让家庭和游客体验独特的童话故事”的品牌理念。为了让旅游者能够身临其境，迪士尼在景观上营造了舞台故事的情境氛围，使游客进入园区，就像是进入了一个非常吸引人的童话世界，满足其在故事中体验快乐、梦幻、与世隔绝、忘却一切的情感诉求，因此，游客能够在景观包装中联想到迪士尼“有故事”的品牌形象，也能在“梦幻故事”这样的情感联系中想到迪士尼乐园。

（2）包装要有统一的视觉形象。设计产品包装时要围绕品牌理念，整合各类品牌要素，形成统一的视觉形象，以此让消费者对品牌印象更加深刻。[5]例如，餐饮品牌需要特别注意线下与线上外卖产品包装的整合传播，对于同一产品，不管是包装还是产品本身都应保证同质，这能够增强消费者对其品牌质量的认可和满意度。麦当劳从品牌标识金拱门，到核心符号麦当劳叔叔，再到品牌广告语“I'm lovin' it!（我就喜欢）”，坚持了简洁易辨识、寓意丰富、理解成本低等原则，因而容易被消费者识记，形成了自身特有的品牌资产。

（3）包装传播方案要与品牌的整体营销方案配合。品牌经营管理者要将产品包装融入品牌整合营销传播方案之中，使其与其他的传播活动产生关联或呼应，互相促进，提高品牌传播活动的效果。[6]例如，喜茶原有的 Logo 只有人物上半身，网友为其 Logo 补充了一个挺着大肚腩的全身图，这一图案上了新浪微博的热搜，喜茶也借此“东风”，顺势开展了一个“前十佳作大公开及优秀作品刊登”的活动，因此收获了一大批粉丝。又如，迪士尼将景区亮点与短视频营销自然融合，推出了“30 秒迪士尼花车巡游”“IP 角色与游客互动视频”等，传递现场丰富有趣的氛围，并且在社交媒体进行话题持续发酵。

（二）管理者传播品牌的策略

1. 管理者传播品牌的内涵

管理者是在企业内居于某一领导职位，拥有一定领导职权，承担领导责任与实施领导职能的人。企业家的仪容仪表、言行举止、个性、道德水平等个人特征都会通过各种社会活动表现出来，形成管理者的个人形象。同时，对于旅游品牌而言，管理者也是旅游品牌传播的一种媒介，消费者会不自觉地将管理者个人形象与品牌形象进行关联。因此，良好的管理者形象将提高消费者对企业或产品品牌的认知度和积极态度。例如，李子柒是李子柒品牌的创始人，她在自己的视频中展示了中华美食的制作过程，也通过这种方式塑造了个人品牌，并在此过程中将李子柒品牌带入了公众视野并推上了网红榜。李子柒还受邀参加了联合国中文日暨首届海外影像节，影像节将李子柒的春日短片作为序曲，引发了国内外人民的关注。这次活动结束后，2021 年 1 月李子柒在海外视频平台 YouTube 获得 1140 万名订阅者，刷新了由她创下的“最多订阅量的 YouTube 中文频道”吉尼斯世界纪录。这些活动能够展现管理者的个人性情、商业传奇和精彩人生，不仅是塑造管理者形象的高级平台，同时也是传播旅游组织或产品品牌的媒介。

2. 管理者传播品牌的方式

（1）新闻报道。电视、报刊、网络关于管理者的新闻或专题报道有助于管理者提高个人知名度，传播企业或产品品牌。管理者参加各类访谈、论坛、颁奖典礼或企业年会等社会活动时，会成为镁光灯的焦点，从而拥有传播企业或产品品牌的机会。其中，在知名媒体的管理者访谈类节目或刊登在期刊上的专刊，是管理者塑造个人品牌的有效平台。

品牌前沿 6-2　　新闻信息与导游职业污名（TGOS）

作为一种公共话语形式，新闻信息已经渗透到生活的方方面面，显著影响着人们的客观判断。对于旅游业而言也一样，媒体对旅游事件的报道会影响人们对旅游从业者职业和社会地位的判断，也会影响旅游从业者自身的职业认同。导游职业污名一直是导游服务质量提升的障碍，由此引发的人才短缺严重制约了导游业的发展。新闻信息如何影响导游职业污名，二者之间有着怎样的关系？基于此，黎耀奇等人使用刻板印象内容模型（stereotype content model，SCM）和群际情绪—刻板印象—行为趋向系统模型（behaviors from intergroup affect and stereotypes map，BIAS MAP）分析了二者之间的相关性。

研究采用了三个实验进行假设检验。研究结果发现，首先，能力新闻信息效价（competence news information valence）显著影响公众对 TGOS 的感知，与负面新闻信息相比，在正面新闻信息中，公众对 TGOS 的感知较少。此外，热情新闻信息效价（warmth news information valence）没有显著影响公众对 TGOS 的感知。其次，能力刻板印象对能力信息对 TGOS 感知的影响有部分中介作用，热情刻板印象的中介作用不显著。最后，新闻信息的来源对能力新闻信息效价对公众对导游职业刻板印象的影响有显著的调节作用，新闻信息的来源并不调节热情新闻信息的效价对公众对导游的职业刻板印象的影响。

研究结果对政府、旅游企业和新闻媒体有重要的管理意义。第一，与负面新闻信息相比，正面新闻信息可以显著降低公众对旅游业污名的感知，这表明，大力推广和传播有关旅游行业的积极信息——如赞扬好人好事——有助于减少相关的污名，因此，旅游管理部门和媒体应帮助公众充分了解导游的现状，更加透明、全面、真实地分享相关信息，并且还应该鼓励公众尊重导游；第二，政府应为导游建立更全面的投诉系统，以纠正因旅游污名而造成的不公平待遇，为他们树立更积极的社会形象；第三，相对于政府发布的正面新闻信息商业和个人的正面新闻的去污化效果更好。因此，为了消除污名化，各界应该广泛地使用商业和个人新闻媒体来发布关于导游的正面新闻故事；第四，在新闻信息对旅游业污名的影响中，能力信息比热情信息更有效，因此，要解决旅游业中的污名问题，提高旅游专业人员的能力比提高他们的热情更重要，旅游企业应更加重视员工的能力，引导员工提高服务质量，同时也鼓励热情服务。

资料来源：Li Y, Liu B, Zhang R, et al. News information and tour guide occupational stigma: Insights from the stereotype content model[J]. Tourism Management Perspectives, 2020, 35: 100711.

（2）广告代言。管理者参加广告代言、拍摄杂志封面等活动也是宣传个人形象和企业品牌的一种方式。2012 年，聚美优品 CEO 陈欧所代言的广告火遍全国，其充满正能量的广告语——“我是陈欧，我为自己代言”在网络上迅速蹿红，网民将其称为“陈欧体”并据此改编出“行业体”“高校体”“城市体”等。该广告发布以来，陈欧的名气不断上升，而与他关系密切的聚美优品企业品牌的知名度和影响力也有了很大提升。2020年年初，随着直播平台的普遍使用，县长纷纷加码“战疫助农”，将“县长直播”推向一波又一波高潮。“县长直播带货”助力脱贫攻坚，不仅给外界带来了“新鲜感”，更是直接对接起农户与市场，这背后其实是一场政府服务的变革。

（3）事件营销。管理者可以通过自己制造一些热点事件来获取市场和媒体的关注，建立个人形象，传播企业品牌。从故宫潮流的“朝珠耳机”到萌萌哒故宫猫系列，从《我在故宫修文物》到《上新了，故宫》，600多岁的故宫博物院在前院长单霁翔的带领下开始焕发青春活力，走进了更多年轻人的视野，一跃成为最火爆的旅游文创IP。

（4）社会化媒体。管理者可以通过开通微博、博客、微信等社会化媒体账号，以此为平台发布个人观点，塑造个人形象。李子柒既是社会化媒体造就的管理者，也是使用社会化媒体较为成功的管理者之一，她在微博、抖音、小红书等都注册有自己的账号，这些平台是她发表自媒体视频、社会事件观点、出席各种活动的照片的渠道，其所发布的内容经常登上排行榜，成为热点内容。这不仅让李子柒成为网红明星，也大大提升李子柒品牌的知名度和关注度。

（5）公共关系。管理者在公共场合强调诚信、社会责任等行为道德规范，进行关爱弱势群体、捐款救灾等公益活动也是用来表达个人品格与企业品格的一种方式。

品牌前沿 6-3　旅游私营企业的政治关联、慈善捐赠与企业家地位认同

旅游企业的慈善捐赠行为是一个重要的研究话题，然而现有研究主要集中在经济动机及其对企业经营绩效的影响等方面，甚少关注到旅游企业慈善捐赠的政治动机及其对企业家自身的影响作用。学者黎耀奇等人从政治动机的角度出发，基于538家旅游私营企业在2006—2012年调查数据探究旅游企业慈善捐赠的政治动机以及对企业家自身的影响作用。

研究发现，相比于没有政治关联的旅游私营企业，当选人大代表或政协委员的企业家所在企业的慈善捐赠水平会更高。此外，这种政治关联驱动下的慈善捐赠水平的提高可以进一步提升企业家的社会地位感知。慈善捐赠在旅游私营企业的政治关联与企业家的社会地位感知关系中起到部分中介作用。然而对于不同规模的旅游企业，政治关联对慈善捐赠的影响效果又有所不同。旅游私营企业的规模会弱化政治关联与企业慈善捐赠水平的正相关关系，即旅游私营企业的规模越小，政治关联与企业慈善捐赠水平的正相关关系越强。

在中国特殊的制度环境下，私营企业可以通过慈善捐赠等方式建立与政府的友好关系，营造良好的营商环境。而旅游私营企业因其空间锁定的行业特征和其对政府所掌控的土地等资源的依赖性，具有更强的动机去通过慈善捐赠建立和维系与政府的良好关系。慈善捐赠对于旅游私营企业家的社会地位提升起着积极作用，因此旅游私营企业家可以进行适度的慈善捐赠，在承担企业社会责任的同时，也可以获得更高的地位认同。

同时，对于具有政治关联的大规模旅游私营企业来讲，虽然其具有从政府获取稀缺资源的能力，对于政治关系的需求不甚明显，但仍需要积极承担起企业社会责任，在灾难来临或公益需要的时刻，积极进行慈善捐赠，为公益事业贡献应有的力量。

资料来源：黎耀奇，宋亚亚，宋丽红. 旅游私营企业的政治关联,慈善捐赠与企业家地位认同[J]. 旅游学刊, 2020, 35(10):15.

3. 管理者传播品牌的策略

品牌通过管理者进行传播，首先需要管理者塑造突出的个人品牌形象，在此基础上，在消费者心目中将个人品牌转移给旅游品牌，从而扩大旅游品牌的知名度、美誉度。以下是实施管理者传播品牌的一般性策略建议。

（1）将维护旅游品牌形象作为个人行为的准则。管理者需要将个人品牌的塑造与旅游品牌形象形成合力，从而为企业及其产品塑造积极的品牌无形资产。管理者面对社会公众时，应该以维护旅游组织的品牌形象为准则，思考自己的言行举止对塑造旅游品牌可能带来的影响。[7]2018 年 11 月 18 日下午，一则新东方创始人疑似侮辱女性的公开演讲视频在网上传开，他有关“现在中国是因为女性的堕落才导致整个国家的堕落”的言论问题引起全网讨伐，尽管他迅速在微博发声道歉，但其致歉内容并没有得到网友的谅解，舆情继续发酵，48 小时内，新东方股价腰斩，市值蒸发 628 亿元。这件事件在社交媒体网站上引发了广泛关注与讨论，严重损害了新东方的企业形象。

（2）为个人品牌定位。管理者需要通过定位来塑造独特的、突出的、积极的个人形象，并将个人品牌形象转移给企业或产品品牌。乌镇股份有限公司总裁陈向宏，同时也是乌镇景区的总设计师，从 1999 年开始主持乌镇的旅游开发和保护工作。为了推广乌镇的旅游名片，在许多分享中他都是以“我生在乌镇、长在乌镇”作为开头，讲述自己是一个恋旧且喜欢慢生活的人，将自己的个人形象与乌镇捆绑起来，传递了自己对乌镇的保护式开发模式与运营理念。乌镇在陈向宏手中从观光小镇成长为度假小镇，再到现在的文化小镇，他开创的“乌镇模式”，成为中国文旅小镇争相借鉴和模仿的对象。

（3）提高公众曝光率。管理者个人品牌传播要经常向媒体、公众传播自己的声音，要关注业界热点事件并做出自己的评论，要积极参与社会活动并表现出强烈的社会责任感。梁建章以“BOSS 直播”为推手，坚持每周一次的直播。直播间里的 Cosplay 展现了他特立独行的思维、亲民的管理者风格和关注用户需求的敏锐嗅觉，他带动旅游产业链积极自救、推动行业复苏，体现了他负责任和敢担当的管理者特质。这些举措获取了消费者的认可和好感，也让携程在国内旅游直播市场取得十分显著的成绩。

（三）员工

1. 员工传播品牌的内涵

员工是与旅游组织存在劳动关系的各种形式的用工，员工品牌是消费者在脑海中对企业员工形成的整体性认知，员工品牌能影响旅游品牌。[8]担当以下角色的员工，其员工形象对旅游品牌的影响尤其显而易见。

（1）门卫。门卫的角色表现在从视觉上影响旅游品牌形象，其精神状态、仪表衣着、言行举止能够被消费者、顾客、合作伙伴等品牌利益相关方直接感知。消费者会对服装统一、站姿规范、举止有礼、态度亲切的门卫产生良好的印象，并联想到旅游组织具有较高的管理水平。试想，若门卫服装散乱、举止无礼、态度恶劣，那他们一定会给消费者留下负面印象。这种负面形象会对旅游品牌产生溢出效应。

（2）接话员。接话员在与消费者的对话中传播着品牌形象。接话员亲切礼貌、悦耳动听的沟通表达能够令消费者感到舒服、愉悦，促使他们对旅游品牌产生好感。反之，生硬呆板、无礼冷淡的语言则会使消费者生气，并将这种负面情绪转移到旅游品牌之上。

（3）前线员工。前线员工指的是直接面对顾客或消费者的一线员工（如服务员、导游、讲解员等）。前线员工的精神状态、言行举止等个人特质对消费者形成旅游品牌形象有重要作用，能够帮助品牌引起消费者的关注，博取消费者的好感。迪士尼里身着卡通服饰的前线员工能够吸引消费者，当前线员工能够提供高质量的服务时，消费者会把对员工产生的好感转移到旅游品牌之上。品牌案例 6-3 反映了新加坡航空公司作为世界知名航空品牌，其前线员工空姐的个人形象为公司品牌作出了不可替代的贡献。

品牌案例 6-3　“新加坡女孩”——新航的品牌名片

新加坡航空公司（简称“新航”）成立于 1972 年，多年来一直保持着全球最盈利航空公司的纪录。2003 年以来新航已经获得 500 多项大奖。例如，2003—2006 年，新航连续荣膺《旅游与闲暇》（*Travel and Leisure*）杂志评选的“全球最佳航空公司”称号。目前，新航已成为世界上最有价值的航空公司，其国际航班线路从 2005 年至今一直被欧亚美三洲的媒体期刊评为“最佳航线”。新航的成功与其卓越的服务体验、极具特色的品牌有形展示是离不开的。

自成立以来，新航就强调优质服务，使之与其他航空公司形成差异化竞争。公司在广告中推出了闻名世界的“新加坡女孩”形象标识，这一形象已成为温馨和友善服务的符号，令顾客相信它是“最佳飞行方式（a great way to fly）”。几十年来，该广告语一直没变。新航因为强调飞行服务使顾客满意而声名远扬。

新航非常关注机舱一线空姐的形象细节。首先，新航空姐的标准化制服沙笼可芭雅制服已成为新航的符号。该制度由法国服装大师皮埃尔·巴尔曼（Pierre Balmain）设计，以传统亚洲蜡染布料精制而成，并分为几种颜色，以区别不同职位。蓝色沙笼可芭雅制服代表新加坡航空的机舱空乘服务主管。还有另外三种颜色分别代表在机舱服务的新航空姐的三种不同级别。其次，新航空姐工作时间的香水也是规范的、标准化的。20 世纪 90 年代后期，新航将空姐工作时使用的香水规范化、标准化，从而使整个机舱中弥漫着同一种香味。这样，关注视觉和嗅觉上的每个细节确保了顾客每一次对新航都会产生一致的服务体验。从而，有利于顾客对新航的品牌形成比较一致的印象，提高了品牌联想率，使享受过新航服务的顾客在选择航空服务时最先回忆起的品牌就是新航。

资料来源

[1] 王霞，乔秀文. 奇迹背后的战略远见：新加坡航空公司的成功之道[J]. 空运商务，2008(19)：11.

[2] 赫拉克莱厄斯，维尔茨，潘加卡. 展翅高飞：新加坡航空公司的经营之道[M]. 魏清江，等，译. 北京：中国人民大学出版社，2006.

[3] 晓泓. 新加坡航空：榜样的力量[J]. 航空世界，2013(1)：30-31.

2. 员工传播品牌的策略

（1）内部品牌化。企业和产品或服务品牌的初始受众是员工。只有旅游组织内部的员工了解、理解和认可品牌，外部市场的消费者才更乐意接受。内部品牌化就是指旅游组织的相关部门（具体部门，不同的组织有所差异，相当多的企业由人力资源部负责，有的企业由行政部或产品业务部门负责）面向内部员工解释旅游品牌的内涵并将品牌理念推销给员工的所有活动。内部品牌化活动的内容可能涉及向员工分享旅游品牌背后的研发和战略，培训员工的品牌行为，奖励那些品牌支持行为表现突出的员工等。内部品牌化的目标是让员工关心和培育旅游品牌。旅游组织品牌形象塑造需要全体员工同心协力，将品牌的核心理念、价值观和远景在日常工作中践行。内部品牌化是科学有效的员工传播旅游品牌的前提。内部品牌化过程让员工自觉肩负起传播旅游品牌的职责。例如，新加坡航空为确保品牌理念能够在内部员工得到充分及持续的贯彻，始终对其空乘人员进行全面而严格的培训、指导，内部品牌化工作做得卓有成效。久而久之，“新加坡空姐”成为新加坡航空的品牌名片，她们的形象甚至被陈列在伦敦杜莎夫人（Madame Tussaud）蜡像馆中，新航空姐成为员工传播、构筑企业品牌无形资产的典范。

（2）帮助员工建立个人品牌。旅游品牌经营管理者除了要重视员工素质和行为修养之外，还应该运用各种传播手段帮助员工塑造个人品牌，以此建立起员工与消费者之间的信任关系。传播员工个人品牌的具体方式包括：制作并播放能反映员工精神面貌的广告片；发布展现员工风采的新闻报道、专题报道、文章和著作；在网站或内刊树立、推广一批先进员工的典型事迹，通过榜样的力量，引起全体员工的情感共鸣，走进员工的内心世界等。例如，因为麦当劳注重员工培训和员工形象展示，消费者总会将热情周到、笑容满面的店员形象与麦当劳的品牌形象相结合。

（3）在品牌传播活动中实现员工个人品牌和旅游品牌的互动。在品牌传播活动中实现员工个人品牌和旅游品牌的互动能够让员工更好地发挥品牌传播的作用，旅游品牌经营管理者应促使每个员工都参与品牌化过程，自觉维护品牌形象。例如，迪士尼的一线员工被要求遵守严格的职业礼仪，在面对游客时每个员工都要保持良好的状态，甚至针对着装、配饰、行为等都有明确的规定，以此博得消费者的好感和信任。

（四）办公设备

1. 办公设备传播旅游品牌的内涵

办公设备涉及办公场所和办公用品。其中，办公场所指的是旅游组织的实体办公环境，主要包括生产厂房、办公室、销售门店、会议室、休息室等。办公用品指的是组织在日常营运过程中所用到的各种用品，包括信封、信纸、便笺、名片、徽章、工作证、请柬、文件夹、介绍信、账票、备忘录、资料袋、公文表格、公务礼品、交通工具等。在消费者与品牌互动过程中，消费者有机会接触到旅游组织的办公设备。例如，许多景区安排免费大巴为旅游者提供接送服务，消费者到酒店前台办理入住，到饭店用餐等，这时办公设备就可以成为承载品牌信息的载体，发挥品牌传播的作用。办公设备传播品牌的方式主要有以下几种。

（1）办公环境。办公环境是品牌形象在公共场合的视觉再现，旅游品牌经营管理者可以将品牌识别与标志（如品牌名称、品牌标识、品牌口号等），协调地融入企业的办公环境。例如，迪拜八星级酒店以奢华著称，其酒店大厅墙上的黄金、114 根穹顶全部由马赛克砌成，其中最大的穹顶直径达 42 米，表面镀银，并在顶端装饰了黄金，既呼应了酒店的品牌理念也展示了阿拉伯文明独有的富丽堂皇。又如，快餐品牌汉堡王（Burger King）对企业标准色进行分析，提炼出适合企业办公环境的室内配色计划，从而营造出与企业形象一脉相承，并极具品位的办公环境。[9]

（2）办公用品。办公用品通过统一规范的视觉符号，展现旅游品牌形象，传递旅游品牌理念。旅游组织的办公用品应该有统一规范的规格，以及鲜明、突出的品牌特色。例如，新加坡航空公司聘请法国高级时装设计师皮埃尔·巴尔曼为空姐设计制服，空姐身着具有南洋特色的马来沙笼可芭雅服装为乘客提供服务，以此方式传播新航的品牌形象。

2. 办公设备传播品牌的策略

（1）办公设备视觉设计应与品牌定位相一致。办公设备的视觉设计应从品牌定位出发，不仅要符合目标消费者的审美标准，还要展示品牌形象，达到强调和突出品牌识别系统、方便消费者的识别和记忆等目的。[10]例如，松赞林卡作为一家传统藏式风格的准五星级酒店，其酒店定位融入酒店设计的点点滴滴中，创始人白玛将他收藏的许多当地传统手工艺品、手工藏式家具、饰品、铜器及唐卡等珍贵的藏品都一一陈列在松赞酒店。松赞酒店就像是一个关于藏族文化的博物馆，让消费者不仅能够亲身体验藏族文化，也能深刻感受酒店的品牌定位。

（2）让消费者参与办公设备的设计。通过鼓励消费者参与品牌办公设备的设计能够制造热点新闻，提高品牌知名度，增强消费者与旅游品牌的亲密关系，减少距离感。例如，东航在 2009 年面向全球征集"世博号"飞机喷涂设计作品并邀请网民投票甄选，参与网络投票的网友将有机会免费体验东航提供的世博服务。该活动人气火爆，共吸引 35 万多人参与投票，借助活动余热，东航还顺势推出适合旅客到上海看世博会的超级经济舱、超级联运、预售产品三大系列产品。

品牌案例 6-4　与品牌互动的新方式——贩卖机

1. 可口可乐拥抱贩卖机

2012 年 4 月，可口可乐拥抱贩卖机的促销活动出现在新加坡国立大学校园，这一活动旨在传播欢乐，减少学生考试压力。一个拥抱，一罐可乐，基于幸福能够蔓延，可口可乐设计了独特的拥抱贩卖机活动，用创新的方式去传递幸福与快乐。你需要做的只是去给可口可乐的贩卖机一个拥抱，接受它的爱，然后获得一罐免费的可乐。这项有趣的活动同时在网上产生了巨大反响。仅仅一天，一些网络平台（如脸书、推特）和博客就出现了数以万计的关于“可口可乐拥抱贩卖机”的视频和图片，讨论接踵而至。同时，鉴于 “可口可乐拥抱贩卖机”在新加坡的热烈反响，此项活动后来推广到整个亚洲，希望带给更多消费者类似的欢乐与幸福体验。

2. BOS：推文贩卖机

2012 年 6 月，南非饮料公司 BOS 推出了世界上第一台用推文支付的自动贩卖机“BEV”。这台贩卖机位于南非开普敦 Wembley 广场，机身顶端有 LED 显示屏幕，显示想要得到饮料需推文的内容“#BOSTWEET4T”，以及推文者的推特账号名称，并为消费者倒数饮料送出的时间。只要站在贩卖机前发一条活动推文，你就可以免费获得 BOS 冰茶一瓶。

3. Rugbeer 啤酒贩卖机

2012 年 6 月，阿根廷的啤酒厂商 Cerveza Salta 推出一台必须用身体去狠狠撞击才能出啤酒的“Rugbeer 啤酒贩卖机”。当地人都喜爱橄榄球，这台贩卖机结合了“橄榄球”与“啤酒”，贩卖机上配有一个力度测量计，让买啤酒喝成为一种有趣的体验，在扩大消费者对啤酒品牌的认知度和积极态度的同时，大大提升了啤酒的销量。

4. 互动式贩卖机“Delite-o-matic”

2012 年 7 月，澳大利亚零食制造商 Fantastic 为了宣传旗下 Delites 薯片而专门打造的互动式贩卖机“Delite-o-matic”具有几分“逗你玩”的戏弄气氛。只要按照屏幕提示完成它规定的动作，就可以得到一包免费的 Delites 薯片。例如，这台淘气的贩卖机可能会让你按上 5000 次按钮，让你跳一段舞，甚至会蛮不讲理地要你大庭广众下对它跪拜。结果发现，很多消费者真的按照指示，完成规定的动作，Fantastic 将这个有趣的街头实验拍成这一段 3 分多钟的视频放在网上，引来市场对品牌的关注。

资料来源：詹少青. 四个靠自动贩卖机创意营销的企业品牌[OL]. http://www.socialbeta.com/articles/delite-o-matic-fun-ad-campaign.html.

三、自媒体传播品牌

（一）自媒体的含义

自媒体分为广义自媒体与狭义自媒体两种。狭义自媒体是指以单个的个体作为新闻制造主体而进行内容创造的，而且拥有独立用户号的媒体。2003 年 7 月，谢因·波曼（Shein Bowman）与克里斯·威理斯（Chris Willis）两位美国人明确提出了“We Media”这一概念，中文翻译过来就是“自媒体”，并对其进行了非常严谨的定义。至此，“自媒体”这一概念正式地进入大众的视野。可见，狭义的“自媒体”很大程度上是特指互联网技术环境下的新型媒体。中国以互联网为背景的自媒体迄今经历了四个发展阶段。第一个阶段是自媒体初显阶段，它以 BBS 为主要媒介。第二个阶段是自媒体的雏形阶段，主要以博客、个人网站、微博为代表。第三个阶段是自媒体意识觉醒时代，主要是以微信公众平台、搜狐新闻客户端等为代表。第四个阶段是 2015 年至今，直播、短视频等形式成为自媒体内容创业新热点。但是由于自媒体的诞生至今也不过十多年，这四个阶段其实同时存在，只不过现阶段微博、微信公众平台、直播、短视频成为自媒体的核心或主体，其他的自媒体显得相对弱小。

广义自媒体是指除传统意义上的新闻媒体（作为观察者和传播者而存在）之外的所有“自我言说”者。可见，广义自媒体不单单是指创作新闻资讯的个人，还包括创作新闻资讯的群体（如企业等）；也不单单是指互联网背景下的新媒体，还包括传统媒体。本书采用的是广义自媒体视角。

（二）企业内刊自媒体

1. 旅游企业内刊自媒体的内涵

企业内刊是旅游企业自办的供内部员工和外部特定利益相关者群体阅读的沟通和推广工具。一方面，它能为企业内部员工的沟通提供平台，增进企业凝聚力；另一方面，它能加强旅游品牌与外部受众的沟通，提升品牌的知名度和美誉度，有助于树立良好企业形象。[11]企业内刊自媒体在传播品牌方面，一般分为以下几种类型或模式。

（1）内部导向型。内部导向型企业内刊是内部员工的交流平台。它关注的焦点是企业内部的人和事，其主要职能在于记录企业发展历程中的重大事件、传达领导精神。它对旅游企业高层经营管理思路的上下贯通，对各部门员工在工作、思想、文化等方面的信息交流，起到积极作用。在中国，绝大多数大型央企的内刊属于内部导向型模式。中国央企具有业务范围广、规模大、员工数量多且地理分布广等特点，企业内刊有效地发挥了企业内部信息沟通分享的作用，能够起到增强企业凝聚力的作用。[11]

（2）内外导向兼顾型。这一类型具体又细分为两种。一是“一刊两职，兼顾内外”，即企业内刊既为员工提供内部交流平台，肩负着对内凝聚员工的职责；也承担着对外展示企业形象的作用。目前，国内企业的内刊多为这种形式，是企业内外沟通的纽带和桥梁。二是“内外分离，各司其职”，即企业将刊物的对内、对外两种职能分离开来，同时出版对内和对外两种刊物。这时应注意保证两份刊物的定位清晰，有针对性地刊发旅游品牌信息。

（3）外部导向型。这类企业内刊以客户、股东、媒体、消费者、经销商、政府部门、金融机构以及其他与旅游品牌有关联的目标群体为对象，重在发挥对外传播品牌形象的功能。它从多方面展示旅游品牌的核心理念、文化价值观、企业发展现状等，如刊登人才队伍、研发力量建设情况，科研项目或投资动向情况，报道所进行的社会活动、产品或服务信息等。

2. 企业内刊自媒体传播品牌的策略

企业内刊是旅游品牌能够完全控制的传播媒体，对内能够面向员工传播品牌理念，对外能够传播积极的品牌形象。以下是企业内刊自媒体传播品牌的一般性策略。

（1）定位清晰，内外分明。企业内刊是品牌文化的载体，承担着向企业内、外部群体进行品牌传播的职能。品牌经营管理者应该根据旅游企业的优劣势，明确内刊的目标受众和传播目标，在此基础上对内刊的传播内容进行科学定位和精心策划。例如，可以根据目标顾客群的定位，针对不同顾客群体，制定不同的传播内容侧重点，这样就为不同的顾客群体提供了个性化的资讯服务。

（2）内容凸显企业个性。企业内刊应重点选择有助于凸显品牌形象，与旅游品牌定位相符的内容进行刊登。企业内刊要注重体现或表现企业的文化与精神内涵，注重旅游品牌个性的宣传，使内刊成为品牌的名片。内刊应该选取反映旅游品牌核心经营理念、社会责任、团队风采、主流文化等方面的内容进行刊登，使内刊具有亲和力、沟通力和传播力，使员工和消费者能够通过内刊更加深入地理解品牌的精神和文化。

（3）线下线上两刊整合，提高企业内刊影响力。旅游企业需要根据自身发展阶段，适时推出网络版企业内刊（线上刊），并与纸质版内刊（线下刊）进行资源整合。纸质版内刊发布专业的和深度的信息，网络版内刊则采用论坛、在线服务、俱乐部等形式加强与目标受众的互动。

（三）官方网站自媒体

1. 官方网站自媒体的内涵

消费者浏览品牌的官方网站时会接触到各种信息，这些信息可能会激发浏览者积极或消极的联想，并将其附加到旅游品牌上。例如，携程就成功通过网站激发浏览者的积极情感。在其官方网站中，消费者可以看到许多国内外旅行游记，这既向消费者展示了旅游者的真实体验，又通过图片形式将异地美景展现在消费者眼前。在浏览网站的过程中，他们已经潜移默化地将积极的情感转移到携程品牌。官方网站作为自媒体传播品牌具有以下几种分类。

（1）基本信息型网站。基本信息型网站的功能定位于发布品牌信息，以介绍旅游品牌的基本信息，帮助树立品牌形象为主要目的。这些信息既可能是消费者关心的产品方面的信息（如价格、内容、外形、使用演示等）；也可能是企业方面的信息（如企业规模、企业文化、企业新闻等）；还可能是消费者方面的信息（如常见问题解答、意见建议等）。这类网站若能够吸引消费者对旅游品牌的关注，将有助于提升品牌知名度，维持与消费者之间的长期关系，增加线下交易的机会。

（2）综合门户型网站。综合性旅游组织网站整合了各种信息系统的功能，可以为旅游组织的雇员、消费者、合作伙伴和供应商提供目的极为明确的服务，并兼具品牌形象宣传、产品展示等传播功能。例如，长隆集团的网站是中国企业门户网站中的优秀网站，在突出在线销售功能的同时也注重品牌的塑造。它在网站首页突出品牌名称和标识，其中包括度假区介绍、乐园与演艺、酒店住宿、网上预订等内容。

（3）主题宣传型网站。主题宣传型网站是为了配合旅游品牌的主题营销活动而建立起来的互动平台。例如，每当百事可乐发起一项宣传主题时就会建立专门设计的网站，发布活动主题、活动视频、线上游戏等吸引顾客参与互动的信息或应用。百事可乐的这类网站不仅能提高主题营销活动的效果，还能展现其品牌年轻、时尚的形象定位。

2. 官方网站传播品牌的策略

（1）明确导入品牌形象。旅游品牌网站应在视觉上与品牌识别系统相吻合，在内容上与品牌文化、品牌理念和品牌精神相吻合，营造与目标消费者形象相符的空间。[12]上海迪士尼度假区官方网站的品牌 Logo、色彩、动画人物等都围绕迪士尼品牌识别系统来设计，网站的米奇与米妮以及迪士尼代表性的城堡烟火很容易让网民过目不忘，展示了迪士尼创造梦幻体验的品牌理念。品牌前沿 6-4 展示了旅游企业利用品牌网站树立企业可持续发展形象的机制。

品牌前沿 6-4　　旅游企业“生态可持续”的数字营销

消费者浏览品牌网站时将接触到各种信息，这些信息可能会激发浏览者积极或消极的情绪，并将其附加在品牌之上。世界各地的旅游公司和酒店公司正在努力推出生态可持续的产品，但并非所有公司都展现出在这一领域的承诺和行动，原因是一些公司认为获得旅游生态标签既昂贵又耗时，且从客户的评价来看，生态可持续标签在市场上的影响力有限。对此，葡萄牙和意大利学者研究探讨有关可持续实践的内容以及数字媒体传播的复杂性。

研究通过官方网站、脸书和葡萄牙亚速尔群岛上运营的所有住宿公司的预订页面收集了该岛上住宿企业的在线通信相关数据，并根据定义列出持续性传播绩效指标，评估住宿公司预订页面的数字化复杂程度，使用最小二乘法估算数字化复杂性与可持续性传播之间的关系。结果显示，公司特征对数字媒体的复杂度和生态标签认证的可持续实践和可持续性数字传播关系的影响很大，而数字媒体的复杂度与可持续性数字传播的关系效果最弱。在旅游业中，消费者将生态标签视为公司可持续性原则行事的证明。当地官方的实体生态标签推广营销对当地住宿认证没有重大影响，小公司在在线推广其优惠政策时重视生态保护标签。

社会化媒体借助移动互联网技术，在品牌与消费者之间实现即时、双向沟通，在旅游业中使用网络社交媒体建立可持续发展的形象，帮助传达公司的可持续原则实践的形象。葡萄牙和意大利学者的这一研究强调了克服只基于实物的可持续传播的必要性，提出数字化传播的可能，凸显了可持续生态标签在旅游企业数字传播中的薄弱用处，为旅游企业提供如何使用营销传播渠道进行生态标签的打造、提升在消费者心目中的品牌形象并提高利润转化率的参考。

资料来源：Tiago F, Gil A, Stemberger S, et al. Digital sustainability communication in tourism[J]. Journal of Innovation & Knowledge, 2021, 6(1): 27-34.

（2）注重美感及趣味性。为了让消费者在浏览过程中产生积极的情感，旅游品牌官方网站应该通过丰富的信息提高生动性，提供视听方面的多重感官体验。如果能够提供生动活泼的丰富链接和信息资源的品牌官方网站，更容易使浏览者对品牌本身产生积极的情感。但在提供丰富内容的同时，要注意对信息进行分层，使消费者通过点击三个以内的链接就能准确定位他们所需要的内容。

（3）鼓励并方便消费者的参与。旅游品牌官方网站应该鼓励用户参与互动，给他们提供一个良好的互动体验。例如，2008 年，麦当劳的 Happymeal.com 网站与动画版《星球大战》合作，为孩子提供飞往遥远星球的虚拟体验。他们在网站上注册并登录依据《星球大战》原型创建的虚拟世界，然后使用麦当劳欢乐套餐包装盒上提供的号码即可参与《星球大战》的虚拟游戏。参与游戏的过程中，孩子将有趣、好玩的游戏体验变成对麦当劳的品牌记忆在大脑中储存下来，不自觉地增加对品牌的好感。

（四）社会化自媒体

1. 社会化自媒体的内涵

社会化自媒体是指借助移动互联网技术，在旅游品牌与消费者之间实现即时的、双向沟通的平台。只要在微博、抖音、快手等社会化媒体上注册一个账号，品牌便可以像人一样展现魅力，建立自己的社交圈，以达到传播品牌信息，塑造品牌资产的效果。社会化自媒体传播品牌一般有以下几种方式。

（1）网络百科全书。网络百科全书是允许用户自己增加、移除和改变文本信息内容的平台，以维基百科、百度百科为代表。网络百科全书是消费者获取品牌信息，形成旅游品牌认知的重要渠道。

（2）博客。品牌通过注册自己的账号与其他博客用户互动，发起与旅游品牌相关的活动能够达到提高品牌知名度，塑造积极品牌形象的目的。2012 年 3 月，江西省文化和旅游局启动"'博'动江西·风景独好"的活动，从腾讯、新浪、搜狐网站中选出拥有上百万粉丝的作家、摄影家、旅行家奔赴赣东北、赣西、赣中南，对当地旅游景点进行实地体验，将其见闻以图片和文字的形式上传到博客当中。借助意见领袖的影响力，这次活动在提升江西旅游品牌知名度上，取得了很好的效果。以腾讯为例，在活动发起的一个月内，博客文图总访问量近千万次，总用户量达 800 多万人，微博广播 12976 条，"'博'动江西·风景独好"话题共 162676 条。

（3）内容社区。内容社区是用户分享信息的平台，以豆瓣网、Flicker、YouTube、土豆、优酷、SlideShare 等为代表。内容社区可以作为传播品牌的媒介。成都为宣传城市旅游品牌，以"快城市慢生活"为特色拍摄旅游宣传片《闲不下来的休闲成都》，并投放到优酷、土豆等视频网站。该片从第三者角度，集中展示了武侯祠、都江堰、大熊猫、川菜美食、成都老茶馆等一系列具有成都韵味的景点，向社会宣传成都旅游品牌，使成都成为许多人向往的旅游目的地。

（4）社交网络。社交网络是用户与朋友分享生活体验的平台，以脸书、微信等为代表。在社交网络中，品牌借助消费者的社交圈扩大信息传播的范围。例如，麦当劳和肯德基都在微信平台上开设了自己的公众号和小程序，为消费者精准投送品牌广告，并提供线上购买和外卖服务。

（5）虚拟旅游。虚拟旅游是让用户在虚拟环境下体验真实旅游场景的应用。品牌可以通过开发专属的虚拟旅游场景让用户进行品牌体验，传播品牌信息。例如，北京故宫博物院也推出了一个名为"超越时空"的虚拟旅游项目，利用 3D 技术，为那些不能实地到紫禁城的游客在网上打造了一个虚拟的环境。在这个虚拟环境里，游客不仅可以任意挑选某种身份进行游览，如公主、侍从等，还会有“网络导游” 为网友带路游览。另外，如果网友对其中某个景点感兴趣，还可以通过点击鼠标的方式让网络中的“我”在景点前拍照留念。

在虚拟旅游中，此时游客往往是以数字化身或替身的形式进行旅游体验的。什么是消费者的自我化身？自我化身如何影响人们在虚拟数字空间的体验？品牌前沿 6-5 介绍了一项前沿研究，它定义了消费者自我化身，并推断了消费者自我化身行为规律。

品牌前沿 6-5　　消费者自我化身行为规律研究

虚拟数字技术正在拓展人类的生存空间，改变个人的生活方式。人工智能、VR/AR、区块链、NFT 等众多虚拟数字技术共同构成的高阶数字世界“元宇宙”（metaverse）正在形成。这意味着个人参与数字世界的深度和广度都在强化。那么，个体以什么形式存在于元宇宙数字世界？如何因势利导地发挥个体在虚拟数字世界的生活体验，以弥补他们现实生活的不足？这些重要问题亟须探索。

该研究将个体“自我化身”定义为：由用户控制的、具有拟人化形象、能够在数字世界中实现化身与生态、化身与化身互动的数字用户的数字替身或孪生。该项研究的重要内容之一是自我化身两方面的设计。一是自我化身的外形设计。虚拟数字科技企业需要先确定自我化身的基本和共性的形象要素。二是自我化身的行为设计。虚拟数字科技企业主要从用户的控制能力、互动对象和互动方式三个方面来确定自我化身的行为，即智能化程度高低。该研究的另一个重要内容是在相关学术研究和实践应用实例的基础上，推理提出消费者自我化身的作用机理。具体而言，作者从自我化身的形象相似性和行为相似性入手，推论提出两种相似性如何影响用户的自我化身认同，进而影响用户在数字世界的沉浸行为和现实世界的模仿行为。这些影响效应及过程，形成七个理论命题，它们构成自我化身在数字世界的行为规律。限于篇幅，兹举其中三个命题。命题 1：个体自我化身的形象相似性和行为相似性共同对个体的虚拟数字化身认同产生正向影响，自我化身形象和行为越近似于用户想要的程度，用户越是认同自己的数字化身或孪生。此为“相似性效应”（similarity effect）。命题 2：用户在虚拟数字世界的使用阶段或经验，调节化身的相似性效应。当用户在数字世界处于探索性阶段时，形象相似性比行为相似性对化身认同的影响更强；当用户在数字世界处于适应阶段时，行为相似性比形象相似性对化身认同的影响更强。命题 5：在功能性场景中，相对于化身的行为相似性，形象相似性对化身认同的影响更强，并随后产生更多的沉浸体验和模仿行为，让个体获得更高的功能价值。如何理解命题 5 的含义呢？兹引用实例解释。知名服装品牌盖璞（Gap）为降低线上购物的退货率，于 2017 年在手机端推出虚拟试衣程序 Gap DressingRoom，但初始几年消费者在该平台上无法根据自身的体型改变自我化身的体型，不能适应用户的个性化购物需求，导致用户不愉快的体验。目前 DressingRoom 已被搁置。2021 年，Gap 通过收购 Drapr（电子商务初创公司和基于技术的在线应用程序），提高了化身的 3D 技术水平，使化身可以定制外形，增加了形象相似性，结果提升了用户体验。

自我化身研究具有丰富的管理启示。首先，为元宇宙相关的虚拟数字科技企业的技术或产品开发提供了借鉴。例如，哪些情境下需要开发 3D 动态、VR/AR、动作捕捉等新技术，这些虚拟数字技术创新能加强化身与自我之间的相似性，丰富化身的非语言行为，提升化身同步性体验。其次，为品牌方布局元宇宙提供了策略启示。品牌方以数字产品形态服务于用户在数字世界的孪生或化身，为赢得这类顾客更多样性的产品或服务购买创造了条件。最后，为公共治理部门理性看待元宇宙并完善相关治理机制提供了借鉴。个体的自我化身虽然存在一定负面效应，但同时却能为公共治理所用，发挥积极的社会效益。如上所述，《英国精神病学》杂志刊发的“化身疗法”，就是通过科学运用自我化身技术，来缓解抑郁症患者症状的社会公共管理运用。

资料来源：

[1] 王海忠，李冰莲，谢涛. 数字世界的自我化身理论建构[J]. 管理科学，2022(3)：116-130.

[2] Miao F, Kozlenkova I V, Wang H, et al. An emerging theory of avatar marketing[J]. Journal of Marketing, 2022，86(1)：67-90.

2. 社会化媒体传播品牌的策略

品牌应通过策划与品牌相关的热点事件接触目标受众，与他们进行持续的互动。旅游品牌经营管理者在激发一个语境后，要整合和发布具有关联性、吸引人们关注和讨论的内容，鼓励旅游者通过阅读、评论和分享内容与品牌建立联系，并进而形成围绕品牌的网络社群。[13-14]

（1）巧用免费模式。消费者喜欢获得赠品，品牌的社会化媒体传播策略可以利用这一点来鼓励消费者的关注、参与和转发，在扩大品牌知名度方面具有非常好的效果。例如，麦当劳通过即时通信应用开展免费获赠 200 万杯饮料的传播活动,得到了用户的积极参与，提供了良好品牌体验。在社会化媒体上，这样的免费模式比比皆是。当消费者的兴趣被调动起来后，营销者也需要把握好活动的推广范围，礼品的数量，否则有可能无法控制用户情绪，带来许多负面的口碑传播。例如，星巴克、汉堡王这两家公司，曾利用其推特官方 ID 发出一些促销、优惠活动，未曾料想用户疯狂转发活动的推文（Tweets），最终主办方不得不增加活动的优惠量，延长活动时间。

（2）抓住意见领袖。网络没有绝对的权威，但有意见领袖。意见领袖在自己的社交圈中具有较高的人气和话语权，其观点对特定消费群体有重要影响。因此，品牌若能让意见领袖为自己说话，则更容易获取消费者的关注、信任甚至共鸣。例如，在微博、抖音、今日头条、百度等多个媒体平台上，瘦西湖、扬州中国大运河博物馆、皮市街、趣园茶社、钟书阁等网红打卡点纷纷进入公众视野，它们或充满着温馨的世俗烟火气，或洋溢着浪漫的文艺气息。这样的热度来自扬州旅游营销中心牵头许多国内知名旅游“大 V”，让他们用镜头带领千万粉丝感受扬州这座“网红城市”独特的魅力，也打开了扬州成为网红旅游目的地的第一步。

（3）优秀的内容。在海量的信息中，品牌必须言之有物，要通过优秀的内容让消费者感觉自己是一个善意有趣、能够提供有用信息的朋友。在社会化媒体中，旅游品牌要针对目标消费者，创造符合他们需求、与其生活或精神状态相匹配的内容，使他们能够产生情感共鸣，自发地对品牌信息进行二次传播，通过转帖在其社交圈内对品牌进行分享或推荐。例如，2022 年春节档上映的《四海》取景于汕头市南澳岛，将青春文艺、充满野性和放荡不羁这几种看似存在一定矛盾的个性糅合在一起，体现了南澳岛自由的品牌形象，让人在体验电影带来的情感享受时，不自觉地接受了广告的说服，并且点动鼠标分享，成为旅游目的地品牌传播者。又如，万豪国际酒店的董事长和 CEO 比尔 · 马里奥特（Bill Marriott）会在微博上定期更新自己考察世界各国万豪酒店分店中遇到的各种故事，分享自己的旅行经历，与消费者形成情感共鸣。

（4）鼓励参与。进行社会化自媒体传播时，品牌必须想方设法激发消费者参与的积极性，帮助同类消费者组织网络社群，并协助加强社群成员、社群与品牌之间的联系与归属感。例如，2022 年频上热搜的蜜雪冰城展开了一系列影响活动，如在门店唱出"你爱我，我爱你，蜜雪冰城甜蜜蜜……"的洗脑神歌可获取点单优惠，还在"520"节日推出情侣购买指定产品可获得情侣证的促销活动，将营销活动赋予趣味性和仪式感，提升了消费者参与的积极性和分享意愿，形成了社交网络连带效应，出现了打卡式的热点消费，也增强了消费者对蜜雪冰城品牌的黏性。

【本章小结】

1. 终端渠道因直接与消费者接触，其终端形象、分销密度、终端促销活力等都影响旅游品牌的无形资产。

2. 旅游品牌的终端渠道决策包括：采用密集的还是稀缺的终端；终端的形象设计与氛围；终端的适时更新；自主终端与第三方终端的选择等。

3. 旅游品牌传播组合是实现旅游品牌传播增值和保值的有效渠道，它包括非媒体、自媒体和大众媒体传播。非媒体是指本身并非具有第三方独立媒体的身份，但具有传播品牌信息功能或作用的载体。自媒体是指那些具有媒体性质且品牌管理者对其具有完全自主权的信息载体。大众媒体是指具有大众传播作用，但公司对它们并不拥有自主权，需要进行购买或租用从而进行信息发布的媒体。本书重点讲解非媒体和自媒体的旅游品牌传播策略。

4. 产品包装是品牌直接展示给消费者的第一印象，它具有在流通过程中保护产品、方便储运、促进销售的作用。旅游产品包装进行品牌传播要根据旅游品牌定位和视觉识别系统，统一视觉形象、体现品牌精神、与品牌活动关联呼应、展现旅游品牌个性。

5. 管理者进行旅游品牌传播是企业家在塑造个人品牌的基础上，通过在消费者心目中建立个人与旅游品牌之间的联系，从而扩大旅游品牌的知名度、美誉度的过程。企业家品牌传播要以塑造旅游品牌为战略目标，为个人品牌定位并提高公众曝光率。

6. 企业员工形象是消费者综合内外特征对旅游企业员工形成的整体性认识。旅游品牌管理者应做到员工内部品牌化、帮助员工建立个人品牌、在传播活动中实现员工个人品牌和旅游品牌的互动，从而发挥员工在传播旅游品牌中的重要作用。

7. 办公设备包括办公场所和办公用品。办公设备设计应与旅游品牌定位相一致，让消费者参与办公设备的设计有利于品牌传播。

8. 企业内刊是旅游企业自办的供内部员工和外部特定受众群体阅读的沟通和推广工具，企业内刊在传播品牌时应定位明确、内外分明、凸显旅游企业个性并在企业内刊的纸质版与网络版之间实现互补。

9. 企业官方网站进行品牌传播要明确导入旅游品牌形象、符合审美标准和具有趣味性以及鼓励消费者参与互动。

10. 社会化自媒体是一个基于移动互联网技术，能够在用户与用户之间、用户与系统之间实现互动的平台，它包括网络百科全书、博客、内容社区、社交网络网站、虚拟世界等。社会化自媒体在进行旅游品牌传播时要巧用免费模式、抓住意见领袖、发布优秀内容、鼓励消费者参与。

【术语（中英文对照）】

终端形象 terminal image
产品包装 product packaging
员工 employee
办公设备 office facility
社会化媒体 social media
内容社区 content community
虚拟世界 virtual world
旅游品牌传播 tourism brand communication
企业家 entrepreneur
内部品牌化 internal branding
企业内刊 enterprise internal publication
博客 blog
社交网络网站 social networking sites

【即测即练】

一、选择题

自学自测　扫描此码

二、名词解释

1. 终端渠道密度
2. 自有终端
3. 非媒体传播
4. 自媒体
5. 企业内刊

三、简答题

1. 终端渠道对旅游品牌的作用表现在哪些方面？
2. 旅游品牌的终端决策涉及哪些方面的营销内容？
3. 什么是旅游品牌内部传播？如何做旅游品牌的内部传播？
4. 企业家品牌传播的方式有哪些？
5. 产品包装发挥品牌传播功能时，应该符合哪些一般性原则？
6. 旅游品牌利用企业家进行传播时，一般应该遵循哪些原则？
7. 利用员工进行旅游品牌传播时，一般应该遵循哪些原则？
8. 社会化媒体品牌传播的方式常见的有哪几种？

【思考与讨论】

1. 旅游品牌终端渠道决策的主要内容有哪些？

2. 将品牌传播分为自媒体、非媒体、大众媒体三大传播组合有何创新意义？请以一个中国市场上的知名旅游品牌为例，来加以阐释说明。

3. 收集非媒体传播方面中国市场上 3 个旅游品牌案例，分析其对创建品牌无形资产的战略价值。

4. 收集自媒体传播方面中国市场上 3 个旅游品牌案例，分析其对创造品牌无形资产的战略价值。

【参考文献】

[1] 凯特奥拉，吉利，格雷厄姆. 国际市场营销(第 15 版)[M]. 赵银德，沈辉，张华，译. 北京：机械工业出版社, 2012.

[2] 骆光林，方长青. 包装与销售心理[M]. 北京：印刷工业出版社, 2005.

[3] 万文瑞，王安霞. 包装在品牌形象视觉表达中的作用[J]. 科教导刊, 2009(2).

[4] 余霄婷. 包装图形在品牌宣传中的意义[J]. 大众文艺, 2010(22): 70-77.

[5] Underwood R L, Klein N M. Packaging as brand communication: Effects of product pictures on consumer responses to the package and brand[J]. Journal of Marketing Theory and Practice, 2002, 10(4): 58-68.

[6] Underwood R L, Ozanne J L. Is your package an effective communicator? A normative framework for increasing the communicative competence of packaging[J]. Journal of Marketing Communications, 1998, 4(4): 207-220.

[7] Mangold W G, Miles S J. The employee brand: Is yours an all-star?[J]. Business Horizons, 2007, 50(5): 423-433.

[8] Miles S J, Mangold G. A conceptualization of the employee branding process[J]. Journal of Relationship Marketing, 2004, 3(2-3): 65-87.

[9] 常怀生. 环境心理学与室内设计[M]. 北京：中国建筑工业出版社, 2000.

[10] 王赐龙. 企业文化在办公空间设计中的体现[J]. 企业导报, 2011(14): 192-192.

[11] 周涧. 企业沟通——企业公关刊物传播运作研究[M]. 武汉：武汉出版社, 2006.

[12] Joseph W B, Cook R W, Javalgi R R G. Marketing on the Web: How executives feel, what businesses do[J]. Business Horizons, 2001, 44(4): 32-32.

[13] Kaplan A M, Haenlein M. The early bird catches the news: Nine things you should know about micro-blogging[J]. Business Horizons, 2011, 54(2): 105-113.

[14] Kaplan A M, Haenlein M. Users of the world, unite! The challenges and opportunities of Social Media[J]. Business Horizons, 2010, 53(1): 59-68.

第七章

旅游品牌杠杆战略

假如给我一个支点，我将撬起整个地球！

——阿基米德

学习目的

学习本章之后，读者将对以下品牌问题有更清晰、准确和透彻的理解：

- 什么是品牌杠杆？
- 旅游品牌杠杆运作的机制是怎样的？
- 如何发挥国家或地区的杠杆作用？
- 如何发挥旅游品牌代言人的杠杆作用？
- 如何发挥赞助事件的杠杆作用？
- 如何发挥联盟品牌的杠杆作用？
- 实施品牌杠杆战略的旅游组织会获得哪些市场优势？

本章案例

- 华住集团——品牌并购助力酒店梦
- 韩国泡菜——借汉城奥运会"一炮走红"
- 当瑞幸遇上谷爱凌
- 小猪与《向往的生活》——"慢生活"背后的居住自由主义

开篇案例　华住集团——品牌并购助力酒店梦

华住酒店集团（Huazhu Hotels Group LTD）由季琦于2005年创立，总部位于上海，

2010 年在美国纳斯达克成功上市，2020 年在香港交易所主板实现二次上市。截至 2024 年 3 月 31 日，华住集团在 18 个国家经营 9817 家酒店，拥有超 95 万间在营客房，已成为全球发展最快的酒店集团之一，是全球领先的多品牌酒店集团。集团旗下禧玥、全季、汉庭等多个知名酒店品牌，曾获十佳饭店集团等奖项。根据美国 *HOTELS 225* 杂志公布的“2022 全球酒店集团 200 强”最新排名，华住集团位列第 6；同步发布的“世界 50 大酒店品牌榜单”中，华住旗下汉庭、全季、你好品牌均上榜。

一家成立不到 20 年的酒店集团，能够快速发展获得如此成就，到底是什么原因呢？归根结底，是因为华住集团始终坚守“成为世界住宿业领先品牌集团”的愿景，以经济型酒店起家，通过不断地并购国内外知名酒店品牌，优势互补，资源互利，形成规模效应，成功进军中高端酒店领域，实现集团多方位发力的战略布局，最终在全球市场走出了成功的多品牌之路。华住的并购之路可谓成效显著，最有代表性的当属以下几大知名酒店品牌的并购。

1. 收购星程香港酒店（2012—2013 年）

2012 年华住收购携程旗下中档连锁酒店品牌“星程酒店”（星程香港）51%的股权，2013 年收购剩余股权，开始涉足中端酒店领域，以差异化发展思路弥补华住在行业中端市场的空白。收购星程酒店后，华住对星程品牌进行升级，借助其市场影响力开始在中端酒店行业发力，星程品牌加入华住后已覆盖全国 130 多个城市，门店数量达 300 多家。2013 年星程酒店荣获中国酒店业“十大影响力中档酒店品牌”。目前，星程酒店已成为华住集团旗下富有特色的中档酒店，以“宽敞的空间、独特的品位、高雅的格调环境”而闻名，因优质的床品卫浴和完善的配套设施带给顾客独特而舒适的住宿体验，从而获得消费者好评。

2. 华住收购怡莱酒店（2013 年）

杭州怡莱连锁酒店有限公司是一家区域性品牌酒店，虽然规模不大（一共仅有 10 多家酒店），在全国的品牌知名度不是特别高，但由于其分布在杭州黄金地段，且在当地具有一定影响力，因此，2013 年华住对怡莱进行 100%股权收购。这次收购是对华住在区域市场布局的补充与巩固，区域性收购是在经济型酒店整体利润走低之下未来经济型酒店的扩张之路，华住正是看准了这一发展契机。收购完成后，华住对怡莱直营店进行了整合与改造，纳入华住体系，这一收购拓展了华住在经济型酒店系列的多元化格局。

3. 华住收购中州快捷酒店（2015 年）

中州快捷酒店隶属于中西部地区最大的酒店管理集团——中州国际集团，管理并运营酒店 30 余家，定位为经济型酒店。值得注意的是，中州酒店是河南省最大的酒店连锁酒店，作为国有老品牌，有着优秀的管理团队，并拥有与洲际、雅高两大国际酒店的合作背景，建立了一套符合中国国情的酒店管理模式。基于此，华住集团收购中州酒店，除了在区域经济型酒店获得拓展外，在人力资源管理、对外交流等方面也获得了优势互补。

4. 华住收购桔子水晶（2017 年）

桔子水晶集团成立于 2006 年，旗下拥有桔子水晶酒店、桔子酒店·精选、桔子酒店等品牌，共有200多家酒店在营。其中，桔子水晶是国内领先的设计酒店品牌，每家酒店都是不同的风格，连续多年获得“中国最佳精品酒店大奖”。2017年，华住集团以36.5亿元人民币的价格全资收购桔子水晶酒店集团所有股权。这一重大收购事件，是华住集团消费升级的重大突破。桔子水晶集团旗下酒店设计感十足，整体风格受年轻人和时尚爱好者的喜爱，此次并购，与华住现有品牌线和群体形成差异化，为华住现有会员提供了更丰富的酒店选择，加速了华住在精品酒店领域发展的步伐。

5. 华住收购花间堂（2018年）

花间堂于2009年诞生于云南丽江，旗下酒店品牌已逐步拓展为客栈和度假村两大系列，分别位于丽江、香格里拉、束河等知名旅游目的地。2018年华住集团宣布完成对国内精品度假酒店品牌——花间堂的战略收购，收购后华住持股82.5%。花间堂因其独特的人文和设计理念获得了华住集团的青睐。此次收购后，华住集团在尊重和延续花间堂原有品牌个性和精神的前提下，充分发挥花间堂的设计优势和文化推广，打造中国人文酒店和度假酒店的领先品牌，为华住会员提供更多住宿场景的选择，共同诠释对美好生活的向往。

6. 华住收购德国德意志酒店集团（Deutsche Hospitality）（2019年）

Deutsche Hospitality是德国第一大本土酒店集团，具有近90年的历史，拥有超过10500名员工，旗下拥有五大酒店品牌，分别是：豪华酒店品牌施泰根博阁（Steigenberger）、高档酒店品牌MAXX by Steigenberger和城际酒店（Intercity Hotel）、设计酒店品牌Jaz in the City和兹利普酒店（Zleep Hotels），具有从豪华到经济型的全品牌组合。2019年华住集团新加坡全资子公司China Lodging Holding Singapore完成了对Deutsche Hospitality的100%股权收购，此次收购将进一步加强华住集团在高端品牌领域的布局和组合，进一步提升其高端品牌形象，继续巩固Deutsche Hospitality在欧洲地位的同时，华住也积极借助其品牌影响力开拓亚洲等新兴市场。

迄今，华住集团通过多次有影响力的品牌并购，实现了其在高端酒店、中端酒店、特色酒店等细分产品市场上的布局。这些被并购品牌，也从不同方面，将自身的正面资产转移到华住品牌上，从而不知不觉地提升了华住集团在全球市场消费者心目中的形象，使其成为当之无愧的全球发展最快的酒店品牌之一。

资料来源：华住酒店集团官网.

党的二十大强调我们要增强中华文明传播力影响力，“坚守中华文化立场，提炼展示中华文明的精神标识和文化精髓，加快构建中国话语和中国叙事体系，讲好中国故事、传播好中国声音，展现可信、可爱、可敬的中国形象。加强国际传播能力建设，全面提升国际传播效能，形成同我国综合国力和国际地位相匹配的国际话语权。深化文明交流互鉴，推动中华文化更好走向世界”。华住并购一系列国内外品牌的案例向我们表明，具有积极形象的被并购品牌，只要管理得当，就能够将其积累的无形资产转移给并购品牌，这不仅能够增进并购品牌的无形资产，还能在全球范围内传播中华文明，讲好中国旅游品牌故事，树立可信、可爱、可敬的中国旅游品牌形象。这就是品牌杠杆的功能。本章重点阐述旅游品牌杠杆战略，它是指旅游组织如何从各种外部实体借力，将外部实体的正面形象和联想，转移给旅游品牌，从而提升旅游品牌无形资产①。

第一节 品牌杠杆的内涵与意义

一、品牌杠杆的内涵和理论依据

（一）品牌杠杆的内涵

古希腊科学家阿基米德的千古名言“假如给我一个支点，我将撬起整个地球!”这一原理也充分反映了品牌杠杆战略对于打造品牌无形资产的重要价值。对于品牌来说，如果能找到一个好的支点，有效借助外部资源，就可以事半功倍地创建起强势品牌。例如，丁真是四川省甘孜州理塘县本地的“康巴汉子”，因在抖音上的一条十秒视频爆红于网络。出圈后，丁真成为四川省甘孜文旅体投资发展有限公司的一名员工，作为旅游形象大使，帮助地方政府发展理塘的文化旅游事业，为理塘的文旅产业带来了新的发展契机，极大地提升了当地的旅游品牌形象和知名度。

品牌杠杆是指通过整合品牌的外部资源，以达到借力、省力来创建品牌资产的效果，它是品牌战略的新模式。传统的品牌资产创建模式主要依赖公司内部资源，坚持内部导向，而品牌杠杆战略通过与外部实体建立联系，将人们对外部实体的积极态度、印象、评价等转移到品牌上来以增强品牌实力。因此，品牌杠杆可以通俗地称为“借势”或“借力”的战略。[1-2]

（二）品牌杠杆的理论依据

品牌杠杆理论最初源于国际品牌权威学者凯勒于 2003 年发表的一篇回顾性研究论文，但他并未将这一理论系统化。[3]本书作者、品牌战略管理学者王海忠教授在其专著《品牌杠杆：赢得品牌领导的资源整合战略》中首次系统构建了品牌杠杆的框架。[1]品牌杠杆的作用机制建立在四大理论基础之上。

1. 信息源可信度理论

信息源是指信息传播的起点。信息源可信度（source credibility）是指信息发出的源头（人或物）在人们心目中所具有的专业性、客观性、可靠性等方面的感知。信息源可信度对信息是否被接收有很大的影响。[4]而信息源可信度的两大重要维度是专有能力与诚信。凯勒和阿克证实了专有能力和诚信影响消费者对延伸产品的评价，且专有能力具有更大的正面影响效应。品牌的来源国、所属的公司、零售终端等都是品牌是否可信的信息源，它们都是品牌可以借助的重要杠杆。例如，瑞士拥有全球著名的滑雪胜地，如圣莫里兹滑雪

① 有关品牌杠杆这一新的品牌战略理念的进一步论述，请参考本书作者的另一本著作：王海忠. 品牌杠杆：赢得品牌领导的资源整合战略[M]. 北京：人民邮电出版社，2009.

场、铁力士雪山、采尔马特滑雪场等，使瑞士成为该国滑雪设备相关产品品牌的强力杠杆。

2. 情感迁移模型

情感迁移模型（affect transfer model）认为，消费者会将对外部实体的情感转移到品牌上来。外部实体的情感转移有两条路径。第一条路径：直接迁移。当外部实体与品牌之间关联度很紧密时，直接迁移模式发挥作用。例如，当外部实体是延伸品牌的母品牌时，消费者对延伸品牌的态度就可能通过直接迁移模式发挥作用。第二条路径：间接迁移。多数情形下，外部实体的态度和情感并不能直接转移到品牌上来。因为这种转移要受到外部实体与品牌之间匹配度的影响。当外部实体与品牌之间匹配度高时，消费者对外部实体的好感能顺利地迁移到品牌上；当外部实体与品牌之间匹配度低时，消费者对实体的好感不能顺利迁移到品牌上来。

3. 认知一致理论

认知一致理论（cognitive consistency theory）认为，人的信念或态度如果与其观点或行为发生矛盾，就会倾向于自我调整，以达到或恢复认知上的一致状态。20 世纪 50 年代就产生的认知一致性理论至今仍很有影响力。[5]该理论认为，人对周围的人、事物会产生相同或相异态度，这些态度原本是相互独立的。例如，当吉利汽车并购沃尔沃汽车品牌之后，欧美国家的消费者一开始会认为，吉利和沃尔沃之间的品牌形象是不一致的，担心沃尔沃品牌的无形资产会受到稀释。但是，营销者的任务是要通过科学的策略规划来改变消费者的这种认知。吉利创始人李书福发表“吉利是吉利，沃尔沃是沃尔沃”的并购承诺，力求使沃尔沃继续维持其高端、安全的品牌形象。

认知一致理论有助于解释品牌与外部实体之间的杠杆作用机制。当品牌与外部实体相连时，如果外部实体的形象、个性、态度与品牌不一致，结果可能就是改变品牌的形象、个性、态度，这就会使品牌形象、个性变得模糊，最终稀释品牌资产。

4. 分类理论

分类理论（categorization model）认为，当人们注意到一个新成员时，会在已有类别知识基础上推断新成员未知的特质。人们判断一个客体是不是一个类别的成员要经历两个阶段。第一步是把新客体与现有类别相匹配。如果匹配成功，与类别相联系的情感就会转移到新客体上去，评价过程就完成了。如果新客体和现有类别之间匹配性较差，精细加工就会被唤醒，消费者会将新客体的特征与现有类别的特征进行一对一比较，根据特征对类别的不同重要性程度，采用加权求和的计算方式来决定新客体与现有类别相似的程度，从而决定情感迁移的多少。

在品牌杠杆情形下，当消费者最初接触到外部实体时，如果外部实体与品牌明显匹配，则可以借用这些实体的情感、联想来强化现有品牌的联想。如果匹配度较差，消费者则会根据实体与品牌的相似程度，进行进一步精细加工，决定是否进行情感迁移。

二、旅游品牌杠杆的作用条件

旅游品牌杠杆效应如何才能产生？消费者对外部实体的认知、感觉、想法、态度、体验等优质资产如何才能转移到旅游品牌上来？外部实体的资产要转移给旅游品牌，需要具备三个条件。

（一）实体的知名度和影响力

首先，旅游品牌所要借力的外部实体必须是消费者所熟悉的。如果消费者不熟悉或不了解该实体，即使该实体拥有无形资产也无法将其转移到旅游品牌上。理想的外部实体的特征有：①消费者熟悉该实体；②消费者对该实体具有强烈的、正面的、独特的联想，对该实体持有正面判断和感觉。例如，奥运会是全球知名度最高、影响力最大的体育品牌盛会，赞助奥运会，旅游品牌可以借用其声誉和影响力，增进旅游品牌自身的无形资产。例如，2022 年 2 月 4 日晚，举世瞩目的北京第二十四届冬季奥林匹克运动会开幕式在国家体育场隆重举行。作为旅游央企、张家口冬奥村赛事唯一指定住宿和餐饮服务商，中国旅游集团圆满完成了北京冬奥会开幕式相关的服务保障工作，显著提升了其品牌的国际影响力。

（二）实体的相关性和寓意丰富性

实体不仅要能启发正面的联想、判断、感觉，还要与消费者相关，且寓意丰富。例如，很多品牌在聘请代言人时，往往只注重代言人的名气，不注重代言人在个性、气质上是否与品牌相匹配。如果代言人与品牌之间的关联性很弱，那么代言人的正面资产就无法转移到品牌上来；相反，还可能遭到消费者的负面评价。例如，2009 年年末媒体报道山东卫视主办的“好客山东 2010 贺年会”已向亚洲当红艺人 Rain 发出邀请，且 Rain 一旦接受邀请，主办方将为其设计特别惊喜环节，即现场聘请 Rain 出任“山东形象大使”。此消息一经发出立即遭到网友质疑。究其原因，Rain 那时候还是亚洲新生代娱乐明星，出道时间不长，没有经过时间的沉淀与洗礼，个人艺术风格尚未定型，很难让人们将他与具有两千年厚重文化历史的山东联系起来，很难让人们将 Rain 与热情、好客的山东人联系起来。

（三）实体知识的可转移性

外部实体本身已建立起寓意丰富的联想、判断、感觉，这些联想、判断、感觉在多大程度上能够转移到品牌上来呢？理论上看，任何品牌知识都可以从实体转移给品牌。但通常来说，象征性的联想、感觉等比功能性的效用、属性更容易转移到品牌上来。实体所拥有的特定知识可能和品牌不相关，或者和实体联系过于紧密而难以转移到品牌上来。例如，迪士尼作为动漫公司的成功典范，从动画起家，通过品牌延伸的方式实现企业的发展，成为当今世界最为庞大的文化娱乐帝国。尽管迪士尼延伸产品领域非常广，但迪士尼永远没有忘记品牌的核心理念——“传递快乐”。

三、旅游品牌杠杆组合框架

品牌可以借力的外部实体主要可分为八种（如图 7-1 所示）。这八种外部实体又分为两大类型，旅游品牌也不例外。

（一）作为旅游品牌来源渠道的外部实体

以下四种外部实体反映了品牌的来源渠道（source）。这些“源头”影响着品牌资产，品牌需要从中“借力”。

第一，旅游组织。产品品牌如何与组织层面的品牌形象建立联系或共享。旅游组织品牌能够启发共同的产品属性、利益、价值观等方面的联想，为旗下所有的旅游产品品牌增加资产。

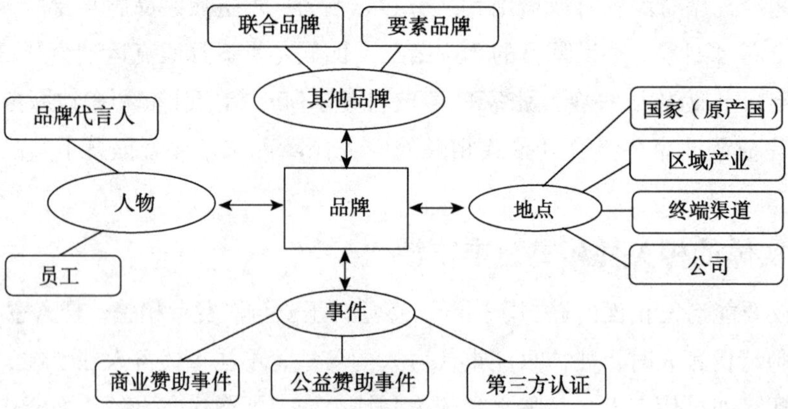

图 7-1　品牌标杆的外部实体

资料来源：Keller（2003）；王海忠（2009）.

第二，终端渠道。终端与品牌形象匹配会增进品牌资产，否则会稀释品牌资产。

第三，区域产业。某一地理区域因旅游产业上的集聚，形成区域旅游品牌。区域旅游品牌在产业上具有强烈的品牌影响力或声誉，产业内单个旅游组织则可从区域产品的旅游品牌资产中获益。

第四，原产国。旅游产品原产于或来源于哪个国家会影响国际市场消费者的旅游品牌感知。国家形象积极正面，其旅游品牌在世界市场也能借势热销。相反，负面或消极的原产国形象，会严重限制其旅游品牌的营销。政府可以通过常规营销活动，或在关键时刻，通过公关事件营销，有效提升旅游品牌的形象。

（二）作为相关人物、事件、物体的外部实体

与旅游品牌相关的事件（体育、文化、慈善公益等）、人物（品牌代言人等）、物体（第三方认证等）、其他品牌（合作品牌等），也可以借力给旅游品牌，弥补旅游品牌所缺少的认知度、形象，使旅游品牌创建具有“事半功倍”之效。

第一，赞助事件。借助具有正面形象的体育、文化、公益等事件，旅游品牌通过科学的赞助营销，有助于自身创建旅游品牌资产。

第二，联盟品牌。通过联盟其他品牌，或租赁获得其他品牌的授权，或并购其他品牌等方式，主品牌均可以从联盟品牌借力，将联盟品牌的优质资产转移到主品牌上来。

第三，品牌代言人。好的品牌代言人可以将“名气”和“印象”借力给旅游品牌，提高旅游品牌认知，强化积极联想。但品牌代言人选择不当，也会让旅游品牌形象受损。

第四，第三方认证。通过获得权威的、中立的第三方认证，旅游品牌可以获得有说服力的背书，从而增强其在消费者心目中的正面联想和影响力。

第二节 国家与区域杠杆

世界上，如果每一个国家都能把自己国家（或地区）的积极形象转移给旅游品牌，这对于旅游品牌在国际市场的营销具有重大意义。

一、国家的杠杆作用

国家形象是人们对该国各地区、各方面所持有的信念和印象的总和，它代表了人们心目中与某国连接在一起的大量信息片段和联想记忆的总和。消费者将产品与其原产国联系在一起，并由此产生情感价值，我们称之为“国家品牌资产”（country equity）。

在国际市场，国家作为原产国，其品牌形象影响消费者的品牌评价和购买。国家品牌形象形成一个固定的模式，并左右着人们对该国产品的好恶。在国内市场，国家对品牌的作用表现在如何影响国内消费者的“国货意识”。简而言之，国货意识就是消费者对国产货的信念、态度、情感。

产品品牌都带有国籍标签，因为品牌总是有一个出生、生长的地方。例如，即使希尔顿酒店遍布世界上的很多国家，国际市场的消费者仍然认为它源自英国，是英国品牌。市场上的绝大多数品牌都存在一个特定的原产国，原产国本身的形象影响品牌评价和购买。

（一）国家形象影响消费者的旅游品牌购买行为

旅游产品原产国形象，如同价格、品牌名、包装等信息一样，是一种重要的外在线索，影响消费者的旅游品牌购买行为。当国际市场上的消费者缺少内在线索（如使用的材料、功能等）时，或者消费者对内在线索的处理能力有限时，产品原产国这种外在线索的影响尤其明显。如果某个国家，长期向市场传播、灌输某种形象，消费者就会对该国形成某种固有的思维模式，且这种思维模式短期内难以改变。彼德森（Peterson）和乔利伯特（Jolibert）发现，国家形象能够解释产品品质评价的30%，能够解释产品购买意向的19%。[6]

（二）国家形象是一种刻板思维定式

受一国地理、历史、艺术、音乐、精英人物等多方面因素的长期影响，人们对某国如果一旦形成了固有的负面印象，即使该国出产的旅游产品或服务的质量有了实质改进，短期内，国际旅游市场上的消费者仍然沿用那套刻板的思维定式来认识或评判该国出产的旅游产品。可见，国家形象和产品形象的改变要落后于事实本身。例如，来自发达国家的旅游产品或服务质量总是被认为优于来自发展中国家的产品；[7]相反，发展中国家出产的产品却常常引起消费者的怀疑，因为这些国家的国家品牌资产低。对国家的固有印象是一种极端简化的刻板思维方式，并非完全客观、真实。

二、提升国家品牌形象的国际营销战略

虽然一国负面形象对国际旅游市场上的消费者具有持续消极影响，且短期内难以改变，但政府仍可以主动实施科学的营销战略，打造所期望的国家形象。一旦消费者把某些旅游产品与某个国家联系在一起，并建立起积极印象，国家品牌形象对旅游品牌就会发挥背书作用，这样国家品牌的无形资产就表现出来了。

本书着重从“中国制造”角度讨论国家品牌形象或国家形象。所谓“中国制造”的国际形象是指中国作为国际市场产品或服务的供给方，在满足全球消费者的物质需求和精神享乐需求方面的能力、品行等给人形成的认知、感觉等的总和。国家品牌无形资产的结果表现为一国经济及其产业、企业产品的国际知名度、美誉度、国际市场溢价。

以下是在国际上提升“中国制造”视角的国家品牌形象的几条基本原则。

（一）把握关键时刻，加大力度推广国家品牌形象

在关键时刻推广、提升国家品牌形象，将起到事半功倍之效。如何把握关键时刻？国家建立起领先科技、产业经济、军事等“硬实力”之后，提升国家品牌“软形象”就显得尤为迫切。此时，争取承办国际知名的经济、体育、文化等方面的盛事，并在这些重大事件中推广国家品牌形象就能起到事半功倍的效果。例如，韩国政府把握住 1988 年汉城奥运会的机会，把泡菜作为韩国文化推销给了世界各地，进而一鼓作气掌握了泡菜的国际标准（见品牌案例 7-1）。不要小看一包泡菜，掌握国际标准也就意味着在国际市场上，泡菜是否符合市场规范、是否可以进行国际贸易就得按韩国制定的标准来判断。更重要的是，泡菜是东方饮食文化的代表之一，韩国掌握泡菜的国际标准也意味着韩国是东方饮食文化的重要代表之一。

品牌案例 7-1　　韩国泡菜——借汉城奥运会“一炮走红”

今天一说到泡菜，世界各地的人们首先想到的是韩国泡菜。虽然韩国泡菜有很长历史，但真正确立其泡菜国际地位却是始于 1988 年汉城奥运会。韩国政府在奥运会期间大打统一的“韩国牌”泡菜广告，把泡菜推销给了 111 个参赛的国家和地区。

1988 年汉城奥运会举办之前，韩国泡菜不过是家家必备的家常小菜。欧美消费者对之躲闪不及（因为不习惯其味道），更别提什么国际影响力了。一切转变始于 1988 年汉城奥运会。就是在这次奥运会上，韩国泡菜产业界以统一的“韩国牌”泡菜一炮打响，

而这又是经过精心准备的。

韩国有识之士认为，奥运会是推广韩国传统文化的绝好机会。于是，韩国政府通过各种渠道把泡菜这种韩国饮食文化加以推广。奥运会期间，韩国政府出资在奥运会各大比赛场馆周围和汉城（今首尔）最热闹的市中心张贴关于泡菜的五颜六色的海报宣传，并设立了许多小摊，免费让各国游客和观众品尝韩国泡菜，很多商家也配合活动进行促销。正是1988年汉城奥运会期间的泡菜推广，使得韩国泡菜此后开始风行世界各地。

在这之后，韩国每年在首都首尔举办泡菜节。1996年国际奥委会正式将泡菜列入运动员的菜单里，使泡菜得到了世界的认可。2004年韩国泡菜还参加了东京博览会等国际性推广活动。同一年，韩国还牵头起草了有关泡菜的国际标准并获国际食品法典委员会（Codex Alimentarius Commission，CAC）通过。20世纪90年代以来，韩国泡菜的年产值始终保持着25%~30%的增长速度，韩国泡菜一半以上销往日本，其余销往欧美各地。

资料来源：

[1] 根据《广州日报》2008年3月30日“韩国泡菜跻身‘奥运菜谱’”整理而成。

[2] 王海忠. 品牌杠杆：赢得品牌领导的资源整合战略[M]. 北京：人民邮电出版社, 2009.

（二）制订常规性营销计划，将国家品牌形象推广列入中央政府的工作日程

要打造国家品牌，应设立国家品牌形象推广的常规性机构，负责制定、执行相应的国际营销规划。国家品牌营销规划系统一般包括三个基本问题：谁来营销？营销什么？向谁营销？

1. 谁来营销？

在国家品牌营销中，政府（公共部门）、商业公司、民间组织（协会，联盟会）、居民共同构成了品牌营销的主体。他们的协调合作对打造国家品牌形象起到增效的作用。其中，政府在国家品牌营销中居于主导地位。企业在国家品牌形象的建立过程中具有主体地位。而公众则是国家品牌形象工作的参与者、受益者，演艺明星、体育明星、科学家、政治家等社会公众人物是营销国家（或地区）品牌的关键人物，因其高知名度，常常代言或代表国家品牌。

2. 营销什么？

国家品牌营销的客体有很多，包括地区环境（投资环境、旅游环境、人居环境等）、公共产品或基础设施（土地、水、矿藏等，城市基础设施等）、企业产品、人物、历史与文化等。“中国制造”角度的国家品牌形象，其客体就是中国供应给国际市场的产品、服务等。

3. 向谁营销？

国家品牌营销的目的众多，如吸引国际旅游、投资、定居，或促进对外贸易等。因此，它的目标顾客群体一般有以下几类。其一，商务游客。包括商业会议代表、贸易参展商等。要打造商务旅游高端形象，需要具备良好的城市基础设施、接待业服务质量、政府政务管理、商务环境等。其二，休闲游客。包括休闲、游憩、旅游等方面的游客。要打造休闲旅

游高端形象，需要在天然旅游资源、城市环境、客户个性化服务等方面具备相应条件。其三，居民和雇员。技术专才、外来定居者是该国或地区持续繁荣的重要条件。为此，需要在生活条件、经济发展与就业机会、基础设施、教育水平、文化氛围、消费成本等方面具备相应要求，以吸引和留住人才。其四，投资者。

（三）培育声望品牌并发挥其示范作用

目前，世界市场的高档消费群已被欧美知名品牌占据，因而国际消费者对发达国家产品存在心理上的偏袒。因此，后起国家的企业产品要想有所作为，需要找准切入点，“好钢用在刀刃上”。常见做法是通过对个别有竞争优势的行业或企业加以重点扶持，从中打造出国际一流企业，这些企业在国际市场获得的正面反响，会溢出给整个国家的产业，以此提升国家品牌形象。例如，韩国政府刻意扶持大企业集团，三星、现代、LG、大宇等才得以在不长的时间内走向全球，成为国际知名企业；同时，这些少数几家韩国大企业集团也帮助韩国提升了“韩国制造”的整体形象。此外，特定的企业也需要采用“好钢用在刀刃上”的策略，通过打造标志性的产品品牌来提升整个公司的品质形象。例如，日本丰田汽车通过打造声望品牌雷克萨斯的战略，大大提升了整个丰田集团的汽车制造形象。

关于如何利用声望品牌来引导人们扭转对整个国家制造的产品的负面刻板印象，有学者研究发现，国家可以在对外传播策略中，有效引导国际消费者启用合适的心理加工方式来实现。从这一经验看来，中国政府需要扶持少数几家企业，让它们成为真正的世界名牌。这些代表性的中国企业又需要着力打造一个高档品牌。这样中国拥有了几个真正成功的全球知名品牌之后，就能提升整个“中国制造”的形象。一味强调中国企业“物美价廉”，既不符合科学原理，又不利于提升中国品牌的国际形象。[8-9]

（四）政府要在采购和消费方面发挥表率作用

美国国防部和财政部常常采购比外国货价格高 50%的美国国产货，英国限定政府在采购通信设备和电子计算机时要从本国公司采购，日本一些省（部）规定，政府机构的办公设备、汽车、计算机、电缆、导线、机床等不得采购外国制造的产品。韩国高科技产业成功的经验在于，把扶持与发展本土高科技企业当成使命，纳入国家和地方经济的评价体系。

一国的各级政府部门在办公用品采购方面优先惠顾国产货已成为世界通例，并不违背 WTO 原则。可见，政府有条件、有理由在购买国产货方面率先示范，用行动引导消费者偏爱国产货。政府还可以运用营销手段劝说公众偏爱国产货，支持民族经济。

在采购国产货、提升国家制造的国际形象方面，国家和政府领导人的表率作用尤其明显。2013 年 3 月，中国国家主席习近平担任国家元首以来首次出访，到俄罗斯、南非、坦桑尼亚、刚果四国访问，国家主席夫人彭丽媛穿戴国产品牌服装，向各国赠送的国礼是国产品牌化妆品、刺绣等。这有助于对外表明我们对本国产品的信心，不但对外有助于提升中国品牌的国际形象，而且对内有助于增强国内消费者消费国货的信念和信心。

品牌前沿 7-1 介绍了一项权威的国际研究，这项研究聚焦中国市场上的个体股民投资者对股票简称中含有“中”“国”“中国”等代表民族或国家意义的字眼或措辞有何反应，结果发现，含有这些字眼或措辞的股票名称（论文称为“母国名称股”），能提高个体股民的投资意愿。这说明，国家对品牌的杠杆作用表现在众多方面，代表国家精神文化的文字、历史文物、音乐艺术等均可为该国的品牌助力。

品牌前沿 7-1 “中字股”更能吸引个体股民的持购意愿

中山大学市场营销学者王海忠教授领衔，美国俄勒冈大学商学院袁虹副教授、广东财经大学黎小林副教授、中国火币区块链研究院首席研究员李骅熹博士共同参与研究了中国股票市场上的“中字股”如何影响个体股民的持购偏好。研究成果发表于全球知名营销期刊《营销科学院学报》（*Journal of Academy of Marketing Science*）。这一研究发现，在个体股民主导（从交易数和交易额角度）的中国股票市场，股票名称存在母国命名效应（home-name effect），带有“中”或“国”等字眼的“中字股”能够充当股票持购的诊断性线索。投资者会把带有“中国”“中”“国”“国家”等字眼的股票名称跟母国、红色等具有中国传统文化的特征进行联想。这些特征暗示了国家主义、吉祥、兴旺发达等积极象征意义，从而引起投资者的心理认同，提升了个体股民对“中字股”的持续意愿。同时，个体股民的自我提升动机具有正向调节作用，当投资者的自我提升动机被激活时，他们对中字股背后的公司会更倾向于心理认同，购买“中字股”的意愿更强。

该研究成果对于企业如何进行股票命名或更名战略，以及这些战略如何影响企业在股票市场的表现，具有重要意义。在首次公开募股（initial public offering，IPO）阶段，企业需要科学前瞻地对股票进行命名；公开上市之后，企业也可需要根据相关法令，科学、适时地进行股票名称评估审计，必要时需要寻找理想的时间点进行股票更名。历史上，当互联网潮流到来时，美国的很多上市公司将股票名称加上后缀“.net”，赢得了股票市场的积极反应。近年来中国不少上市及未上市企业对股票名或公司名进行了调整，常见的做法是将名称和“互联网”“大数据”“智能”“云”等具有产业前沿内涵的字眼关联起来。这些策略表明了企业的环境洞察和及时应变的意识，具有某种积极意义。

资料来源：Wang H, Yuan H, Li X, et al. The impact of psychological identification with home-name stocks on investor behavior: An empirical and experimental investigation[J]. Journal of the Academy of Marketing Science, 2019, 47(6): 1109-1130.

三、区域旅游产业的杠杆作用

将区域内的旅游产业打造成为区域旅游产业品牌，就能让区域内的每个旅游组织从中受益，从而发挥区域旅游产业的品牌杠杆作用。区域旅游产业品牌是某区域内因旅游产业的集聚而产生的市场声誉和影响力，是特定区域在旅游产业的众多旅游组织品牌基础上形成的整体旅游产业形象。它表现为市场上的消费者对该区域旅游产业的企业或产品品牌的整体评价和印象。区域旅游产业表现为“区域 + 旅游”的形式，如东北冰雪旅游、粤港澳旅游、婺源乡村游。区域旅游产业品牌的形成以旅游产业集聚为基础，又为产业内各旅游组织或产品品牌的发展提供强大的保护。

（一）区域旅游产业品牌的特征

1. 区域旅游产业品牌的主权归属

旅游产品品牌、公司品牌是由旅游组织自己创造并自主拥有的，在所有权上具有排他性。但是，区域旅游产业品牌并非为特定的某个旅游组织所有，而是由区域内多家旅游组织共同拥有，是广大成员组织共同享有的区域品牌无形资产，是该地区旅游产业的公共品牌，是区域内各旅游组织开拓市场的共有平台。

2. 区域旅游产业品牌的管理主体

产品品牌、公司品牌的管理主体是创造并拥有品牌的企业。区域产业品牌的管理主体则更多是所在地方的政府或行业协会。政府在制定公共政策、保护知识产权、推动区域产业营销等方面具有不可替代的作用。行业协会在促进企业间合作、强化区域内部的企业自律、实现有序竞争、协调成员企业利益、代表企业与外部沟通等方面具有突出的作用。

3. 区域旅游产业品牌具有“株连”效应

区域产业品牌实质上是一种统一品牌，区域内所有成员企业及其所有产品都统一在该品牌名称之下。区域旅游产业品牌表明了区域内旅游产业所有企业共同向市场上的旅游者提供的价值、利益与承诺。区域旅游产业品牌旗下的每个旅游成员企业都能从区域旅游产业品牌的声誉中获益。但是，每个旅游成员企业的行为也会影响区域旅游产业品牌的声誉。一旦个别旅游组织的产品出现质量事故，市场可能对区域产业内所有旅游组织产生负面影响，甚至抵制行为，最终破坏区域旅游产业品牌的整体形象。这就是区域旅游产业品牌的“株连”效应。为了维护区域旅游产业品牌的无形资产，地方政府或行业协会必须对区域旅游产业的整体生产、运作、质量、服务等实施标准化管理。长三角区域旅游产业就是一个典型例子。《长三角地区一体化发展三年行动计划（2018—2020 年）》指出，长三角区域旅游一体化要建成全域旅游发展的引领示范区，不但要成为全球旅游资源配置的亚太门户，而且要成为以具有全球竞争力的、以世界级城市群为依托的世界一流旅游目的地。截至 2020 年年初，长三角三省一市（沪苏浙皖）共制定、实施了 5 项长三角区域旅游标准（见表 7-1）。标准化建设成为长三角文化和旅游产业提速发展、做大做强的技术支撑和重要保证。

表 7-1　长三角区域旅游标准

标准名称	主要内容	实施日期
《旅游景区（点）道路交通指引标志设置规范》（DB31/T 393—2007）	三省一市旅游景区(点)道路交通指引标志的版面设计、版面内容、设置原则和设置方法	2008 年 1 月 1 日
《房车旅游服务区基本要求》（DB31/T 773—2019）（修订）	房车旅游服务区的总体要求和旅游联动、功能区、信息服务、服务人员、卫生和环保、安全管理、综合管理等要求	2019 年 10 月 1 日
《会议经营与服务规范第 1 部分：会议服务机构等级划分与评定》（DB31/T 636.1—2018）	会议服务机构等级划分的依据、基本要求、条件和等级评定	2018 年 11 月 1 日
《采摘体验基地旅游服务规范》（DB31/T 1111—2018）	采摘体验基地的旅游服务总则、服务基础要求、服务提供要求和服务保障要求	2018 年 11 月 1 日
《旅游志愿者服务规范》（DB31/T 1203—2019）	规定了旅游志愿者的基本要求、服务要求、服务内容和组织管理等	2020 年 3 月 1 日

资料来源：张琰，李国琼，王玥涵，等. 区域旅游标准化推动长三角一体化高质量发展的创新实践[J]. 中国标准化，2021(5)：111-114.

4. 区域旅游产业品牌必须具备产业优势

具有较高市场份额和影响力的旅游产业集群是区域旅游产业品牌形成的物质基础，离开这一基础，区域旅游产业品牌就是空中楼阁。在实际购买中，顾客对区域旅游产业品牌的联想是该区域内旅游产业的核心竞争力。

（二）区域旅游产业品牌的作用

1. 为单个旅游组织提供品牌担保

区域产业品牌是购买者对区域产业内部所有产品的形象和价值的总体认知。这种认知的基本源泉是该区域产业在行业竞争中的地位、特性，说到底是该区域产业因集群优势而为购买者创造的价值。当特定区域的旅游产业获得较大的竞争优势和较高的市场声誉以后，区域旅游产业品牌就会成为旅游产业的代名词。这时，区域旅游产业品牌可以展示区域旅游产业的专家形象，为区域内的旅游组织提供品牌背书（brand endorsement），成为旅游组织产品和服务的品质担保，赢得更多的市场认可，并为旅游组织品牌的成长创造了区域差异化优势。

2. 为中小旅游组织提供经济“保护伞”

中小旅游组织资金实力有限，难以用巨额资金投入广告以提高旅游品牌影响力。区域旅游产业品牌具有正向的外部效应，集群内的所有旅游组织都能从区域旅游产业共同的品牌声誉和形象中分享到无形收益。

3. 区域旅游产业品牌的整合效应

区域旅游产业品牌作为本产业所有旅游组织的共同资产，构成了集群中所有旅游组织的“品牌伞”。一方面，集群内中小旅游组织在区域旅游产业品牌的大伞荫蔽下推出新产品，其市场开拓成本更低，风险更小；另一方面，以区域旅游产业品牌为媒介可以实现对市场、客户、技术等资源的整合配置，推动旅游组织结成营销联盟，形成柔性的品牌价值链，提升旅游组织整体的市场竞争力。

四、打造区域旅游产业品牌的营销战略

正因为区域产业品牌对区域内各企业的战略价值，打造区域产业品牌近年来受到越来越多的重视。政府或产业中介在打造区域旅游产业品牌时，通常应该考虑实施以下战略。

（一）提高知识产权意识，把区域旅游产业品牌注册成为集体商标

区域旅游产业品牌属于区域内全体旅游组织的共同资产，影响着所有旅游组织的利益，需要加强保护。为此，地方政府或产业中介组织必须出面为区域旅游产业申请注册集体商标，采取强有力的手段确保相关旅游组织合法使用区域产业品牌，通过法律手段打击侵权行为。例如，青岛“电影之旅”、浙江丽水农家乐民宿区域公共品牌“丽水山居”等集体商标均已注册。只有这样才具备推动本地区旅游产业品牌发展的法律基础。

此外，对使用区域旅游产业品牌的企业要进行严格的认证，保障区域旅游产业品牌只归区域内认证过的企业使用。工商行政管理部门要通过原产地认证或者地理标志认证等手

段，来维护区域旅游产业品牌的合法权益。

（二）实施标准化工程，提升旅游产品的整体质量

集群内旅游中小企业数量多，技术、管理水平参差不齐，要切实维护区域旅游产业品牌的声誉，就需要实施产品制造、包装、分级等方面的标准化工程，来维护和提升产品的整体质量水平。行业协会或者地方政府管理部门应该组织制定一系列的生产管理、质量控制、技术保障等标准化规则或流程，来规范旅游组织的生产与经营行为，切实保证旅游产品的整体质量，避免出现“株连”效应。

（三）推动产业升级，不断提升区域旅游产业品牌的竞争优势

在经济全球化、国际性产业转移和产业升级的趋势下，世界上同一产业会出现多个区域产业品牌。但是，不同的区域产业品牌在产业层次上有很大差异。例如，马尔代夫、夏威夷、巴黎等目的地在全球均享有较高的旅游知名度和美誉度。要提升区域旅游产业品牌形象，就必须在产业链条中获得更高的位置，通过产品创新、技术创新、商业模式创新和区域产业治理方式创新等手段，推动实现区域旅游产业品牌从低端走向高端。

（四）努力提升公共服务水平，打造中小旅游组织合作的平台

（1）建设旅游组织共享的技术研发中心，为中小旅游组织提供技术支持。产品创新和技术创新是不断提高区域旅游产业品牌声誉的根本保证。但是，由于单个旅游组织在人才、资金和信息等方面实力有限，往往无力开展产品和技术创新。地方政府应当架起官、产、学、研之间合作的桥梁，建立旅游组织共享的技术研发中心，使科研成果通过研发中心向旅游组织推广，形成支持每个旅游组织发展的科技创新平台。

（2）旅游组织成员企业共同开拓市场。单个企业资金实力有限，产品品种较少，在产品的市场推广方面力量薄弱。为了打造区域旅游产业的共同影响力，旅游行业协会可以以营销联盟的形式组织成员企业共同参加营销推广活动，如发布整体的旅游产业形象广告、组团参加有关的产品交易会或博览会等，这样既可以形成统一的旅游品牌形象，又可以节约营销推广的费用。

（3）集中采购或分销，增强议价能力。为了克服单个旅游组织采购量小和产品品种少等劣势，在采购方面，旅游行业协会可以把成员企业组织起来，建立旅游组织采购信息库和采购中心，由协会出面集中采购，提高与供应商的谈判地位；在销售方面，旅游行业协会为成员企业建立统一的产品销售中心，形成统一的对外销售政策，增强与中间商的议价能力，同时还可以建立共同的旅游产品专卖店或者连锁销售机构，节约开发市场的费用。

（4）加强对外沟通与协调，维护区域旅游产业品牌声誉。一方面，由于地方政府和行业协会的联系面更广、影响力更大，因此通过地方政府或者行业协会开展与有关政府部门或其他机构的沟通与协调，可以为旅游组织发展争取更多的支持；另一方面，由于区域旅游产业品牌声誉与区域或城市形象、地方优势产业发展前景和地方经济发展环境等密切相关，因此，当发生区域旅游产业品牌信誉危机时，政府和行业协会必须通过开展有效的公关活动，来消除对区域旅游产业品牌不利的社会舆论、创造产业发展的良好环境，从而维护区域旅游产业品牌的声誉。

第三节 代言人与赞助杠杆

上一节我们介绍了国家与地区作为杠杆为企业或产品品牌借力的含义、策略等。本节着重介绍代言人与赞助事件给旅游组织品牌带来的杠杆效应，以及应用和管理这些杠杆的策略。

一、品牌代言人的杠杆作用

名人（celebrity）是指因其在自身领域所取得的成就而被公众所熟知和认可的公众人士，他们一般包括演员、运动员、政府官员、学者、商人等。品牌的名人代言（celebrity endorser）是指品牌商以付费方式，利用公众中有高知名度和美誉度的名人，在广告中以消费者身份对某个品牌加以赞誉的营销战略。名人代言能够增进品牌资产。其一，名人代言可以提升品牌的认知度、显著度。名人为消费者所广泛熟悉和喜爱，他们代言某个品牌能吸引消费者对此品牌的关注，这有助于迅速建立起品牌知名度，提升品牌显著度。其二，丰富品牌联想，提升品牌美誉度。当名人以消费者身份为品牌“说话”时，名人就和品牌联系在一起。通过代言，消费者会把对名人的相关感受、记忆、想象等转移到其所代言的品牌上。因此，名人代言会把名人为人所知、为人所喜爱的个性、气质转移给品牌，丰富品牌联想，提升品牌美誉度。以上这两方面的共同作用，使名人代言品牌能够提升品牌的无形资产。

品牌案例 7-2　　当瑞幸遇上谷爱凌

瑞幸咖啡（Luckin Coffee）总部位于厦门，是中国最大的连锁咖啡品牌之一。瑞幸咖啡主打高性价比的现磨咖啡产品，定位“专业、年轻、时尚、健康”。为了促进品牌发展，瑞幸采取了一系列品牌战略，其中最突出举措之一便是借势代言人，迅速扩大品牌知名度和提高美誉度。

2021 年 9 月，瑞幸宣布签约滑雪运动员谷爱凌，推出了“年轻，就是尽 99%的努力，1%交给幸运”的主题，以推广“瑞幸年轻化”的品牌形象。当时年仅 18 岁的谷爱凌，已是滑雪圈中的天才少女，斩获了 2021 年 X Games 金牌，并在自由式滑雪世锦赛中夺得“双冠王”。谷爱凌所具备的极强专业精神和能力与瑞幸一直致力于打造的专业形象相契合，同时她健康、时尚的个人风貌也与瑞幸的年轻消费群体相匹配。选定谷爱凌作为代言人，瑞幸不仅考虑了谷爱凌个性气质与品牌调性的契合，更是以长远的目光关注到了她的成长性及未来热度。虽然谷爱凌擅长的滑雪运动在国内相对小众，然而，瑞幸认为，2022 北京冬奥会必将掀起一波全民体育运动热潮，小众的冰雪项目也会进入大众视野。同时，谷爱凌作为中国队选手出战三项自由式滑雪比赛，极有冲击冠军的可能。另外，瑞幸主张的“专业、年轻、时尚、健康”的品牌理念与竞技体育也有一定的关联，搭上这趟“奥运快车”，有助于提升产品曝光、增加销量，同时让更多受众了解并认同瑞幸的品牌理念。因此，经过充分的背调，瑞幸决定“押宝”——选择在冬奥会之前签下滑雪运动员谷爱凌作为新一届代言人。2021 年 9 月，瑞幸正式官宣谷爱凌为品牌代言人。官宣后，瑞幸便开始准备相关物料，如开设谷爱凌快闪主题店，研发“谷爱凌特饮”，推出了谷爱凌限定版杯套、纸袋、加油签等周边产品。

事实证明，瑞幸选择谷爱凌作为品牌代言人非常具有“先见之明”。北京冬奥会中，谷爱凌凭借着完美表现为中国队斩获 2 金 1 银，创造了中国队历史。霎时间，“谷爱凌”成为现象级话题人物。在谷爱凌爆火后的连锁反应下，瑞幸成为“最大赢家”——成为同时段登上热搜高位的唯一品牌，成功打响了“年轻，就要瑞幸”的全新品牌宣言。“年轻，就是尽 99%的努力，1%交给幸运”，是瑞幸 × 谷爱凌广告片中的文案，也是这位“天才少女”和瑞幸“鬼才团队”恰如其分的写照。

资料来源：谷爱凌刷屏背后，瑞幸咖啡做对了这 5 件事[EB/OL]. 数英网.

不过，事物总有两面性。形象积极、正面的名人代言可以迅速扩大品牌知名度和提高美誉度。但名人一旦负面新闻缠身，品牌就会受到牵连，最终损害品牌资产。因此，理解、遵循名人代言品牌的基本原则就很重要。

（一）选择品牌代言人的基本原则

1. 关联原则

名人必须在某一方面与所代言的品牌具有某种共同点，从而让消费者在名人和品牌之间容易建立关联，关联有助于使名人代言显得真实可信。例如，韩雪是国内知名的女演员，2020 年成为苏州园林的代言人，其温婉柔美的气质和与江南园林的细腻雅致融合得恰到好处。苏州园林形象宣传片一推出，就引得网友纷纷表示想去苏州园林打卡，在一定程度上提高了苏州园林的知名度。

2. 连贯性原则

连贯性原则是指品牌在不同时代的代言人之间应该在个人形象、内涵、个性等方面存在契合性、连贯性。品牌代言人的形象契合性、连贯性有助于使品牌形象、内涵、个性也能前后连贯，这更有助于强化品牌的无形资产。例如，美国歌坛兄妹迈克尔·杰克逊（Michael Jackson）和珍妮·杰克逊（Janet Jackson）先后都代言了百事可乐，他们在气质、个性特征上都代表了美国“新一代”消费者，都能体现百事可乐品牌渴望无限、独立、创新、进取的精神气质。

3. 匹配性原则

匹配性原则是指品牌代言人与品牌本身在个性上的匹配度和一致性。品牌代言人与品牌在个性上匹配和一致有助于将名人的名气与气质转移给品牌，从而提升品牌资产。例如，韩雪代言苏州园林、刘若英代言乌镇，这两位代言人的个性与他们各自所代言的品牌的个性都十分吻合，因而对这两个旅游目的地品牌建立牢固市场地位和品牌资产发挥了积极贡献。相反，如果明星个性与其所代言的品牌的个性不吻合，则代言人所反映的气质，难以转移到品牌上去，就不利于提升品牌无形资产，反而还会损害品牌资产。

4. 对接原则

明星在不同消费者群体心目中的魅力是存在差异的。品牌代言人的人口统计特征（年龄等）、心理个性特征等方面，要与品牌瞄准的核心目标消费群具有一致性，对他们有号召力。这就是对接原则。

5. 品牌为主的原则

品牌为主的原则是指名人在广告中要突出品牌，以品牌为核心，而不是以代言人为中心。要达到好的传播效果，把名人融入品牌之中才是上策，但市场上常见的品牌广告现象却是镜头在代言人身上聚焦的时间远远长于品牌，代言人在广告中的光芒掩盖住了品牌。其结果是，消费者看完广告之后，只记住了名人，却不记得品牌。让这样的名人代言品牌，名人把风头占尽了，而代言的品牌在广告中却备受冷落。

6. 避免“一女多嫁”原则

名人广告长久以来存在“一女多嫁”的问题，即一个明星同时为几个品牌作商业代言。此时，这个名人就有可能承担传递多个不同的，有时甚至是相互矛盾的品牌价值观或主题，结果会使被代言的品牌之间互相削弱，从而模糊、淡化品牌形象。这样的品牌商业代言就失去了独特性。

7. 本土化原则

尽管全球市场正在趋向一体化，但品牌经营管理者在广告代言人方面，却倾向于选择对本土市场的消费者具有亲和力的当地名人，这有助于培养当地消费者对品牌的情感认同。例如，百事可乐开辟中国市场时，就相继邀请张国荣、刘德华、郭富城、王菲、陈慧琳等港台歌星为百事代言，他们也成为“百事巨星”。这些巨星在音乐演唱方面中西合璧的风采、魅力，让百事可乐既彰显了其国际品牌形象，又收获了中国市场的销售业绩。

8. 多渠道名人代言原则

品牌聘请名人代言时，最常使用演艺界和体育界的名人。除此之外，品牌还可以根据自身所处的产业和品牌个性，拓宽代言人的来源渠道，除了使用演艺、体育等领域的名人代言之外，还可以聘请来自政界、学术界、企业界、舆论界等的名人代言。

品牌前沿 7-2 介绍了一项国际研究，比较旅游目的地品牌传播中的目的地名人和客源地名人的代言效应差异，结果发现客源地名人代言更有助于促进旅游者对旅游目的地的积极态度，提升其出游意愿。

品牌前沿 7-2　　目的地本土名人代言真的有效吗？来自眼动的证据

近年来，为提高旅游目的地在全球化竞争中的竞争优势，增加当地旅游收入，世界各国旅游目的地邀请名人进行旅游代言的营销手段已屡见不鲜。部分目的地采用本土名人代言策略，如纽约市邀请本国名人泰勒·斯威夫特（Taylor Swift）担任其旅游宣传大使；然而还有部分目的地则采用客源国名人代言策略，如澳大利亚邀请中国名人黄晓明担任旅游形象大使，以此吸引中国旅游者关注，刺激旅游需求。这两种不同类型的代言策略哪种更能引发客源国旅游者的积极态度和出游意愿？来自中国中山大学的黎耀奇等三位学者综合运用自我报告法和眼动研究方法，对旅游目的地名人代言的有效性问题进行了深入探究。

该研究选用澳大利亚为旅游目的地，中国为客源地，设计了三个实验，分别回答以下三个问题：目的地名人代言是否能提高消费者对旅游目的地的态度？哪种类型的代言人（目的地本土代言 vs. 客源国名人代言）效果更好？目的地代言效应的内在机制是什么？研究结果显示，在旅游目的地代言中确实存在名人效应，即相对于普通人代言，旅游者面对名人代言旅游目的地时，会将自己对代言人的态度迁移到旅游目的地上，从而提升其对旅游目的地态度和出游意愿；在名人代言策略中，相较于目的地本土名人代言，客源国名人代言能够使旅游者的目光更多地聚焦目的地景物上，并显著提升旅游者对旅游目的地的态度和出游意愿。

该研究结论为旅游管理部门、旅游企业等如何选用代言人进行旅游宣传提供了指导。旅游目的地在选用名人做代言人之前，应当围绕名人的性别、职业、外貌吸引力、声誉、个性、气质等特征开展调查，尽量选用与旅游者有更多相似点的名人，以实现更好的宣传效果。同时，旅游目的地也应注意名人虽能够引发旅游者对目的地的积极态度，但亦会转移旅游者对目标旅游风景的注视，背离旅游广告目标，从而成为制约广告效果的不利因素。因此，旅游目的地在设计名人广告时应当注意，名人的台词及表演要服务于旅游宣传，要突出产品特色，传达目的地形象。

资料来源：Li Y, Liu B, Xie L. Celebrity endorsement in international destination marketing: Evidence from eye-tracking techniques and laboratory experiments[J]. Journal of Business Research, 2022, 150: 553-566.

（二）品牌代言人的管理

品牌代言人对品牌资产有加法效应，也有减法效应。因而，管理品牌代言人的策略变得十分重要。以下是管理品牌代言人的几点通行做法。

1. 对品牌代言人进行整合营销规划

很多代言人只在广告片中出现短暂的几秒钟时间，之后便再也没有为品牌做任何宣传推广活动。品牌经理人应该为品牌代言人制定相应的长期规划，将代言人运用于品牌的整合营销活动之中，最大化发挥代言人对品牌资产的贡献。除广告之外，代言人还应该在品牌公关、事件营销、包装、促销甚至终端推广活动中发挥作用。多传播渠道使用同一代言人，能够在代言人与品牌之间建立关联，促进代言人的无形资产最大限度地转移给品牌。

2. 对品牌代言人适时进行更换、更新

为防止消费者“审美疲劳”，也为防止品牌代言人的“老化”，公司需要适时为品牌更换或更新品牌代言人。更换品牌代言人时，需要坚持如上所述的连贯性原则，新的代言人要在形象、气质、个性等方面，与原有的品牌代言人保持整体上的一致性。一般而言，公司在推出新产品、产品新包装、产品新配方、新营销策略等情形下，均可能更新品牌代言人。相对于更新品牌名、标识、标语等品牌元素，更新品牌代言人可能相对更频繁。

3. 品牌代言人的危机预警与管理

明星是一群长期生活在镁光灯下的特殊人群，强大的曝光率决定了他们代言的品牌很可能突然面临意料之外的负面新闻或丑闻。因此，品牌经理人应该建立一套防范品牌代言人危机的预警机制，尤其要防范涉及明星道德方面的危机。精心策划的品牌代言人危机预警管理，便于在代言人出现危机时，品牌能快速做出科学应对，使可能带来的负面影响最小化。

二、品牌赞助事件的杠杆作用

（一）赞助营销的内涵

赞助营销是指企业或品牌通过资助某些公益性、慈善性、娱乐性、大众性的社会活动和文化活动，来让企业或品牌曝光，从而宣传、塑造企业或品牌的形象，促进产品或服务、观念等的销售。一般来讲，赞助营销兼容了公共关系和销售促进两类营销策略的目的或用意。近年来，越来越多的中国企业或品牌热衷于赞助营销活动。除了赞助体育赛事之外，企业还赞助文化教育、慈善公益等活动。

赞助营销对品牌产生短期和长期两方面的效果。短期效果体现在赞助营销活动带来的社会对企业或品牌的关注度、品牌知名度、品牌销售量上。但很多赞助营销活动并不能在短期内收效，企业或品牌声誉需要长期积累。总的来说，赞助营销的效果体现在以下三方面。

1. 提高企业声誉

赞助营销有助于改善企业或品牌声誉。例如，当大部分旅企依然扎堆真人秀节目时，国内“OTA 老大”携程已经把版图扩展到了体育市场，2016 年成为上海国际马拉松赛的赞助商。携程将此次马拉松赛作为一次体育社群旅游营销的试点，有利于提高企业的声誉。

2. 吸引雇员

参与赞助活动不仅能为企业树立良好的社会形象，还能向现有员工或潜在雇员传达一个积极信号，即自己所在的企业是负责任的、可以信赖的。这一点可以增强员工对公司的认同感。美国科恩/罗珀（Cone/Roper）的企业公民调查发现，熟悉公司公益事业项目的员工，超过 88%的人对企业表现出“强烈的忠诚”；53%的员工之所以选择为目前的公司工作，部分原因在于其看重公司对各种公益事业的承诺。

3. 促进销售

消费者的公益意识也在不断提高，他们在决定购买或向其他人推荐某种产品时，会考虑选择那些为社会公益事业做出了贡献的公司。所以，赞助活动有利于提高公司产品或服务的销售业绩。

（二）品牌赞助营销的原则

如何才能提高赞助营销对品牌资产的贡献？在此提出提升赞助营销效果的四大原则。

1. 门当户对

第一个基本原则就是要找到与公司或品牌的核心价值相匹配的赞助对象。品牌经理人只有找到在核心价值上与品牌一致或匹配的赞助对象，才能发挥赞助营销活动强化品牌形象、增加品牌资产的作用。为此，品牌经理人在寻找、遴选、评估品牌的赞助对象时，可以参考以下三个条件。其一，赞助对象要有足够高的品质形象或品位标准；其二，赞助对象要与品牌拥有相似的精神内核；其三，赞助对象与品牌之间的关系可以通过赞助得到强化。

2. 聚焦目标市场

赞助作为一种营销活动，有自己的目标市场。品牌的目标市场必须和赞助活动的目标受众一致。例如，小猪短租作为国内优质的民宿平台之一，以“居住自由主义”的经营理念给年轻消费者呈现不一样的生活态度。为了增加平台流量，小猪短租赞助《向往的生活》等综艺。这里，小猪短租和综艺《向往的生活》的主要客户群都是年轻人。这一赞助营销扩大了小猪短租品牌在目标顾客中的影响力和销售量，提升了企业的品牌资产。

3. 整合营销

要让赞助营销对品牌贡献最大价值，企业就必须充分利用赞助，开发出更多与消费者沟通、互动的机会。因为赞助给了企业营销开发权（marketing rights），最大程度地利用这些权利才能给品牌带来最大回报。具体而言，赞助营销活动需要综合实现四方面的目标：吸引顾客广泛参与、吸引员工积极参与、高强度媒体覆盖、促销执行落地。

4. 平衡营利性和公益性

企业一方面有追逐利润的本性，另一方面作为社会公民，企业也有履行社会责任的义务。理想的赞助营销活动要既能为企业创造经济价值，又能实现社会公益。哈佛商学院战略管理权威学者迈克尔·波特（Michael E. Porter）教授称赞雀巢公司对印度小型种植户的扶持活动，认为这种公益活动和企业价值创造很好地结合起来，达到了营利性和公益性的战略平衡。[10]1962 年，雀巢进入印度市场，经政府审批后在莫加（Moga）北部建立了奶牛场。针对莫加当时的落后状况，雀巢在每个镇都建立了配备冷藏设备的牛奶站，派车上门向农户收购鲜奶。随车而至的还有兽医、营养师、农艺专家和奶品质量保证专家等，他们及时为患病奶牛治病和补充营养。雀巢公司还每月为当地养牛农户举行培训，针对奶牛饮食条件差的状况，公司还为农户提供资金和技术以改进养殖条件。雀巢公司“扶贫帮困”活动既帮助了印度当地的农户，又确保了自己获得稳定高质的奶源。公司刚进入印度市场时，莫加地区只有 180 家农户为其供奶，到后来供奶户已超过 7.5 万家，雀巢有了稳定而优质的牛奶供应。同时，农户的牛犊死亡率下降了 75%，牛奶产量提高了 50 倍。然而，当今很多品牌的赞助营销活动，要么太过于商业性、营利性，失去了社会责任担当；要么完全与公司业务和发展战略严重脱节，带有随意性，难以长期可持续。这两种情形都会使赞助难以为继。

品牌案例 7-3 描绘了短租平台品牌小猪短租赞助综艺节目《向往的生活》的营销考量，因双方在理念、受众属性等方面的高度契合，小猪短租做出了对其进行赞助的决定。

品牌案例 7-3　　小猪与《向往的生活》——“慢生活”背后的居住自由主义

小猪，原名小猪短租，成立于 2012 年，是国内依托于分享经济，为用户提供特色住宿服务的互联网平台。截至 2019 年，小猪房源已覆盖全球逾 700 个城市和目的地，拥有超过 5000 万名活跃用户，成为中国房屋分享经济领域的代表企业之一。

为了进一步提升品牌的知名度与影响力，2018 年，小猪选择赞助综艺《向往的生活》第二季。综艺节目《向往的生活》是一档明星嘉宾回归本真田园生活的体验节目。节目传递了纯天然体验劳动之美的慢生活方式，自播出以来便取得了不俗的播放率。小猪选择赞助《向往的生活》，除了节目的高曝光度，最根本的原因在于双方的理念与受众属性的高度契合。在理念方面，小猪主张“居住自由主义”，通过房屋实现人与人、人与不同生活方式的连接，为顾客创造不同的生活体验。而《向往的生活》节目展现的是朋友们住进乡间的蘑菇屋，一起劳作，一起唠嗑，一起度过一段难忘的生活。节目慢生活的调性与小猪旅行、民宿的调性相符。在受众方面，《向往的生活》受众主要为快节奏都市生活中的年轻消费群体，这也是小猪的主要目标人群。在充分考虑传递理念的契合度，以及收视人群与目标人群重合度的基础上，小猪选择赞助《向往的生活》。小猪经过与湖南卫视节目组的沟通，在《向往的生活》预埋众明星嘉宾缺钱危机，在后续剧情中，面对窘迫的经济状况，众明星嘉宾便顺理成章地提议将蘑菇屋上线到全国最大的民宿平台小猪短租 App 上。随后节目弹出小猪短租 15 秒硬广视频，视频中代言人黄子韬掏出手机打开小猪 App 发现“蘑菇屋真的上线小猪了”，引导大家报名入住。

《向往的生活》中的巧妙剧情式植入将小猪这一品牌毫无违和感地带到了大众视野，进一步提升了用户对该品牌的认知度以及好感度。为了进一步加深用户对品牌的认知，小猪还借助节目热度，在全国开展优质乡村美宿体验用户招募活动，制作了相关创意营销视频，并联合知名微信公众号、微博达人等进行传播。在上线数天内，总播放量将近 200 万次；活动报名人数近 6 万人。通过赞助《向往的生活》，小猪向用户传递了品牌“居住自由主义”的理念，唤醒用户内心深处对于美好生活的憧憬与向往，提升了品牌的知名度与美誉度。

资料来源：

[1] 陆离. 娱乐营销如何打通“品效合一”新路径？[EB/OL]. [2018-06-27]. https://baijiahao.baidu.com/s?id=1604436160878347987&ufr=spider&for=pc.

[2] 营销干货 | 品牌如何能够借助娱乐 IP 实现利益最大化？[EB/OL]. [2018-06-29]. https://www.sohu.com/a1238423298_295353.

[3]《向往的生活》同款蘑菇屋体验官独家招募，3 天 2 晚全国十城免费住！[EB/OL].小猪民宿环游记. [2018-05-05]. https://www.sohu.com/a1230522528_385967. 以上资料均有删改.

第四节 品牌联盟杠杆

品牌联盟已成为公司的重大品牌战略。我们需要了解品牌联盟的主要形式，以及通过品牌联盟提高品牌资产的主要战略。

一、品牌联盟的形式

品牌联盟是指两个或两个以上的品牌进行商业合作的一种方式，并在合作过程中将所有参与合作的品牌名字都保留下来。[11]市场上品牌联盟的形式多种多样，主要存在以下四种品牌联盟形式。

（一）联合促销

联合促销是两个或多个品牌一起投入某种促销或广告活动。联合促销提高了双方品牌的销量，扩大了双方品牌的宣传推广范围。这种品牌联盟属于参与度最低和价值增值最低的品牌联盟形式。

（二）商业联盟

商业联盟主要是两个品牌在营销的地理或服务内容范围上的相互联合。很多世界顶尖航空公司签约寰宇一家（One World）或星空联盟（Star Alliance）。这样的联盟使各家航空公司的客户可以在联盟内的所有航班之间签转，不仅提高了联盟内部的上座率和利润，也提高了乘客飞乘服务的便利性、满意度、忠诚度。

（三）品牌合作营销

品牌合作营销是指把两个或更多品牌融入同一个营销活动中，从而说服消费者这种产品具有独特的品牌属性，以扩大产品推广力度，增加销售，并最终为参加品牌合作营销的企业增加品牌价值。品牌合作营销一般是中长期商业安排，有别于联合促销的短期特征。

（四）合资企业

品牌联盟的极端是合资企业，它是指双方或多方品牌共同创造一个全新的产品/服务。合资企业对参与各方的品牌核心资源能力等有形或无形资产的匹配性提出了更高要求。合作双方或多方希望从合资企业中追求更高层次的价值创造。

二、品牌联盟的收益

品牌联盟可以借用对方品牌的知名度、形象、记忆等为自身服务，消除或弱化消费者心头对自身品牌可能存在的疑虑，使消费者对自身产品的品质增加信任感。品牌联盟能实现品牌之间优势互补与资源共享。

以下谈谈品牌联盟的几点收益。

（一）获得独特而显著的定位

当品牌联盟双方都具备独特且出色的顾客认知时，品牌联盟可以使联盟后推出的产品获得区别于竞争者的属性，从而获得独特而显著的优势。

（二）提升品牌档次，丰富品牌形象

品牌经理人更乐于寻找、利用知名品牌来进行品牌联盟。借助其他知名品牌，将自身品牌与知名品牌的积极形象建立联结，这样的品牌联盟可以提升自身品牌的无形资产，增强品牌价值。例如，携程在坚持“深耕国内，心怀全球”的发展战略过程中，与长城皮卡、温德姆酒店集团、万事达卡等国内外知名品牌进行品牌联盟，每一起品牌联盟都无疑为成就携程的旅游龙头企业品牌作出了有益的贡献。

（三）传递高品质形象，降低感知风险

通过与高品质品牌的联盟，可以向市场传递品牌自身也是高品质的信号。要素品牌联盟最能说明这方面的收益。例如，康尔馨是国内著名的纺织品品牌，专注酒店布草 24 年，是星级酒店床品的龙头企业，覆盖了全球知名酒店品牌，包括洲际、万豪、希尔顿、金陵、雅高、温德姆等酒店集团及旗下品牌，康尔馨的品牌形象有效提升了酒店品牌的积极形象和竞争地位。

（四）为品牌注入“第二春”

对于想要重新定位的知名品牌，利用品牌联盟的方式可以给自己注入新的品牌基因，使品牌重新焕发活力。因此，不少很有知名度的百年品牌，通过与新兴产业的新锐品牌进行联盟，来实现其品牌的重新定位。例如，随着《英雄联盟》《绝地求生》等游戏大热，电竞游戏进入越来越多人的生活。为了迎合年轻顾客群体的新需求，2018 年希尔顿与游戏电脑厂商外星人（Alienware）联合推出了一间电竞主题套房，被称为 Room 2425。这间号称基本可以满足电竞玩家的一切需求，配有 7～10 项高端游戏设备，一晚的价格约为 2200 元。这样游戏电脑厂商外星人不但弥补了希尔顿酒店在新兴渠道的不足，而且还增加了希尔顿酒店的品牌资产。

（五）减少进入新市场的风险

品牌要进入新市场需要耗费很多的资源和营销努力，一不小心还会全军覆没。品牌联盟有助于弱化新市场的消费者对新进入的品牌及其产品的怀疑，降低品牌进入新市场的风险。

（六）增加销量，获取额外收益

通过品牌联盟来进行营销互动，能有效地吸引消费者目光，刺激消费者需求，增加销量。这样的品牌联盟只需要两个联盟品牌在主流业务中增加一小笔成本，就可以有效增加销量，获得额外的收益。

三、品牌联盟成功的原则

品牌联盟要想取得成功，需要遵循以下四个原则。

（一）品牌 DNA 匹配

品牌联盟营销所选择的合作品牌必须符合“品牌匹配”的前提条件，即双方在品牌内核、品牌形象、品牌个性等方面必须是匹配的。只有双方具备高度匹配性，品牌联盟才能很大程度上发挥效用，产生“1 + 1 > 2”的传播效果。具体包括三方面的匹配。其一，品牌内涵匹配。这是指联盟各方的品牌定位、品牌核心价值要匹配，品牌个性是吻合的，联盟各方在企业文化、价值观等方面没有冲突。其二，渠道资源匹配。这主要是针对终端渠道特别重要的消费品品牌而言的。双方渠道资源符合彼此的品牌定位；对方终端渠道的优势能为我方所用；双方终端渠道资源能协调整合等。其三，目标消费群匹配。这是指联盟双方品牌的目标消费群体的人口统计特征是一致的，各自能有效地接触到对方的目标消费群体等。

（二）资源共生

品牌联盟“资源共生”原则要求联盟营销的品牌之间必须拥有共同的、直接或间接的市场营销资源共享。例如，上述希尔顿与外星人的品牌联盟之所以成功，最重要的基础是目标消费群高度一致。他们共享了目标消费群这一最重要的资源，希尔顿借助外星人进入了新的终端渠道，而外星人借助希尔顿满足了网络游戏玩家对良好住宿体验的消费需求。

（三）利益一致

品牌之间开展联盟也是为了聚合资源共同作用于市场，以便获取品牌各自的收益。没有一致的利益作为推动力，品牌联盟就难以持久。

（四）机会均等

品牌联盟双方必须获得均等机会。品牌选择联盟营销，无论哪一方内心深处都希望能够“借东风”，利用合作伙伴的资源获得更多的品牌利益，但市场没有“傻瓜”，对于利益的争取谁也不会懈怠。“机会均等”是联盟营销的重要保障，是开展联合营销的心理底线。

第五节　旅游品牌杠杆战略的创新意义

品牌杠杆展示了一种新的品牌战略视野。传统的品牌管理模式始于 1931 年，当时美国宝洁公司的基层营销经理尼尔·麦克尔罗伊（Neil McElroy）担任卡美香皂（Camay Soap）品牌经理。他当年写下的“品牌管理备忘录”，勾画出以品牌为核心的营销管理模式，从此以宝洁为参照的品牌管理模式长期被奉为经典。但传统品牌管理模式自 20 世纪 90 年代以来遇到越来越多的挑战。就旅游组织而言，其品牌多元化、联盟营销、品牌延伸等使旅游品牌结构变得复杂化，旅游品牌与原产国形象、同业竞争者、终端渠道等的联系越来越紧密……凡此种种，呼吁旅游组织要引入更为创新的品牌管理模式。品牌杠杆模式就是其中突出的一种创新模式。本节主要从七个方面分析旅游品牌杠杆模式相对于传统旅游品牌管理模式的创新之处。

一、从内向战略到外向战略

传统旅游品牌模式多依赖公司内部资源打造品牌。传统的品牌责任人把创建品牌总结为一套流程：确定品牌定位和核心价值；设计品牌名称、标语、标识、包装等品牌要素；实施广告、促销、价格、渠道等营销组合策略；定期评估品牌等。这个系统固然没错，但却远远不够。

旅游品牌杠杆模式强调借助外部资源创建旅游组织品牌资产。例如，通过对体育、文化、慈善公益等事件的赞助，将这些事件的积极形象转移到旅游品牌上来；通过与其他品牌的联盟，取长补短，从中增加自身的品牌无形资产；借助区域产业集群品牌的效应，避免单个旅游中小组织打造品牌面临的资源或经验不足的问题。又如，政府如果做好战略规划，切实提升“中国制造”的国际品牌形象，那么每家中国旅游组织都将从中受益，在国际市场获得更高溢价……可见，旅游品牌杠杆模式注重整合外部资源，既是一种外向战略，也是一种借力省力的战略。

二、从关注消费者到关注重大利益相关者

传统旅游品牌模式重点关注消费者。了解消费者需求，传递优质产品或服务，满足和超越消费者需求，成为指导品牌创建活动的准则。旅游品牌杠杆模式除了关注消费者之外，还关注其他重大利益相关者。消费者、员工、股东、同业或异业合作伙伴、渠道成员、政府等都是品牌的重大利益相关者。各重大利益相关者对于维护旅游品牌无形资产和声誉至关重要。如果要保持旅游品牌的吸引力和领导力，就需要了解这些重大利益相关者的需求，向他们传递优异价值，努力获取他们的支持。可见，旅游品牌杠杆模式关注的范畴更广。

品牌前沿 7-3　　名人 CEO 对餐饮企业绩效的影响:环境动态性的调节作用

如今的媒体时代催生出了许多名人 CEO，形成了特殊的“品牌杠杆”。CEO 的成名会影响其行动和战略制定，继而影响其所在企业组织的绩效，但他们对企业到底算得上是资产还是负债，仍然未知。由于餐饮业是广告支出最大的行业之一，通常会吸引媒体和公众的高度关注，因此更容易产生明星 CEO。此外，餐饮企业的 CEO 一般拥有更高水平的管理自由裁量权，这也意味着餐饮行业的明星 CEO 对企业组织的影响会更为明显。基于此，萨里大学酒店与旅游管理学院 Bora Kim 与宾夕法尼亚州立大学酒店管理学院 Seoki Lee 共同研究了名人 CEO 效应如何影响企业绩效的问题。

该研究采用面板回归分析来检验 CEO 成为名人之后对公司绩效产生的影响，研究样本选自 execucomp 数据库，包括在 1992 年至 2018 年上市的美国餐饮公司。研究发现，CEO 成为名人之后会对企业组织的绩效产生正向影响，但这一关系会受到行业外部环境动态性的负向调节，即随着行业环境动态性的增强，明星 CEO 对企业组织绩效产生的积极影响会减弱。这是因为明星 CEO 通常会过度依赖以往的成功经验，而不是根据外部环境的动态变化对战略进行适当调整，由此导致的战略僵化问题会阻碍企业的发展，

对处于动态变化行业环境中的企业而言，这种负面影响更为严重。此外，该研究还发现，媒体将企业的成功归因于CEO的行为推动了明星CEO的产生。

该研究成果对于餐饮企业发挥明星CEO这一品牌杠杆的积极效应具有重要意义。对于公司管理层而言，应当采取适当措施制衡明星CEO的战略决策权，防止其做出武断的管理决策。具体包括：首先，定期比较明星CEO和其他高层管理人员间的薪酬差异以确保权力差距不会过大，以及保持董事会主席的独立性以确保管理监督的有效性。其次，应考虑引入外部专业咨询人员为明星CEO和其他高层管理人员提供最新行业咨询，以便他们能够根据行业外部环境的变化调整战略以适应不同情况。最后，对于明星CEO本身而言，应当时刻反思自身的战略是否缺乏灵活性，并在企业内部资源充足和外部条件有利的情况下，积极采用新战略以应对新形势。

资料来源：Kim B, Lee S. The impact of celebrity CEOs on restaurant firm performance: The moderating role of environmental dynamism[J]. Journal of Business Research, 2022, 139: 869-880.

三、从战术营销到战略统筹

传统旅游品牌模式多是对市场的被动反应，是一种战术思维。例如，为品牌设计标识或包装、设计广告创意、选择广告投放媒体等。旅游品牌杠杆模式要处理好旅游品牌和关键利益相关者的关系，因而在这种模式下的旅游品牌营销活动涉及公司长远利益，需要战略性思维。例如，2014年“一带一路”倡议提出，使大西北地区成为中国旅游产业的重要开发地带。为了紧密连接大西北地区各省区政府和文旅企业，实现合作共赢，2021年6月8日，大西北文旅高峰会在宁夏银川举办。与会专家提出，大西北地区在旅游业发展之初就建立了全国面积最大的西北旅游协作区，其所建立的自然共享、线路共推、结汇联动、责任共担、协同发展的模式在全国具有典型性。因此，在大西北地区实施区域合作很有必要。

四、从中低层管理者到高层管理者

在传统旅游品牌模式下，旅游品牌责任人多由中低层职位经理人担任，他们管理的资历较浅，经验相对不足。在旅游品牌杠杆模式下，品牌责任人转向了中高层经理人甚至于首席执行官。例如，提升旅游品牌的原产国形象，要说服政府介入品牌推广活动，离不开公司高层的游说。要充分发挥品牌杠杆功效，旅游品牌管理职责越来越需要高层管理者担当或参与。

五、从单一品牌结构到多元品牌结构

在传统旅游品牌模式下，旅游公司往往只有单一的品牌，品牌营销活动主要是单一品牌的促销、广告、市场调研等方面。但是如今，绝大多数旅游公司覆盖了多个产品和市场，超出单个品牌的范畴。例如，截至2022年年底，万豪国际酒店集团拥有遍布全球130个国家和地区的超过 6500 家酒店和 30 个品牌，如何处理好公司内部这么多品牌之间的关系，显然已成为公司重大战略议题。传统的产品或品牌经理无法管理这么多品牌及其它们之间的关系。

六、从本地意识，到全球视野

传统旅游品牌管理模式主要限于在国内旅游市场管理品牌的营销活动。以杭州、三亚、丽江等为代表的旅游目的地，其传统管理模式成形的时期，市场的全球化趋势还不明显，因此，传统品牌管理模式也主要以国内旅游市场为背景。但随着全球化进程的加快，其传统品牌管理模式受到严峻挑战，众多的国内旅游目的地开始了大规模的品牌管理变革创新。

品牌杠杆模式就是其中一种创新理念，它主张在全球范围内整合内外部资源。越来越多的旅游组织重视品牌杠杆战略，品牌杠杆思想有助于它们理顺品牌关系，维持全球领导地位。同样，来自新兴市场的旅游品牌属于全球市场后来者，它们要想在国际竞争中占有一席之地，必须借助国家这只“无形的手”。可见，品牌杠杆模式同时受到老牌跨国旅游公司和新兴国际旅游企业的青睐。

七、从品牌资产，到品牌领导

品牌杠杆模式要求品牌不能只是具备资产，更要具备领导力。根据物理学的杠杆原理，品牌与外部实体的距离相对较远。若要成功从外部实体“借力”，品牌必须能够辐射和影响这些实体。没有品牌领导力，品牌就无法影响和辐射这些外部实体。因此，旅游品牌杠杆模式要求品牌要确立自身的领导力。

表 7-2 总结了传统品牌模式与品牌杠杆模式的主要区别。

表 7-2　品牌杠杆模式与传统品牌模式的主要区别

传统品牌模式	品牌杠杆模式
①内向战略 依赖公司内部资源创建品牌的无形资产，视野相对狭隘	①外向战略 除了利用公司内部资源外，还强调借助多种外部资源创建品牌的无形资产，强调“借力”，视野相对开阔
②关注消费者 把调查了解、满足、超越消费者需求作为品牌创建的准则；视消费者为品牌的被动接受者	②关注利益相关者 关注合作品牌、渠道、政府等重大利益相关者，向他们传递价值；消费者是最重要的利益相关者，把消费者视为品牌创建活动的主动参与者与合作者
③战术反应 对市场、竞争品牌的营销活动作出被动的、临时性的反应	③战略思维 对市场、竞争品牌及其外部实体均实施战略规划，对品牌利益相关者的关系实施战略管理
④中低层经理 品牌责任人多为中低层经理，他们资历浅、经验少，决策范围有限	④高层经理 品牌责任人多为高层经理，他们资历丰富，有权决策重大、长远的品牌活动

续表

传统品牌模式	品牌杠杆模式
⑤单一结构 管理单一品牌、单一市场，很少考虑公司内部的品牌之间，以及品牌与关联品牌之间的关系	⑤多元结构 管理多元品牌、多元市场，重视管理公司品牌与产品品牌，产品品牌之间，品牌与关联品牌之间的多元关系
⑥本地视野 在本国市场管理品牌，认为品牌塑造与国家形象无关	⑥全球视野 在全球市场管理品牌，深知品牌受国家形象影响，强调企业品牌战略与国家形象战略之间相互关联
⑦品牌资产 品牌建设的最终目标是为增进品牌的无形资产	⑦品牌领导 品牌建设的最终目标是谋求品牌的全球领导力，以品牌魅力和影响力辐射、管理各种利益相关者

资料来源：王海忠. 品牌杠杆[M]. 北京：人民邮电出版社，2009.

总之，旅游组织的品牌杠杆模式更能整合外部资源；视野更长远、更开阔；更重视战略而非战术；不只关注单一品牌，而是关注管理多品牌及其之间的关系；更有全球视野。品牌杠杆模式呼吁构建品牌领导力（brand leadership），包括品牌魅力和品牌影响力。其一，品牌魅力。旅游品牌若能提出卓越的价值主张，超越产品本身建立与顾客的情感关系。同时，品牌所在公司又拥有独特的管理模式和领导风格，其CEO个性鲜明、公司在公众中的形象好等，这些都可以让旅游品牌魅力倍增。而具有魅力的品牌会吸引众多优秀的利益相关者加盟，他们会自愿将其优质资产转移给品牌。可见，品牌魅力是品牌领导力的重要维度。其二，品牌影响力。通过建立技术和产品创新方面的领先地位，旅游品牌能够大大增强其影响力。开发最前沿的新技术，拥有广为人知的专利及研发，掌握技术标准的话语权，旅游组织就能发挥品牌影响力。掌握行业标准的品牌，就是世界领导品牌。此外，履行社会责任，担当优秀的企业公民，也能增强旅游品牌影响力。

【本章小结】

1. 品牌杠杆是指品牌经营管理者通过营销活动，从品牌的外部实体嫁接其所拥有的知名度和美誉度，以借力、省力的方式来创建品牌无形资产的品牌管理模式。品牌杠杆战略又可以通俗地称为“借势”“借力”的战略。

2. 品牌杠杆作用的四大理论依据是：信息源可信度理论、情感迁移模型、认知一致理论和分类理论。旅游品牌杠杆发挥作用的条件包括：外部实体要具备足够的知名度和影响力；要与消费者相关；其品牌资产可以转移到旅游品牌上来。

3. 品牌杠杆的渠道主要有以下八个：公司品牌、终端渠道、区域产业集群、原产国、赞助事件、联盟品牌、品牌代言人、第三方认证。

4. 旅游品牌杠杆模式是对传统旅游品牌管理模式的创新，主要体现在：从内向到外向的转变、从关注消费者到关注多个重大利益相关者的转变、品牌经营管理责任人从中低层管理者到高层管理者的转变、公司从单一品牌结构到多元品牌结构的转变、品牌战略从本地视野到全球视野的转变、从培育品牌资产到同时培育品牌资产和品牌领导力的转变。

【术语（中英文对照）】

品牌杠杆　brand leveraging

信息源可信度　source credibility

情感迁移模型　affection transfer mode

分类理论　categorization model

认知一致理论　cognitive consistency theory

国家品牌资产　country equity 或 country brand equity

品牌名人代言　celebrity endorser

关联学习理论　associative learning theory

信息源吸引力理论　source attractiveness theory

品牌合作营销　co-branding

品牌领导力　brand leadership

【即测即练】

一、选择题

自学自测　扫描此码

二、名词解释

1. 区域产业品牌
2. 旅游品牌杠杆
3. 信息源可信度

三、简答题

1. 简要论述旅游品牌杠杆的作用条件是什么。
2. 简述旅游品牌杠杆的理论依据。
3. 简述旅游品牌杠杆对传统品牌管理模式进行了哪些创新。
4. 如何理解国家形象对旅游品牌的影响？
5. 要让旅游品牌从代言的名人中借力，需要遵循哪些一般性原则？
6. 旅游品牌联盟要想取得成功，应该遵循哪些一般性原则？

【思考与讨论】

1. 分析讨论中国旅游组织应该挖掘国家层面的哪些优质无形资产，以提升中国旅游品牌在全球市场的影响力。

2. 收集中国旅游市场上从代言人获取品牌杠杆的 2～3 个品牌案例，分析它们的营销战略创新。

3. 收集中国旅游组织在品牌命名、品牌故事挖掘等方面，与欧美地区建立关联、期望从中借力的 2～3 个失败案例，分析总结中国旅游组织在实施这种战略时需要吸取的教训。

【参考文献】

[1] 王海忠. 品牌杠杆[M]. 北京：人民邮电出版社, 2009.

[2] 王海忠，刘红艳. 品牌管理——整合资源赢得品牌领导地位的新模式[J]. 外国经济与管理，2009(5): 23-29.

[3] Keller K L. Brand synthesis: The multidimensionality of brand knowledge[J]. Journal of Consumer Research, 2003, 29(4): 595-600.

[4] Keller K L, Aaker D A. The effects of sequential introduction of brand extensions[J]. Journal of Marketing Research, 1992, 29(1): 35-50.

[5] Osgood C E, Tannenbaum P H. The principle of congruity in the prediction of attitude change[J]. Psychological Review, 1955, 62(1): 42.

[6] Peterson R A, Jolibert A J P. A meta-analysis of country-of-origin effects[J]. Journal of International Business Studies, 1995, 26(4): 883-900.

[7] 王海忠, 赵平. 品牌原产地效应及其市场策略建议——基于欧、美、日、中四地品牌形象调查分析[J]. 中国工业经济, 2004(1): 78-86.

[8] 王海忠，陈增祥. 中国品牌国际新定位研究[J]. 中山大学学报（社会科学版）, 2010, 50(3): 175-183.

[9] 王海忠，秦深. “声望品牌”，可以燎原[J]. 中欧商业评论，2011(5): 52-55.

[10] 迈克尔，波特，马克，等. 战略与社会：竞争优势与企业社会责任的联系[J]. 商业评论，2007(11): 42-44.

[11] 汤姆 · 布莱科特，鲍勃 · 博德. 品牌联合[M]. 北京：中国铁道出版社, 2006.

[12] 大卫 · A.艾克. 品牌领导(第 1 版)[M]. 北京：新华出版社, 2001.

第八章
旅游品牌延伸战略

品牌延伸是公司利用声誉寻求增长的常见战略，但错误的延伸决策可能带来战略性的损害。

——大卫·阿克（全球品牌管理权威学者）

学习目的

学习本章之后，读者将对以下品牌问题有更清晰、准确和透彻的理解：

- 旅游品牌延伸的内涵是什么？
- 品牌延伸对旅游组织的战略意义何在？
- 如果旅游品牌延伸成功，其正面效果有哪些？
- 如果旅游品牌延伸失败，其负面结果有哪些？
- 旅游品牌延伸应该遵循哪些原则？
- 旅游品牌的垂直延伸与水平延伸各适用于哪些情景？

本章案例

- 梦幻迪士尼——动画电影核心资产如何成功外溢
- 鸿鹄逸旅——星火何以照亮携程？
- 阿联酋航空——坚守造就的“飞悦卓越”

开篇案例　　梦幻迪士尼——动画电影核心资产如何成功外溢

迪士尼公司于1923年创建，总部位于美国加利福尼亚伯班克，诞生至今已有百年历史，经过多年的积淀目前已是全球公认最具价值和最被信任的娱乐品牌。迪士尼不只从事动画电影行业，其产品已延伸到公园度假、消费品、电视网络等多个领域，所涉及各大产业均受到广大消费者的一致好评，取得了丰硕的品牌价值。以动画电影发家的迪士尼公司，为什么能在其他业务的品牌延伸上如此成功？其秘笈有哪些？

1. 依托动画电影核心属性，坚持“梦想制造机”的核心理念

“Make everyone’s dreams come true”“坚持造梦”一直是迪士尼成立至今的品牌核心理念。迪士尼创办人华特·迪士尼曾经说道：“我并非主要给孩子拍电影，我拍的电影是献给我们每个人心中的孩子，不管我们是6岁还是60岁！你可以梦想、创作、设计和建造世界上最奇妙的地方，这些梦想需要努力才能成真！”基于此，跟随“梦想制造机”这一企业核心价值观的指引，迪士尼致力于将动画电影核心属性扩展引入多领域，打造了米老鼠、唐老鸭、灰姑娘、白雪公主、小熊维尼等多个全球顶级IP，为迪士尼“造梦”创造了源源不断的价值。例如，在主题公园延伸领域，迪士尼乐园利用IP的影响力继续坚持为游客“造梦”，里面的每一个游乐项目都是以迪士尼有影响力的电影或动画片核心属性为基调：“灰姑娘的旋转木马”“白雪公主”“小熊维尼历险记”等；在消费品延伸领域，“爱莎公主的裙子”“加勒比海盗杰克船长的衣服和帽子”“小熊维尼的马克杯”等一经问世就深受观众喜爱。可见，坚持核心理念，依托核心属性是文旅企业品牌延伸成功的关键。

2. 洞察周边行业机遇，坚守价值定位

（1）不断扩大产品领域。成立之初，迪士尼的定位锁定在动画影视行业，核心是世界上著名的动画长片和真人电影拍摄制作。凭借着精湛的技术和利好的行业政策，迪士尼动画影视迅速崛起，获得了一致好评。世界上第一部有声卡通影片米奇卡通《汽船威利号》（*Steamboat Willie*）、第一部彩色卡通影片《花与树》（*Flower and Tree*）等均出自迪士尼影视。然而，随后迪士尼遇到了发展的瓶颈期，经历了“二战”调整期和创始人华特·迪士尼的去世，迪士尼内部出现了派系之争，公司面临前所未有的困境。在内忧外患情况下，职业经理人艾斯纳（Michael Eisner）接管了公司，此后开启了多元化的品牌延伸之路。为了打破困局，迪士尼公司意识到了扩展品牌领域的重要性，开始重新审视公司的发展路径。于是，迪士尼在坚守“梦想制造机”价值定位的基础上不断扩大产品线，向主题公园进军。在美国佛罗里达、日本东京、法国巴黎等地陆续成立了迪士尼乐园。同时，为了“让动画片复活”，迪士尼成立了好莱坞和正金石两家电影公司，以拍摄更多视角的电影供公众选择。随后，迪士尼开始聚焦消费品、媒体网络等领域，将热门的电影变成了公司业务发展链，衍生出了图书、玩具、百老汇演出……除此以外，迪士尼公司开始在全球范围内寻求跨国发展，将业务的触角伸向世界各地，最终使得迪士尼从一家动画电影公司发展成为综合娱乐跨国集团。

（2）品牌使命的扩大。“It all started with a mouse! ”，这是迪士尼创始人华特·迪士尼最常挂在嘴边的一句话。的确，他创造了卡通人物米老鼠，制作了电影史上第一部完整的动画影片，开启了迪士尼的动画影视发展之路。毫无疑问，“制造故事、创造卡通人物”成为迪士尼发展初期的主流使命，指引着迪士尼在动画影视行业不断发展壮大。随后，迪士尼不再是简单刻画卡通人物，不再是简单地在电影动画领域为消费者制造快乐，而是从单一产品到整合产业链，从为部分特定消费者制造快乐到制造全部人的快乐，从大众文化产品到国家法律保护下的美国象征这些改变，赋予了迪士尼品牌更多的内涵和价值观，制造出了梦幻、浪漫、童趣、快乐的发展理念。“世界上没有一个人会拒绝快乐”，迪士尼品牌正是抓住了人们对“快乐”的渴望，致力于将迪士尼发展为“世界上最快乐的地方”。如今，每每提到迪士尼，人们脑海中总能浮现出一幅欢乐世界的模样，迪士尼成为真正意义上的“造梦机”。

3. 科技助力发展，引领快乐潮流

事实上，迪士尼不仅是一家娱乐文化公司，更可称得上是一家科技公司。20世纪60年代，为了拓展品牌生命周期、增强用户体验，让每一个走进迪士尼的消费者都能有源源不断的快乐，迪士尼开始利用科技为“梦想制造”赋能，开始推广诸如Circle Vision 360摄像机视频格式等领先于时代的新技术，并在主题乐园项目中将这些技术展现得淋漓尽致。如今，伴随着VR、AR、可穿戴技术的兴起以及AI的迅速发展，迪士尼也在不断探索，不断完善，以增强用户体验。例如，迪士尼在探索VR领域触觉技术的“Po2”技术，用户需要佩戴体感手套来实现VR游戏中的真实触感；在探索基于音频的“stereohaptics”技术，通过低音炮音响和其他类别的音频工具的配合，创造出一种触觉反馈体验。除此以外，迪士尼还注重技术与IP和内容的结合，利用储备丰富的IP，形成了“IP + 科技 + 内容”的三位一体。例如，在利用《星球大战》这个颇具特色的IP方面，就和AR、VR等技术密切结合，产生了《星球大战：绝地挑战》的AR头盔游戏等文化产品，深受用户喜爱。正是看到了技术对于品牌延伸的重要性，迪士尼十分重视科技产品研发、科技人才引进和培养。

4. 多样化渠道，全方位快乐

为了实现宏大愿景，为消费者创造源源不断的快乐，迪士尼在定价、渠道、传播等营销运作方面下足了功夫，加大营销投入，为迪士尼的快乐销售运作制定了一套行之有效的策略。

（1）牢牢掌握“定价权”。虽然游客对门票价格上涨感知不是非常明显，但迪士尼却运用规模效应牢牢掌握一直提价的底气，不断地提升迪士尼乐园票价及相配套服务价格，在游玩人数不断上升的情况下继续提价以获取更多利润。

（2）“授权”与“自营”并行。迪士尼在消费品等领域的品牌延伸主要采取“授权”的方式。例如，“迪士尼服饰”“迪士尼饰品”“迪士尼糖果”等采取“授权”的方式，既能节约母品牌的延伸成本，又能扩大迪士尼的品牌宣传效应。而在电视影业、主题乐园领域，迪士尼则坚持“自营”方式，将已有优势发挥到最大化。

（3）“捆绑式”的营销手段。迪士尼非常重视并善于与其他商家品牌合作，以实现推广迪士尼文化的作用。例如，迪士尼在麦当劳餐馆挂有卡通人物杰西卡和罗杰招牌的代价，使麦当劳答应与迪士尼合作，投入了1500万美元为迪士尼做广告宣传，迪士尼因此既获得了一笔广告费又利用麦当劳文化扩大了自己的卡通文化价值。同样，迪士尼与“7-Eleven”便利店达成共识，只要购买便利店的两瓶饮料，再添10元就可以获得迪士尼饰品一件。这样的营销宣传海报在便利店随处可见，并遍及大街小巷，扩大了迪士尼的品牌宣传范围。

总之，迪士尼公司之所以长盛不衰，正是因为坚守了“制造梦想”“传播快乐”的品牌初心，在此基础上，成功实现了品牌延伸。在拓展新业务的时候，迪士尼总是能够利用迪士尼动画影视核心属性优势，洞察周边行业机遇。此外，科技创新配合科学严密而又具有创新性的营销策略，使得迪士尼既赢得了消费者的持续喜爱，又建立起了品牌领导地位。迪士尼可以称得上为旅游业的品牌延伸提供了经典范例。

资料来源：

[1] 比尔·卡波达戈利，林恩·杰克逊. 迪士尼魔法：从童话城堡到娱乐王国的经营之道[M]. 北京：机械工业出版社，2014.

[2] 王大悟. 主题乐园长盛不衰十大要素论析：以美国迪斯尼世界为案例的实证研究[J]. 旅游学刊，2007(2)：33-37.

[3] 文化娱乐产业：大厦将立，急需柱石[EB/OL]. [2016-03-14]. https://www.163.com/mobile/article/BI4QLUT800168FU.html.

党的二十大报告指出，“我们要拓展世界眼光，深刻洞察人类发展进步潮流，积极回应各国人民普遍关切，为解决人类面临的共同问题作出贡献，以海纳百川的宽阔胸襟借鉴吸收人类一切优秀文明成果，推动建设更加美好的世界”。与迪士尼相似，许多旅游组织凭借在原有领域已经建立起来的品牌资产，期望在其他产品或服务领域获得市场份额。然而，并非所有的旅游组织都拥有迪士尼同样的品牌无形资产或声誉优势来帮助公司进行战略性产业延伸。组织在决定是否进行品牌延伸之前，需要仔细评估自身的优势是否能够在新的产品或业务领域发挥作用，以及品牌延伸是否会伤害已经建立起来的品牌资产。盲目的品牌延伸不仅难以使新产品或服务获得成功，还可能使已有的品牌定位越来越模糊。因此，旅游组织在进行品牌延伸时，应紧密结合国家政策，以创新和质量为核心，评估自身在新领域中的优势与潜力。本章将学习旅游组织进行品牌延伸的正确路线，规避可能遇到的陷阱，帮助组织识别正确的品牌延伸机会，制定可行的延伸策略，利用好品牌延伸这把双刃剑。

第一节　品牌延伸的内涵与意义

一、品牌延伸的内涵

（一）品牌延伸的界定

品牌延伸（brand extension）是指利用现有品牌名进入新的产品类别，推出新产品的做法。[1]品牌延伸能够让组织以较低的成本推出新产品或服务，因而它成为组织推出新产品的主要手段。在美国，每年通过品牌延伸推出的新产品占市场上新产品总量的90%左右。越强势的品牌，越能够利用品牌延伸推出新产品。

根据组织在新产品上使用的品牌名和原有品牌名的关系，旅游组织延伸产品的品牌命名一般采用三种策略。其一，旅游组织单独为新产品开发一个新的品牌名，新品牌与原有品牌相互独立。此时，旅游组织要进行多旅游品牌的管理。其二，新产品完全使用已有的品牌名。其三，新产品具有自己相对独立的品牌名，但新的品牌名与原来的品牌名有某种关联。旅游组织以第二种、第三种策略推出新产品时，不同程度地利用了已有的品牌及其无形资产，都称为旅游品牌延伸。例如，希尔顿旗下的华尔道夫酒店被誉为“奢华酒店的鼻祖”，这可以看作是运用了第一种策略。故宫博物院推出文创系列产品，进军彩妆界推出了故宫口红，可以看作是运用了第二种策略。长隆集团推出了熊猫酒店和企鹅酒店，但其与长隆乐园有门票与酒店的打包产品，可以看作是运用了第三种策略。从这三个例子可以看出，希尔顿旗下的华尔道夫酒店，在大众消费者眼中是独立于已有的希尔顿系列的，而故宫与长隆则不同程度地利用了已有的品牌资产。

（二）与旅游品牌延伸相关的概念

母品牌（parent brand），是指实施品牌延伸的现有旅游品牌。上述例子中的希尔顿、故宫、长隆都是母品牌。延伸产品（extension product）是指通过旅游品牌延伸推出的新产品。子品牌（sub-brand）是指旅游组织进行品牌延伸时，使用的具有相对独立性的品牌名，但新品牌名与现有品牌名同时使用，则新的品牌名被称为子品牌。新品牌与母品牌之间类似于母子关系。现在通过一个例子来进一步理解三个概念之间的含义。为了满足消费者对低热量饮料的需求，可口可乐公司推出“健怡可乐”，此时“可口可乐”是母品牌，“低糖可乐”则是延伸产品，“健怡可乐”即子品牌。健怡可乐例子使用了母子品牌策略。

按照延伸产品与已有产品是否属于同一产品类别，旅游品牌延伸可以分为两大类。

（1）产品线延伸（line extension）。它是指利用母品牌，在原有产品类别中，生产更多丰富的和不同的产品。延伸产品与已有产品的不同之处体现在成分、口味、形式、大小或用途等方面。产品线延伸是品牌延伸的主要形式，每年 80%～90%的品牌延伸属于产品线延伸，[2]像喜茶推出的季节限定饮品超解辣杨梅冻就是喜茶品牌的产品线延伸。

（2）品类延伸（category extension）。它是指品牌延伸到不同的产品品类。例如，长隆酒店就是长隆这个品牌向新的旅游产品品类的延伸。酒店与主题乐园属于不同的产品类别，品类延伸虽然没有产品线延伸那么常见，但有时却能达到很好的效果。长隆品牌将主题乐园与酒店产品整合，更好地满足了游客吃住行游购娱的需求，同时也合理地诠释了其品牌理念。

二、品牌延伸的积极作用

合理使用旅游品牌延伸，旅游组织可以从中获得多重的积极收益。

（一）旅游品牌延伸的基础性作用

1. 降低消费者对新产品的感知风险

使用新的品牌名称推出新产品往往会让消费者感到风险和不确定。相反，采用一个知名的和有正面形象的已有品牌名推出新产品则不会出现这样的问题。消费者会根据对已有旅游品牌的认识和产品知识来形成对新产品的品质预期。此时，消费者对新产品的风险感知更低。[3]

2. 提高消费者对延伸产品的质量认知

知名的与受欢迎的已有旅游品牌的一个明显优势是消费者对其品质有更高的评价。对于延伸产品而言，消费者会根据他们对于母品牌的认知，以及延伸产品与母品牌的关联程度，来形成对于延伸产品质量的判断。[1]例如，如今乐高早已不只是孩子手中的玩具，电影、动画以及主题乐园也有乐高的身影。乐高新建了一家主题乐园，消费者就会根据他们对于乐高的了解，以及主题乐园与乐高的相关程度，来推断乐高主题乐园的体验质量。显然，这个主题乐园利用乐高品牌名比取一个全新的品牌名，更容易获得消费者的质量认可和积极反应。

3. 满足消费者的多样化需求

当消费者对已有产品系列感到厌倦时，往往希望更换它们。如果旅游品牌在同一产品类别中提供多种具有差异化的产品供消费者选择，就可以使顾客不用寻求其他品牌也能解决购买问题。旅游品牌延伸中的产品线延伸就能够填充已有品牌名下的产品线。例如，可口可乐公司在碳酸饮料产品领域，就有健怡可乐（1982 年）、樱桃可乐（1986 年）、香草味可乐（2002 年）、青柠味健怡可乐（2004 年）、零度可乐（2005 年）等产品，它们共同填充了碳酸饮料产品线，使可口可乐成为提供最齐全的碳酸饮料产品的品牌，满足了消费者的多样化选择。

4. 提高旅游品牌的营销效率

采用相同的品牌名、包装、标签，在分销渠道和终端渠道、各种传播媒体、赞助事件或联合营销等活动中，旅游组织可以更有效率地促进新产品推广。不仅如此，以相同的品牌名推出系列延伸产品，也更容易说服消费者接受延伸产品，知名品牌名下的系列产品是旅游组织提升议价能力的重要筹码。从营销传播的角度看，旅游品牌延伸具有明显的优势。产品生命周期有导入期、成长期、成熟期、衰退期等。在导入阶段，如果新产品以知名品牌冠名推出，营销传播只需帮助消费者建立延伸产品与母品牌之间的关联性就可以了。旅游组织仅需要通过较少的广告支出就可以达到同样好的效果。由于延伸产品与母品牌旗下的其他产品是一个整体，其广告传播效率会得到提高。如果旅游组织选择创建新品牌名的方式来推出新产品，仅在市场调研和品牌名、标识、包装等设计方面，就需要投入巨额费用。

（二）旅游品牌延伸对市场的拓宽作用

旅游品牌延伸可以为品牌及其所有者带来战略层面的积极结果，主要表现在以下几个方面。

1. 拓宽市场

品牌延伸使旅游组织接触到新顾客，扩大了品牌的市场覆盖范围，从而使其收入增加。例如，万豪通过产品线延伸，推出定位不同消费者群体的酒店产品，提高了酒店品牌的市场份额。又如，环球影城最初是一家电影制作公司，但通过品牌延伸，它不仅在影视娱乐方面大有作为，还进入了主题乐园、消费品和媒体网络等领域。品牌前沿 8-1 为我们揭示了品牌延伸在新兴旅游目的地品牌建设中的作用以及母子品牌之间的互动共生关系及二者之间的契合度如何影响品牌资产。

品牌前沿 8-1　　目的地延伸：一个更快速塑造新兴目的地品牌的路径

品牌延伸作为一种有效提高品牌价值的战略，被众多企业运用到发展战略之中。然而，现有研究并没有专注于对目的地营销这一特定情境下的品牌延伸进行探讨。因此，韩国研究团队 Hany Kim 等通过实验设计并基于既有目的地和新兴目的地可以被分别概念化为“母品牌”和“延伸品牌”的前提，采用实验研究设计来检验目的地品牌延伸对品牌资产维度的影响。此外，他们还考察了感知契合度，以及品牌资产在母品牌和拓展品牌之间的可转移性。

该实验采用了一个包含两个实验组（韩国组和联合国教科文组织）和一个对照组（济州岛）的受试者间的设计方法，把参与者随机分到这三个组中，他们会接触到一个描述济州岛的网页，并被要求仔细阅读所有的信息，观察网页至少一分钟，最后对济州岛的品牌资产进行评估。研究发现，只要母品牌和拓展品牌之间存在契合度，母品牌资产确实会向拓展品牌转移，但是与契合度相比，母品牌资产的吸引力维度对延伸品牌资产的影响更大。此外，契合度会影响延伸品牌资产的吸引力和知名度两个维度，母品牌资产的吸引力和知名度会影响到延伸品牌资产的各个维度，而感知契合度、母品牌资产与延伸品牌资产之间的关系都取决于母品牌的类型。

该研究的亮点在于首次尝试将目的地延伸的概念化与实证检验相结合，研究结果证明了目的地品牌延伸的可行性，后续研究还可以通过不同的目的地设置、不同目的地环境与背景选择、模型复杂化等做法来验证并延伸这一理论。在管理实践方面，该研究为旅游和营销研究领域开辟了新的前景和思路，拓展了旅游目的地延伸作为一种有效的品牌战略的新视角和可能性。

资料来源：Kim H, Stepchenkova S, Yilmaz S. Destination extension: a faster route to fame for the emerging destination brands?[J]. Journal of Travel Research, 2019, 58(3): 440-458.

2. 深化市场

通过品牌延伸还可以将市场做深、做透，提高顾客份额（share of customer）。也就是说，旅游品牌延伸能够让同一个消费者购买相同品牌名下的更多不同种类的产品，占据了该消费者更大的购物支出份额。例如，长隆通过品牌延伸从最初的野生动物园，拓展到主题乐园、主题酒店等品类，并且通过交叉销售（向同一消费者销售多种业务），就能够提高旅游品牌的顾客份额。同样，茶颜悦色首先通过其主打饮品吸引了顾客，其次通过品牌延伸向相同的顾客群推出了冷泡茶、坚果、文创等周边产品，这样的品牌延伸很好地起到了深化市场的作用，大大提高了自己的顾客份额。

（三）旅游品牌延伸对母品牌的反哺作用

旅游品牌延伸的最佳效果是能够为母品牌带来反哺利益，包括丰富母品牌含义、提升母品牌形象、拓宽母品牌的宽度等。

1. 丰富母品牌含义

旅游品牌延伸得当，可以丰富母品牌含义，进而强化母品牌的特色和定位。例如，范思哲（Versace）旗下副品牌 Versus 推出咖啡店品牌 Versus Caffe。其设计理念完全秉承范思哲的风格，无论是咖啡店的设计还是店内的家具陈设皆来自意大利，其色调搭配能即刻让人联想到范思哲品牌极尽夸张的时尚风格，就是服务台背后的 LED 屏幕循环播放的范思哲最新时装秀也能会让人意识到这家咖啡店与时尚的紧密关联。为了与范思哲主体产品匹配，Versus Caffe 店内咖啡的售价也高于星巴克（中国定价是 40～50 元一杯），店内的食物和饮料的原料均来自欧洲。当初，Versus 副品牌曾是范思哲创始人詹尼·范思哲（Giovanni Gianni Versace）1989 年为了给妹妹多纳泰拉·范思哲（Donatella Versace）送礼而创立的副线品牌，受众更为年轻，被詹尼·范思哲描述为“具有强烈的艺术感并引领着当前时尚和预测新的流行”。范思哲品牌向餐饮领域的延伸，丰富了母品牌范思哲的内涵。

2. 提升母品牌形象

如果延伸产品具备更高品质，就能提升母品牌的形象。成功的旅游品牌延伸有助于提升消费者对母品牌所在组织的信誉感知，包括组织的专业程度、可信度、吸引力等。例如，华强方特从中华文化科技主题乐园形象延伸到特种电影、动漫产品为代表的文化内容产品等，这些延伸产品的优良品质，强化了华强方特的品牌形象。

3. 拓宽母品牌用途

组织成立之初往往聚焦于某个细分市场，消费者容易将品牌与该细分市场画等号。随着组织的扩张，最初狭窄的品牌定位使产品的使用范围受到限制，组织需要更为宽泛的品牌定位，需要拓宽品牌的使用情景。如果旅游组织能够选择合适的品牌延伸，就能够拓宽品牌的应用边界。例如，创立于1999 年的携程，最早通过电子商务和呼叫中心结合的方式，解决国内机票和酒店的基本预订需求，以销售机票和酒店等标准品为主营业务。然而随着品牌的不断发展壮大，其战略业务也逐渐向火车票、门票、租车等延伸，拓宽了携程这一旅游品牌的使用场景或场合，更大程度地满足了消费者的需求。

三、品牌延伸不当引起的负面效果

（一）延伸的新产品不成功

1. 母品牌的联想不能转嫁给延伸产品

如果延伸产品与母品牌的品牌联想存在较大的差异，消费者就难以将母品牌积极正面的联想、记忆、印象等转移给延伸产品。旅游组织进行品牌延伸的目的是希望借助母品牌的知名度与美誉度，但这能否使延伸产品受益还要取决于延伸产品与母品牌之间的匹配性。例如，经济型连锁酒店品牌如家让人联想到的便捷、干净的特点，它的选址、环境、设计都服务于它的定位。可以想到，一旦如家延伸至高端度假村市场，已有的品牌联想就会成为延伸成功的巨大障碍，因为延伸产品与母品牌已建立的联想或留给消费者的印象，显得格格不入。

2. 产生不合时宜的品质联想

如果母品牌的品牌联想根深蒂固，而品牌延伸目标品类的特点与母品牌又截然不同，消费者就可能对延伸产品产生怪异的品质联想。杜蕾斯的文案创作在自媒体领域一直是被模仿的对象，但是最近其领域延伸遭遇“滑铁卢”了，起因是杜蕾斯与喜茶合作在微博上发图互动，但文案传递的信息却引起消费者的反感，不仅没形成双赢的状态，反而使两家组织成为众矢之的。很多餐饮组织都选择了这样异界合作的战略，但这次合作失败的根本原因在于，杜蕾斯的品质联想与产品特点差异过大，以至于合作失败。

（二）延伸产品对母品牌形成伤害

如果旅游品牌延伸没有为延伸产品带来益处，反而对母品牌造成伤害，这将是最糟糕的结果。

1. 模糊母品牌定位

如果延伸产品与母品牌难以找到共同点，就会使母品牌的定位更加模糊。延伸产品与母品牌之间的差异不仅仅体现在产品类别与用途方面，同样可能表现为品牌形象的差异。如果延伸产品与母品牌的差异体现在品牌形象方面，与产品类别和用途方面的差异相比，更有可能模糊母品牌的定位。“一位难求”的故宫年夜饭曾冲到微博热搜榜的第一位，但这一延伸产品本身的创新却让人质疑，年夜饭菜品也并不是明清的菜单，消费者购买的其实是产品的稀缺性以及环境带来的体验感而已。这样不合时宜的延伸，将焦点放在品牌本身，模糊了大家对品牌的认知和定位。

2. 损害母品牌形象

失败的旅游品牌延伸会损害母品牌的形象。研究表明，如果母品牌旗下的产品与延伸产品越相似，母品牌就越有可能受到延伸产品的伤害。[4]例如，可口可乐进军凉茶品类，但与该品牌其他产品相较，这款凉茶的瓶身和外包装都十分没有设计感，除此之外，这款产品最大的槽点在于其远高于同类产品的价格。在天猫旗舰店上，这款产品的月销量为200余件，并没有在凉茶市场上溅起水花。但也因为此，可口可乐品牌的主打产品也受到了网友的攻击，在网上引起了热议。

第二节　品牌延伸策略

成功旅游品牌延伸的前提是：母品牌先要具备较高的知名度，以及清晰和丰富的品牌联想。如果消费者头脑中还没对母品牌形成好印象，那么消费者就不可能对延伸产品形成好的预期。因此，母品牌的优质品牌资产是品牌延伸的最重要前提或基础。以下谈谈品牌延伸取得成功的营销策略问题。

一、品牌延伸应以匹配性为基础

旅游品牌延伸的匹配性是指延伸产品与母品牌之间的相似程度。匹配性被认为是决定旅游品牌延伸成败的最重要因素。[5-6]如果延伸产品与母品牌是匹配的，消费者有可能将母品牌的无形资产转移给延伸产品。[7]同时，延伸产品与母品牌越匹配，消费者越相信旅游组织具有生产延伸产品的能力。[8]

由于消费者对于旅游产品的认识是通过大脑中的记忆节点相互联系在一起的，如果大脑中两个记忆节点是紧密相连的，激活其中一个节点就会波及另一个节点。如果延伸产品与母品牌是匹配的，那么延伸产品与母品牌之间就具有紧密的联系，消费者对于母品牌的认知与联想（如高质量的）就可以转移给延伸产品。然而，如果延伸产品与母品牌之间不具备匹配性，那么母品牌积极正面的品牌联想将难以转嫁给延伸产品。[9]

匹配性是一个复杂的概念，它包含多个维度。总体来看，匹配性可以区分为“抽象”和“具体”两个维度。以旅游品牌形象、使用情境、目标客户为基础的匹配性被认为是抽象的匹配性，以产品功能属性、技术工艺为基础的匹配被认为是更为具体的匹配。旅游组织可以根据自身情况，决定是从“抽象”角度，还是从“具体”角度将已有品牌的无形资产延伸到新的产品类别，以及由此要采取的相应市场营销策略。以下重点介绍几种旅游品牌延伸中的匹配性类型。

（一）基于旅游品牌形象的匹配性

品牌形象反映一种较为抽象的旅游品牌联想（如较高的社会地位）。例如，锋味起源于“80 后”影帝谢霆锋的专属节目——《十二道锋味》，这档节目邀请谢霆锋的多位明星朋友以美食为名展开全球冒险之旅，12 期节目辗转中国、挪威、新西兰等多个国家进行取景拍摄，每期将去往一个城市或者国家拍摄，寻找当地美食、发掘美食背后的故事。因此，不仅传达给了观众一种极具原真性的品牌形象，也建立起了独特的、美味的、地道的品牌内涵。

建立在综艺节目带来的巨大流量的基础上，锋味品牌于2016 年创立，品牌旗下拥有美食节目、媒体矩阵、锋味产品、线上商店、锋味实验室等项目，提供美食内容及相关产品。锋味品牌的第一特点是基于产品的品质，带来了能够创造美味的好食材，在这一品类下有鱿鱼酱、豉油、面条等食材产品；锋味品牌的第二特点是从外在属性进入情感属性的过程，将食材融入生活中，传递高品质的生活态度，在这一内涵下的品类产品包括对虾、鲍鱼、黑松露等产品。所有锋味的延伸产品都代表锋味品牌的品牌内涵与形象，并让锋味作为一个美食品牌概念引领着实体产业的发展。

（二）基于使用情境的匹配性

旅游产品使用情境或场合的一致性也可以作为品牌延伸的依据。消费者对于使用情境一致的品牌延伸一般会给予较高的评价。[10]例如，大连万达集团将自己定位于“城市综合体”而非商业地产。现已形成商业地产、高级酒店、旅游投资、文化产业、连锁百货等五大产业。在全国范围内拥有 55 座万达广场、34 家五星级酒店、814 块电影银幕、46 家百货店、51 家量贩 KTV。不难发现，万达自己的百货、影院、KTV、酒店以及入驻万达广场的餐厅等组织，它们具有使用情境的匹配性，共同构成一个城市旅游者的生活链。难怪有媒体把万达集团形容为“消费王国”而不仅仅是“地产公司”——万达建立起了以旅游休闲消费需求为中心，以需求层次（生活必需、社交或自我享受等）为半径的大型组织集团。万达集团 2012 年的组织资产规模达 2500 亿元，营业收入达 1400 亿元，纳税 200 亿元，是一家不折不扣的“消费帝国”。

（三）基于特殊品牌属性联想的匹配性

即使延伸产品与母品牌的产品类别并不相似，只要母品牌具有特殊的品牌联想，同样可以成功地延伸到相似程度低的产品类别。例如，古驰（Gucci）是大家熟知的奢侈品品牌，产品主要包括时装、皮具、彩妆、香水等。但如果告诉你古驰也经营了餐厅，乍一听你可能会觉得奇怪。然而，如果进一步告诉你，古驰所推出的餐厅面向的客户群是高收入的年轻群体，他们对打卡式消费体验的需求较高。那么，你不仅会觉得古驰进军餐饮业顺其自然，而且会认为餐厅和古驰的奢侈品一样，能够给消费者带来独特且高端的消费体验。的确，古驰在上海环贸广场开设的古驰意大利餐厅，作为古驰全球首家售卖正餐的餐厅，且头顶奢侈品牌和主厨曾供职于米其林三星餐厅的光环，一开业便受到了消费者的高度追捧，出现了一座难求的盛景。古驰也认识到了自身累积起来的“高档的”“独特的”等方面的优势品牌联想，与奢侈品餐厅的打卡式消费体验对产品有着共同的品牌关联。这一品牌延伸案例取得了正面的收益。类似的看起来似乎有些不合常理，但又切合人们心理的品牌延伸案例还有很多。

（四）基于技术可转移性的匹配性

生产工艺的可转移性可以作为品牌延伸的基础。与产品在功能属性方面的匹配性相类似，许多旅游组织将技术的可转移性看作是进行品牌延伸的重要依据。例如，迪士尼凭借其强大的动画技术成功地推出了迪士尼主题乐园。迪士尼由电影制造产业延伸至主题乐园产业，究竟有哪些技术可供其转移至主题乐园呢？迪士尼在电影行业所打造的动画 IP 如米老鼠等火了将近百年，这些动画形象成就了迪士尼的影响力，让动漫从虚拟走向了现实。这是迪士尼可以转移给主题乐园的关键技术与能力，带动了一系列动漫形象的衍生品，从乐园的建筑形象、游乐设施到服装玩具等全产业链的产品联动。

大量案例与学术研究表明，“抽象”的匹配性和“具体”的匹配性对于品牌延伸的成功，各有其重要影响。[11-12]虽然古驰奢侈品与餐饮业、锋味纪录片与电商美食等这些母品牌与延伸品之间在生产工艺上完全没有联系，它们之间似乎难以建立具体的联系，但消费者能够在抽象的层面上建立母品牌与延伸产品之间的关系。可见，基于具体属性的旅游品牌延伸也能赢得市场的认同和偏爱。总之，成功的旅游品牌延伸不仅可以使新产品在市场份额和销售上取得成功，还可以进一步强化母品牌已确立的品牌定位，使母品牌的形象更加突出和显著。一句话，旅游品牌延伸还会起到提升母品牌资产的作用。

（五）匹配性的例外情形

匹配性这一原则并非适用于任何情形。苏德（Sood）和德雷兹（Dreze）研究发现，对于体验品牌而言，人们更倾向于发现与原有品牌不一样的基因，延伸产品如果没有足够的差异点就会让人觉得枯燥乏味。[13]例如，电影的续集并不是品牌延伸在电影产业里的简单应用，它是品牌延伸匹配性的例外。电影公司一般采用两种策略为其续集命名：一种策略是序数方式。例如，《无间道》在2002年贺岁档取得了巨大成功之后，又拍摄了《无间道Ⅱ》和《无间道Ⅲ》。另一种策略是母子品牌命名方式。例如，《007：皇家赌场》《007：量子危机》《007：天降杀机》等就是典型的母子品牌命名策略。

二、越优质的品牌，越能够进行品牌延伸

品牌的品质形象（perceived quality）是旅游品牌成功延伸的前提。母品牌越具有优质形象，消费者对于延伸产品的评价就会越高。迪士尼延伸而创造的迪士尼主题乐园获得了极好的市场反应，原因之一是迪士尼作为电影公司创造出来的动画人物是有价值的；锋味将纪录片作为领路石，打响了锋味品牌的"第一枪"，也正是因此建立了地道的、原真的品牌形象，确保之后的电商产品线和实体产品线能够获得市场高度认可。

品牌前沿8-2介绍了一项品牌延伸的国际研究，该研究认为母品牌的能力形象类型不同，决定了其业务延伸可能的远近距离。

品牌前沿8-2　　企业品牌能力形象类型与新产品延伸远近

企业实现可持续增长的首选战略是品牌延伸，即挖掘、利用已经积累的品牌无形资产，沿用或借用品牌名等商标知识产权，向新产品、新业务延伸，寻求可持续的高质量增长。近些年来，一些经营规模和知名度很大的企业，不仅无视自身是否积累了品牌无形资产，也不理会自身具备何种品牌形象，而是盲目向众多不熟悉、不擅长的新业务扩张，结果给各利益相关合作方带来巨大经济损失，给社会形成负面影响。鉴于此，中国学者王海忠带领团队完成的一项国际研究，提出企业应该利用原有品牌无形资产进行新产品新业务扩张，应以企业已经积累形成的品牌能力形象类型为基础，决定向新产品、新业务扩张的远（不相关、不熟悉的业务）、近（相关的、熟悉的业务）距离，以期实现高质量增长。研究提出4个假设：

假设1a：当企业向近距离新产品或新业务延伸时，企业品牌运作型能力形象比概念型能力形象，能带给消费者更积极的延伸产品评价。

假设1b：当企业向远距离新产品或新业务延伸时，企业品牌概念型能力形象比运作型能力形象，能带给消费者更积极的延伸产品评价。

假设2a：当企业品牌向近距离新产品新业务延伸时，消费者对延伸产品的评价由感知可转移性（perceived transferability）中介，运作型品牌能力形象比概念型能力形象更能带给消费者对延伸产品更积极的评价。

假设 2b：当企业品牌向远距离新产品新业务延伸时，消费者对延伸产品的评价由感知概念一致性（perceived concept consistency）中介，概念型品牌能力形象比运作型能力形象带给消费者对延伸产品更积极的评价。

研究由三个系列研究构成，研究结果表明假设均得到了支持。

这项国际研究成果对企业，尤其是已经具备较大规模和知名度的领先企业的高质量发展，提供了极有参考价值的战略借鉴。一方面，对于那些已积累运作型能力形象的企业品牌，寻求进一步增长时，应侧重于向近距离的新产品、新业务领域延伸；另一方面，那些已培育概念型能力形象的企业品牌，可考虑向远距离新产品、新业务延伸。如何培养企业的概念型品牌能力形象呢？其一，在处理与顾客的关系层面上，企业需要思考品牌针对顾客的价值主张。其二，在处理与产业的关系层面上，企业需要思考品牌在产业发展方面的远景、立场、观点、主张。这对于已具备世界级规模的企业尤为重要。其三，在处理与社会的关系层面上，企业需要思考品牌对重大社会问题的关切。具有世界引领地位的企业，都倾向于对人类社会的宏观议题发表自己的观点或主张并努力践行，这体现了企业品牌的格局或眼界。

资料来源：Wang H, Liu D. The differentiated impact of perceived brand competence type on brand extension evaluation[J]. Journal of Business Research, 2020, 117: 400-410.

三、品牌定位越抽象，越有利于进行品牌延伸

如果母品牌的定位是一个较为抽象、宽泛的概念，则更有利于进行品牌延伸。一般来说，从个性、生活方式、用户形象进行定位的母品牌具有更抽象的旅游品牌形象，更有利于品牌延伸。与此对应，如果母品牌的定位是较为具体的物理性质的概念，如技术工艺、功能等，则会减弱品牌延伸的能力。[11-12]例如，汉庭酒店品牌定位于为商旅人士提供经济型的住宿产品，显然这个品牌定位比较狭窄，着眼于特定的消费群体，而且产品的功能属性较为突出。因此，这个定位也限制了这个品牌的品牌延伸能力。

这一原则同样可以解释为何与功能型旅游品牌相比，奢侈型旅游品牌更容易进行品牌延伸。由于奢侈品并不定位于特定的、具体的功能属性，而是定位于某种生活方式。这种宽泛的、更富有弹性的品牌定位有助于进行旅游品牌延伸。如果延伸产品同样具有相同的品牌定位，宣传的生活方式或价值观相似，就能够与母品牌建立起联系。例如，奢侈品品牌蒂芙尼（Tiffany）成功地延伸至高档餐厅、咖啡馆等产品领域，而许多功能型品牌则不具备这样的能力。

四、品牌代表的产品线越宽，越有利于品牌延伸

如果母品牌已具备宽广的产品线，消费者就会相信该旅游组织能够再次进行品牌延伸。同样，延伸产品所覆盖的领域越宽，母品牌的内涵越能够得以丰富和拓宽。[11-12]例如，故宫品牌原仅指代故宫博物院，很长一段时间里，在大众的眼里故宫品牌即故宫博物院；

后来，故宫品牌相继发布了App应用、进军了文化创意产业、影视产业等，这样人们也不再将故宫品牌仅仅与故宫博物院画等号了，而是将其与更为宽广的故宫文化概念等同起来。当然，这一原则需要以延伸产品的成功作为基础，如果以往的延伸产品与主打产品的品质存在较大差距，消费者就难以相信母品牌具备品牌延伸的能力。

五、延伸品类的市场竞争越激烈，越不利于品牌延伸

仅仅考虑延伸产品与母品牌的相似度是不够的，旅游品牌延伸还需要考虑延伸的目标产品品类的竞争强度。如果目标品类的竞争非常激烈，进行旅游品牌延伸一般来说是不明智的。有学者认为这一原则比匹配性更为重要，轻视这一因素，旅游组织可能会制定错误的延伸战略决策。[14]研究证实，消费者在对产品进行评价时也会考虑竞争因素，如果延伸品类中存在强有力的竞争对手，消费者会将延伸产品与竞争产品相比较，从而弱化了匹配性的重要程度。[14]

综上，在影响旅游品牌延伸成功的众多因素当中，母品牌特征（尤其是品质）被证明是最重要的因素。因此，旅游组织首先要致力于在顾客心目中打造出拥有巨大的、正面的、独特的无形影响力的品牌。这是成功旅游品牌延伸的基础。有学者研究认为，母品牌众多特征中，感知能力具有概括性，切实影响消费者对旅游品牌是否具备延伸基础、能够延伸多远的认识。

第三节　品牌延伸的实施步骤

旅游组织进行品牌延伸时，首先要明确品牌的定位；其次要评估延伸的机会，并在可能的延伸范围中做出选择；最后要对延伸产品进行营销推广，并监测延伸结果。

一、明确品牌定位

品牌定位指明了品牌与其他竞争对手之间的差异点与共同点。旅游组织进行品牌延伸时，同样需要明确延伸产品与母品牌之间的差异点与共同点。延伸产品与母品牌之间的差异点能使消费者对延伸产品形成某种特殊的品牌联想，而延伸产品与母品牌之间的共同点则有助于反映延伸产品与母品牌相同的品牌联结。

二、识别延伸机会

旅游组织需要根据市场环境的竞争激烈程度和自身竞争优势，来选择合适的产品品类进行品类延伸，或是选择原有产品品类的某一子类来进行产品线延伸。这需要管理人员的经验以及进行市场调研。如果母品牌具有清晰的品牌定位，那么接下来，旅游组织要做的

就是挑选与该品牌定位相联系的产品品类。例如，希尔顿酒店根据不同的消费者群体进行酒店产品线延伸，利用原有母品牌的品牌资产，以争夺酒店细分市场。

有时候，母品牌的定位即使与某一产品品类之间不具备匹配性，但有可能与该品类中的某一子类具备某种匹配性，此时照样存在延伸机会。例如，古驰奢侈品与大众常去的餐厅之间缺少匹配性，没有延伸机会，但古驰品牌形象与高端餐厅之间具有让人信服的匹配性，因而古驰品牌在高端餐厅领域存在延伸机会。

评估旅游品牌延伸机会时，既要考虑母品牌能力、品牌延伸匹配性，又要考虑目标品类、目标子类的竞争环境。评估备选方案时，需要进行消费者调研。对于市场因素，旅游组织则需要充分考虑目标品类的竞争环境，以及行业内的现行竞争对手可能采取的反应等。

三、设计营销方案，推广延伸产品

许多旅游组织将品牌延伸看作是推出新产品的捷径，但对新产品的营销支持却不够，这往往会导致品牌延伸难以取得成功。旅游组织需要对延伸产品设计合适的品牌元素，既体现出延伸产品的自身特色，又反映出与母品牌相同的渊源，还要制订营销计划，延伸产品的定价策略、渠道策略应以消费者感知为指导原则。在延伸产品的整合营销传播方面，如果是品类延伸（category extension），则要更多地突出延伸产品与母品牌之间的共同点；如果是产品线延伸（line extension），则要更多地强调延伸产品与母品牌之间的差异点。

四、评估延伸结果

监测旅游品牌延伸的结果就是要对品牌延伸的效果进行评估。这里重点介绍评估旅游品牌延伸效果的两种方式。

第一种方式，将消费者对于旅游品牌延伸的评价直接作为延伸效果的评估指标。这些消费者评价主要包括延伸匹配性、对延伸产品的态度、对延伸产品的购买意向、对延伸产品的信念（与特殊的功能属性的联系）等。

第二种方式，将旅游组织的营销绩效作为评估指标。其中，评估的数据来源有两种途径：一是通过管理人员的调查，获得对于品牌延伸回报的估计；二是将延伸产品的销售额、为旅游组织带来的现金流等财务数据作为评估依据。

第四节　垂直品牌延伸

一、垂直品牌延伸的定义

垂直品牌延伸（vertical extension），是指品牌从原来的产品档次，向上延伸至更高端的产品档次，或向下延伸至更低端的产品档次。垂直延伸的主要目的在于通过延伸产品扩大市场覆盖面，接触更多的目标消费群。通过垂直延伸，旅游品牌可以进入更低端或更高端的市场。而水平延伸主要是用于覆盖更多不同的产品业务领域。垂直延伸分为向上延伸和向下延伸两类。垂直延伸，无论是向上延伸还是向下延伸，延伸产品要在取得成功的同时又不会对母品牌构成负面影响，此时需要启用一个新的旅游品牌名。因此，一般意义上讲，垂直延伸的母品牌通常是旅游组织品牌。

（一）向上延伸

1. 向上延伸

向上延伸是指旅游组织推出新的、更高端的产品品牌，以此提升公司原有的形象。如果组织推出高端品牌的做法是为了改变原有的更为低端的品牌形象，此时向上延伸又称为“品牌升级”。品牌向上延伸时，需要启用一个新的品牌名才更有助于延伸取得成功。例如，维也纳进军豪华酒店市场，延伸产品品牌名分别使用了“维也纳皇家酒店”和“维纳斯度假酒店”，区别于最初的“维也纳三好酒店”环保经济型的酒店定位，向上延伸的品牌名带给消费者豪华、尊贵、高端的消费感受。有关经济型酒店向上进行品牌延伸带来的互惠溢出效应的差异分析参见品牌前沿 8-3。

品牌前沿 8-3　　经济型酒店向上品牌延伸的检验：互惠溢出效应

经济型酒店品牌的向上延伸在中国发展较快，而酒店行业品牌延伸的相关研究较少，且向上品牌延伸品牌的文献在相互溢出效应的方向上呈现出差异。有学者提出并测试了一个互惠模型，该模型描述了高档延伸品牌绩效（感知质量、创新性和参与度）与低档母品牌态度之间的因果关系。尽管已有研究为互惠效应模型提供了宝贵的见解，但这些研究发现在不同领域和维度的情况需再进一步检验。

中国浙江大学学者叶顺、香港理工大学学者 Soyon Paek、美国西北大学学者 Linfeng（Zenny）Wu 共同参与研究了中国经济型酒店品牌向上延伸的互惠效应。本研究通过在线平台招募受访者，以中国三个经济型酒店品牌及其中档延伸作为研究对象：如家快捷酒店的和颐酒店、铂涛 7 天酒店和汉庭快捷酒店的全季酒店。研究发现：第一，延伸子品牌会影响母品牌。延伸品牌质量、延伸品牌参与度、延伸品牌创新性共同组成了品牌的绩效评价，其中延伸品牌质量属于最基本的性能层，延伸品牌创新属于中间绩效层，延伸品牌参与度位于评价绩效的最高层，这说明了服务绩效很大程度上是由顾客实际体验决定的。第二，子品牌不应当是质量高级版的母品牌，顾客对子品牌的感知质量不影响顾客对于母品牌经济酒店的态度。

成功进行品牌延伸的关键在于中档品牌的表现，尤其是其质量、创新性和参与度。仅仅提高品牌质量并不能使母品牌受益，因为质量的作用只能通过创新和参与来发挥，在这方面，鼓励酒店集团投入以提高其中档子品牌的创新性和参与度。另外，中档扩展不只是廉价品牌的高质量版本，而是应该针对不同的客户需求提供新颖和有用的解决方案，并创造独特的品牌形象，例如，可以通过建立令人印象深刻的品牌故事，来实现与顾客情感纽带的建立，而非仅仅是质量加强版的经济型酒店；可以将当地文化元素融入产品和服务设计中，通过当地的生活方式和文化为顾客提供难忘的体验；现代技术如移动应用、人工智能也可以嵌入服务交付流程中。此外，经济型酒店的向上品牌延伸应强调与客户建立情感纽带，以提高客户的品牌参与度。

资料来源：Ye S, Wu L, Paek S. Examining the step-up brand extensions of budget hotels: The reciprocal spillover effects[J]. Cornell Hospitality Quarterly, 2020, 61(2): 154-169.

2. 声望品牌

旅游组织品牌向上延伸时，如果品牌升级所推出的延伸产品主要用于满足顾客的身份、社会地位、形象等方面的动机需求，则此类延伸产品称为声望品牌。声望品牌更关注顾客的自我概念和形象表达，而功能品牌更关注顾客对产品功能方面的需求。声望品牌具有高卷入度，可以给消费者带来社会认可、感官满足和思维激励。[15]声望品牌更能向多种不相关的产品领域延伸。

声望品牌往往具有带领母品牌实现品牌升级的重任。例如，“维也纳皇家酒店”与“维纳斯度假酒店”就是维也纳品牌的声望品牌，提升了维也纳酒店的整体形象。声望品牌因此要与母品牌之间在定位、品质、定价、形象等方面保持足够远的距离，在视觉识别系统上要保持尽可能大的差异。同时，还需视产品类别的不同，在营销、销售、研发、生产、物流等营运上保持尽可能大的独立性。品牌案例 8-1 描绘了鸿鹄逸旅作为声望品牌，如何为携程点亮星星之火。

品牌案例 8-1　　鸿鹄逸旅——星火何以照亮携程？

鸿鹄逸旅（HHtravel）是携程典型的声望品牌，作为携程旗下唯一的高端定制游品牌，其产品和服务主要面向高净值人群，每年仅为全球十万分之一的客户提供专业可靠的旅行服务，包括中国福布斯富豪榜、胡润富豪榜等逾半数名流。

自 1999 年成立以来，虽然携程早已发展成为国内知名度极高的旅游集团，但长期以来，携程仍然致力于发展中低端产品和服务，其旗下众多品牌（如去哪儿网、途家网等）在消费者心目中已经形成“廉价、低档、性价比”的品牌形象。如何让品牌形象升级？为了抢占高端品牌市场，2012 年 3 月携程联合台湾易游网、香港永安旅游，以及战略投资方太美旅行，集四家企业研发、人事团队、资源网站等优势于一体，打造出了携程全新的声望品牌——鸿鹄逸旅。鸿鹄逸旅秉持“创作挑战极限，服务精雕细琢”的品牌理念，不让消费者将其与固有的“廉价、低档、性价比”形象联系到一起，坚持打造高规格——公务餐、品质酒店、米其林餐食等，这些服务让顾客享受稀缺体验、管家服务、尊享品质。因其“高端体验，触动你心”（HHtravel，High to Heart）获得了顾客的一致好评，消费者不再简单地将鸿鹄逸旅想象为基础性旅游产品或服务，而是自然而然地对其产生“豪华、高端旅行”的联想。

鸿鹄逸旅成为推动携程品牌形象升级的“星星之火”，在性价比为王的市场中开拓出一条全新的高端路线，照亮了携程高端产品和服务领域。自 2011 年鸿鹄逸旅品牌创立起，其连续多年成功推出“顶级环游世界”系列产品。例如，首发当年，“环游世界 66 天 66 万”项目开售 30 秒即全部被抢光。2022 年鸿鹄逸旅更是作为中国的世界奢华旅行联盟（Virtuoso Member），正式获得维珍银河太空旅行在中国地区的售卖权，并为鸿鹄黑卡会员开放优先预订权。一旦预订成功，普通大众也能搭乘维珍银河团队的航天器，在太空见证我们美丽而脆弱的星球，这将会是一场“上帝视角”的无与伦比的体验。可见，声望品牌能够带领母品牌获得新的形象升级。

资料来源：

[1] 鸿鹄逸旅官网.

[2] HHtravel 鸿鹄逸游. 想去太空旅行吗？机会来了！维珍银河太空旅行已开售，人类的终极之旅即将开启.

（二）向下延伸

向下延伸是指旅游组织在原来生产的高知名度、高价品牌的基础上，转而增加生产价格更低、包装更简易的产品。向下延伸时，旅游组织往往也采取启用一个新的品牌名的方法。今天，“吃住行游购娱”上，消费者倾向于购买低价格产品的趋势越来越普遍。为何旅游组织需要在适当时候实施品牌向下延伸战略？总的来看，组织实施品牌向下延伸的情境分为如下几种。

其一，竞争者竞相投放低价产品。这些竞争者有可能是餐饮品牌，也有可能是酒店品牌。在这种背景下，旅游组织投放开发新的低价产品就更有必要，这是为了防御竞争者通过低价产品侵蚀自己的市场份额。

其二，全营销环境迫使旅游品牌向下延伸。从过去的传统销售模式到如今的 OTA 等电子商务与网络营销，营销环境转变加剧了旅游组织之间的价格竞争。因此，旅游组织需要推出低价格的产品以应对营销环境带来的挑战。

其三，技术演变。新技术变得成熟之后，成本自然会降低，产品也变得更简单和更容易。

向下延伸时，旅游组织通常推出独立的、价格更低的新品牌名，此时的延伸品牌又称为“侧翼品牌”（flank）。拥有侧翼品牌，组织固有的高知名度和美誉度的高端品牌就不会受到伤害。和处理声望品牌的方式一样，组织对侧翼品牌也要采取最大差异化的品牌名称和视觉识别系统，以便公司原有的正面品牌资产不受侵蚀。很多旅游组织往往会成立一家新公司来经营侧翼品牌。

二、垂直品牌延伸的结果

垂直延伸存在许多有利或有害的结果，具体表现为以下几点。

（一）向上延伸与提升母品牌形象

旅游品牌向上延伸能提升母品牌的形象，因为品牌高端版本通常能带来积极的品牌联想。例如，维也纳推出了高端酒店品牌，以此来提高目标客户的母品牌评价。但是，这样的品牌延伸也可能会模糊消费者对母品牌定位的认知，从而带来负面效应。如果高端定位与固有品牌定位冲突，沿用现有品牌名向高端延伸往往难以成功。

（二）垂直延伸与品牌定位

无论是旅游品牌向上或向下延伸都可能给消费者带来困惑，从而模糊母品牌定位。由于消费者对母品牌存在一定范围的价格预期，品牌的高端版本因为超出了消费者的价格预期而被拒绝，而品牌的低端版本则因为劣质的联想而损害母品牌的形象。

（三）向下延伸不当会损害母品牌形象

高端消费者希望品牌是"独享"的，他们一旦认可了高端品牌，就不希望和自己不在一个档次的消费者享用同样的品牌。例如，偏好高端旅游路线的游客，不会希望自己的旅游团中有经济型消费偏好的团友。品牌案例 8-2 介绍了阿联酋航空在行业整体面临困境时仍坚守自身的高端定位而不是选择走低端路线，其结果是再次提升了品牌形象，造就了航空领域"飞悦卓越"的品牌形象。

品牌案例 8-2　　阿联酋航空——坚守造就的"飞悦卓越"

在航空旅行已较为普遍的今天，为了抢占市场份额，越来越多的航空公司选择走廉价之路，试图通过"性价比"获得消费者的青睐。然而，阿联酋航空（Emirates，以下简称"阿航"）从来没有放弃自己在产品与服务上的高品质，以及品牌的高端定位，始终坚持国际化机组人员及现代化机队，坚守卓越服务的品牌理念，赋予品牌精致格调的品位，成为权力与高端的象征。每每登上阿联酋航空，旅客不禁被升级的机舱内饰、丰富的餐食选择等所吸引。这是大多数同类品牌所望尘莫及的，因而阿航也获得了"全球顶级航空服务"的美誉。2021 年阿航在中东商务旅行者奖（Business Traveller Middle East Awards）评选中，连续第八年斩获"全球最佳航空公司"大奖，同时荣获"最佳头等舱"和"最佳经济舱"两项殊荣。

如今阿航已经走过了 30 余年的历史，现已成为"奢侈""豪华"的代名词，是航空业的领头羊。目前其开通的航线网络服务范围已覆盖欧洲、中东、非洲、亚洲等全球百余个目的地。自运营第三年起阿航即实现了盈利，在首十年内，每三年半即增长一倍，增长幅度十分惊人，在全球旅游业及旅运业中占据头位。

虽然是全球发展速度最快的航空公司，但阿航的发展也并非一帆风顺。随着油价的持续走高，航空业的成本也相应提高，加之航空业竞争加剧、迪拜日益严重的经济泡沫危机，阿航面临着巨大的内外挑战。为了保持高瞻远瞩的高端定位，持续进行品牌延伸，阿航在面临困境时没有放弃自己的高端定位，而是持续关注团队服务质量并致力于保持顶级的服务。例如，2020 年新冠疫情席卷全球，航空业受到了前所未有的冲击，为提升乘客旅行信心，阿航仍坚持在提升乘客机上体验方面不断投资，为乘客提供出类拔萃的高端服务，在业内率先推出新冠肺炎旅行保障，机上水疗淋浴间、机上行政酒廊等众多焕新设施，将机上体验推向又一新高度。多项举措一经推出，获得了乘客及业内的积极反馈和一致好评，再次提升了阿航的品牌形象。

资料来源：
[1] 阿联酋航空官网.
[2] 中国航空新闻网.

（四）侵蚀母品牌的销售

虽然垂直延伸可以吸引新顾客，但也许会从已有的顾客群体中抢走很大部分。品牌向下延伸时，这个问题尤为突出。例如，当乐华公司推出新的组合 TEMPEST 时，由于“老乐华七子”与“新乐华七子”之间的差异并不是特别显著，因此两个团体相竞争时，难以避免原组合的粉丝流量流失和资源倾斜。

为了有效应对垂直延伸可能带来的负面结果，旅游组织往往将延伸产品与母品牌的定位有效地、最大程度地区分开来，采取不同的品牌名称与营销渠道是较为普遍的策略。不论是向上延伸，还是向下延伸，撇开延伸产品与现有品牌名之间的联系，开发一个新品牌名对现有品牌和新品牌而言，都是更为合适的战略。

【本章小结】

1. 旅游品牌延伸是指利用现有品牌名推出新产品的做法。品牌延伸是旅游组织从品牌资产创建中享受到的回报；也是组织寻求业务成长的战略之一。

2. 旅游品牌延伸最基本的正面效应表现在消费者层面和组织层面。在消费者层面，旅游品牌延伸的基本作用包括：降低消费者对新产品的感知风险；提高市场对新产品的质量认知；满足消费者多样化需求。在组织层面，品牌延伸能提高旅游组织的营销效率。

3. 品牌延伸是旅游组织拓展市场、推动业务成长和增收的主要战略之一。

4. 旅游品牌延伸的更大意义表现在能为母品牌提供反哺作用。旅游品牌延伸能够丰富母品牌的含义、提升母品牌的形象、拓宽母品牌的宽度等。

5. 若旅游品牌延伸不遵循科学规律，就会带来系列负面效果，主要表现在：母品牌正面联想不能转嫁给延伸产品，甚至对延伸产品产生负面联想；对母品牌已建立起的资产构成伤害。

6. 母品牌的品质是延伸取得成功的前提。在此前提之下，旅游品牌延伸还应遵循一系列原则，主要有：要以匹配性作为延伸基础；越优质的品牌，越能够进行旅游品牌延伸；象征性的、抽象的品牌定位，更有利于旅游品牌延伸；产品线越宽，越有利于旅游品牌延伸；拟延伸的品类竞争环境越激烈，则越不利于旅游品牌延伸。

7. 旅游品牌延伸要遵循科学的实施步骤，主要包括：明确品牌定位；评估延伸机会；评估延伸方案；设计营销组合，推广延伸产品；对延伸结果进行评估、监测。

8. 垂直品牌延伸是品牌延伸的特例，是旅游品牌延伸领域的新课题，它包括向上延伸和向下延伸。垂直品牌延伸一般属于公司层次的品牌战略，往往采取启用新品牌名的方法。

【术语（中英文对照）】

品牌延伸 brand extension
延伸产品 extension product
产品线延伸 line extension
客户份额 share of customer
中度不一致效应 moderate incongruity effect
母品牌 parent-brand
子品牌 sub-brand
品类延伸 category extension
垂直品牌延伸 vertical extension

【即测即练】

一、选择题

自学自测　扫描此码

二、名词解释

1. 垂直旅游品牌延伸
2. 旅游品牌延伸
3. 产品线延伸
4. 品类延伸

三、简答题

1. 旅游品牌延伸的匹配性原则包含哪些方面?
2. 简述旅游组织推出新产品或服务时使用的三种品牌命名方式。
3. 论述旅游品牌延伸的实施步骤。
4. 简述旅游品牌延伸的原则。
5. 简述旅游品牌延伸的作用与风险。

【思考与讨论】

1. 收集中国市场上旅游品牌延伸成功的 2～3 个案例，分析讨论品牌延伸对母品牌、对旅游组织的战略意义表现在哪些方面。

2. 分析比较产品线延伸、品类延伸、垂直延伸、水平延伸等概念的差异性和关联性。

【参考文献】

[1] Aaker D A, Keller K L. Consumer evaluations of brand extensions[J]. Journal of Marketing, 1990, 54(1): 27-41.

[2] Aaker, David A. Managing Brand Equity:Capitalizing on the Value of a Brand Name[M]. New York: The Free Press.1991.

[3] Boush D M, Loken B. A process-tracing study of brand extension evaluation[J]. Journal of Marketing Research,1991, 28(1): 16-28.

[4] Ahluwalia R, Gürhan-Canli Z. The effects of extensions on the family brand name: An accessibility-diagnosticity perspective[J]. Journal of Consumer Research, 2000, 27 (3): 371-81.

[5] Keller K L, D A. Aaker. The effects of sequential introduction of brand extensions[J]. Journal of Marketing Research, 1992, 29(1): 35-50.

[6] Volckner, F. and H. Sattler. Drivers of brand extension success[J]. Journal of Marketing, 2006, 70(2): 18-34.

[7] Wright P. Consumer choice strategies: Simplifying vs. optimizing[J]. Journal of Marketing Research, 1975, 12(1): 60-67.

[8] Shine B C, Park J, Wyer Jr R S. Brand synergy effects in multiple brand extensions[J]. Journal of Marketing Research, 2007, 44(4): 663-670.

[9] Keller K L. Conceptualizing, measuring, and managing customer-based brand equity[J]. Journal of Marketing, 1993, 57(1): 1-22.

[10] Estes Z, Gibbert M, Guest D, et al. A dual-process model of brand extension: Taxonomic feature-based and thematic relation-based similarity independently drive brand extension evaluation[J]. Journal of Consumer Psychology, 2012, 22(1): 86-101.

[11] Park C W, Milberg S, Lawson R. Evaluation of brand extensions: The role of product feature similarity and brand concept consistency[J]. Journal of Consumer Research, 1991, 18(2): 185-193.

[12] Mao H, Krishnan H S. Effects of prototype and exemplar fit on brand extension evaluations: A two-process contingency model[J]. Journal of Consumer Research, 2006, 33(1): 41-49.

[13] Sood S, Drèze X. Brand extensions of experiential goods: Movie sequel evaluations[J]. Journal of Consumer Research, 2006, 33(3): 352-360.

[14] Milberg S J, Sinn F, Goodstein R C. Consumer reactions to brand extensions in a competitive context: Does fit still matter?[J]. Journal of Consumer Research, 2010, 37(3): 543-553.

[15] 王海忠, 秦深. "声望品牌", 可以燎原[J]. 中欧商业评论, 2011(5): 52-55.

第九章 旅游品牌组合战略

只有公司的每个品牌都履行自身明确的职能，才能产生决定性的竞争合力。这就像一支美式橄榄球队，几十个人分别打不同位置，每个人都有自己的角色。

——大卫·阿克（全球品牌管理权威学者）

学习目的

学习本章之后，读者将对以下品牌问题有更清晰、准确和透彻的理解：

- 什么是品牌组合战略？
- 品牌组合战略对旅游组织有何重要价值？
- 管理旅游品牌组合的两大模块是什么？
- 如何实施旅游品牌纵向组合战略？
- 如何实施旅游品牌横向组合战略？
- 旅游组织如何建立应对动态和多变环境下的品牌纵横架构？

本章案例

- 携程集团的品牌组合战略
- 小红书“品牌拼盘”——文旅行业进阶之路
- 科龙电器曾经的多品牌陷阱
- “三个臭皮匠，顶个诸葛亮”——呷哺集团如何进行品牌横向组合？

开篇案例　携程集团的品牌组合战略

从全球市场来看，中国旅游企业正以昂扬向上的姿态，加快走向世界知名品牌的步伐。其中，处于旅游行业领先位置的当属携程集团，目前已成为全球值得信赖的知名旅游品牌。携程集团成立于1999年，总部设在上海，2003年在美国纳斯达克交易所上市，2021年在香港联合交易所上市，是全球领先的一站式旅行综合服务公司，其使命为“成就完美旅程”。携程整合了高科技产业与传统旅行业，向超过2.5亿名会员提供包括无线应用、酒店预订、机票预订、旅游度假、商旅管理及旅游资讯等在内的全方位旅行服务，打造了Trip.com、天巡、携程、去哪儿等知名品牌，并不断发展和优化品牌组合，被誉为“互联网与传统旅游无缝结合的典范”。2019年，携程集团入选中国旅游集团20强；2020年荣获全球最具价值500强品牌；2023年，荣登福布斯中国全球品牌30强和30强领先品牌榜单，标志着携程集团里程碑式的成就。在竞争激烈的国际旅游市场上，携程是如何突出重围迅速建立起行业领先地位，打造自己的品牌和成功布局全球化战略的？

1. 深耕国内市场，把握发展机遇——国内市场品牌组合

1999年携程成立伊始，借着国家旅游利好的宏观政策和环境，季琦、沈南鹏、范敏等人在上海携手创办了携程网，打破了中国人传统线下排队买票的方式，采用电子商务与呼叫中心相结合的预订方式，解决了国内机票和酒店的基本预订需求，以销售机票、酒店票等标准化产品为主营业务，成为该行业最先入场的“头号玩家”。随后，为迅速建立行业优势，携程抓住机遇，于2000年和2002年连续并购两家票务中心，即以酒店预订为切入点的国内最大电话订房中心——北京现代运通订房中心和以机票预订为切入点的北京最大散客票务中心——海岸航空代理公司。至此，携程一跃成为全国最大的酒店分销商，并建立起全国统一的机票预订服务中心。

此后，携程开启了自己在国内市场的快速发展之路，通过进一步并购扩展自己的业务范围和品牌优势。纵向上，先后收购同程、艺龙、去哪儿等几大劲敌，完善自己的品牌布局，形成自己的多元化品牌发展链。从此，携程“一家独大”的OTA江湖地位逐渐产生。横向上，开始拓展自己的品牌类别，进军多个行业，先后与招商银行联合推出双币旅行信用卡进军金融行业、推出全新360°独家超市、首推休闲度假旅游概念、建造现代化在线旅游技术服务中心、并购中国旅游饭店业民族软件第一品牌中软好泰、进军商旅管理市场、上线共享租车等，全方位立足国内市场，打造携程品牌，提升携程国内影响力。

2. 望远国际市场，实现全球战略——国际市场品牌组合

2016年国内市场发展相对稳定后，携程开始将目光转向国际市场，开启了它的全球化道路，先后在东南亚、欧洲以及北美市场布局，酒店、机票预订等业务不断拓展，打造了世界旅游市场上的“中国名片”。

（1）在线搜索平台全球化。携程先后收购英国廉价机票搜索平台Travefusion、世界领先旅游搜索平台天巡等世界知名旅游平台企业，实现了欧洲市场的开拓并辐射全球。

除此以外，积极寻求跨国战略合作与战略投资，2016年1月通过可转债方式向印度最大在线旅游企业 Make My Trip 投资1.8亿美元，携程在印度市场的开拓取得了巨大的成功，成为中国首家投资印度的在线旅游企业。通过不断并购与战略投资，携程在全球在线搜索平台方面获得了优质的细分客源，建立了具有影响力的国际化品牌优势。

（2）酒店业全球化。2017年携程与泰国最大酒店集团盛泰乐（Centara）开启全面合作。盛泰乐将产品线全部引入携程，促成了携程产品的多元化。借助盛泰乐酒店遍布泰国各大旅游景点的布局优势，携程在泰国的酒店投资获得了卓越的表现。除此以外，携程与澳大利亚旅游局签署战略合作协议，在澳大利亚举办推介会，与包括阿斯特拉（Astra）、尤利西斯（Ulysess）等澳大利亚知名酒店企业达成合作。继泰国、澳大利亚后，携程也在酒店领域不断发力，加快与 Booking 等国际巨头合作，在新加坡、日本等地不断布局，深化合作。

（3）机票业全球化。2012年搭建完自己的国际机票预订平台后，携程开始了自己在国际舞台上的“表演”。短短几年的时间，携程已实现机票预订遍及六大洲超过5000个城市和地区，涉及航线200余条，入驻携程国际机票平台的航空公司数量高达400余家。最具标志性的当属2016年携程与德国汉莎集团签署的全球化战略，成为第一家大中华地区与汉莎集团合作的项目代理人。通过不断合作，携程实现了机票业务的全球化，为携程带来了更多利润空间的同时也提升了携程的国际知名度。

纵观携程的品牌进阶之路，我们不难发现通过不断拓展品牌，进行品牌的纵向、横向组合有助于企业实现全面发展。携程完成了从“全国第一家在线旅游预订品牌”到全球拥有多品牌、多产品、国际化格局的“世界一流旅游企业”的转变，实现了由单一品牌到国内多品牌再到全球多品牌的变革。

资料来源：

[1] 品牌案例：携程集团[EB/OL]. 人民网.

[2] 携程官网.

党的二十大报告指出，“优化民营企业发展环境，依法保护民营企业产权和企业家权益，促进民营经济发展壮大。完善中国特色现代企业制度，弘扬企业家精神，加快建设世界一流企业。支持中小微企业发展。深化简政放权、放管结合、优化服务改革”。得益于我国良好的民营企业发展环境，携程集团得到了长足发展的机会。如案例所述，携程集团通过不同品牌来占领不同顾客细分市场，从而在行业取得总体市场份额领先的优势。所有公司在发展过程中一定会走到多品牌阶段，一定会面临多品牌的关系管理问题。根据2023年《商务部关于加强商务领域品牌建设的指导意见》，“品牌成为促进国内供需结构升级、增强贸易竞争优势的有力支撑，在稳固消费大国地位、促进贸易强国建设中发挥更大作用”。处理好多品牌的关系管理能够推动旅游优势品牌的建设与发展，增强行业竞争优势。本章旨在为旅游组织发展过程中遇到的品牌横向和纵向组合关系管理提供战略性指引。

第一节　旅游品牌组合的内涵及意义

每家公司都会在发展、成长的过程中，进入拥有多个品牌的阶段。多品牌阶段的到来让公司在管理品牌组合方面，面临更多挑战和考验。如何科学地管理好旅游组织旗下众多品牌之间的关系，成为旅游品牌战略管理的重中之重。

一、品牌组合的内涵

品牌组合，英文为“brand portfolio”。其中，“portfolio”一词原用于定义金融领域的投资组合。品牌组合是指公司出售的每一特定品类产品所包含的品牌和品牌线的集合。品牌组合战略（brand portfolio strategy）是指公司运用一套系统方法，对多个品牌进行系统化和精细化管理的过程，它便于公司理顺和解决现有的、将来的品牌关系问题。品牌组合战略是品牌管理的核心内容之一，其目的是对有限资源进行合理分配，取得多品牌协同价值最大化。[1]

品牌组合有狭义与广义两种内涵。狭义的品牌组合是指公司多个自有品牌之间的内部关系管理问题。广义的品牌组合在狭义的品牌组合基础上，还涉及公司自有品牌与外部品牌（如联盟品牌、租赁品牌、授权品牌、第三方品牌等）之间的关系管理问题。

（一）狭义的品牌组合

在描述狭义的品牌组合时，我们介绍一下品牌架构这一常用管理工具。品牌架构（brand architecture）旨在回答一个企业需要多少个品牌以及品牌之间是什么关系的问题。[2]品牌架构是个有用的图形工具，通过展示公司产品拥有的共同和特殊品牌元素的数量及种类，以此来描绘出公司的品牌战略，并清晰地展现品牌元素的次序。品牌架构的基本前提是：可以通过多种不同的方式对品牌进行塑造，这取决于有多少新的和既有的品牌元素可以利用，以及如何组合的问题。

以锦江酒店品牌为例，其品牌架构如图 9-1 所示，它们分为品牌纵向组合和品牌横向组合（也称为纵向品牌关系和横向品牌关系）。锦江酒店和维也纳处于同一个品牌纵向组合中，即处于纵向组合中的不同品牌层级上。而锦江、铂涛、维也纳和卢浮处于同一个品牌横向组合中，即处于同一横向品牌层级上。品牌纵向组合和品牌横向组合相互交错，形成了一个二维平面的品牌架构。

品牌组合主要回答三个问题：组织向市场提供哪些品牌；这些品牌在标识产品时扮演什么角色；各个品牌的市场跨度有多大。根据公司品牌与下属各产品或各业务品牌之间协同程度的不同，品牌组合基本可以划分为四种模式。[3]

1. 单一品牌组合模式

单一品牌组合是指公司与公司下属产品业务都采用公司品牌名（又称为集团品牌名，

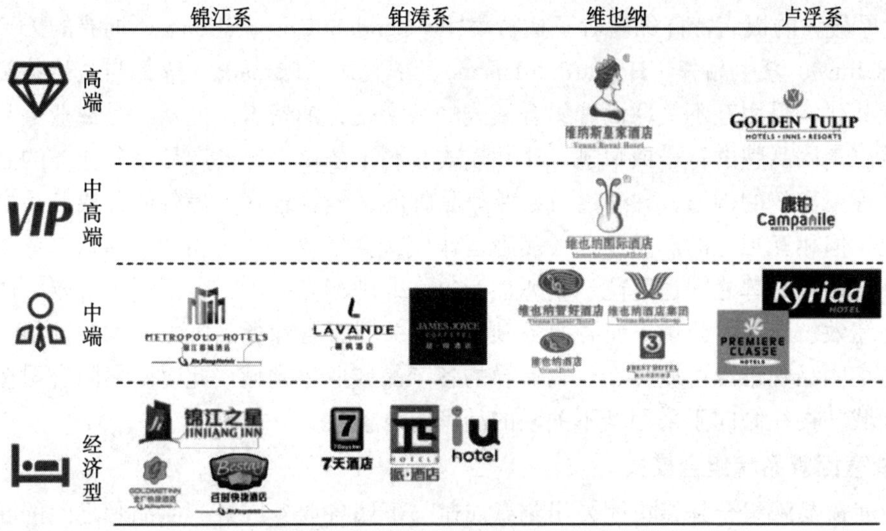

图 9-1　锦江酒店的品牌架构

（来源：https://hotel.bestwehotel.com/）

英文为 corporate brand）作为统一的品牌名称。例如，希尔顿国际酒店集团，主要采用单一品牌组合模式，对其生产经营的所有酒店产品均使用同一品牌名称。采用单一品牌组合模式后，由于一个公司跨越不同的产品业务领域并在多种产品业务中只使用一个单一的公司品牌名，此时如何充分利用公司品牌，集中营销力量，使得品牌规模最大化成为非常重要的市场决策问题。与此同时，该模式的风险表现为多个产品业务或多个项目很容易给市场传递混乱的定位，并存在束缚各业务或产品领域营销创新的可能性。因此，采取单一品牌组合模式的旅游组织尤其要重视品牌危机与风险防范管理。

2. 担保品牌组合模式

担保品牌组合是指公司品牌为公司旗下的产品或业务品牌进行品牌背书。在集团公司中，担保品牌组合表现为集团品牌为下属业务品牌提供信誉和组织担保，而下属产品或业务品牌又为公司品牌的整体发展增值。担保品牌起到的是信号作用，特别是为产品质量提供担保，能够显著影响产品的质量和独特性感知。例如，万豪公司的品牌组合就是担保品牌架构的典型，万豪开发了一系列的下属品牌如万怡（Courtyard）、万豪费尔菲尔德（Fairfield Inn）、万豪居家（Residence Inn）、万豪唐普雷斯（Towneplace Suites）、万豪春丘（Springhill Suites）来分别运营不同的旅客市场，这些下属品牌凭借着自己独特的主权身份和品牌体验吸引着各自的顾客，但作为担保者的万豪集团也提供了识别支持（万豪的核心识别“和谐亲切的服务”能延伸并作用于各个市场）、信誉担保（旅客、加盟商了解万豪在背后支持）和常客计划（跨品牌的积分和优待活动）。担保品牌组合又可以分为强势担保、名字关联和影子担保。担保品牌组合模式可以使集团下属品牌更好地与消费者接触，增加消费者的信任度，切入多个不同细分市场，从而成功推出各产品或业务品牌，但下属品牌的失败也可能导致集团品牌受损。

3. 互不关联品牌组合模式

互不关联品牌组合是指公司品牌与旗下的产品或业务品牌相互独立，不产生关联性。

例如，世界最大的饭店特许经营者圣达特集团（Cendant Corporation）所拥有的天天旅馆品牌（Days Inn）、豪生品牌（Howard Johnson）、华美达（Ramada）等都与圣达特集团的公司品牌无关联。采用互不关联品牌组合模式的结果是，消费者不能从产品或业务品牌中，明显地看出集团品牌的符号或痕迹。这种模式有利于公司内部各产品或各业务的品牌与目标顾客实现更有效的沟通，并通过对各业务品牌的区隔管理来获得各业务或产品之间的差异最大化。但相互独立的产品或业务品牌运作模式会导致集团公司的整体营销成本偏高，各个产品或业务品牌之间也可能产生恶性竞争，处理不当的话，会不利于形成整体品牌组合的最优绩效。当集团公司下属各业务领域互不关联且各业务品牌之间的共性很小时，采用单一的集团品牌难以协调存在巨大差异的各产品或业务领域，此时，集团公司在各业务或产品领域，往往倾向于采用互不关联的品牌组合模式。

4. 刻意回避品牌组合模式

刻意回避品牌组合是指集团公司刻意回避与下属各业务或各产品品牌之间的联系。例如，雅高酒店集团能够在短期内快速地强大起来，主要是因为采用了刻意回避式的品牌组合扩张方式。雅高酒店集团开业之初就以诺富特酒店品牌为基础，但随着酒店的多样化发展，雅高旗下的索菲特、铂尔曼、美爵、诺富特、美居等都是完全独立的品牌形象了。采用刻意回避品牌组合模式，主要是为了回避母品牌对各产品或业务品牌造成负面影响。

综上，根据公司内部集团层面（或公司层面）在品牌识别系统上，与公司内各产品或各业务之间共享程度的不同，分成了以上四种模式。这四种模式反映绝大多数的公司品牌组合现象，但也不能穷尽每个公司在处理集团层面和产品或业务层面的品牌识别方面的协同情况。在品牌组合模式方面有“品牌之屋”（houses of brands）和“品牌化结构”（branded structure）两种模式[5]。品牌化结构模式更接近于单一品牌组合战略，而品牌之屋模式则代表的是另外三种品牌组合模式。它们反映了品牌组合模式的两个极端，现实中的公司可能属于两种模式之中的一种，但更多的情形是偏向于但又不完全等于其中的一种。例如，万豪酒店集团是典型的品牌之屋模型，它拥有许多不同的品牌，即使在同一产品领域也拥有多个品牌。而希尔顿酒店集团则是典型的品牌化结构模型，它们在多种产品或业务领域使用单一的主品牌即公司品牌。

（二）广义的品牌组合

广义的品牌组合在狭义的品牌组合基础上，还涉及公司自有品牌与外部品牌之间的关系管理。在企业的品牌组合中，有的是自创品牌，有的是并购的、租用的或与外部联盟的品牌，企业对这些品牌在感情上可能不同，但实际应用中应摒弃感情因素，而从实用角度去管理不同来源的品牌。首先，要明确外部品牌的作用。公司使用外部品牌是为了进入新市场，还是为了市场防御？是为了利用外部资源，还是为了消除竞争？对外部品牌的不同角色定位，决定了公司应该如何处理公司内部品牌与外部品牌之间的关系。其次，要明白外部品牌和自有品牌之间是互补关系还是竞争关系。若是互补关系则应充分利用资源，挖掘品牌潜力；若是竞争关系则要进行评估，进行选择性发展。

在广义的品牌组合中，品牌联合（brand alliance）所创造的合作品牌（ally brand）发挥着重要作用。消费者对品牌联合之前的原品牌评价越好，联合之后的合作品牌所得到的评价也就越正面[6]。旅游品牌联合涉及将不同旅游组织的品牌结合起来以实施有效的战略性或战术性品牌计划。当来自不同旅游组织（或在同一旅游组织中完全不同的业务领域）的品牌联合起来创造一种新产品时，就形成了合作品牌。本书重点关注旅游组织内部的自有品牌及其品牌组合问题，即旅游领域中的狭义品牌组合。如果需要进一步了解广义品牌组合，可以参考其他相关文献。

二、品牌组合战略对旅游组织的重要意义

为什么旅游组织要关注品牌组合问题？品牌组合战略能够保证旅游组织形成强大的竞争优势，使竞争对手无法通过模仿形成威胁。[7]总体来看，成功的品牌组合战略能够在以下三个方面推动公司的整体发展。

（一）拥有强大的规模效应

统筹合理的旅游品牌组合有利于旅游组织在广告、分销、促销等方面获得规模经济效应，能够在组织内部促进良性竞争。同时，能够提高旅游产品在零售终端的铺货率，从而提高对旅游零售商的吸引力和议价力。例如，陕甘宁青蒙五省区为实现区域旅游资源协同发展，促进区域旅游经济一体化发展，联合着力打造“西北风情旅游品牌”，推进五省区旅游无障碍绿色通道，营销西北风情旅游线路，进一步扩大了区域影响力和知名度，提升了五省各自旅游品牌知名度。又如山东省对省内知名旅游目的地进行品牌组合，推出“山水圣人”旅游线路，集平安泰山、天下泉城、东方圣地三者于一体，共同成为宣传山东“好客山东，想来就行”的响亮名片。

（二）有利于业务创新

开发新的地理市场或新的顾客细分市场，以及推出新产品或新业务时，旅游组织需要面临品牌组合的决策问题，到底是启用新品牌还是沿用现有品牌？现有品牌可以延伸到哪些产品或业务领域？这些都是旅游组织战略层面的品牌问题。例如，马蜂窝作为耳熟能详的在线旅游品牌，为了抢占消费者，进军新的线下场景业务板块，联合杜蕾斯推出旅行套装新品牌“未知小黄盒”，旅游攻略与安全套将“两性”与“旅行”巧妙组合，对旅行的意义做出了新且有趣的诠释，强化和延伸了马蜂窝的品牌个性，是马蜂窝从线上到线下的一次尝试。

（三）合理的品牌角色有利于覆盖不同的细分市场

旅游品牌组合中的各个品牌分别具有自身的角色。例如，侧翼品牌一般是低价位品牌，目的是用来对抗竞争者的低价竞争，侧翼品牌可以起到保护旗舰品牌的作用。品牌组合中的声望品牌，一般是指更为高端的品牌，其作用是象征性地表明旅游组织具有生产高档产品的能力，其作用在于增加整个组织的威望和信誉。得体的品牌组合，让旅游组织通过不同品牌扮演相应的角色，这有利于组织有效实施差异化营销策略。欧洲顶级酒店集团雅高（Accor）通过推出一系列针对不同价格区间的酒店品牌取得了巨大的成功，从价格高低排列分别有奢侈品牌索菲特、豪华品牌铂尔曼、高端品牌美爵、中端品牌美居和诺富特、经济型品牌宜必思。又如迪士尼在电影制作业务板块同时拥有博伟、试金石等多个品牌，使

公司能够制作不同类型的电影，共同促进迪士尼整个公司的品牌形象。

总之，合理的旅游品牌组合战略能促使旅游品牌组合中的任何一个品牌发挥应有的作用。为了设计最佳旅游品牌组合，营销者一般需要在市场覆盖率以及成本、利润等财务方面进行权衡。最佳旅游品牌组合能够使组合中每个旅游品牌与该组合中其他旅游品牌一起推动公司总的品牌资产最大化。旅游品牌组合中品牌数量是否得当，可以通过如下简单方法衡量：如果删减品牌数目能够增加利润的话，那么品牌组合中的品牌数量就太大了；如果增加品牌数目能够增加利润的话，那么品牌组合中的品牌数量就还不够。旅游品牌组合战略的目的是充分利用旅游品牌资产，发展和提升强势旅游品牌，促进旅游品牌间的互补协同，促进多个旅游品牌产生的合力增效最大化。有关品牌组合如何强化企业社会责任，如何影响餐饮行业经营，品牌前沿 9-1 作出了详细的阐释。

品牌前沿 9-1　　餐饮行业的企业社会责任与特殊风险：品牌多元化重要吗？

现实中企业社会责任（CSR）可能对企业经营绩效产生一定积极影响，但同时会付出相应成本。经济理论认为，企业社会责任会降低企业经营利润；而利益相关者理论则认为，企业承担社会责任能够有效地提升顾客黏性从而扩大市场份额。基于此，来自内华达大学与伊斯坦布尔比尔基大学的研究团队针对企业社会责任与品牌多元化对餐饮行业经营风险的影响展开量化研究。

该研究采集了来自 43 家餐饮企业 1995—2015 年 274 个财务年度的非平衡面板数据，并进行了稳健标准误的固定效应回归。研究结果表明，CSR 与特质风险存在显著的负相关关系，品牌多元化与特质风险的关系同样如此，引入的 CSR 与品牌多元化的交互项系数同样为负显著。因而可以得出餐饮企业履行 CSR 将有助于减少特质风险，CSR 仍是企业重要的正向绩效来源，支持了利益相关者理论；另外，品牌多元化对社会责任与特殊风险具有调节作用，即品牌多元化增强了企业社会责任活动对企业风险的降低作用。

这一研究成果对餐饮企业的管理与发展具有重要的实践意义。对于餐饮业企业管理者来说，企业社会责任与餐饮业高度相关，企业应积极承担社会责任，认识到其本质并不是成本负担，而是以更低的资本成本增加股东财富。另外，品牌组合战略的调节作用能够加大参与社会责任的收益，餐饮企业应当重视品牌组合管理，优化品牌横向组合，最大化利用积极企业社会责任带来的正面品牌联想，进一步创造不同品牌间的协同作用，从而建立强大的品牌资产。

资料来源：Ozdemir O, Erkmen E, Kim M. Corporate social responsibility and idiosyncratic risk in the restaurant industry: does Brand diversification matter?[J]. International Journal of Contemporary Hospitality Management, 2020, 32(9): 2925-2946.

第二节　管理旅游品牌组合

管理品牌组合主要有两方面的内容，即建立品牌组合、优化品牌组合，而优化品牌组合又包括扩大品牌组合和精简品牌组合。

一、建立旅游品牌组合

旅游品牌组合管理的前提是旅游组织实施了多品牌战略。多品牌战略（multi-brands strategy）是指一个组织发展到一定阶段后，在同一产品类别内或不同产品类别之间，产生发展出多个品牌。[10]旅游组织产生多品牌的背景主要有以下三种。

（一）品牌并购

品牌并购是组织进入新的产品类别或新的目标市场的快捷途径，并购能直接获得产品类别中的专有技术、管理经验与营销渠道，能够获得供应商网络、客户资源等资源与能力。例如，2016 年 9 月 23 日，万豪国际集团正式宣布完成对喜达屋酒店与度假村国际集团的并购，一举成为全球最大的酒店集团。这一起品牌并购，不仅让万豪收获了一个知名品牌，还使其借助新的业务领域获取新增长点。万豪在公司层面就需要管理好喜达屋与万豪公司品牌及其业务品牌之间的关系。

（二）内部进入

旅游组织可以在现有产品或目的地类别里、在新的产品或目的地类别中，开发和投放新的旅游品牌。例如，携程于 2006 年成立“携程商旅”，正式进军商旅管理市场；2016 年推出独立餐饮品牌“携程美食林”；2017 年对外发布旗下首个豪车租赁品牌“携程奢驾”，2018 年正式宣布成立丽呈酒店集团。携程自主开发投放的旅游业品牌各有其独特的品牌定位。可见，旅游组织内部推出新品牌，让组织战略业务（strategic business）的目标落实到具体的品牌上，有助于旅游组织实现战略业务增长。

（三）战略联盟进入

旅游组织可以通过战略联盟的途径进入多品牌组合。战略联盟进入又分为两种形式。其一是合作。旅游组织为了实现特定的战略目标采取独立治理结构的共担风险、共享利益的相对长期合作协议，没有涉及股权和股权安排。其二是合资。旅游组织各方共同投资兴建合资企业，共同拥有品牌权益，这需要涉及股权安排，比如雅高集团与 Ennismore 组建合资公司打造首屈一指的生活时尚酒店品牌组合，双方根据并购相关条款约定，雅高集团持有 66.67%的股权为合资公司控股股东，Ennismore 创始人 Sharan Pasricha 持有 33.33%的股权。

品牌案例 9-1　　小红书“品牌拼盘”——文旅行业进阶之路

2022 年 7 月 11 日，老牌种草平台小红书科技有限公司（以下简称“小红书”）100%控股注资成立璞真乡里（上海）旅游文化有限公司，正式踏足文旅行业。小红书与文旅行业的链接，几乎是全覆盖的，从景区到城市旅游，从民宿到酒店，从攻略到具体物件，这是小红书为提升品牌形象，进入新领域、拓展新品牌，实现流量变现而进行的一次成功尝试。

自新型冠状病毒大流行以来，我们不难发现：短途周边旅游和露营等已经成为一种新时尚，越来越被大众所追崇。2020 年端午小长假期间，小红书开始在上海、广州等地进行“种草周边游”直播，一时间在网络上获得了不俗的反响；同年，小红书借风与浙江湖州、台州等地进行合作，推出“红色旅游”都市项目，推荐网红打卡、培养旅游达人、邀请小红书网友一起旅游，真正将小红书从线上种草平台带入线下场景。

随后，为了继续在文旅行业大显身手，顺应疫情当下人们的旅游需求，小红书借势掀起了一股野餐狂热，开始种草“野餐”游，三五成群的人们在各大公园、景区，甚至小区草坪铺上野餐布进行野餐活动，随处可见的野餐局让小红书的“夏日野餐”项目备受关注。后来，越来越多的人开始喜欢上露营，小红书便继续投入大量资源，通过扶持优质露营创作者、上线话题、流量扶持等，与多家露营地预订系统对接合作，以实现线下经济落地。

小有收获后，小红书继续进入新的产品领域，开始打造一种全新的旅行方式，从火遍各大城市的飞盘户外活动到城市骑行、腰旗橄榄球、划船等，小红书不断延伸、不断创新，打造着自己的线下“品牌拼盘”，小红书文旅相关话题不仅获得了巨高的点击量，还带来了可观的变现收入，引领了新的旅游消费方式。

可见，小红书业务从单纯的“种草”到“交易”转型升级，内容从以主打“美妆”种草、“美食”种草到“文旅”种草等，内部不断涉足新领域，推出新产品、新品牌，实现了线上流量的变现，让小红书战略业务的目标落实到具体的产品品牌上，帮助小红书实现了战略业务的增长，提升了整体品牌形象。

资料来源：

[1] 周边游露营爆火，小红书商业化带来的旅游“经济复苏”[N]. 新华社.

[2] 新公司成立！小红书进军文旅市场[EB/OL].

[3] 小红书官网.

二、优化旅游品牌组合

旅游品牌组合在处理多个旅游品牌间的关系时，需要对旅游品牌组合进行动态优化。品牌组合的动态优化包括扩大品牌组合和精简品牌组合。

（一）扩大品牌组合

扩大品牌组合又俗称为“品牌加法”，是指在原有的品牌组合中增加一个新的品牌，包括在相同的业务领域增加一个新品牌名，或增加一个新的产品或业务及其品牌名。旅游品牌加法通常适合扩大旅游组织规模或者创新业务发展的情形。例如，厦门航空不断致力于为广大乘客带来独具特色的尊享服务，其中，餐酒服务更是被厦门航空视作凸显自身优势，打造个性化品质服务的重要环节之一，由此特别打造自有品牌厦航空厨，致力于为更多人带来引领趋势的、可持续的新式餐酒服务。空厨产品也不再仅限于客舱，而是依托“互联网+”模式“飞”到了线上商城和更多线下渠道。

（二）精简品牌组合

精简品牌组合又俗称为“品牌减法”，是指砍掉品牌或者清理品牌，它是一种“以守为攻”的品牌战略，包括减少现有品牌数量、业务领域、品牌层级，也包括品牌元素的优化。当旅游品牌组合中的品牌数量已经多到影响旅游组织资源利用、绩效产出，超出其管理能力时，适当的品牌减法势在必行。例如，2004 年，中旅集团的新任领导班子上任后，将集团进行了系列整合，而旗下的中旅总社率先垂范，马上把全国 300 家松散型的“中旅系”旅行社精简到 200 家，以资产纽带关系挂钩，提高“中旅”品牌加盟费并同时精简数量。

品牌减法的重要背景是多品牌战略所天生具有的缺陷，即规模不经济。一家企业在同一个市场引入多个品牌时，会出现隐性成本，隐性成本一般表现为以下三种情况。

1. 内部恶性竞争

如果品牌之间没有足够差异化，品牌定位没有独特性，那么公司在同一产品或业务领域实施多品牌的营销举措，可能会给公司带来内部品牌之间的恶性竞争。例如，2013 年，雷迪森旅业集团有限公司撤销了旗下连年亏损的怡莱连锁酒店。由于没有及时地进行品牌减法，怡莱连锁酒店多年来不得不在夹缝中生存。

2. 品牌组合效率低下，收效甚微

如果公司盲目追求对市场的全面覆盖，建立过多的小品牌，而其中的重要品牌又得不到有效管理，就会导致整个品牌组合的效率低下。维持数量众多的小品牌，比销售几个大品牌更费钱，因为在工厂中制造大量不同的产品会产生巨额的生产成本。同时，在终端渠道也需要使用更多的营销投入，营销力量分散到大部分效益较低的小品牌上对于公司的经济最优化来说是不划算的。

3. 不利于提高与零售商的议价能力

像美国沃尔玛和欧洲家乐福，往往只会在每一类商品中挑选市场份额排名前二或前三的品牌进入店中销售。如果公司想将所有商品放在终端货架上，就需要支付巨额的商品上架费。可见，如果公司在同一产品类别中，拥有一些并不畅销的小品牌，要想进入知名的零售终端，就得给零售商支付巨额费用，这就不利于自身的成本控制。

从品牌架构的纵横两个方向来看，品牌加法和减法分别同时适合于品牌纵向组合的加减法，以及品牌横向组合的加减法。品牌纵向组合的加减法是指品牌层级的增加或减少。品牌横向组合的加减法是指某一层级上品牌数量的增加或减少。品牌纵向组合的加减法需要保证品牌层级的增加或减少有利于品牌长期发展。品牌横向组合的加减法需要考虑增加或撤销品牌时引起的上下级品牌的变动。品牌案例 9-2 描绘了家电品牌科龙在被海信收购之前的多品牌组合陷入的困境，提醒企业经营管理者多品牌组合决策是涉及企业可持续经营的战略性决策。

品牌案例 9-2　　科龙电器曾经的多品牌陷阱

科龙是 20 世纪 90 年代末 21 世纪初的中国家电业知名企业，曾拥有容声、科龙、华宝等高知名度品牌，但它最后于2005年被海信收购。除了中国市场特有的企业治理因素之外，多品牌关系不清、品牌合并与处置不力也是科龙走向败局的重要因素。

科龙靠容声品牌的冰箱起家。长期以来，容声担当了公司现金牛品牌，但“容声”商标的所有权并非科龙公司所有，它是原“容奇广播器材厂”的商标名寓意“容奇之声”。后来，“容奇广播器材厂”更名为“容奇电饭锅厂”，“容声”成为小家电产品的商标，所有权归“容奇电饭锅厂”。1984年顺德容奇镇政府成立广东顺德珠江冰箱厂（科龙前身）时，在镇政府意见主导下，广东顺德珠江冰箱厂借用“容声”商标。1991年至1998年，容声冰箱连续8年保持产销量全国第一。但“容声”商标所有权界定不清，为科龙的多品牌埋下诱因。

1992年，创始人潘宁意识到用了8年的容声品牌是别人的。警醒之余，借1996年科龙改制发行H股和空调项目上马之机，于当年10月推出科龙品牌。科龙既是企业品牌，又是冰箱和空调的产品品牌。冰箱领域同时拥有容声、科龙两个品牌，从消费者角度看，两者并没有明显的差异，因而存在品牌重叠和资源分散的问题。

在顺德市政府安排下，1998年科龙公司并购了华宝空调品牌。科龙公司将科龙定位为高端品牌，华宝充当低端入门品牌，但从市场看来，消费者会将华宝“三线价格”的质量转移给科龙空调，从而弱化科龙高端品牌的形象。

2001年顾雏军进入科龙时又带来了康拜恩品牌，它同时覆盖冰箱、空调和小家电这几个产品类别。

科龙公司在其所有产品领域都采用了多品牌战略，公司品牌名和产品品牌名交错，科龙既是公司品牌，又是空调、冰箱、小家电的产品品牌。科龙不同时代的高层管理者在多品牌架构上绞尽脑汁，但都没能走出迷雾。王国端提出“2+X”多品牌战略，即以科龙、容声两个品牌为主，其他为辅助的战略，但该战略没说明科龙和容声是否存在相同产品竞争，也没说明公司品牌与产品品牌的关系。X的含义又极其含糊。徐铁峰接过科龙权杖时，确定了“3—2—1”品牌收缩战略，即先将“科龙、容声、华宝”三个品牌收缩为“科龙、容声”两个品牌，进而再缩为“科龙”一个品牌的“减法战略”。它解决了多品牌在同一产品领域自相竞争的问题：集中精力做一个品牌，公司品牌与产品品牌统一，确实可以产生协同效应，但这一战略无法摆脱公司政治羁绊，也过不了“感情”关。撤销华宝在内部是可以理解的，但让容声退出历史舞台就会碰到阻力。科龙是靠容声起家的，容声一直为科龙提供现金流。“谁让容声受损害，谁就是科龙的罪人”，这句话一直在科龙流传至今。顾雏军入驻科龙后，他选择了现实而又利己的战略，即保留既存的多品牌以维护各方利益，同时带来“亲生”的康拜恩并着力培养，以便将来从中分得家业。至此可以看出，没有脱胎换骨的“革新”，科龙根本无法走出其多品牌架构的迷雾。

海信2005年9月以大股东地位接管科龙，还没正式过户就率先调整科龙旗下商标。海信实施了两大品牌战略，被收购的科龙只留下科龙、容声两个品牌，科龙只做空调，定位为空调专家形象；容声只做冰箱，定位为冰箱专家形象；海信则保持原来定位。此外，科龙商标还注入了海信“基因”。科龙新标志在基本保留原有风格和元素基础上，将海信象征科技、创造的字首橙色方块移植到科龙商标，取代以往科龙字首“K”上红色的一笔。

资料来源：王海忠. 多品牌病症——以科龙为例[J]. 北大商业评论，2008.

经理人如何才能洞察公司的品牌组合出现问题了呢？在本节的最后，我们列举出公司品牌组合出现问题的八大信号。这八大信号是公司用来诊断品牌组合管控问题的极有价值的工具指南。

①有潜力的品牌缺乏资源，老而过时的品牌却占有太多资源。

②品牌之间难以显示差异化，利润空间变小。

③关键品牌平淡无奇、老化，急需改变形象。

④一些正面的品牌资产没有得到充分利用。

⑤产品混乱，消费者甚至员工也分不清楚其品牌归属。

⑥过多的品牌和产品分散了本已不足的营销资源。

⑦市场上出现了新的产品类别和子类别，本公司产品的市场份额在缩小。

⑧当核心市场正变得不利时出现极具营利性和生命力的子市场，但公司目前却没有品牌适合参与这个子市场。

第三节　实施旅游品牌纵向组合

一、建立旅游品牌纵向组合

旅游品牌纵向组合体现了旅游品牌组合中的层级关系，它清晰地体现了旅游组织目前的品牌层次和组织架构。品牌纵向关系一般分为四个层级。

（一）公司品牌

公司品牌为最高层次的品牌。当一个公司旗下拥有众多的子公司或事业部时，此时的公司品牌就是指集团品牌。集团品牌之下可以有多个公司品牌。但在品牌理论上，通常只用公司品牌这一称呼。因此，在未特别说明的情况下，集团品牌和公司品牌可能会交替使用，属于品牌架构最高层级。公司品牌的下一级有多个品牌家族或战略性品牌。[9]

旅游组织品牌是代表一个旅游企业或组织的品牌。旅游组织品牌资产定义为旅游组织品牌名及其联想，在其多重利益相关者心目中带来的差异化反应。具体来说，旅游组织品牌资产是指旅游组织的顾客、员工、股东、商业合作伙伴、竞争者、政府等利益相关者，对组织品牌积累的联想、记忆、印象等（远景、行为、产品和服务等）给利益相关者针对组织行动所产生的差异化反应。使用多品牌战略的旅游组织，其品牌数量多且杂，而仅使用旅游组织品牌的公司，其品牌层级相对更为简单，因此合理利用“与生俱来”的旅游组织品牌就成为品牌管理的重中之重。关于如何打造公司层次的品牌，品牌前沿 9-2 摘选了

《哈佛商业评论》上有关公司品牌“三颗星”的思维逻辑。

品牌前沿 9-2　　集团公司品牌“三颗星”战略

要从集团公司品牌战略中获得最大收益，三个基本要素需要得到整合，那就是：远景、文化和形象，我们在此称为集团公司品牌的“三颗星”战略。要整合好这三颗“战略之星”，集团公司管理层要集中管理艺术和意愿，因为每一颗星都是受不同的管理所驱动。要打造出优异的集团公司品牌，“三颗星”之间必须有机融合，两两之间不能发生理解或思维逻辑上的断层或冲突。

（1）愿景。愿景表明高层管理者对公司充满想象和激情。如何才能解决愿景和文化，以及愿景和形象之间的断层或冲突问题呢？要打造好集团公司品牌，董事会及高层管理者要常常思考和关注几个与远景有关的问题：①哪些人或机构是你的利益攸关者？②这些利益攸关者期待从公司获得什么？③公司是否同这些利益攸关者有效地沟通愿景？

（2）文化。文化表明了集团公司作为一个组织的价值观、行为取向和态度。换言之，文化意指公司各阶层的员工是如何感受、感知他们为之工作的公司的。如何才能填补文化和愿景，以及文化和形象之间的断层呢？要打造好集团公司品牌，董事会及高层管理者要常常思考和关注这样一些与文化有关的问题：①你的公司践行了你常常宣扬的价值观吗？②公司愿景是否能激发内部的各种亚文化？③你公司的愿景和文化是否与你竞争对手公司的愿景和文化有显著的差异化？

（3）形象。形象是指公司的外部世界对公司的整体感受或印象。这些外部世界包括了公司的各种利益攸关者，如顾客、股东、媒介、公众等。如何才能填补形象和文化，以及形象和远景之间的断层呢？要打造好集团公司品牌“三颗星”，董事会及高层管理者要常常思考和关注几个与形象有关的问题：①你的所有利益攸关方将你的公司想象成什么样的形象？②公司的员工和利益攸关方是如何互动的？③员工会介意利益攸关方所思所想的问题吗？

越来越多的公司看到打造集团公司层面的品牌无形资产的益处。但要想从打造集团公司品牌中获得更多收获，以上三个本质要素（愿景、文化和形象）必须恰到好处地融合起来，任何断层或冲突，都会让集团公司品牌战略事倍功半。

资料来源：Mary Jo Hatch, Majken Schultz. Are the strategic stars aligned for your corporate brand?[J]. Harvard Business Review, 2001(2): 128-134.

公司品牌是最终的品牌集合体，它拥有很多产品品牌无法比拟的优势。首先，在不同产品和市场中使用公司品牌将使品牌管理更加容易和高效。其次，公司品牌能为旗下产品品牌的顾客传递一种更为可靠和宝贵的品牌联想。再次，公司品牌能够支持与利益相关者之间的沟通。最后，在进行国际扩张时，公司品牌背书能够节约成本，产品可信度会因公司品牌的强大而更易被消费者认同。[10]

但并非所有的公司或业务都可以使用公司品牌来进行其营销活动。碰到以下三种情况时，产品或业务品牌要弱化自身与公司品牌的关联。

①如果公司品牌仅使人联想到了某些特定产品类别，使用公司品牌就会使品牌范围过于狭窄，公司品牌的作用就受到限制。

②如果公司品牌缺乏相关的价值主张，这时就需要一个新品牌来阐明更细致的定位和消费者需求，而不能盲目地使用公司品牌。

③当公司品牌具有负面联想时，不要使用公司品牌，以免带来更大的风险。

（二）家族品牌

由于公司规模扩张或业务发展，在公司品牌下有必要增加一个品牌层次，从而诞生了家族品牌（family brand）。例如，在华住酒店集团，华住属于公司品牌，花间堂属于华住旗下的一个家族品牌。花间堂于2009年诞生于丽江，以独具特色的花间美学，将高端精品酒店的服务理念与地方民居、民俗等人文特色完美融合，引领国内精品度假酒店品牌的发展。花间堂以中国传统家文化之美为核心理念，传承及保护所在地自然人文特色，融入历史传统、人文景观、文化创意、休闲娱乐、旅游特色等资源，期望为消费者打造一个欢乐而美好的现代人间桃花源。

家族品牌除了自创之外，另一个重要来源是公司的品牌兼并和收购。例如，雅高集团就是通过收购和重组获得了美居、索菲特、费尔蒙、莱佛士和瑞士酒店等家族品牌。港中旅通过收购，获得了国内体量较大的旅行社巨头中国国旅。中国国旅集团原来是以旅游为主业的中央企业，业务涵盖旅行服务、免税品经销、旅游综合项目开发与管理、交通运输、电子商务等领域，形成了旅行社、旅游零售和旅游综合项目投资开发三大主业，是国内规模最大、实力最强的旅行社企业之一。2016 年被港中旅收购，成为其全资子公司。家族品牌与多个产品品牌相联系，是单个产品品牌的上一级品牌（母品牌）。家族品牌是为多种相互独立的产品建立共同联想的有效手段。采用家族品牌作为新产品的品牌名称，可以降低新产品的市场导入成本，提高市场接受的可能性。但家族品牌也容易受到失败的子品牌或产品品牌的牵连。因此，旅游组织必须仔细考虑使用量身定制的家族品牌战略。

（三）单个品牌

单个品牌（individual brand）是指在产品层次上每个产品品类或战略业务都采用独立品牌名的战略。虽然单个品牌只限于在某个产品类别或业务类别中使用，但这个品牌名下可以包含不同型号、不同包装或不同风格的多种产品系列。例如，喜茶作为单个产品品牌，名下推出的产品系列就包括了鲜茶水果系列、轻芝士茗茶系列、当季水果限定系列等产品线。一家公司使用单个品牌战略的主要优点是通过品牌个性化来满足具有不同特定需求的多个顾客群体。由于单个品牌一般都有特定的目标市场，因此当品牌失败时带给其他品牌的风险相对最小。但对于整个公司来说，如果每个产品或业务都有自身的品牌，要为不同产品或业务打造各自的品牌，这无疑会提高营销成本，而且要将多个品牌打造得富有个性，其营销活动的管理也相对复杂。

品牌前沿 9-3 探讨了在酒店业品牌组合中，消费者对子品牌的喜爱和对企业品牌的喜爱两者之间是否存在明显的相关性，正向或是负向，或是没有关系。

品牌前沿 9-3　　酒店品牌组合中子品牌至爱与公司品牌至爱形成机制的研究

品牌是酒店行业必不可少的营销策略，强大的品牌可以无形中提高酒店的平均每日房价、入住率和消费者支付高价的意愿。而品牌至爱是品牌价值产生的重要基础（品牌至爱是指消费者对某个特定的品牌产生强烈的情感上的依恋程度，包含对品牌的热情、对品牌的依恋、对品牌的积极评价、响应品牌的积极情绪，以及对品牌爱的宣言）。一个酒店品牌往往是具有多个子品牌的，顾客对某个子品牌的至爱程度是否会影响其对整个企业的品牌至爱以及是如何影响的，这一问题的认识对于酒店行业规划其品牌组合战略至关重要。

该研究利用在线问卷调研平台 Qualtrics，在 2014 年 12 月至 2015 年 3 月，收集了 425 份由曾有过五家酒店集团（万豪、希尔顿、洲际、喜达屋和凯悦）住宿经历的美国游客填写的问卷，使用结构方程模型（SEM）对提出的假设进行检验。研究结果表明，子品牌亲密度（sub-brand intimacy）和子品牌激情（sub-brand passion）是由理想自我—子品牌的一致性所驱动的，且子品牌激情可以促进子品牌亲密度。子品牌亲密度和激情都会提高子品牌承诺和子品牌至爱，同时子品牌承诺也会加强公司品牌至爱。此外，该研究还证明了子品牌至爱的溢出效应也会延伸到企业品牌至爱，以及调整酒店子品牌以适应目标消费群体的理想自我认知的重要性。

该研究对酒店品牌的营销和发展具有重要的现实意义。首先，酒店管理者应该设计契合消费者理想自我形象的品牌体验。在酒店品牌体验中强调消费者的理想自我形象，通过将消费者的需求和愿望与酒店产品相匹配，增强消费者的亲密感和热情。其次，酒店经营者应该利用物理、视觉和感官设计来激发消费者对酒店品牌的热情。通过物理环境设计、品牌体验风格、颜色使用、音乐设计，甚至整个酒店的温度和香味，有目的地开发酒店品牌的物理吸引力和浪漫特色。最后，从子品牌到总公司的喜爱溢出效应表明，酒店经营者可以通过强调忠诚会员计划、征求反馈、促进品牌延伸、鼓励品牌体验分享以及共同创造产品和服务来加强消费者的品牌参与度，进而形成品牌至爱。

资料来源：Wang Y C, Qu H, Yang J. The formation of sub-brand love and corporate brand love in hotel brand portfolios[J]. International Journal of Hospitality Management, 2019, 77: 375-384.

（四）品牌修饰层

品牌修饰层（brand modifier）是指在某个品牌名下，为了区分不同的产品系列，将产品要素进行品牌化的品牌经营方法。多数情况下，品牌修饰层是对单个品牌的某一具体产品款式、型号、特殊版本或产品进行品牌化处理的方法。不管是否已经使用了公司品牌、家族品牌还是单个品牌，都有必要根据产品款式或型号的不同类型进一步做品牌化区分。增加一个修饰成分，往往可以达到让品牌在某些方面加以区别的目的。例如，江西旅游目的地品牌通过开发其区域内的红色旅游、绿色旅游和古色旅游，来共同打造江西文旅新时尚。不同“色彩”的旅游产品系列成为江西旅游的独特标签，有利于迎合不同游客的偏好。可见，品牌修饰层的作用就是在单个品牌或家族品牌中展现其内部不同产品的微小但有意义的差异点。

不同公司可以根据自身特点，探索出适合自身的最佳品牌纵向组合关系管理模式。例如，世界知名的食品生产商雀巢就结合产品业务和全球地理区域来梳理其品牌纵向组合关系。雀巢公司从公司层品牌、战略业务层（strategic business unit）品牌、区域层品牌（regional brand）和当地层品牌（local brand）四个层次，构建了明晰的品牌纵向组合。这家瑞士食品跨国公司在全世界拥有接近 8000 个不同的品牌。图 9-2 展现了雀巢的全球品牌架构。雀巢的品牌经过搭配后就像一棵层次分明且布局完整的品牌树，位于根部的是十大世界级公司品牌，如康乃馨和雀巢等耳熟能详的品牌，这些品牌是公司发展至今的根基，每个品牌的影响力是覆盖全球的。树干部分则代表战略业务单元层，它负责管理 45 个战略业务品牌，如奇巧和谷利克等，这些品牌则是构成公司业务的主体或核心，是公司销售收入和利润的主要来源。再往上延伸至树枝部分，可以看到由全球区域管理分部负责管理的 140 种区域性战略品牌，这些品牌在世界各主要区域，具有广泛的影响力，其贡献给公司的销售收入和利润也是巨大的。最后在树梢上的则是由地方分支机构负责管理的7500 种当地化品牌[11]，这些品牌在地理上的辐射范畴主要是当地。雀巢公司的品牌树管理架构，反映了欧洲老牌跨国公司全球品牌组合关系的典型特征。但是，美国跨国公司的全球品牌组合架构则不同于欧洲，总体上表现为更少的纵向管理层级和更少的品牌数量。

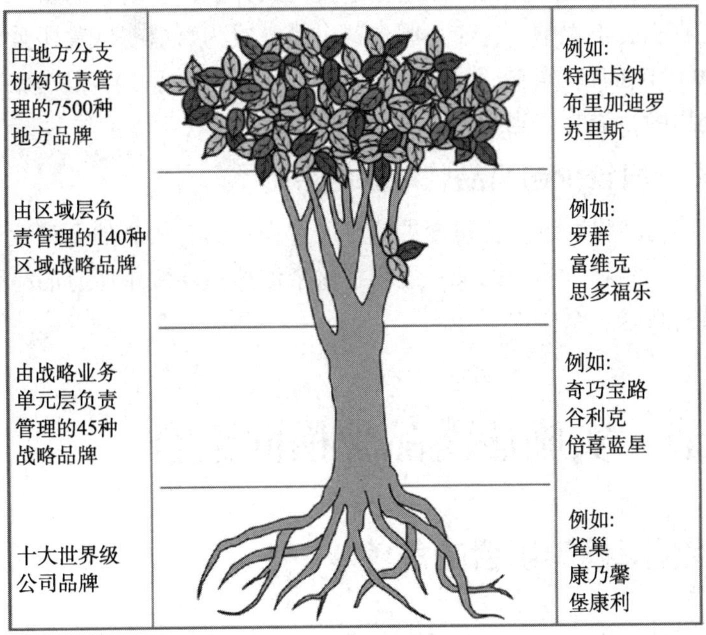

图 9-2　雀巢品牌树

二、优化旅游品牌纵向组合

优化品牌纵向组合包括扩大品牌纵向组合和精简品牌纵向组合，即品牌纵向组合的加法和减法。扩大品牌纵向组合指的是当品牌架构比较简陋时，通过增加品牌纵向层级来管理部分品牌的方法，是在组织架构上进行最为直接的“添砖加瓦”。精简品牌纵向组合指的是当品牌架构比较复杂时，通过减少品牌层级来简化管理流程的方法。两者都会对组织架构产生影响，均以提高品牌管理效率为目的。

一家公司从诞生之日起，其品牌纵向组合相对稳定。品牌纵向层级一般控制在2~5层之间。由此可见，品牌纵向组合的加减法相对简单，在增减时一般考虑以下三种情况。

（一）公司的发展壮大需要扩大品牌纵向组合

公司品牌“与生俱来”。单个品牌一般来源于公司发展初期的产品品牌或主营业务。到了公司快速成长期，多个单个品牌由某个家族品牌统领，之前有些单个品牌划归到某个家族品牌之中。可见，此时增加了品牌纵向组合的一个层级。例如，锦江酒店包括锦江、铂涛、维也纳和卢浮四个系列的品牌，这四个系列都是锦江酒店纵向组合的一个层级。到了公司发展成熟期，则会出现更多的家族品牌、单个品牌和品牌修饰层。可见，随着公司的发展壮大，公司需要扩展产品或业务领域，也可能会进行品牌并购等战略举措，这些都会增加品牌管理的纵向层级，都会扩大品牌纵向组合。

（二）公司全球化进程会扩大品牌纵向组合

全球性公司通过设置区域层品牌和当地层品牌等层级对全球各地的不同品牌进行分层次运营。区域品牌和当地品牌也可能是通过投资或并购产生的。例如，2012年，全球最大餐饮集团百盛收购了小肥羊，这使小肥羊这个品牌成为百盛餐饮集团重要的区域性战略品牌。又如，2011年8月，雀巢通过战略性投资中国知名食品饮料品牌银鹭，使银鹭在雀巢的全球品牌架构中，成为“当地化品牌”的一员。

（三）公司一般较少精简品牌纵向组合

因为2～5层的品牌层级在公司渐进的发展过程中具有较高的合理性和普遍性，因此公司很少一次性撤销品牌架构中的某一层级，这牵涉这一层级中所有的品牌。品牌减法更多运用于品牌横向组合关系中。

第四节　实施旅游品牌横向组合

一、旅游品牌横向组合的角色

品牌横向组合指的是在同一品牌层级上不同品牌形成的集合，这些品牌有各自的身份和角色。一般而言，在品牌横向组合中存在以下几种品牌角色。

（一）旗舰品牌

旗舰品牌（flagship brand）一般又称为主品牌，它是公司当前及未来一段时间内业务发展的核心支撑。旗舰品牌在每一个品牌层级并非只有一个，有些组织内会出现“多辆马车并驾齐驱”的品牌现象。例如，在广西桂林自然资源优势突出的景区中，漓江风景名胜区和龙脊梯田景区都具有旗舰品牌的作用，但各自的定位或形象存在差异。

（二）侧翼品牌

侧翼品牌（flanker brand）通常为旗舰品牌保驾护航，它常常通过创造与竞争品牌更多的相似之处，使更重要的（或者更容易盈利的）旗舰品牌能保持其理想的竞争地位。当侧翼品牌被定位为低价位品牌时，它就能够降低品牌认知的门槛，吸引看重价格的顾客群体。如果将侧翼品牌定位为高端品牌，它就能提高公司的整体信誉，更有利于旗舰品牌从中借力。例如，2018 年，复星旅文耗资 110 亿元在三亚打造的亚特兰蒂斯酒店，是国内唯一一座七星级酒店，也是复星旅文重点发展的旗舰品牌。为了在市场上既能吸引一定规模的消费群体，又能发挥保护旗舰品牌“亚特兰蒂斯”的作用，复星旅文集团推出了专注于中端住宿市场的侧翼品牌“爱必侬棠湾度假公寓”。当竞争对手以低价格进行市场渗透时，爱必侬可以通过价格调整来与对手在中低端市场周旋，从而在侧面为亚特兰蒂斯做了掩护，稳住了旗舰品牌的市场地位。

（三）现金牛品牌

此类品牌的销售额可能停滞不前或缓慢下滑，但仍有一批忠实的消费者，能产生可观的现金流。一个公司如果拥有一定数量的现金牛品牌，就能确保拥有可观的当前收益或利润。例如，四川峨眉山景区倚重自身的资源优势，观光型业态趋于成熟，现金流充裕，但市场空间接近饱和，增速放慢，是四川旅游典型的“现金牛”品牌。

（四）弱势品牌

弱势品牌是指在发展过程中遗留下来的问题品牌或不再受消费者青睐的品牌。企业应该对此类型品牌做出精简处理，以便提高整个品牌组合的效益。例如，企业“僵尸品牌”作为弱势品牌的代名词，往往面临被企业砍掉的处境。2020 年年底，可口可乐开始“瘦身”，公司宣布彻底停产旗下椰子水品牌 Zico，并考虑继续取消不太受欢迎的可口可乐饮料种类。

二、优化旅游品牌横向组合的加法策略

优化品牌横向组合包括扩大品牌横向组合和精简品牌横向组合，即品牌横向组合的加法和减法。相对于品牌纵向组合的加法和减法来说，品牌横向组合的加法和减法更为常见，它指的是在同一品牌层级中对一个品牌的元素进行调整或者增删一些品牌。

品牌横向组合的加法可以通过一个坐标图进行解读和分析。如图 9-3 所示，图中纵轴

	与已有品牌的关联程度高	与已有品牌的关联程度低
新业务或市场	用公司品牌或名称关联程度高的品牌进入新的业务领域	用一个全新的独立品牌进入新的业务领域
原业务或市场	开发子品牌在原领域深耕细作或者保持现有的品牌组合	在原有市场使用一个全新品牌，使其与原品牌有明显区分，以便应对市场竞争

图 9-3　品牌横向组合的加法

代表业务或市场领域的新旧程度，横轴代表新品牌与已有品牌的直接关联程度。品牌横向组合中增加一个品牌时可以考虑采取以下四种战略。

（一）用一个全新的独立品牌进入新的业务领域

单独为公司的新业务或新产品领域开发一个全新品牌，即通过创造一个新品牌来进入新市场（图 9-3 的右上象限）。当公司决定用一个新品牌进入一个新业务或市场时，需要考虑有关品牌联想和市场规模的问题。例如，华住集团最初的品牌定位是注重发展中低端酒店，随着经济的快速发展，消费市场不断升级，市场需求也有了明显的转变趋势。华住锐意进取，打造全新产品线品牌序列，全面进军中高端酒店市场，截至2022 年，已经形成 20 个品牌的完善品牌矩阵，开发了适应高端消费者以及爱好东方文化消费者的禧玥品牌、追求雅奢栖居的宋品品牌等。

那么，公司在哪种情况下，需要使用全新品牌进入新业务或新产品？以下是我们总结出的使用新品牌进入新业务的一般性情形或条件，品牌营销高层管理者应该将此作为战略参考指南。

①所有现有品牌所具有的品牌联想与新产品定位不符。

②该产品将损害原有品牌的形象。

③需要一个新品牌才能创造出全新的品牌联想。

④只有一个新名字才能说明产品的新颖性。

⑤并购的品牌拥有很高的忠诚度，如果改变品牌名就有损害顾客忠诚度的危险。

⑥渠道冲突或专利问题要求建立新的、独立的品牌名。

⑦该业务具有相当大的规模和时效，值得投资创建一个新的品牌。

⑧新品牌在品牌组合中不会产生负面效应。

（二）用公司品牌或关联度高的产品品牌进入新的业务领域

将公司品牌应用在一个新业务或新产品领域，或者将关联度高的某产品品牌运用到新的产品或业务领域（图 9-3 的左上象限）。此时，我们往往又称这样的品牌战略为品牌延伸战略。它既可以是完全运用现有品牌进入新的产品或业务领域，也可以是在原有品牌基础上推出关联度极高的子品牌（又称为母子品牌战略）进军新的业务或产品领域。例如，无印良品（MUJI）是一个日本杂货品牌，成立于 1980 年，其产品类别以日常用品为主。目前，MUJI 品牌已经延伸到了 MUJI Books（书店）、MUJI Diner（餐厅）、Open MUJI（消费者交流空间）、MUJI HOTEL（酒店）等。有关这部分的品牌组合战略，可以参考本书第八章“旅游品牌延伸战略”的相关内容。

（三）保持原有品牌组合在原有的业务或市场上深耕细作

将母品牌应用于原有的业务或产品领域，多指在原有市场深耕细作（图 9-3 的左下象限）。此时，可以通过品牌修饰层来区别投入市场的新产品，以此丰富产品线，来渗透原有市场。这种战略保持了现有的品牌横向组合。

（四）在原有产品或业务领域使用一个全新品牌

这种战略既可以包括在原有业务或产品领域创建一个侧翼品牌，以达到保护旗舰品牌，打击竞争对手的目的，也可以包括在原有业务或产品领域创建一个声望品牌，以无形地向现有的旗舰品牌借力，提升整个公司的品牌形象，[12]也可以创建一个并不强调在档次与价格上和现有品牌存在差异的新品牌，但需要有着不同的形象、定位或传递不同的利益点。这种战略表现在图 9-3 的右下象限。这种战略的关键是新创建的品牌要与原品牌有明显的区分。这种战略带来的管理上的重要变化是多品牌管理。

在了解了品牌纵向组合及其优化和品牌横向组合及其优化之后，本书尝试将公司的品牌组合中所有品牌涵盖的范围和相关业务，用图 9-4 品牌组合纵横图来展示。品牌组合纵横图有 4 个品牌层级，每个层级中有 4 种品牌角色。需要注意的是，每一个层级不止一个品牌，每一个角色也可以由多个品牌来担任。品牌案例 9-3 描绘了中国餐饮行业一个富有特色的火锅企业——呷哺集团的多品牌纵横组合管理实践。

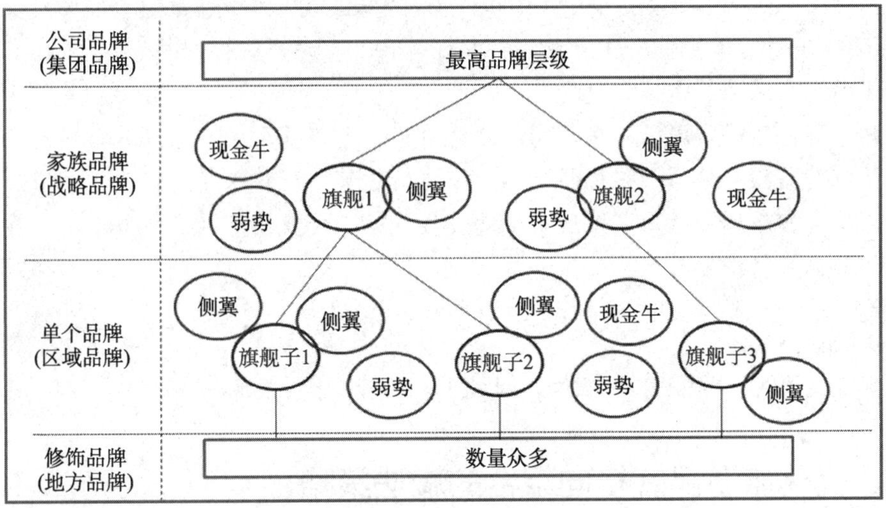

图 9-4　品牌组合纵横图

品牌案例 9-3　“三个臭皮匠，顶个诸葛亮”——呷哺集团如何进行品牌横向组合？

呷哺集团于1998年11月在北京成立，是中国餐饮集团高速发展的代表之一。集团前身源于台湾，创始人贺光启先生将台式小火锅“一人一锅”模式引入大陆，坚持“自在一锅、生而不凡”的理念，创立了第一个时尚连锁小火锅品牌——呷哺呷哺。其特点是新颖的吧台就餐形式和传统火锅的完美结合，为顾客提供独特快速休闲的用餐体验，打造出了时尚吧台小火锅的新业态。1999 年呷哺火锅第一家连锁火锅店在北京西单明珠开设。随后，呷哺火锅开启了高速扩展时代，并获得了多家资本商的关注和投资，逐步实现了从餐饮企业向国际化集团的跨越式发展，连续多年荣获“中国餐饮百强企业”“北京十大商业品牌”“北京餐饮十大品牌”等荣誉称号。

2014 年呷哺集团在香港上市，成为“连锁火锅第一股”。成功上市后，呷哺集团进一步深化团队管理优势，多品牌发力布局餐饮产品产业链，逐步形成了多品牌组合业态。除主打“一人一锅”的经典小火锅品牌呷哺呷哺外，呷哺集团开始涉足其他领域和产品。

2016 年，呷哺集团首开集聚会 IP 流量和火锅于一身的中高端火锅品牌湊湊。2019 年，为确保餐饮食材源头安全，呷哺集团收购羊肉加工品牌锡盟工厂。2021 年，呷哺集团与青岛日辰食品股份有限公司达成合作，成立合资公司，致力于调味食品研发生产销售。为了重新调整集团门店的装修风格，2021 年成立了装修设计工程公司。这样一来，呷哺集团各业务品牌形成了强大的协同效应，促进了集团整体业务的进一步发展。

经过 20 余年的发展，呷哺集团已拓扑了多品牌联动的超 1200 家门店，分布全国超 200 个城市。即使在 2021 年新冠疫情反复的情况下，呷哺集团仍然逆势发展，实现营收 61.47 亿元，同比 2020 年 54.55 亿元上涨 12.7%，已超过疫情前 2019 年 60.30 亿元的水平，在行业里处于领先位置。值得注意的是，除了稳步发展的呷哺呷哺品牌，发展不过 5 年的第二大品牌湊湊火锅 2021 年实现营收 23.59 亿元，表现十分抢眼。除此以外，呷哺集团外送业务、茶品业务、主打调料的呷哺食品等也成为呷哺集团新的品牌发展点。2022 年呷哺集团继续拓展品牌拼盘，着力打造第三大火锅品牌“呷哺 X”（已有呷哺呷哺和湊湊两个火锅品牌）。

由此可见，呷哺集团采用多品牌组合的策略，不仅获取了不同细分市场的客户群，还通过品牌的集团化协同，在原料采购、广告投放等方面获得了规模优势，增加了与零售商的价格谈判筹码，激发了集团内部的良性竞争，使集团保持活力与创新，最终促进了集团的整体可持续发展。

资料来源：

[1] 呷哺集团官网.

[2] 呷哺集团旗下多品牌齐头并进，广阔空间未来可期[N]. 中国经济导报.

三、优化旅游品牌横向组合的减法策略

品牌横向组合的减法是指在品牌过多的情况下对品牌组合中的品牌进行撤销和清理的过程。当公司开始进行减法时，需遵循以下步骤。

（一）品牌审计

对现有品牌横向组合中的每个品牌进行审计，列出每个品牌在顾客心目中的影响力、市场份额、年销售额等相关指标，以此确定各个品牌现在及未来的市场地位、盈利能力等。这些信息是公司管理层实施简化品牌组合的决策共识。

（二）品牌撤销

品牌审计后，企业必须决定需要保留和撤销多少品牌。企业一般采用品牌组合法和市场细分法来解决这一问题。品牌组合法一般只保留那些达到某些主要指标的品牌，是一种自上而下的方法，往往能把品牌的数量减少。而市场细分法则是企业根据市场中各个客户细分群体的需求来决定品牌的去留。这两种方法可以综合使用，一开始企业可能运用细分方法按照类别逐一确定如何精简品牌组合。当品牌还是太多的时候，再使用品牌组合法来再次精简品牌数量。

（三）品牌清理

品牌撤销后，企业必须决定以怎样的形式来处理被撤销的品牌或保留下来的品牌。品牌清理的形式，按照由难到易分别包括：合并、出售、榨取和放弃。

（四）打造核心品牌

在撤销一些品牌的同时，公司必须对保留下来的品牌加大投资，促使它们进一步发展、成长。品牌减法从多个方面节约出来的资源，应该重点投向保留下来的几个有潜力的品牌上，这样可以使公司在供应链、市场和销售活动方面获得更大的规模经济。由于生产线的精简和更大程度的库存优化，成本也会随之下降。通过合并市场和销售队伍，公司可以削减销售和行政管理费用，而更为集中的市场宣传和广告还能以同样的营销支出使保留下来的品牌获得更大的无形资产、影响力和市场收益。

如何发现公司存在品牌数量过多的问题？以下是全球知名的品牌战略学者库马尔教授建议向公司品牌营销高层管理者提出的一些问题，这些问题能够用来检验公司是否存在品牌数量过多的问题。[13]这对于公司品牌营销高层管理者具有战略指导价值。

①品牌中是否有50%以上的品牌在各自的产品类别中属于落后者或落败者？

②是否有很多品牌在市场营销和广告方面的表现不敌竞争对手？

③小品牌是否在亏损？

④是否在不同国家存在以不同品牌销售本质上是相同产品的现象？

⑤在品牌组合中，是否有品牌在细分市场、产品线、价格或者分销渠道方面与其他品牌存在很大的重合度？

⑥客户是否认为我们的品牌在互相竞争？

⑦在品牌组合中，零售商是否只采购其中的一部分？

⑧增加某一个品牌的广告支出是否会导致公司另一个品牌的销售下降？

⑨是否要花费过多的时间讨论品牌间的资源分配问题？

⑩品牌经理是否视彼此为最大的竞争对手？

库马尔教授建议，根据公司回答“是”的次数的多少，可以检验公司存在品牌数量过多的程度有多严重。他提供的参考答案是：①“是”的数量在0～2次，表明公司的品牌数量是合理的。②“是”的数量在3～6次，表明公司有必要撤销部分品牌。③“是”的数量在7～10次，表明公司需要立即对品牌组合进行全面简化。库马尔教授提供的方法简洁有效，对公司的品牌组合诊断具有实用价值。

在旅游业中，也存在对品牌横向组合做减法的例子。比较典型的是中国国旅股份有限公司（以下简称“中国国旅”）的瘦身计划。中国国旅是集旅游服务及旅游商品相关项目的投资与管理，旅游服务配套设施的开发、改造与经营，旅游产业研究与咨询服务于一体的大型股份制企业。2018年，这一体量位居世界前列的旅游集团经历了一次“壮士断腕”式的转型，通过剥离旗下历史悠久的国旅总社，促进免税品牌的扩张，并将集团更名为中国旅游集团中免股份有限公司（以下简称“中国中免”）。这一看似高风险的战略抉择非但没有造成品牌形象与盈利能力的下降，反而促使中国中免迎来了高增长与品牌年轻化的春天。2019 年中国国旅实现利润总额 71.60 亿元，同比增长 34.19%。

【本章小结】

1. 品牌组合是指公司出售的每一特定品类产品所包含的所有品牌和品牌线的集合。

2. 根据是否与公司以外的品牌相关，品牌组合区分为狭义和广义两种范畴。

3. 旅游品牌组合战略对旅游组织营销的五大作用是：促成规模效应，有利于市场细分，便于业务创新，平衡品牌间利益以及驱动市场。

4. 建立旅游品牌组合和优化旅游品牌组合是旅游品牌组合管理的两大内容模块。旅游品牌纵向组合管理要处理好公司品牌、家族品牌、单个品牌和品牌修饰层之间的关系。

5. 实施旅游品牌横向组合需要准确定位和识别不同品牌的角色。实施旅游品牌横向组合加法需要重点关注产品/业务领域的新旧程度以及品牌间关联程度这两大维度。实施旅游品牌横向组合减法需遵循品牌审计、品牌撤销、品牌清理以及打造核心品牌这一流程。

6. 管理与优化旅游品牌组合是一种重要的动态艺术。

【术语（中英文对照）】

品牌组合 brand portfolio
品牌架构 brand architecture
品牌背书 brand endorsement
受托品牌 endorsed brand
合作品牌 ally brand
战略业务 strategic business
单个品牌 individual brand
区域品牌 regional brand
旗舰品牌 flagship brand
品牌组合战略 brand portfolio strategy
公司品牌 corporate brand
品牌联合 brand alliance
背书品牌 endorser brand
多品牌战略 multi-brand strategy
家族品牌 family brand
品牌修饰层 brand modifier
品牌延伸 brand extension
侧翼品牌 flanker brand

【即测即练】

一、选择题

自学自测 扫描此码

二、名词解释

1. 单一品牌组合
2. 担保品牌组合
3. 多品牌战略
4. 精简品牌组合
5. 单个品牌战略
6. 品牌修饰层
7. 旗舰品牌
8. 侧翼品牌

三、简答题

1. 旅游品牌组合战略的三种途径是什么？
2. 哪些情形下旅游组织需要进行精简品牌组合？
3. 简述品牌组合战略对旅游组织的意义。
4. 旅游组织在哪些背景下有必要运用多品牌战略？
5. 雀巢品牌树管理模式的核心内容是什么？

【思考与讨论】

1. 处理公司品牌与产品品牌之间关系的旅游品牌组合策略有哪些？
2. 分析哪些条件下需要精简旅游品牌的横向组合。
3. 分析哪些条件下需要增加旅游品牌的纵向组合。

【参考文献】

[1] 戴维·阿克. 品牌组合战略[M]. 北京：中国劳动和社会保障出版社, 2005.

[2] 凯文·莱恩·凯勒. 战略品牌管理(第三版)[M]. 北京：中国人民大学出版社, 2009.

[3] 王海忠. 多品牌病症——以科龙为例[J]. 北大商业评论, 2008.

[4] Dean D H. Brand endorsement, popularity, and event sponsorship as advertising cues affecting consumer pre-purchase attitudes[J]. Journal of Advertising, 1999, 28(3): 1-12.

[5] 泰伯特，卡尔金斯. 凯洛格品牌论[M]. 北京：人民邮电出版社, 2006.

[6] Rao A R, Qu L, Ruekert R W. Signaling unobservable product quality through a brand ally[J]. Journal of Marketing Research, 1999, 36(2): 258-268.

[7] Chailan C. Brands portfolios and competitive advantage: An empirical study[J]. Journal of Product & Brand Management, 2008, 17(4): 254-264.

[8] 杨望成. 多品牌战略与品牌组合[J]. 佛山科学技术学院学报(社会科学版), 1999(1): 56-60.

[9] 王海忠，陈增祥. 若即？若离?——公司品牌与产品品牌关联[J]. 北大商业评论, 2008(6): 111-115.

[10] Douglas S P, Craig C S, Nijssen E J. Executive insights: Integrating branding strategy across markets: Building international brand architecture[J]. Journal of International Marketing, 2001, 9(2): 97-114.

[11] 马萨基・科塔比・克里斯蒂安・赫尔森. 全球营销管理(第三版)[M]. 北京: 中国人民大学出版, 2005.

[12] 王海忠, 秦深. “声望品牌”, 可以燎原[J]. 中欧商业评论, 2011(5): 52-55.

[13] 尼尔马利亚・库马尔. 砍掉品牌[J]. 哈佛商业评论(中文版), 2004.

第十章 旅游品牌文化

不要变得邪恶。

——谷歌

学习目的

学习本章之后，读者将对以下品牌问题有更清晰、准确和透彻的理解：

- 什么是旅游品牌文化？
- 旅游品牌文化具有哪些功能？
- 品牌文化与旅游组织文化之间是什么关系？
- 塑造旅游品牌文化的主要途径有哪些？
- 品牌文化建设对旅游组织提出哪些挑战？

本章案例

- 全聚德——中华美食品牌文化的代表
- 查干湖冬捕节，传承千年渔猎文化
- 长沙文和友臭豆腐博物馆——“臭豆腐”能吃能看亦能玩

开篇案例　全聚德——中华美食品牌文化的代表

2017年5月15日，第一届“一带一路”国际合作高峰论坛在北京落下帷幕，当日午宴上，“全聚德”烤鸭诱人的色泽成了一道亮丽的风景线。每逢盛事，似乎总少不了“全聚德”烤鸭的身影。2016年第31届里约夏季奥运会前夕，“全聚德”派遣了10余名顶级大厨，为400多名奥运健儿带去了近百只香喷喷的烤鸭，此外还有奶油龙须饼、小鸭酥面点等特色菜品，丰盛的美食令中国女排主帅郎平都直呼：“这回又要吃多了。”

1864年（清同治三年），以贩卖鸡鸭为业的杨全仁倾其所有，盘下了一家濒临倒闭的干鲜果品店，改名为“全聚德”，取“全仁聚德，财源茂盛”之意，做起“挂炉烤鸭”生意。经过数代人的苦心经营，全聚德的百年炉火至今仍在熊熊燃烧。以烤鸭为龙头的“中华第一吃”——聚德菜系已成为中华民族的饮食文化符号之一。周恩来总理曾将“全聚德”这块金字招牌精辟地诠释为“全而无缺，聚而不散，仁德至上”。这十二字箴言如今已被全聚德集团定为企业精神与文化，渗透到品牌的方方面面。

1.“全而无缺”的菜品

除了享誉海内外的烤鸭，全聚德的全鸭宴也是名扬天下。在全聚德厨师的手中，鸭子全身都成了宝贝，经过煎蒸煮炒，成了一道道美味佳肴，芥末鸭掌、火燎鸭心、烩鸭四宝、芙蓉梅花鸭舌、鸭包鱼翅……曾有一次在全国人大王光英副委员长的提点下，全聚德在菜谱中补充了以鸭蛋为原料的“水晶鸭宝”，真真正正地“全”了全鸭宴。

“清廷御膳”是满菜和汉菜相结合而成的精华，是中国宴席的集大成者。“全聚德”的仿膳饭庄在几十年的经营中，不断挖掘和整理，共推出清廷御膳菜肴800余种。代表宴席——“满汉全席”选用山八珍、海八珍、禽八珍、草八珍等名贵原材料，采用满族的烧烤和汉族的炖焖煮等技法，汇聚南北风味之精粹，完整的一席需要四至六餐才可用完。

此外，还有名人宴、创新菜、特色菜等全聚德精品菜系，广纳鲁、川、淮、粤之味，菜品丰富，且质量上乘无缺憾。

2.“聚而不散”的情意

作为起源店，全聚德的前门店至今已有153年的历史。建店初期的铺面老墙被原封不动地移至大厅内，墙后设有旧式八仙桌、青色地砖、木制阁楼、留声机、黑漆柜台，再加上青衣小帽伙计的吆喝，精致的青瓷茶碗，原汁原味的老北京风情。这种历史传承是联系全聚德与宾客间最深的情感纽带。

和平门店作为宴请国内外政要首脑的重要场所，汇聚了天下名流，是全聚德名流高雅品牌特色的集中体现。店内的“名人苑”设计以歌颂中国领导人为主题，表现龙凤呈祥，群贤毕至的意境。由元首用餐照片组成的“名人墙”和“百名大使签字墙”常引得顾客驻足赞叹。据统计，截至目前，全聚德所有门店已累计接待了200多个国家和地区的元首和政要。其中，周总理光临全聚德高达27次，被周总理在全聚德宴请过的基辛格博士，卸任后每次访华都必到全聚德“解馋”。此外，英国前首相希思、德国前总理科尔、日本前首相海部俊树等都光顾过全聚德，并对其美食和服务赞赏有加。

“全聚时刻当然要在全聚德”。在中国人根植于心的家文化上，全聚德亦是不可或缺的。全聚德的三元桥店多年来一直致力于中式婚寿宴的推广，现场可以看到精致的中式婚宴布景和华贵的寿宴布景。年终岁末，尤其是除夕夜和春节期间，是全聚德师傅全年最忙碌的时候，常常要工作到下午三四点才吃得上午饭。“全聚德”奥运村店的烤鸭师傅郭晓东虽然是北京人，却好几年都没有在家过过春节，为了让顾客享受满意的春节宴，他放弃了和家人团聚的时光。2017 年的春节，为了方便广大民众预订春节宴，“全聚德”集团还新增了扫码预订渠道、一键预订咨询电话和大众点评等网络预订渠道。

3.“仁德至上”的服务

“全聚德”的和平门店历来有“十个一”工作法，它具体包括：说好第一句话、倒好第一杯茶、上好第一条热毛巾、倒好第一杯酒、布好第一道菜、卷好第一卷烤鸭、坚持好一个站姿、用好一只托盘、备好一辆撤台车、送走最后一位客人。这份细致入微，在“一带一路”国际合作高峰论坛的工作午宴上就可见一斑。最具特色的烤鸭，为了迎合会议需求，取消了葱，保留了瓜条，再用香菜梗把面饼卷起，美观又方便食用。为了最大限度保留菜品的原汁原味，从出锅到上桌，时间精确到秒，温度枪随时测温，仿佛一场大型的化学实验。2015 年 11 月的首届两岸媒体人联席会晚宴，全聚德亦将海峡两岸一家亲的美好愿景贯彻到餐台主题、菜品设计、片鸭表演等方方面面，特别是在了解到台湾客人喜食北方鲜桃后，宴会服务人员连夜到市场寻找，精挑细选了 50 枚又大又红的鲜桃，待宴会结束后给台湾客人精心打包带走。

为了保证全聚德菜品质量和风味的统一，全聚德还首创了中餐的标准化制作。由具有丰富经验的老技师和具备现代科技知识的技术人员组成的技术攻关小组，通过反复试验和测试，对全聚德传统特色菜品的主料、辅料和调料进行了具体到毫克的量化，制定了精确的投料标准。目前完成了包括烤鸭、冷菜、热菜、面点在内的传统特色菜的标准化，已经标准化的菜肴数量占比超过 50%。

社会服务方面，全聚德的身影也时常可见。例如，一年两次的北京餐饮品牌进社区活动，全聚德从不缺席。2017 年，这一活动在牛街街道法源寺社区文化广场热闹开锣时，平时需要 198 元才能买到的全聚德“仿膳匠心御礼礼盒月饼”仅售 98 元。2011 年，全聚德还获得了“首都慈善奖”，表彰其对扶老救孤、心助教学等慈善公益事业的热心参与和支持。

总之，由一炉烤鸭延伸出来的品牌文化，已成为“全聚德”集团和其广大顾客的共同精神财富。为记录这源远流长的百年历史，全聚德集团已编辑出版了《全聚德史话》《全聚德今昔》《全聚德与天下第一楼》等多本企业文化书籍，还编印了《全聚德特色菜谱》《全聚德与国际名人》等大型画册。2005 年 5 月，全聚德展览馆于北京顺利开馆，大量的文献和实物，展现着全聚德悠长的历史和文化。2011 年，“仿膳（清廷御膳）制作技艺”被正式列为国家级非物质文化遗产名录。至此，全聚德已拥有“挂炉烤鸭制作技艺”和“仿膳（清廷御膳）制作技艺”两项国家级非物质文化遗产。

从民间小吃到中华第一名菜，从家族作坊到大型跨国连锁集团，全聚德实现了历史性的跨越。今后，其深厚独特的中华美食文化也将作为全聚德的制胜法宝，延续这百年炉火。

资料来源：

[1] 彭程. 传承百年文化的“全聚德”[J]. 中外企业文化，2006(9)：14-15.
[2] 金维. 全聚德：仿膳制作技艺列入国家级非物质文化遗产名录[J]. 时代经贸，2011(9)：49.
[3] 柳志刚. 全聚德：百年炉火铸真情[J]. 中外食品，2002(6)：62-64.
[4] 潘福达. 北京企业亮出高规格“中国服务”[N]. 北京日报, 2017-05-17.

党的二十大报告强调，我们要“推进文化自信自强，铸就社会主义文化新辉煌”，全面建设社会主义现代化国家，“必须坚持中国特色社会主义文化发展道路，增强文化自信，围绕举旗帜、聚民心、育新人、兴文化、展形象建设社会主义文化强国，发展面向现代化、面向世界、面向未来的，民族的科学的大众的社会主义文化，激发全民族文化创新创造活力，增强实现中华民族伟大复兴的精神力量”。全聚德这个案例向我们展示了一个对其消费者心智和行为产生了重大影响的中华饮食品牌的文化魅力。国家发展改革委等部门在《新时代推进品牌建设的指导意见》中特别提到要丰富品牌文化内涵，“积极推动中华文化元素融入中国品牌，深度挖掘中华老字号文化、非物质文化遗产、节庆文化精髓，彰显中国品牌文化特色。推进地域文化融入品牌建设，弘扬地域生态、自然地理、民族文化等特质。培育兼容产业特性、现代潮流和乡土特色、民族风情的优质品牌”。如果一个旅游品牌能让消费者以消费或购买它为荣，那么，这个品牌就被赋予了象征性意义，品牌使用者之间就会存在共享的情感和价值观，他们就愿意不断地讲述着这个品牌的历史或故事……市场上确实存在着一种具有独特魔力的“旅游品牌文化”。

通过本章学习，企业家和经理人会认识到，品牌文化并不是抽象的概念，而是可以看得见、摸得着的实实在在的旅游品牌培育成果。因而，品牌文化建设可以落实到旅游组织的品牌管理活动之中。

第一节　品牌文化的内涵与意义

一、旅游品牌文化

（一）文化

在社会科学领域，如果存在一些重要但却难以界定的概念的话，那么“文化”一定是其中排位相当靠前的一个。即使增加限定或缩小范围，对文化的定义仍然困难重重。罗宾斯（Robbins）和贾奇（Judge）在其《组织行为学》中谈及“组织文化”概念时，不无调侃地说：“一位高级经理被问及他所认为的组织文化，他的回答与最高法院的一位法官对色情文学的定义如出一辙，他说：‘我没法界定它，但当我看到它时我就会认出来。’”[1]

依据人类学对文化的理解，文化是作为社会成员的人们习得的复杂整体，包括知识、信仰、艺术、道德、法律、习俗以及其能力和习性。功能主义学派认为文化包含了物质和精神两个方面，既包括道德及价值观等抽象的概念，也包括具体的物质实体。在现代语境中，通常将文化（culture）视作组织或社会成员间共有的意义、仪式、规范和传统的集合。而亚文化（sub-culture）则指某一文化群体中的次级群体成员共有的独特信念、价值观。[2]

（二）旅游品牌文化

品牌文化是基于某一品牌对社会成员的影响、聚合而产生的亚文化现象。旅游品牌文化（tourism brand culture）是某一旅游品牌的拥有者、购买者、使用者或向往者之间共同拥有的、与此品牌相关的独特信念、价值观、仪式、规范和传统等的总和。

从这个基础性的定义中，我们可以判断，旅游品牌文化与品牌对消费者行为的影响有密切关系。属于某种旅游品牌文化群体中的消费者，他的身份、情感、价值观、行为习惯中的一部分已经与这种品牌紧密联系在一起。在营销人员的思维中，文化通常是被视作无法忽视也难以改变的背景。所罗门在其著作《消费者行为学》中强调“离开文化背景就很难理解消费”。[3]但像迪士尼、故宫、松赞酒店等文化内涵十分丰富的旅游品牌，它们的成功经验向我们证明，营销人员有机会“创造”属于这个旅游品牌的独特文化，并通过这种文化持久地影响该品牌的目标消费者和利益相关者，甚至整个社会。可见，品牌文化虽然难以界定，但表现为“可以识别”，而旅游品牌经理人员在创造和管理品牌文化方面是能够有所作为的。

旅游品牌文化和旅游组织文化存在着区别。品牌文化以旅游品牌为基点，因而它的促成要素中少不了消费者，它是由消费者和品牌持有者共有的价值体系。旅游组织文化是旅游组织的成员共有的一套意义共享体系，它使组织独具特色，区别于其他旅游组织。罗宾斯和贾奇认为，制度化是形成组织文化的前提。[1]杰出的组织都有强有力的文化，旅游组织应当主动创建和规划其组织文化，而塑造的途径可以是正式规范的力量（如制服、行为、会议中的仪式化内容等）。[4]但旅游品牌文化的塑造则很难通过具有强制力的正式规范来获得，旅游组织必须取得目标消费者的自主认同，让消费者自发地参与品牌活动、遵循品牌理念。

二、旅游品牌文化的作用

在消费者心智中成功塑造品牌文化的旅游组织大多获得了持久稳健的成功（如迪士尼、麦当劳、安缦等）。旅游品牌文化对消费者个体和群体的影响作用主要体现在内化、象征、传承、聚合、导向等几个方面。

（一）内化

旅游品牌文化能够使目标消费者将品牌内化为持久一致的态度和行为。内化是巩固和植入信念、态度和价值观的过程。内化使消费者将旅游品牌所持有和主张的观点、信念与自己原有的观点、信念结合在一起，构成统一的态度体系。例如，消费者已经完全认可圣诞老人就应该是可口可乐公司所塑造的那个形象。

（二）象征

旅游品牌文化能够使消费者主动将该品牌的产品或服务及形象作为其身份、社会阶层或者生活态度的积极象征物。在中国，许多城市年轻人喜欢使用星巴克咖啡出品的保温杯，这家咖啡店象征着休闲的时光和美式生活的乐趣，而使用星巴克杯子的年轻人所希望外显自己的这一生活态度。但并不是所有的旅游品牌都能成为积极意义的象征。在宾夕法尼亚大学教授、文化批评家保罗·福塞尔所著的《格调》一书中，作者将许多品牌视作美国文化中低下格调的象征。[5]旅游品牌文化的塑造者需要从强化积极文化和回避消极文化两方面来不断丰富品牌的象征性内涵。

（三）传承

旅游品牌文化的形成需要时间的沉淀，而已形成的品牌文化具有时间的持续性，能够将品牌对消费者的影响长效化，甚至代代传承。例如，法国波尔多红酒的口味和品质是无须强调的，因为这个地区从12世纪开始就为整个欧洲的贵族提供葡萄酒。这样的旅游品牌故事让今天的消费者继续认同这个产区的红酒，而无须通过不断地测试、对比来形成新的品牌认知。

（四）聚合

旅游品牌文化是一群社会成员共有的一套理念和价值观。而人作为社会性动物都有从其他社会成员获取身份认同的心理需求。因此，品牌文化使旅游品牌社区的形成成为可能。例如，草莓音乐节自2010年起每年都会在各个城市开展各种活动，当众多乐迷聚在一起并在社交媒体上分享时，乐迷一方面宣示了这个群体与他人不同的生活主张，另一方面也得到了“吾道不孤”的群体支持。这样的品牌社区活动就强化了参与者的品牌忠诚。

（五）导向

旅游品牌文化可以对消费者的判断和行动提供标准。品牌文化的导向功能是指旅游品牌可以为人们的行动提供方向。例如，茶颜悦色以中式茶文化与消费者体验著称，冷萃茶饮和中式纸杯设计成为消费者认同的“茶颜”文化的一部分。即使后来也出现了同类产品，但他们仍然认为茶颜的产品较同类产品更为正宗。事实上，强大的“茶颜文化”已经主导了消费者自己的想法。

品牌前沿 10-1　　组织文化如何激发顾客惊喜

在酒店业中，优质的顾客服务是成功的关键之一。优质的服务离不开组织文化引导。在良好的组织文化影响下，员工能够为顾客提供优质的服务，为顾客带来惊喜。一个“惊喜”的顾客很有可能成为企业忠诚的“拥护者”，更愿意向他人分享与推荐企业的产品与服务。为了深入了解组织文化与顾客惊喜之间的关系，Kao，Tsaur 和 Huang 三位台湾学者采用定性和定量相结合的方法，开发并验证一套衡量组织文化对顾客惊喜影响量表（OCCD）。

首先，研究者通过文献回顾与焦点小组访谈，生成量表初始项目。其次，研究者三次向台湾四星级和五星级国际酒店的员工派发问卷，以修订量表题项、测试量表的信度与效度。最后，形成包含 8 个维度和 29 个项目题项 OCCD 量表。其中，8 个维度分别为顾客惊喜的服务控制系统、预期能力、共同价值观、员工授权、预期规范、服务环境、能力发展和服务脚本。此外，研究者还发现在酒店的组织文化中嵌入利于顾客惊喜的共同价值观和规范，有利于酒店员工为顾客提供令人惊喜的服务。因此，组织文化可以成为高层管理团队实现组织目标的战略工具。

该研究所开发和验证的 OCCD 量表为酒店管理者提供一个有效的测量工具。酒店的竞争对手可以轻易复制产品和服务，但却无法复制企业的组织文化。酒店管理者可以使用 OCCD 量表来了解其组织文化，探查其需要改进之处，并加以改进，从而促进企业内部卓越组织文化的形成。在卓越组织文化的带领下，酒店员工团结一致，为顾客提供优质产品与服务，为顾客带来惊喜。企业正面积极的形象将在顾客心中建立，并通过顾客之口广泛传播。

资料来源：Kao C Y, Tsaur S H, Huang C C. The scale development of organizational culture on customer delight[J]. International Journal of Contemporary Hospitality Management, 2020, 32(10): 3067-3090.

第二节　塑造旅游品牌文化

一个旅游组织如何塑造出它所希望的旅游品牌文化呢？如上所述，塑造旅游品牌文化的重心是在组织内部塑造一种共享的价值观，而旅游品牌文化是由旅游组织的外部利益相关者共享的一套价值体系。因此，相对而言，旅游组织在塑造品牌文化方面，需要考虑的外部因素更为多元化。以下几点塑造旅游品牌文化的战略为企业家或经理人塑造品牌文化提供了行动指南。

一、创造象征符号

文化是通过庞大无比的象征体系深植在人类的思维体系中的。塑造旅游品牌文化就需要将品牌元素根植于消费者心智中，并成为某种象征符号。许多旅游品牌元素都能够被赋予象征意义。

（一）品牌名称

肯德基成功地将自己的品牌名称与星期四的促销活动联系起来，成为微信及微博出现频率非常高的词条，不少用户甚至将此变为社交中打招呼的小故事——“疯狂星期四”。这足以说明肯德基的品牌名称具有象征意义。

（二）品牌标识

迪士尼的品牌标识设计对于该品牌的追随者来说，就是迪士尼文化的代表性标志。迪士尼的品牌标识是英文字母“Disney”，字母设计得像小动物，但迪士尼在不同产品系列上所用的标志稍有不同。蓝色背景的城堡 Logo 被用于迪士尼电影，华特·迪士尼签名 Logo 加上“world”是迪士尼度假村的标识，米老鼠头像被用于米老鼠俱乐部，带有“studio”的是迪士尼全球影视制作公司的标识。

（三）产品包装

瑞典绝对伏特加将产品包装的符号象征意义做到极致。自 1978 年美国 TBWA 广告公司为绝对伏特加重新制定了以酒瓶包装为核心的广告创意以来，绝对伏特加的酒瓶已经成为 40 多年来波普艺术的看板。从画家安迪·沃霍尔（Andy Warhol）率先为绝对伏特加的酒瓶作画开始，迄今为止，已经有 300 多位艺术家与该品牌签约，而他们的画面主体只有一个酒瓶，包装瓶仿佛已经成为绝对伏特加品牌的文身了。

（四）产品形象

迪士尼的品牌形象为一大两小三个圆圈构成的简笔米老鼠形象，这已经成为欢乐天真的象征符号，而米老鼠作为公司的产品会在迪士尼的任何影片和图片中出现。无论米老鼠形象的姿态和动作如何，它的两只耳朵都是正面、完整呈现的两个圆形，这样的规则已写进迪士尼的 VI 手册和产品手册中。多年的积累也使得仅仅是三个圆圈就能够形成品牌识别，引发消费者的文化联想。

（五）代言人

2007 年，乌镇邀请刘若英为景区代言，刘若英身上独特的文艺与温婉气质贴合都市人对品质生活的追求。2017 年，十年后的乌镇再次邀请刘若英出演宣传片，围绕岁月流淌间的“变”与“不变”，借刘若英的足迹将乌镇新的游览点一一展现，包括木心美术馆、乌镇大剧院、乌镇戏剧节、乌村等。同时，乌镇能带给旅人归属感、亲切与安心等感触，这些感触也通过刘若英的自述而被娓娓道来。

（六）声音识别

麦当劳“I'm lovin' it”的品牌宣言始于 2003 年，打破了国家与文化界限，以年轻人的口吻道出了全球同步的新生活、新态度，旨在让麦当劳与全球的消费者，特别是年轻人，一起享受“简单、轻松的用餐体验”。从 2015 年起，这句脍炙人口的品牌宣言，以全球活动的形式再度回归，全球消费者以接力形式喊出口号，参与并见证了创造快乐的过程。

品牌前沿 10-2 介绍了品牌标识形状方圆的研究。品牌标识是消费者最常见的品牌视觉要素，通过科学管理品牌标识形状，能使其成为重要的品牌文化符号。

品牌前沿 10-2　　品牌标识，方圆之间

“感官营销”是指企业将消费者视觉、听觉、嗅觉、味觉和触觉等五种感官体验融入其营销活动设计，以此影响消费者感知、判断和行为。与传统营销相比，感官营销具有无意识触发消费者行为的特点，视觉是人们最普遍使用的感官系统。在消费者获得的有关品牌的大量视觉信息中，品牌标识是最为核心的视觉符号。为此，中山大学王海忠教授带领团队研究企业面对不同消费者或者不同情境的消费者，如何灵活调整品牌标识的方（形）与圆（形），以期带来更好的营销效果。

该研究引入了消费者自我概念理论，它反映个体如何看待自己与他人的关系。个体的自我一般分为两种类型，即独立型自我和相依型自我，前者强调自身与他人的差异性（distinct）；后者则相反，更看重自己与他人的相似性。研究提出两个假设，即假设 1：独立型自我的消费者会产生更强"独特性需求"，进而形成对多角的品牌标识形状（方形）的偏好；相依型自我构念会产生更低"独特性需求"，倾向于偏好圆润的品牌标识形状（圆形）；消费者独特性需求在自我概念和品牌标识形状偏好之间发挥中介作用。假设 2：产品类型调节了独特性需求对品牌标识形状偏好的影响。公开产品情境下，高独特性需求引发对多角的品牌标识（方形）的偏好，低独特性需求引发对圆润的品牌标识（圆形）的偏好；在私人产品情境下，不同独特性需求水平的消费者对品牌标识形状的偏好没有显著差异。但消费者自我概念对独特性需求的影响效应不受产品类型（公开产品或私人产品）的调节。实验研究结果表明假设 1、2 均得到了支持。

该研究对品牌营销极具战略价值。其一，企业推出新品牌标识形状时，通过在营销传播中启动消费者自我概念，就能提高消费者对特定品牌标识形状的偏好。企业在重要历史时期（如并购、进入新业务或新国际市场等情境），需要推出新的品牌标识形状。此时，企业要在营销传播中，劝说市场接受并喜欢新的标识。该项研究为企业营销传播提供了战略借鉴。例如，当企业推出新的多角品牌标识时，在广告中多传递"我""我自己"等倡导独立型自我的信息，就能有效提升消费者对新的品牌标识的接受或偏好。相反，当企业推出新的圆润的品牌标识时，在广告中多使用"我们""我们的"等相依型自我的信息，能有效提升消费者对新的品牌标识的接受度或偏好。其二，企业可根据消费者独特性需求水平，情境式调整品牌标识形状。例如，每逢艺术节、电影节、创意周等活动，人们的独立型自我会得到暂时强化，此时独特性需求被激活，企业可在品牌标识主体形状不变的前提下，情境式地增加"多角"寓意的视觉元素；相反，每逢中国农历春节等节日，人们的相依型自我凸显，独特性需求动机相应弱化，此时企业可为品牌标识形状增加"圆润"元素。互联网品牌谷歌对中国消费者就采取情境性调整其品牌标识形状的做法，每逢中国农历春节、端午节、中秋节等传统节日，谷歌在保持品牌标识形状的核心元素不变条件下，增加"圆润"含义的元素，应景节日气氛，建立与用户的亲近关系。

资料来源：王海忠，范孝雯，欧阳建颖. 消费者自我构念、独特性需求与品牌标识形状偏好[J]. 心理学报，2017，49(8)：1113-1124.

二、营造仪式化气氛

仪式是一套综合的象征性行为。这些行为有固定的发生顺序，而且常常需要定期重复进行。

首先，旅游品牌可以将消费者对产品或服务的使用与特定的使用场合及其寓意紧密联系在一起。例如，百事可乐在中国春节期间的广告语"祝你百事可乐"，意在将产品名称与中国人在节庆中注重的"好意头"联系在一起。这就使百事可乐产品不仅可以被当作普通饮料，还可以被看作是对新年或其他重大场合（婚嫁、庆典等）的美好祝福。

其次，旅游品牌还可以将产品或服务的使用过程本身仪式化。例如，农夫果园系列产品总是强调“喝前摇一摇”，这个由制造商想象出来的“仪式化喝法”也成为农夫果园饮料一以贯之的广告主题。

最后，有些旅游品牌本身（如城市品牌）就是通过定期的、具有文化传统的仪式来进行塑造和传播的。例如，巴西里约热内卢一年一度的狂欢节巡游，是里约热内卢城市品牌的一部分，而西班牙潘普洛纳的奔牛节，也是西班牙文化的必要载体。类似例子举不胜举。

品牌案例 10-1　　查干湖冬捕节，传承千年渔猎文化

中国·吉林查干湖冰雪渔猎文化旅游节，简称查干湖冬捕节，于每年 12 月 28 日至次年 2 月 28 日在查干湖地区举行。迄今，查干湖冬捕节已连续举办了 20 届，成为吉林省最具影响力的文旅节庆品牌之一。

查干湖冬捕习俗最早可追溯于辽朝“春捺钵”。据《辽史》等史书记载，自辽圣宗开始至天祚帝，每年春节过后，其携嫔妃群臣到查干湖进行“春捺钵”，凿冰取鱼，逐鹰猎雁，春尽乃还。随着历史的发展，冬捕逐渐成为查干湖当地独特的生产和生活方式，并于2008 年，被列入国家非物质文化遗产名录。冬捕是查干湖冬捕节的首要部分，每年在开始冬捕前，当地需举行“祭湖·醒网”仪式，主要包括“采集圣火”“族人表演”“萨满舞”“查玛舞”“祭湖词”“醒网词”“喝壮行酒”等传统仪式。仪式完毕，全体渔工进行冬捕，千米巨网潜入冰下，万尾鲜鱼呼之而出。这壮丽景观被誉为“冰湖腾鱼”。捕捞上来的“头鱼”具有吉祥寓意，查干湖将会进行头鱼拍卖，2019 年查干湖“头鱼”以 2966666 元的价格成交，创下历年最高纪录。冬捕结束后，查干湖将会开展越野滑雪锦标赛、龙舟赛等衍生娱乐活动，每年的活动主题与具体项目均有更新。

每年查干湖冰雪渔猎文化旅游节的举办都吸引了众多媒体报道（如央视和全国各地方卫视频道，以及凤凰、新浪、搜狐、网易等各大新闻网站），引发众多网友观看。这一方面，极大传播了查干湖渔猎文化，塑造了吉林市冰雪旅游目的地形象；另一方面，吸引了众多游客前往，给查干湖带来了巨大经济效益，推进了查干湖旅游产业持续健康发展。

资料来源：

[1] 钟源. 最冷的天里最“热”的地儿: 新华社、中央电视台、《新京报》、东方卫视、湖南卫视、浙江卫视等众媒体抢“鲜”报道查干湖冬捕[N]. 松原日报, 2022-12-27.

[2] 天价！吉林松原查干湖冬捕头鱼拍出 2966666 元[EB/OL]. 中国新闻网.

[3] 刘玉萍. 吉林：多元展现冰雪文化魅力[N]. 中国旅游报, 2021-01-15.

三、塑造英雄人物

与旅游品牌密不可分的人物是品牌文化的重要载体，许多旅游品牌将其品牌的创始人塑造成为品牌的精神象征。品牌创始人的行为、言论和个人魅力很容易被消费者嫁接到对品牌的认知中，而品牌创始人往往同时也是旅游组织领袖，他们可以通过传播理念、讲述故事、确立承诺、表达主张、彰显个性等多种人性化的方式帮助品牌建立文化认同。本书提出以下可以塑造品牌英雄人物的主要途径。

（一）旅游组织领导人为品牌英雄人物

通过塑造英雄人物来塑造品牌文化的例子不胜枚举。例如，被网友称为“国师”的张艺谋，他是北京奥运会开幕式总导演，以执导充满浓浓中国乡土情味的电影著称，其艺术特点是细节的逼真和主题的浪漫互相映照，是中国大陆“第五代导演”。他同时也是印象系列大型歌舞剧表演的导演，用他令人赞叹的导演才华给印象品牌“背书”，成为印象系列的品牌名片。

（二）旅游组织普通员工成为品牌英雄人物

旅游组织普通员工也可以被塑造成为品牌的英雄人物。不同的旅游品牌可以根据自身的实际情况，决定将哪些角色的员工塑造成为英雄。服务行业通常把顾客接触人员塑造成为英雄人物。例如，新加坡航空公司将空乘人员塑造成为英雄人物，不仅极大地丰富了新加坡航空公司的品牌文化内涵，也有助于新加坡国家品牌形象的打造与传播。迄今，新加坡航空公司已有以两位空姐为模特的新航空姐蜡像入驻世界知名的杜莎夫人蜡像馆。新航在甄选空姐作为模特原型制作蜡像的过程中考虑的主要因素是模特必须能全面体现新航空姐的特色，包括亚洲式的优雅与好客、无懈可击的服务、个人风度和自信等。身着特色纱笼卡芭雅制服的新航空姐已经成为新航享誉全球的名片，是其最具识别性的标志之一。得益于新航空姐的代表性形象，乘客与新航品牌之间建立了牢固的情感纽带，可见，新航空姐对新航品牌的贡献非凡。而新航空姐蜡像进驻杜莎夫人蜡像馆的整个构思及遴选过程，是新航锻造品牌文化的关键战略。

四、创建旅游品牌社区

旅游品牌社区（tourism brand community）着重是指使用同一品牌的一群消费者聚合连接而成的、以该旅游品牌为关系基础的社会群体。旅游品牌社区概念强调以品牌为基础、以成员之间的社会关系等为核心元素。例如，Muniz 和 O’Guinn 首次提出品牌社区概念时，将品牌社区定义为：品牌社区是以使用同样品牌产品的消费者社会关系为基础，以专门的、非地缘关系为纽带所组成的群体。[6]旅游品牌社区成员对于品牌及其他使用者有相当程度的了解，他们知道自己属于以某个品牌为中心的社会群体，在这个群体中他们会分享与旅游品牌相关的各种知识和社会关系。这一观点较早期的消费社区的概念不同，消费社区概念仅强调消费者与品牌产品或服务的关系。[7]

麦克莱森德（McAlexander）等进一步认为，品牌社区是由欣赏同一个品牌的消费者群体组成的，他们发现品牌社区的力量明显地影响所有参与品牌活动成员的行为。与此同时，他们认为在品牌社区中存在一些核心消费者，他们对品牌有更高的熟悉度和忠诚度，企业需要强化与这些核心消费者的关系，因为他们对社区的其他成员拥有非同小可的影响力。[8]

随着互联网技术的普及，社交网站、即时通信等技术手段使消费者建立和参与旅游品牌社区越来越容易，酒店产品、主题乐园、餐饮品牌等成为旅游品牌社区存在的主要品类，当消费者需要获取关于产品或服务使用的信息、分享旅游品牌体验、获得其他消费者帮助的时候，旅游品牌社区成为日益重要的场所。因此，创建和经营旅游品牌社区成为打造旅游品牌文化内涵的重要内容。以星巴克的品牌社区打造为例，星巴克通过品牌自建、依托虚拟社区品牌（如微博、微信等）打造了众多品牌社区；并对这些品牌社区进行了良好管理与运营（如注册官方账号引导社区成员的互动、交流）。星巴克通过品牌社区发展了与消费者之间的关系，增强了与消费者生活上的联系，使星巴克成为一种生活方式。

五、挖掘旅游品牌故事、传播旅游品牌传记

文化的形成需要历史的沉淀。希望塑造旅游品牌文化的公司无一不重视积累品牌成长的历史素材，对历史素材的叙事梳理形成了品牌传记（brand biography），讲述和传播自己的旅游品牌故事是非常重要的品牌文化塑造手段[9]。例如，来自欧洲的依云矿泉水品牌就将其水源刻画成经数千万年时间形成的大自然的馈赠，同时也强调依云镇之所以名扬天下是因为其神奇的温泉疗效，曾经在法国大革命时期使一位受伤的将军得到痊愈。这些品牌的传记故事具有历史感，并且其他品牌难以仿效。利用品牌传记塑造的唯一性，使依云成功成为高端矿泉水品牌中的佼佼者。如何提炼品牌素材，撰写富有文化魅力的品牌传记呢？本书提出两点基本原则。

（一）面临艰难但仍永葆激情和韧性的精神，是励志品牌传记必不可少的内容

埃弗里（Avery）等学者建议成功的品牌需要策略性地使用品牌传记。成功的旅游品牌往往意味着拥有规模和权势，他们很可能认为应对外更多地彰显自己的辉煌历史，避免谈及自己经过的艰难旅程。但事实上，消费者会对成功品牌所拥有的规模和权力产生距离感，以致“赢家的诅咒”会使成功的品牌难以获得持续的成功。埃弗里等学者通过实证研究发现，如果品牌向消费者讲述自己曾经的弱小，以及成长过程中的艰辛，则可以成功获得消费者的认同，从而缓解“赢家的诅咒”。[10-11]例如，茶颜悦色的点单小票中提到，对于那些抄袭其创意的品牌，等他们“有点钱了就会去告他们”，赢得了消费者对于受害者的情感认同。而现在茶颜悦色的点单小票中，变为“我们已经赚了一点钱开始告他们了”。这样的示弱型品牌故事展现方式会让消费者更有参与感，不仅可以拉近消费者与品牌之间的距离，同时也可以向消费者展现这个品牌所拥有的创业激情。

（二）旅游品牌传记的娱乐性展示、传播

旅游品牌传记除了官方的陈述和出版物之外，还可以通过其他更具娱乐性和传播力的

载体来展示和传播（如影视、文学作品、脱口秀等）。例如,《大创想家》（*The Founder*）是一部讲述麦氏兄弟创业史以及麦当劳品牌发展过程的传记电影，讲述了麦氏兄弟是如何推动食品服务业的一场革命，以及麦当劳品牌的经营权如何一步一步落入克罗克的手中，导演希望展现全球最大快餐王国的发展过程。这部电影对于麦当劳品牌而言显然绝不仅仅具有提升其品牌知名度的广告价值，更重要的是，消费者通过这部影片，能够深切感受到这个快餐品牌的发展过程，是从底层开始点滴积累和奋斗的，这就架起了麦当劳品牌和普通消费者之间的情感桥梁。作为全球最大的快餐品牌，通过品牌传记，它既能够成功地拉近和消费者之间的情感距离，也能够提升消费者对于品牌的了解程度，增强顾客黏性。

品牌前沿10-3介绍了一项国际研究，它聚焦于如何凸显旅游目的地品牌的文化侧重点，使其与游客的个性特征适配，以此来提高游客对目的地品牌的评价。

品牌前沿 10-3　　目的地品牌文化调性诉求与游客个性特征的适配性

随着旅游目的地的竞争从传统的旅游资源、旅游线路开发，上升到旅游目的地品牌文化开发，如何针对游客特性适配目的地文化内涵，成为旅游目的地经营的战略决策范畴。说到旅游目的地品牌文化这个问题，不同游客可能有自己关注的文化侧重点。旅游目的地应该如何针对不同特性的游客，宣传推广并凸显相应的品牌文化维度呢？为此，中国矿业大学江红艳教授带领团队，聚焦旅游目的地品牌的广告唤醒度与游客文化衍生权力感特性的交互作用，研究其如何影响旅游目的地的评价。

这项研究通过三个行为实验和一个真实二手数据分析来完成。研究验证了游客的文化衍生权力感和目的地品牌的广告唤醒度之间的匹配性对旅游目的地评价产生的正向影响效应：文化衍生的权力感会影响个体的调节定向，而调节定向进一步与广告唤醒度交互影响旅游目的地品牌广告的有效性；游客的个人权力感与旅游目的地广告的高唤醒度、社会权力感与旅游目的地品牌广告的低唤醒度的匹配，能够引起在线游客对旅游目的地更高的评价。

这项研究对旅游品牌管理具有显著的借鉴意义。首先，研究结论有助于提高游客对旅游目的地品牌的评价、旅游意愿。可见，旅游目的地不能简单地使用单一文化调性的广告诉求，旅游目的地品牌应该针对不同游客，设计匹配的文化诉求广告（低唤醒度或高唤醒度），侧重其相应的旅游文化元素（刺激的、激情的，或者温和的、静谧的元素）。其次，在旅游目的地游客心理特征方面，这项研究从一个新的视角，即游客的文化衍生权力感，来洞察游客的心理特征，这为旅游业更精准理解游客行为提供了科学决策支撑。

资料来源：Jiang H, Tan H, Liu Y, et al. The impact of power on destination advertising effectiveness: The moderating role of arousal in adverting[J]. Annuals of Tourism Research, 2020, 83: 102926.

六、建立旅游品牌博物馆

对品牌发展过程中留存实物的整理、展示、传播，使“品牌博物馆”的文化功能得以发挥。塑造旅游品牌文化，需要使在时间长河中沉淀的品牌文化传统以实物形式可视、可读、可触。实物的陈列往往比语言的描述更具可信性和震撼力。例如，设立在青岛啤酒百年前的老厂房、老设备之内的青岛啤酒博物馆，以青岛啤酒的百年历程及工艺流程为主线，浓缩了中国啤酒工业及青岛啤酒的发展史，集文化历史、生产工艺流程、啤酒娱乐、购物、餐饮于一体。博物馆向游客展现青岛品牌的发展历史、青岛啤酒的酿造过程，参观结束后还可畅饮青岛啤酒，成为青岛一项颇受游客欢迎的体验。

品牌博物馆的建立需要有历史眼光的旅游品牌管理者在品牌创立之初就有意识地对资料和具有历史价值的各类实物、文字、图片等进行保留。例如，第一款产品、第一笔合同、第一批员工名录、每一代新产品或服务，甚至第一次实验数据和未能成功上市的样品，等等，都是品牌博物馆里至为珍贵的物件。例如，华特·迪士尼家族博物馆展现了迪士尼从米老鼠到白雪公主，从欢乐满人间到迪士尼乐园的发展历程，还原该家族遗留下来的财富，邀请参观者们从他们的故事中发现自己的创作灵感。博物馆馆藏超过1600件珍贵历史展品和艺术手稿原件，其中动画部分的展品非常丰富，从米奇的最早期手稿，一直到1928年第一部米奇作品《汽船威利》（*Steamboat Willie*）手稿排墙（348帧画面，16秒！），丰富程度和生动程度都超出大家的预期。华特·迪士尼家族博物馆通过展示创意的手稿，丰富地阐述了自己的品牌文化。

品牌案例 10-2　　长沙文和友臭豆腐博物馆——“臭豆腐”能吃能看亦能玩

2019年4月，全国首家以“臭豆腐”为主题的民间博物馆——长沙文和友臭豆腐博物馆建成。文和友臭豆腐博物馆坐落于长沙老城区南部的太平老街，占地近1000平方米。该馆自开放以来，以其沉浸式体验和馆内生动有趣的互动吸引了众多游客，不仅获得了一定的经济效益，还助力了文和友品牌文化的塑造与传播。

文和友臭豆腐博物馆内可被划分为五个区域：科技还原臭豆腐制作过程区域；实物实景还原区域；臭豆腐历史博览区域；游客互动体验区域以及文创产品售卖区域。在科技还原臭豆腐制作过程区域，博物馆设置“黄豆的狂舞”视频、“肴变的奥义”纪录片、“卤水的实验”游戏等项目，从视觉、嗅觉等途径让游客了解并体验制作臭豆腐的过程。在实物实景还原区域，对老一辈手艺人制作臭豆腐和贩卖臭豆腐的用具，如梆子、马灯等实物进行了展示。在历史博览区域，博物馆采用图片与文字展现了长沙臭豆腐发展历程。从最初创始人姜二爹颠沛流离的创业过程，到毛主席莅临姜二爹的臭豆腐摊，再到姜二爹的徒弟创业，以及如今的文和友臭豆腐的品牌创立，长沙臭豆腐的故事被娓娓道来。在游客互动体验区域，提供臭豆腐相关图片涂色游戏或漫画拍照项目供游客参与，有趣好玩。在文创产品的售卖区域，现场油炸臭豆腐、创意豆浆以及相关湖南特产，如速食臭豆腐、酱板鸭等被贩售，此外还有冰箱贴、小挂件、玩偶等文创周边可供游客购买。

文和友臭豆腐博物馆的成功在于“文化”“科技”与“创新”的充分结合。在文化性方面，将创业故事活化为品牌文化印刻于墙上供游客浏览，通过故事驱动来获取游客肯定，增加游客对品牌的认可度。在科技性方面，创新引入相关科技，将枯燥乏味的臭豆腐制作过程以生动有趣的方式呈现给观众，并通过线上和线下的联动，增加游客与博物馆的互动，增强游客黏性。从文和友臭豆腐博物馆的创立到博物馆内的项目打造，从臭仔吉祥物到呆萌有趣的产品周边，都离不开创造者的独运匠心。正是"文化""科技"与"创新"的充分结合赋予了这座博物馆生机与活力。在某种程度上，文和友臭豆腐博物馆对餐饮乃至旅游品牌如何建立品牌博物馆、塑造品牌文化具有启示意义。

资料来源：张婧驰. 文旅探访报告 | 长沙文和友臭豆腐博物馆，臭豆腐也能沉浸式体验？[EB/OL]. 新旅网.

第三节　品牌文化对旅游组织的挑战

如同硬币总会有两面，塑造品牌文化能够为旅游组织带来消费者的忠诚、免费的传播机会、口碑效应和溢价，但同时消费者对旅游品牌的非货币投入（如情感卷入和时间投入）也对旅游组织提出了挑战。

一、旅游品牌文化对消费者的影响力不能脱离产品或服务质量底线

拥有强大品牌文化的旅游组织可能会产生一种错觉，认为文化赋予品牌的超凡魅力可以让消费者为它做出任何改变。这其实是一种错觉。必须承认，旅游品牌文化对消费者的影响力是有限度的，企业需要小心翼翼地培养和使用这种影响力，并且品牌文化对消费者的影响力不能脱离产品或服务质量的底线。

故宫淘宝彩妆系列在 2019 年推出后不足 1 个月，官方便宣布全线停产，这一消息让粉丝纷纷表示不解。故宫淘宝给出的解释是："口红外观反馈不够高级，膏体顺滑流畅度和颜色都有进步空间；眼影珠光颗粒不够精细，部分颜色有飞粉现象；腮红粉色挑人，橙色尚可……"所表达的中心意思是，官方对此次推出的彩妆系列的产品质量并不满意，为了能够给消费者提供高质量的产品，决定停线以完善产品线，并承诺重新上架后不会涨价。这一行为给故宫品牌树立了良好的口碑。当消费者将品牌所具有的特质和文化理解为一种品牌质量承诺的时候，产品或服务质量的失败将让品牌付出难以弥补的代价。因此，品牌也应当爱护自己的"羽毛"，守住产品或服务质量的底线。[12]

二、旅游组织行为有时与消费者所感知的品牌文化不一致

具有品牌文化力量的旅游组织与消费者分享了一套共有的价值观。尽管这些品牌价值观是旅游组织主动创造的，但它一经成为消费者珍视的价值观的组成部分，消费者就会随时依此来检视企业行为。这样，旅游组织自己塑造的品牌文化对品牌的市场行为就形成了

约束力。如果旅游组织的行为不能与消费者所感知或理解的品牌文化保持一致，那么最忠实的拥护者可能会突然变成最激烈的反对者。

海底捞一直崇尚顾客即上帝的企业文化，许多顾客更是因海底捞的服务质量慕名而去。但在 2022 年 2 月，海底捞被爆料在会员系统里私下给顾客“贴标签”，其中主要包含体貌特征和个性需求等，这引起了网友热议。这一行为之所以引发热议，一是所备注的标签中存在不少有关身高、体重及长相等负面标签，二是违反了消费者《个人信息保护法》，海底捞并未征集顾客同意便擅自收集了客户信息。事件一经爆料立即引起轩然大波，消费者纷纷抨击海底捞的行为。

三、品牌文化使旅游品牌成为不同种族文化冲突的受害者

经济全球化背景下的文化融合和文化冲突并行不悖。当旅游品牌成功地将自己塑造成为某个国家（或民族）文化的象征符号时，它将享受消费者对这种文化的正面回报。但也不得不承担消费者对这种文化可能发泄的负面情绪。例如，麦当劳已经成为美国文化的重要符号。这一文化象征意义给麦当劳的全球化营销提供了高额回报。但是，每当针对美国的政治抗议或文化抵制事件发生的时候，麦当劳也总是成为首当其冲的受害者。近年来，法国消费者掀起了一系列抵制美国“垃圾文化”的运动，其中有不少是指向麦当劳的。同样，当迪士尼成功地成为美国文化全球扩张的典范之后，它在巴黎的失败就已经注定了。1992 年巴黎迪士尼建成后连年亏损，很大原因是许多法国人具有欧洲文化中心主义倾向，对迪士尼心存抵制。在巴黎迪士尼刚刚开始建设的时候，法国的一些知识界人士纷纷反对迪士尼，甚至把它称为美国的“文化核泄漏”，巴黎迪士尼最终为此付出了连年亏损的代价。因此，利用民族文化认同开展营销活动是一把“双刃剑”。[13]

【本章小结】

1. 旅游品牌文化是某一品牌的所有者、购买者、使用者或向往者之间共同拥有的、与此品牌相关的独特信念、价值观、仪式、规范和传统等。

2. 旅游品牌文化对消费者个体和群体的影响作用主要体现在内化、象征、传承、聚合、导向等五个方面。

3. 旅游品牌文化必须得到旅游组织文化的支持。旅游组织文化的外显内容是旅游品牌文化的一部分。旅游组织文化可以通过正式的规范塑造，而旅游品牌文化则难以通过具有强制力的正式规范来塑造。

4. 塑造旅游品牌文化的途径有：创造象征符号；营造仪式化气氛；塑造英雄人物；创建旅游品牌社区；传播旅游品牌传记；建立旅游品牌博物馆。

5. 旅游品牌文化的塑造对旅游组织提出了挑战：旅游组织行为有时不能与消费者所感知或理解的品牌文化保持一致；旅游组织如果脱离产品旅游质量标准而过分高估品牌文化

对消费者的影响力，就可能做出有损消费者的行为；旅游品牌有可能成为民族文化冲突的受害者。

【术语（中英文对照）】

文化 culture
亚文化 sub-culture
品牌传记 brand biography
旅游品牌文化 tourism brand culture
旅游品牌社区 tourism brand community

【即测即练】

一、选择题

自学自测　扫描此码

二、名词解释

1. 旅游品牌文化
2. 旅游品牌仪式

三、简答题

1. 论述塑造旅游品牌文化的途径。
2. 简述旅游品牌文化对旅游组织的挑战有哪些。
3. 旅游品牌文化对消费者个体和群体的影响表现在哪些方面？
4. 品牌仪式如何塑造一个旅游品牌的文化内涵？
5. 哪些旅游品牌人物可以塑造成为品牌的英雄人物，从而成为其文化内涵的一部分？

【思考与讨论】

1. 选择 2～3 个你最为熟悉和了解的中国市场上的知名旅游品牌，以此为例，分析说明这个旅游品牌具有哪些品牌文化，分析列举这个品牌的管理团队塑造旅游品牌文化的方法有哪些。

2. 选择 2～3 个你最为熟悉和了解的中国市场上的知名旅游品牌，以此为例，分析说明品牌文化的功能有哪些以及这些功能是如何发挥的。

【参考文献】

[1] Robbins S P, Judge T A, Campbell T T. Organizational Behaviour[M]. Pearson Education, 2010.

[2] 胡荣. 社会学概论[M]. 北京：高等教育出版社，2009.

[3] Solomon M R . Consumer Behavior: Buying, Having, and Being (8th Edition)[M].2008.

[4] Deal T E, Kennedy A A. Culture: A new look through old lenses[J]. The Journal of Applied Behavioral Science, 1983, 19(4): 498-505.

[5] 保罗·福塞尔. 格调：社会等级与生活品位[M]. 梁丽真，乐涛，石涛，译. 北京：中国社会科学出版社, 1998.

[6] Muniz A M, O'guinn T C. Brand community[J]. Journal of Consumer Research, 2001, 27(4): 412-432.

[7] Boorstin.D. Welcome to the consumption community[J].The Decline of Radicalism: Reflections on America Today, 1967, 20-39.

[8] McAlexander J H, Schouten J W, Koenig H F. Building brand community[J]. Journal of Marketing, 2002, 66(1): 38-54.

[9] 王海忠. 国产奢侈品牌三原则：有故事，有内涵，守得住[J]. 中欧商业评论, 2013 (3): 37-39.

[10] Avery J, Paharia N, Keinan A, et al. The strategic use of brand biographies[J]. Research in Consumer Behavior, 2010, 12: 213-229.

[11] 钟科，王海忠，杨晨. 人们为何支持弱者：劣势者效应及其营销应用研究述评[J]. 外国经济与管理, 2014, 36(12): 213-229.

[12] Aaker J, Fournier S, Brasel S A. When good brands do bad[J]. Journal of Consumer Research, 2004, 31(1): 1-16.

[13] 王海忠，江红艳. 民族身份营销双刃剑[J]. 中欧商业评论, 2012, 47(3): 53-55.

第十一章 旅游品牌管理体系

希腊大力神的母亲是大地，他只要一靠在大地上就力大无穷。我们的大地就是众人和制度。

——任正非（中国华为创始人）

学习目的

学习本章之后，读者将对以下品牌问题有更清晰、准确和透彻的理解：

- 什么是旅游品牌管理体系？
- 旅游品牌管理体系对旅游组织的品牌创建有什么重要意义？
- 品牌宪章、品牌手册、品牌报告对旅游组织品牌管理的价值在哪里？
- 不同层级和岗位的员工在旅游品牌管理当中的角色有哪些？

本章案例

- 中国国航 CSM——全面打造航空服务品牌
- 韩国“国家品牌总统委员会”
- 迪士尼·沃尔特——一个反应力极强的机构

开篇案例　　中国国航 CSM——全面打造航空服务品牌

中国国际航空股份有限公司（以下简称“中国国航”）成立于1988年，2004年12月15日，分别在香港和伦敦成功上市。2023年世界品牌实验室品牌榜单显示，中国国航连续16年被评为“世界品牌500强”，是中国民航唯一入选的品牌；同时连续16年获得“中国品牌大奖NO.1（航空服务行业）”和“中国年度文化品牌大奖”。迄今为止，国航是中国唯一载国旗飞行的民用航空公司，具有国内航空公司第一的品牌价值。

30余年的时间里，中国国航发展成为国内外航空运输领域知名品牌，是世界最大航空联盟——星空联盟的成员，也是集航空客运、航空货运及物流于一体的全球综合型企业。它的成功之道有很多，若从品牌管理体系方面上看，中国国航客户服务管理体系（customer service management，CSM）的推出成为国航在服务领域品牌管理方面一张亮丽的名片，是国航服务精细化发展的需要，更是企业品牌经久不衰的需要。

1. CSM 产生背景

航空业并非像人们想象的那样是垄断性行业，实质上航空市场是一个充满挑战的竞争市场。随着国际化进程的加剧，在与世界先进航空公司的对标管理中，中国国航逐渐意识到自身在服务品牌管理方面的欠缺，特别是国航总部及分公司实现飞机、工装等“外在产品”的整合及统一标准后，发现其体系监控、流程优化、文件管理等“内在服务”都是孤立的，缺乏统一的服务标准管理，导致各地呈现的服务模式不一致。基于此，如何建立一套科学的服务管理制度，使人员能够得到长期激励、形成共识和凝聚力，进而积极应对激烈的市场竞争和日益增长的航空旅客通勤需要，提升企业品牌价值成为需要解决的基本矛盾与问题。这就需要理顺根本制度，建立一套属于中国国航自己的服务管理体系。因此，2010年3月，中国国航启动CSM，以全面提高运输服务水平，加强产品和服务的一致性。正如中国国航服务发展部高级经理潘远燕所说：“在与国际先进航空企业和其他服务领域对标的进程中，CSM的推出是争创国际一流航空公司的必备条件之一，是中国国航发展进程中的重大举措之一。”

2. CSM 的核心理念

中国国航客户服务管理体系CSM旨在为企业建立一套全国范围的客户服务管理制度，全面提高国航的航空运输服务水平，加强产品与服务一致性，实现服务标准化。该体系是基于ISO 9001质量管理体系，运用目前国际最先进的服务管理标准和操作平台，融合了航空运输行业的特点、民航局的监管要求以及国航自身的管理需求，创新性、系统性地建立了航空运输企业质量管理体系的新模式。与ISO 9001相比，该体系更强调以客户服务为企业品牌管理重点。为搭建该体系，国航上下付出了巨大的努力，前后动用了1500名员工直接参与，进行了大量旅客需求调研，最终撰写了长达400万字的服务手册，基本完成了体系搭建，并在全公司范围内进行宣贯。

3. CSM 服务管理体系对中国国航的价值

CSM服务管理体系是国航目前唯一的一部服务大法，并且国航是全球首家通过国际权威专业服务机构 BSI 评审的航空公司。这意味着中国国航成为全球首家建立及实施客户服务管理体系的航空公司，标志着国航整体服务管理水平登上新台阶。该体系的使用，将优化中国国航服务管理机制，统一服务管理流程，确保中国国航各界面为旅客提供统一的服务标准、统一的服务产品，实现服务呈现的一致性，不断提升旅客满意度。值得一提的是，该体系从领导到每位普通员工都要参加企业 CSM 考核，并且亲自去机舱一线实践和体验操作规范，这种方式更好地规范了日常工作的规章、流程和操作规范，推动了客舱的服务管理一致性、完整性，让员工能够更好地了解企业的价值观和管理机制，更好地鞭策员工进行服务，最大化提升企业的品牌形象，让旅客得到更美好的空中体验。根据 Chnbrand （中企品研）2022 年中国顾客满意度指数，中国国航航空服务满意度排名第二，仅次于南方航空。

总之，中国国航 CSM 服务管理体系为中国国航的发展指明了方向和目标。这是其能够顺利成为国内民航品牌价值 NO.1 企业的重要管理制度基础，并驱动其不断成长、不断取得成功。

资料来源：中国国航官网.

党的二十大强调，我们必须坚持系统观念，“万事万物是相互联系、相互依存的。只有用普遍联系的、全面系统的、发展变化的观点观察事物，才能把握事物发展规律”，“我们要善于通过历史看现实、透过现象看本质，把握好全局和局部、当前和长远、宏观和微观、主要矛盾和次要矛盾、特殊和一般的关系，不断提高战略思维、历史思维、辩证思维、系统思维、创新思维、法治思维、底线思维能力，为前瞻性思考、全局性谋划、整体性推进党和国家各项事业提供科学思想方法”。国家发展改革委等部门在《新时代推进品牌建设的指导意见》中明确提出，要“建设若干国家级质量标准实验室。推进品牌培育、品牌管理、品牌评价等标准化建设，构建完善的品牌标准体系。开展‘标准化+’行动，促进全域标准化深度发展”。中国国航品牌管理的历史经验表明，CSM 服务品牌管理体系发挥了重要的不可替代的制度治理作用，助力中国国航成为一流的国内航空品牌。一个旅游组织建立品牌管理相应的机构，制定相关的品牌管理规章，以此规范旅游品牌相关活动，是十分必要的。本章将重点讲解旅游品牌管理体系的主要类型、旅游品牌管理规章制度的主要形式和内涵、旅游品牌管理的主要岗位及人员职责等。通过本章的学习，旅游组织能从中了解、建立、完善内部品牌管理体系的最佳实践经验和科学依据。

第一节　旅游品牌管理体系的内涵和形态

一、旅游品牌管理体系的内涵

理论界和实践界迄今还没有对品牌管理体系（brand management system）给出明确的定义，同样没有针对旅游的品牌管理体系。我们认为，旅游品牌管理体系属于公司内部管理的一个组成部分，因而它具备“管理制度”的一般内容。本书将旅游品牌管理体系定义为：旅游组织内部对履行旅游品牌管理相关职责的岗位设置及其人员配备，以及履行旅游品牌管理职责应该遵循的相关规章制度、执行旅游品牌活动需要遵照的工作流程或细则的总称。可见，旅游品牌管理体系既包括创建品牌应该遵循的纲领性和方向性的总纲，也包括实施某项具体旅游品牌活动的工作细则。在有的教材或专著中，把统领旅游品牌创建的方向性指针，尊崇地称为“旅游品牌宪章”，而把那些为具体品牌活动提供工作指南的规则叫作“旅游品牌细则”[1]。可见，品牌管理体系的内涵是制度、规章、岗位与人员职责的总称，其内涵非常丰富。

构建良好的旅游品牌管理体系有助于对旅游品牌活动的标准化和规范化管理，以便让不同岗位上的员工，对品牌建设工作各司其职、各负其责，在旅游品牌建设上具有清晰的方向感和目标感。此外，旅游品牌管理体系对品牌建设工作配备文书性指导意见，可以让不同岗位或工作经验的员工，在品牌建设方面有学习咨询的渠道，便于提升全组织的品牌建设水平。旅游品牌管理体系也规定了旅游组织外部营销服务机构（如广告公司、咨询公司、市场调查公司等），在协助旅游组织创建品牌的活动中应该遵循的原则，这是公司选择和评估营销外部合作机构的前提。

二、旅游品牌管理体系的主要形态

随着经营产品与服务范围的不断扩大，经营规模的扩张，旅游组织管理品牌的方式也会发生变化。因此，旅游品牌的管理责任人及其遵循的规章制度也会随之发生变化。在旅游组织的发展过程中，品牌管理体系大致经历了以下几种形式。[2]本书重点讲解品牌经理制。品牌经理制是迄今对品牌经营管理历史，发挥最大贡献的品牌管理制度。所以，以品牌经理制作为突破口和重点内容来解析旅游品牌管理体系的形态，具有科学性，实践借鉴意义显著。

（一）业主或公司经理负责制

业主或公司经理负责制是指旅游品牌（或产品和服务）层次的战略决策以及具体的旅游品牌活动的规划和组织实施，均由企业主、创始人或公司高层经理自己负责。这是一种高度集权的旅游品牌管理制度形态。在这种形态下，品牌设计、广告、促销、渠道等品牌问题，均须经过旅游组织高层领导参与和拍板方可执行。业主或公司经理负责制的最大优点是决策迅速，易于协调，同时企业主或创始人更能将企业家精神注入旅游品牌之中，从而有利于奠定品牌基因、塑造品牌核心价值观。它一般适合产品种类比较少、规模不大的旅游组织。

（二）职能管理制

职能管理制是指在旅游组织总经理的统一领导下，将品牌管理职责分派给有利于公司市场营销领域的各个职能部门来承担，各职能部门在各自权责范围内行使其相应的品牌营销权利、承担其相应的义务。职能管理制的主要优点是能够充分发挥旅游品牌管理各职能的专业化水平。受过专门训练的各职能领域的旅游品牌管理人员，从专业的视角，对旅游品牌进行专业化管理，推动旅游品牌扩大规模，培育旅游品牌无形资产。例如，市场研究经理能够掌握充分的市场信息，便于对旅游品牌进行适时的市场监测；促销经理负责旅游品牌的常规性消费者促销、零售终端促销等，便于取得积极的销售刺激反应；广告经理负责旅游品牌的广告创意与媒体传播，使旅游品牌具有清晰的市场定位，提升旅游品牌知名度，塑造旅游品牌个性……这样，旅游组织总经理作为旅游品牌最高领导和责任人，就能从众多的旅游品牌营销日常事务脱身，便于集中精力思考品牌发展中的重大战略决策问题。此外，职能管理制也让旅游品牌管理从传统的凭直觉与经验管理转向以专业知识为基础的科学管理，它在培育和经营品牌的历史上发挥了重要的作用。今天多数主流的市场营销管理教材的核心内容（即 4Ps 框架）就是以职能管理制为模板来设计的。

但是，随着旅游组织提供的产品或服务种类的增多和覆盖市场的扩大，旅游品牌的职能管理制模式就显示出其缺点。主要表现在两个方面。其一，旅游品牌的各职能管理者之间的协调会使管理成本增加。旅游品牌的各个职能管理者从自身利益出发设计相应的营销活动，从高层竞相争取营销预算和资源。但是，有时不同职能管理对品牌无形资产的作用却是相互抵消的。例如，为了实现短期销量提升的目标，促销经理可能不惜采用大量打折、降价等营销策略。但是，打折、降价等营销策略可能与广告经理希望塑造的无形品牌形象产生冲突，这就引起旅游品牌的广告活动难以实现预期目标。这种现象非常普遍。其二，职能管理制下，新旅游品牌难以得到应有的照看。旅游组织发展过程中，一定会进入拥有多个旅游品牌的阶段。此时，同一职能管理要顾及多个品牌，很容易出现职能管理者只去扶持短期内能见到销售成效的旅游品牌。这就可能使旅游组织对那些前途不错但眼前无销售产出的新品牌失去投资的积极性，从而限制或压制了有未来增长潜力的新品牌的发展。

（三）品牌经理制

1. 品牌经理制的内涵、引入与普及

品牌经理制是指企业为其经营的每一个产品或服务品牌专门任命一名经理并配备一个团队，使其对该品牌的主要营销事务及产品或服务利润负责。这些营销事务包括开发产品或服务概念、新产品或服务上市、广告传播、促销推广、市场研究、终端销售及售后服务等[2]。同时，旅游品牌经理在品牌的市场营销活动中，还要统一协调旅游组织内部的其他非市场营销职能部门，如产品或服务开发部门、生产部门以及销售部门。品牌经理制打破了传统的品牌职能化分割和分散品牌各项职能管理的做法，让每个品牌经理对一个旅游品牌的全面营销活动及其业绩负责。一般地，一个知名旅游品牌，除了一个品牌经理之外，还应该配备数个品牌经理助理，从而构成一个品牌经理团队。品牌经理不仅要制订旅游品牌的发展计划，还要督导计划的执行，采取纠正行动。总之，品牌经理要对旅游品牌的全部市场营销负责。

1931 年 5 月 13 日美国的宝洁公司首创品牌经理制。尼尔·麦克罗伊（Neil McElroy），一位当时在为宝洁香皂品牌“佳美”（Camay）负责广告运动的广告部员工，他向公司总经理提出系列建议，主要包括：公司应该对佳美这样的新产品给予更聚焦的关注；每个品牌

不仅都要有一个人专门负责，还应该配备一个团队以帮助品牌经理思考这个品牌营销的方方面面；这个执着的品牌团队只关注这一个品牌。当时的宝洁公司总经理采纳了这一建议，尼尔也被任命为“佳美”的品牌经理。这就是品牌经理制的诞生背景。尼尔担任佳美的品牌经理之后，这个新品牌得到了管家式的照看，市场业绩逐渐好转，短暂的2～3 年之后，就成为宝洁公司内部盈利能力最好的品牌。而尼尔的职业生涯也节节晋升，在宝洁公司最终就任首席执行官。

随着品牌经理制在宝洁公司的引入和正面带动效应，越来越多的美国日用消费品、食品公司开始争相仿效。可口可乐、强生、高露洁棕榈、百事可乐等很快建立起自己的品牌经理制。随后，耐用消费品品牌也寻求建立适合自身的品牌经理制。到 20 世纪 80 年代中期，在美国的消费品制造业，品牌经理制得到全面普及，品牌管理的标准也日臻成熟。20 世纪 80 年代中期之后，品牌经理制向旅游服务业领域渗透，如餐饮、酒店、文化等产业，它们纷纷借鉴消费品制造业的品牌管理经验，并加以创新。今天，品牌经理制已经深入全球各类旅游服务领域；同时，传统的以宝洁为范本的品牌经理制也在发展中不断调整、创新、丰富。可以说，品牌经理制是迄今为止，对品牌培育和管理发挥最大作用的品牌管理制度。

品牌前沿 11-1 以零售业为例，基于社会交换理论，结合零售经理、一线员工和顾客的观点，探究零售经理和员工之间的领导—成员交换关系如何影响关键零售成果，即顾客忠诚度和品牌资产。

品牌前沿 11-1　零售经理对一线员工的影响：品牌关系、服务绩效及顾客忠诚度

管理者对于组织一线的有效运作至关重要。以零售经理为例，他们向一线员工灌输理念和态度，从而在实施零售商战略中发挥关键作用，因而他们对公司的绩效尤为重要。尽管已有研究证实了销售背景下经理对员工行为和绩效的影响，但作为销售的一部分，不应该直接将对销售的研究完全复制到“零售”领域。基于此，美国和韩国研究团队针对零售企业管理体系中，零售经理与一线员工的相互作用因素展开了调查研究。通过调查零售经理的品牌知识、一线销售人员的服务绩效、客户的品牌资产和忠诚度水平，该研究提供了一个综合视角的研究框架。

在社会交换理论中领导—成员交换质量的理论基础上，本研究提出了六个假设，并通过向韩国一家大型零售公司的店铺经理、员工和客户发放纸质问卷获取研究数据。研究主要得出以下三个方面的结论：第一，门店经理和一线员工之间的领导—成员关系质量正向影响员工品牌关系，经理的品牌知识起正向调节作用；第二，员工品牌关系正向影响服务绩效，员工战略知识传播起正向调节作用；第三，建立强大的员工品牌关系和服务绩效水平有助于提升顾客忠诚度和品牌资产。

研究结论对于管理实践有着重要的意义。第一，对于零售企业而言，可以通过建立合适的管理体系，以培训经理发展核心品牌洞察为目标，向零售经理强调理解自身品牌的重要性，确保核心品牌及公司战略能够及时传达给经理。第二，对于零售经理而言，需要重视与一线员工之间的对话，可以通过举行品牌知识在线培训模块或研讨会等强调他们代表品牌，提高其品牌内涵的传递能力。除此以外，应重视对一线员工的激励。第三，在公司信息管理方面，应当使一线员工共享战略信息。在传递公司指令和管理信息的同时，重要战略信息的整合也应通过线上或线下会议传递给一线员工，包括即将开展促销活动的逻辑、竞争对手采取的行动及如何应对此类行动，与客户互动的最佳实践等。

资料来源：Jung J H, Yoo J J, Arnold T J. The influence of a retail store manager in developing frontline employee brand relationship, service performance and customer loyalty[J]. Journal of Business Research, 2021, 122: 362-372.

2. 品牌经理制的作用

（1）品牌经理制为旅游组织多业务/产品/服务的营销业绩目标提供了管理保障。持续发展是所有企业永恒的主题。旅游组织在不断发展过程中，必然会进入多个细分领域，不同领域之间以及同一领域内部必然会产生多个品牌。多个品牌的存在加大了旅游组织内部品牌管理工作的跨度、强度和难度。品牌经理制让每个旅游品牌都有一个专职的团队负责其市场营销活动，从而让每个品牌都能得到必要的关照。这对于有发展潜力的旅游组织的新业务和新品牌尤其重要，因为品牌经理制让这些业务和品牌也分配到相应的资源。所以，品牌经理制使旅游组织多个业务的市场营销业绩目标都能落实到具体的品牌载体，这就使组织的战略目标得到了保障，从而促进了整个组织业绩不断发展壮大。

当前已很知名的大型中国旅游组织，在其从单一业务走向多样业务的发展过程中，都科学有效地借鉴了品牌经理制。另外，大型中国旅游组织还必须不断完善品牌经理制以实现组织的发展壮大。例如，铂涛集团通过创建、投资、合作等形式，连接酒店、公寓、咖啡、共享办公、艺术公益平台等领域中的品牌，2022 年业务涵盖了近 20 个品牌，联合锦江拥有会员人数超 1.5 亿名，门店总数超 6600 家，覆盖全国 470 多个城市，并积极扩张至亚洲、欧洲、非洲等海外市场。可见，铂涛集团需要科学借鉴并运用好品牌经理制，经营管理好每个品牌，提升每个品牌的影响力和利润率。类似的企业还有美团、去哪儿网、携程等，其发展历史上都借鉴了品牌经理制的某些优点，但同样还需要在未来不断丰富和完善这种品牌管理制度。

（2）品牌经理制有利于提升旅游品牌竞争力，使旅游组织资源得到充分利用。在没有品牌经理制之前，旅游组织的新产品、新服务以及新品牌推出的流程往往是先开发出新产品或服务，然后再定价，最终卖给消费者。这样操作的结果很可能使新产品或服务或新品牌与现有产品或服务或品牌并无显著差异，产品或服务定位趋同，造成资源浪费。品牌经理制要求每个旅游品牌要有专门的团队负责看护，而要诞生新旅游品牌，品牌经理必须先向旅游组织内部明确新产品/服务的定位与差异化，这就减少了新产品/服务或新品牌推出的随意性。另外，品牌经理要想为自己的品牌争取到更多的资源，就需要事先设计出差异化的、与自身品牌相匹配的产品诉求、定价、广告传播和促销方案等，这就推动了各个旅游品牌不断营销创新。而在科学引入品牌经理制的旅游组织，奉行哪个品牌市场业绩更优就更容易争取到旅游组织营销支持的原则，这相当于在旅游组织内部建立起向优势产品或服务倾斜的机制，使有限的资源或预算得到充分的利用。

（3）品牌经理制也是旅游组织优秀管理人才的培养机制。品牌经理制让品牌经理及其团队成员共同行使对旅游品牌的责任。这让从大学毕业的年轻经理人一步入旅游组织就有一种强烈的责任意识和团队意识。品牌经理团队要对旅游品牌的市场营销负起全责，就需要与旅游组织内部各公共的职能部门（如市场调研、财务、产品或服务开发、生产制造、渠道生意销售等）加强沟通，而要促进旅游品牌成长，品牌团队成员一开始接触商务便要学会制订预算、计划，并在内部争取资源和推进项目。凡此种种，均为旅游组织培养年轻经理人的管理技能和领导艺术提供了难得的机会。

3. 品牌经理制的问题与改革

品牌经理制在发展和普及过程中，也出现了一些问题。

（1）内部竞争无序和伤害旅游组织品牌的潜在问题。品牌经理制赋予每个旅游品牌管理团队相当大的自主权，他们在旅游组织内部为了争取资源而竞争。然而，如果企业管理制度跟不上，很可能导致相同产品或服务业务内部各个品牌之间的恶性竞争，造成旅游组织内部各品牌之间的相互伤害。例如，国内不少旅游组织在发展历史上，表现出来的最常见问题是同一产品或服务业务领域虽然拥有多个品牌，但不同旅游品牌之间没有施行显著的差异化战略，结果导致品牌多但每个品牌都不强的现象。

（2）增加了内部管理成本。因为品牌经理对于旅游品牌来说，就是“总经理”；但他们又需要与旅游组织内部各个公共管理部门沟通，市场营销活动中需要协调的工作量很大，会降低工作效率。尤其是在权力距离大的文化环境中成长起来的企业（如中国、日本、韩国等东方国家的公司），表面上看品牌经理对旅游品牌负全责，但又没能赋予其任何实权；在旅游组织内部的管理沟通中，品牌经理的话语权处于弱势地位。因此，在众多中国、日本、韩国的大公司里，品牌经理制显得有名无实。

（3）品牌经理制对企业层面的业务战略产生潜在负面影响。因为品牌经理团队的考核评价体系多是短期的，品牌经理要对旅游品牌的年度销售与利润负责，这样就很可能导致品牌经理不会去考虑旅游品牌的长期战略议题。如果同一产品或服务业务领域的多个品牌经理都这样思维和行事，那么旅游组织的业务战略（business strategy）及目标就有可能很难落到实处。旅游组织的战略业务单元（strategic business unit，SBU）的目标需要其下各个品牌去共同完成。

欧美工商界到了 20 世纪 80 年代中期，纷纷遇到以上问题。因此，品牌经理制自那之后经历了一系列的调整和改革。[1-4]调整和改革的主要内容如下：

（1）引入品类经理的管理职位。为了避免同一产品或服务业务领域内部的多个旅游品牌之间恶性竞争，同时要使各品牌的营销战略符合旅游组织战略业务单元的方向，在业务层面引入品类经理（category manager），有助于协调好产品或服务内部多品牌之间的矛盾。品类经理的职位在旅游组织内部属于中高层，因此，也容易与旅游组织内部的公共管理部门（如财务、研发、人力资源等）建立对等的沟通关系。如麦当劳就为麦乐送设置了专门的品类经理。

（2）加强公司层的品牌管理。与产品层面的品牌经理不同，公司层的品牌管理（corporate brand management）团队负责以旅游组织名义出面管理品牌营销活动。简单而言，公司层面的品牌管理团队负责处理与消费者、投资者、商业合作伙伴、政府与社会、内部员工等影响公司重要利益相关者的关系。很多时候，一旦产品层面的品牌经理遇到重大事务，公司层面的旅游品牌管理团队就会第一时间给予支持。例如，产品质量事故是任何产品层面的品牌经理都难以单独完成的重要任务，此时，公司层面反应过慢或反应方式不妥，会导致对整个旅游组织的产品或品牌的沉重打击。故而，当某个品牌遇到产品质量事故或道德危机时，公司层面的品牌管理团队会发挥重要作用，尤其是联结媒体、社区和政府的旅游品牌管理职能。

（3）引入全球品牌经理。如可口可乐、麦当劳、迪士尼等这些全球领先企业，现在都不同程度地增设了全球品牌经理。全球品牌经理负责协调旅游品牌在全球各地区的营销事务，以使旅游品牌在全球各地区保持既统一又符合当地市场情境的形象，促进同一旅游品牌的管理团队之间分享全球知识。

（四）品牌管理委员会制

品牌管理委员会制是一种战略性品牌管理组织模式，它一般适用于覆盖多个战略业务领域的大型企业集团，也适合于集体品牌、地区品牌或国家品牌这类受多个独立法人主体影响的品牌管理情境。[5-6]就旅游组织而言，品牌管理委员会一般设于集团总部，它已不再隶属于市场营销部门。旅游品牌管理委员会的构成人员一般包括集团副总、集团营销、财务、技术等职能领域的总监或以上的中高层管理者，集团下属各事业部或战略业务单元的总经理。品牌管理委员会的各参与者有其自身职责，集团高层旨在向整个公司传递一种信号，表明高层对旅游品牌的重视和对旅游品牌战略的信心；集团的各个职能部门则要将集团的旅游品牌理念向自己分管的职能领域传达和落实；而各战略业务单元或事业部的总经理要在自己分管的产品领域，遵循集团总部的品牌战略方针。

品牌管理委员会的职责主要包括：①建立旅游组织的整体品牌体系，确保各事业部（或战略业务单元）品牌之间的沟通与整合；②制定旅游品牌管理的战略性文件，便于各事业部在处理旅游品牌相关的重大事务（如旅游品牌延伸、旅游品牌更新、旅游品牌危机处理、新产品或服务推出等）时，可以参考和遵循；③确定旅游品牌的核心价值，使其适应旅游组织文化及发展战略的需要；④确定旅游品牌文化及其内含的品牌承诺；⑤建立旅游品牌评估体系，并对品牌现状优劣有更加清晰的认识，确定旅游品牌的正确发展方向；⑥建立与集团公司层面的重要利益相关者之间的关系，这些重要利益相关者包括员工、顾客、投资者、商业合作伙伴、公众与媒体、政府与社区等。

品牌管理委员会管理机制除了在大型旅游组织集团运用之外，还体现在地区与城市的旅游品牌建设或管理活动中。正如品牌案例 11-1 所展示的，韩国通过国家品牌总统委员会来提升国家品牌形象的实践经验。

品牌案例 11-1　　韩国“国家品牌总统委员会”

韩剧、韩国料理、韩国明星、韩国旅拍……为什么国土面积不大、旅游资源受限的韩国却能凭借文化特色将有限的旅游资源最大化，涌现出如此之多能影响世界的文化旅游品牌，吸引着来自全世界各地的游客？韩国在迈向民主、自主、富裕的现代化发达国家的同时，特别重视打造文化旅游在内的国家品牌形象，从国家战略层面成立总统直管的国家品牌打造机构“国家品牌总统委员会”，以期提高韩国的综合实力，影响世界和人类文明。

为了提高韩国的国家形象和国际地位，韩国于 2009 年 1 月 22 日成立“国家品牌总统委员会”（Presidential Council on Nation Branding），又称“韩国国家品牌委员会”，它是由时任总统李明博亲自设立和直接领导的委员会。韩国国家品牌委员会的主要任务有：通过大力开展海外服务、发展韩国尖端技术、促进韩国科学技术的世界化、开发保护韩国文化遗产和观光资源，来提高韩国的世界影响力。韩国国家品牌委员会下设企划、国际合作、企业和信息、文化观光、全球市民五个分科委员会。国家品牌委员会确认国家形象塑造的五个重点领域包括：国际社会贡献、尖端技术产品、文化与旅游、多元文化与外国人、全球市民意识。韩国国家品牌委员会就是一个打造韩国国家品牌的综合协调机构，其委员长由具有广泛社会影响力、能协调重要参与部门的知名人士担任；而成员则包括政府各部部长、知名企业总裁、首尔市长、国家旅游组织主席、国家贸易促进社社长等。

韩国国家品牌委员会非常重视国家品牌形象的推广。该委员会建立了国家形象总纲领，推出了代表国家形象的象征物，推出韩国国家形象标语，并借助大型国际活动（如奥运会、世博会、文化旅游节庆等），增强韩国对世界的影响力。韩国国家品牌委员会还针对不同地区，采取各有侧重和差异化的国家形象推广策略：对美国，强化宣传韩美同盟；对亚洲，推广韩国流行文化——韩流；对欧洲，展示韩国作为科技强国的实力和韩国独特的文化传统；对中南美，提高韩国经济发展的知名度和美誉度；对阿拉伯地区，增进韩国与阿拉伯国家间的理解与合作，为韩国“能源外交”“资源外交”服务。在国家文旅宣传方面，最大的成功莫过于精巧地将旅游景点、文化习俗移植到韩剧中，比如鲜为人知的牛岛因一部电影《人鱼公主》而火遍全球，成为到韩旅游的网红“打卡地”，又如韩服、泡菜、烤肉、跆拳道等韩国传统文化因一部电视剧《大长今》而声名鹊起。

遇有重大的国家品牌项目时，委员会就召集相关部门及有关企业、行业和专家学者，进行综合管理和统筹协调。遇有经费问题和特殊项目投入，委员会就向政府和国会提出申请。例如，2011 年韩国国家品牌委员会出面主办了“国家品牌展示会”（8 月 26 日在首尔三成洞 CEOX 开幕），这是 2009 年 1 月总统创办的直属国家品牌委员会的最大规模活动。李培镕委员长说：“此次展会不仅可以分享向世界出口的韩国企业的代表性商品，还要继承和发扬韩国文化遗产，成为名副其实的‘韩流嘉年华’。”

资料来源：季萌. 韩国国家品牌委员会的启示[J]. 对外传播，2012(11): 54-55+1.

第二节　品牌管理规章

不以规矩，不能成方圆。旅游品牌管理亦是如此。本节主要讨论旅游组织的品牌管理规章。其中，旅游组织指导品牌管理的最高规章是品牌宪章，其次是品牌手册，最后是品牌报告。

一、旅游品牌宪章

品牌管理制度的第一步是以书面形式描绘出公司的品牌宪章（brand chart）。[1]这项工作便于为旅游组织内部的各相关部门和旅游组织外部的主要合作伙伴（渠道合作伙伴及营销服务代理机构等）提供品牌管理的方向指引。旅游品牌宪章应该含有的最基本内容包括：旅游组织如何理解品牌——品牌的内涵是什么？品牌对于旅游组织的重要性如何？旅游组织应该以什么样的品牌形象展示给外部社会？旅游品牌的价值主张、远景、用途是什么？旅游组织内部员工应该遵照哪些准则行事？旅游品牌如何对待顾客或消费者？不过，在实践中，不同企业的旅游品牌宪章内容会有些不同，包括上述某些部分或全部内容。总的来看，旅游品牌宪章的特点是相对抽象，是指导旅游组织品牌建设的原则性、方向性章程，那些具体的品牌营销活动要服从于旅游品牌宪章。旅游品牌宪章的最后审批者理论上是旅游组织高层管理者（如首席执行官）。

例如，迪士尼的经营理念是不断致力于为人们提供最特别的娱乐体验，并且一直秉承着公司对质量和创新的不断追求的优良传统。创始人华特·迪士尼的理念是将动画片中的魔幻和快乐场景“复制”展现在人们生活中，他对乐园的热情甚至超过了电影，“电影交出后就再也不能变动了，而乐园是可以永无止境地发展下去的；增建、改变，简直就是个活的事物，这一切太有意思了！”他将迪士尼的使命定义为制造欢乐、销售欢乐。

旅游品牌宪章的内容并非一成不变。旅游组织需要根据外部与内部环境的变化对旅游品牌宪章适时调整与修订，从而保证品牌建设时刻沿着正确方向前进。例如，中小学业务一直是新东方教育的主要收入来源，但在“双减”政策的落实过程中，其不得不停止该部分的业务招生，在不同领域里尝试业务转型，慢慢将业务移到大学业务与成人业务上来。

二、旅游品牌手册

品牌手册是指导品牌实施营销策略、建立品牌识别系统等活动时的书面化操作指南，有助于维持旅游组织的一致性品牌形象管理。如果说旅游品牌宪章的使用者以高层管理者居多，那么，旅游品牌手册的使用对象以公司员工、中低层管理人员以及外部使用者居多。旅游品牌手册的内容更多偏重于战术层次的规范和参照指南。旅游品牌手册的内容非常丰富，它包括但远超越旅游组织企业形象识别（corporate identity，CI）系统，覆盖了企业品牌营销活动的方方面面。但不同旅游组织的营销形态表现有其特殊性，因此，不同旅游组织的品牌手册具体内容并非千篇一律。以下是常见的旅游品牌手册的部分内容。

（一）旅游品牌管理组织机构

旅游品牌手册中需要清楚说明哪些部门与旅游品牌建设有关。例如，万豪酒店将客户关系管理的职责分派到销售、市场、财务、客户服务、信息支持等部门，再借助 IT 系统将各类信息整合起来，市场与销售部门做好品牌的推广工作，客户服务部门提升消费者的品牌忠诚度。

（二）视觉及其他旅游品牌形象

旅游品牌形象包括 CI 视觉系统但远超越 CI 系统。旅游品牌形象还包括旅游品牌行事的行为规范，这是行为识别（behavior identity，BI）的范畴。例如，在星巴克的品牌手册中会明确线下门店的布置和装潢规范等。

（三）旅游品牌活动管理

这是指在旅游品牌活动中，应该遵循的营销活动规范。海底捞的品牌管理手册详细说明了如何组织和管理品牌（产品）说明会、新品发布会，并说明了当品牌与其他机构联合营销时，如何组织与管理联合的营销行为。

（四）媒体关系管理与危机处理

旅游品牌手册也会为品牌管理者提供有关媒体关系管理方面的指南。海底捞品牌手册专门就日常新闻传播管理、危机管理和媒体网络监控提供了操作指南。在网络时代，网站管理变得不可或缺，旅游组织也需要在品牌手册中对品牌在网络的形象展示给出参照指南。

（五）旅游品牌评估机制

旅游品牌手册应该规定何时、多大频率进行旅游品牌评估，评估哪些指标，结果呈交给哪些部门，有何用途等。例如，铂涛集团的品牌手册指出要定期对企业品牌进行评估，通过第三方市场调研公司，调查评估品牌知晓度、品牌美誉度、广告认知度、品牌健康度、品牌发展动力等多项指标，并长期追踪，同时研究竞争对手的品牌战略。手册还指出要对媒体投放进行监控，并评估后续效果，得到相关指标（如到达率、覆盖率、活动影响力、舆论导向、二次传播等），分析媒体组合效率，并将这些评估结果递交市场部门，为市场部门进行市场营销活动评估及今后媒体投放提供经验依据。市场部门也需要在市场营销活动结束后 3 个月内，负责完成营销活动评估，对于各项业务指标是否达标进行综合分析回顾。

三、旅游品牌报告

旅游品牌报告是旅游组织品牌管理的每日血液循环系统，它是组织内部定期的自下而上的旅游品牌活动进程及结果的报告。品牌权威学者凯勒教授认为，要建立品牌无形资产，必须把追踪调查到的结果及其他相关品牌业绩评估的结果以品牌无形资产报告的形式反映出来，定期（每月、每个季度或每年）分发给管理层。旅游品牌资产报告应当说明旅游品牌目前发生了什么，以及为什么会发生。

例如，铂涛集团总部制定的品牌手册中专门有“品牌管理考评”方法，规定了品牌管理考核通过多方面来得到相关结论，包括品牌管理巡查、品牌工作年度考评、客户满意度考评、品牌影响力考评等。一般情况下，品牌影响力是权重最大的一项，这要通过和第三方专业调查机构合作，定期调查酒店品牌在全球的影响力，以获得客观公正的调查结果，并以此作为解决存在的问题和制订提升计划的依据，同时也为地区绩效考核提供数据。

本书在此详细介绍凯勒的品牌报告卡。凯勒提出的品牌报告卡是一种系统的品牌评估方法，可以帮助管理者思考如何给自己的品牌特性打分。品牌报告卡可以帮助旅游组织发现品牌的哪些方面做得比较强，哪些方面还需要改进，让旅游组织更多地了解品牌的各种特性。为竞争对手制作类似的报告卡，还可以更清楚地了解对方的优势和弱点。品牌报告卡的主要内容如下。

（一）旅游品牌精准地向顾客传递了他们想要的利益

顾客为什么会买某个品牌？这并不完全是因为该旅游品牌具有的各种物理属性，品牌形象、服务以及其他许多有形和无形因素，共同构成了一个有吸引力的品牌整体。旅游组织需要调查顾客期望从某种产品或服务中获得的关键利益，调查旅游品牌传递这些利益的能力和表现，从而不断调整品牌自身的营销策略。例如，当茶颜悦色品牌经理团队发现，消费者视“冷萃茶”为中式茶饮的重要利益点，市场的竞争者在传递同类产品特点等方面接近茶颜悦色，就必须通过营销创意和广告投放重新提升自身在这个核心利益点上的表现，牢牢站稳这一品牌长期形成的利益点。

（二）旅游品牌保持与顾客的相关性

旅游品牌通过建立突出的“用户形象”（使用这一旅游品牌的人物画像或类型）、“使用情境”（使用这一旅游品牌的环境）、“旅游品牌个性”（如真诚、激情、干练、粗犷），以及旅游品牌在顾客心中引起的感觉（如温暖）和旅游品牌同顾客建立的关系（如忠诚、随意）等，来使顾客时刻觉得品牌与他/她相关，使品牌与顾客之间永远处于活跃的互动状态。因此，旅游品牌报告卡需要调查旅游品牌与市场（目标用户）的关系是很近、很紧密，还是很远、很松散。例如，当一个旅游品牌远离潮流太久时，就一定会与时下的年轻消费者疏远；当越来越多的年轻消费者不再看重这个旅游品牌时，这个旅游品牌的无形资产就会大大缩水。当旅游品牌渐渐远离年轻消费群时，要想重新赢得消费者的关注，就需要付出更大的营销投入，所以，保持与顾客的相关性异常重要。

（三）定价战略以价值为依据，而不是一味追求低价

把产品或服务质量、设计、属性、成本和价格恰当地组合在一起很难，但是这种努力非常值得。然而，可叹的是，许多管理者不明白价格与顾客的产品或服务质量感知有什么关系，因此，他们的定价不是太高就是太低。定价唯有以价值为依据，才能为消费者的付费提供足够的理由，消费者就会觉得旅游品牌是“物有所值”或者“物超所值”。

（四）旅游品牌定位恰当

恰当定位的旅游品牌在消费者心目中会占有特别的位置。它们和竞争对手的旅游品牌既有相似的地方，又有不同之处，而且这些异同点都是可以明确辨认的。成功的旅游品牌在竞争对手设法取得优势的领域制造相似点，以便在这些方面赶上竞争对手，同时在竞争对手尚未关注的领域，创造自身品牌的差异点，以便在这些方面取得对竞争对手的优势。旅游品牌定位是所有品牌管理者随时都要追踪调查的核心内容之一。

（五）旅游品牌营销活动具有持续性和连续性

要保持旅游品牌的优势地位，就必须保持营销活动的连续性，而旅游品牌既要保持与目标顾客的相关性，又必须对旅游品牌适时做出改变，因此，旅游品牌管理者随时都在维持与改变之间做出平衡。此外，连续性还指旅游品牌在营销活动中所发出的信息不能相互冲突，或者令顾客混淆、糊涂、迷惑。如果旅游品牌的各种营销活动发出的信息是冲突的，旅游品牌形象一定会慢慢变得模糊不清甚至面目全非。

（六）旅游品牌组合和旅游品牌等级结构合理

旅游组织发展壮大过程中要向新的产品（或行业）扩张。此时，旅游组织往往会进入多品牌时代，要注重旅游品牌组合管理。同时，在旅游组织发展壮大的过程中，纵向层级也会增加，从产品品牌到事业部品牌，再到集团品牌（由下而上），这种纵向品牌关系，也需要科学规划和管理。旅游品牌是否与其所属的产品类别匹配？同一产品类别内部的多个品牌之间是否存在明显的差异化形象或目标市场与定位？旅游品牌延伸是否合理？品牌纵向等级关系中，旅游组织品牌、家族品牌、单个品牌和品牌修饰层之间的关系是否清晰，各自是否履行了自身的旅游品牌角色？管理与优化旅游品牌组合是一种重要的动态艺术，必须随着环境的变化而不断调整，但成功的旅游品牌组合管理一定是在旅游品牌组合的量与质上取得了平衡的管理，是提高旅游品牌组合效益和旅游组织市场竞争能力的管理。

（七）有效整合多种营销活动来建立旅游品牌资产

从最基本的旅游品牌有形要素层次来说，一个旅游品牌由能注册登记的多种要素（包括商标、标志、口号等）组成。好的旅游品牌能把这些要素进行有效组合和搭配，以便发挥旅游品牌的有关功能（如加强消费者对旅游品牌形象的认知，在竞争力和法律方面保护该品牌等）。旅游品牌报告卡可以通过第三方咨询机构或旅游组织内部相关部门，诊断出品牌经理人是否合理运用了多种营销手段，在哪些手段上还存在欠缺。例如，随着社交媒体的崛起，许多旅游品牌都在尝试运用它从事营销活动，如果旅游组织长期没有运用社交传媒从事营销活动，那么旅游品牌就可能具有远离年轻消费群体的风险。社会化媒体是创建旅游品牌无形资产的重要手段。

（八）管理者要理解旅游品牌对于消费者的含义

优秀的品牌管理者要理解其旅游品牌形象的全部含义，即消费者对旅游品牌的不同看法、信念、态度和行为等，不管这些是不是该旅游组织有意引导的，这样管理者才能充满自信地做出旅游品牌的有关决策。如果管理者知道消费者对于某一旅游品牌喜欢什么和不喜欢什么，知道消费者对于该旅游品牌的核心联想，他自然也就知道所要采取的行动是跟这一品牌完全吻合还是会造成摩擦。

（九）给予旅游品牌长期的恰当支持

旅游组织经理人必须非常小心地建立和管理品牌的无形资产。旅游品牌无形资产的坚实基础在于消费者心目中对旅游品牌拥有相当深和相当广的意识或认知，并且在消费者记忆中对旅游品牌形成深刻的、美好的、独特的联想。然而，有时旅游组织管理层总是希望走捷径，把精力集中在一些华而不实的方面，忘记打造旅游品牌的核心要义（如顾客感知的品质、核心利益和差异化等）。要维持旅游品牌的知名度和美誉度，旅游品牌经理人必须持续规划品牌传播，打造旅游品牌不可能一蹴而就。但在某些关键时间节点，又必须坚持大胆投入。旅游品牌报告卡要审核旅游品牌是否失去过一些难得的机遇，又是否制定了长期规划。

（十）对旅游品牌的常规性定时审计

优秀旅游品牌一般都会进行常规的、深入的品牌审计（brand audit）和不间断的品牌跟踪研究。品牌审计旨在评估旅游品牌的健康状况，一般包含两方面，一方面是对旅游品牌过去营销的实际情况所做的内容的详细描述，称为“品牌盘存”（brand inventory）；另一方面是通过焦点小组访谈等外部的消费者调查，彻底了解该旅游品牌对消费者的确切含义及可能的含义，以此发现未被发现的、有未来前景的机会点，这称为“品牌探测”（brand exploratory）。定期的旅游品牌审计特别有用。了解消费者的看法和信念常常能揭示一个旅游品牌或一组旅游品牌的真正含义，发现旅游组织和消费者的看法在哪些方面存在冲突，从而告诉管理者，他们必须在哪些方面重新规划或调整旅游品牌建设的措施以及营销活动的目标。

综上，旅游品牌宪章、旅游品牌手册、旅游品牌报告卡共同构成一个旅游组织的品牌管理规章制度。不过，不少旅游组织并不单独制定旅游品牌宪章，而是在旅游品牌手册中将旅游品牌理念、旅游品牌使命、旅游品牌远景、旅游品牌核心价值等这些相对抽象的、纲领性的、总领性的内容置于开篇位置，以显示其统领作用。有的旅游组织在组织战略规划中，列出旅游品牌宪章，而不是单独地或在旅游品牌手册中列出旅游品牌宪章。同样，旅游组织往往在品牌手册的末尾加上旅游品牌评估的指南和细则，以规范组织何时、以何频率进行品牌评估，形成旅游品牌报告卡。也有旅游组织单独制定旅游品牌宪章、旅游品牌手册和旅游品牌报告卡。总之，建立旅游品牌宪章、旅游品牌手册和旅游品牌报告卡是完善旅游品牌管理规章的重要内容，需要引起组织高层和品牌经理人的高度重视。

第三节　品牌管理岗位与人员

旅游品牌管理体系的重要组成部分是参与旅游品牌管理工作的岗位与人。旅游品牌管理不是单一某个部门或某个人的事，需要不同层级的人员各司其职。高层管理者起到品牌文化的倡导、角色引领作用。而中层人员则需要负责制定旅游品牌执行的规范规章、辅导一线员工实施操作品牌活动。本节讨论旅游品牌管理的主要岗位及角色。

一、旅游品牌管理组织架构

参与旅游品牌管理的岗位及人员共同构成旅游品牌管理组织架构，它包括从企业层面的组织机构到一线业务部门。例如，在铂涛集团，从集团公司到各地的子公司，拥有不同层级的品牌管理架构。集团总部品牌管理者的主要工作是规划和管理好企业的并购与扩张。集团的近20个旅游品牌，由各品牌的总经理负责管理，并根据相应地理区位设置区域总经理。集团通常使用自上而下和自下而上并存的管理沟通方式来解决品牌经营活动中遇到的问题。品牌总经理既会将上级的指示传递给下级，也将下级的问题反映给上级。

二、旅游组织内部各层级品牌管理者的角色

（一）高层管理者的角色

旅游品牌管理体系中高层领导者的存在非常必要。首先，只有高层管理者有足够的权力和动机来进行全面的旅游品牌管理。高层管理者对整个旅游组织的品牌活动具有全局性把握，他们是旅游组织实行品牌战略的重要推动力和保障。其次，只有高层管理者能够进行多方资源和信息的统筹整合，包括营销、财务、生产等不同部门的信息统合，以及旅游组织内部与外部资源的分配与使用。最后，只有高层管理人员能够与外部利益相关者进行有效的旅游品牌方面的沟通。这包括对投资者、分销商、供应商、媒体、政府、社区等利益相关者的品牌信息沟通。总体上，高层管理人员是旅游组织的灵魂领袖，通过明晰的品牌愿景和对旅游品牌的理解与期望，自上而下地对旅游组织员工进行引导和感染，利用个人魅力对消费者进行倡导和吸引，为旅游组织的品牌管理提供强大的支撑作用。

旅游组织高层管理者是创建以品牌为基础的企业文化的源头。公司组织结构中的高层管理者（C 层次——首席官之类的职务）一般包括首席执行官（CEO）、首席运营官（chief operating officer，COO）、首席财务官（chief financial officer，CFO）等。著名旅游品牌背后的 CEO 们非常重视并熟知品牌之道——星巴克 CEO 霍华德·舒尔茨（Howard Schultz）、迪士尼 CEO 罗伯特·艾格（Robert Iger）、Airbnb CEO 布莱恩·切斯基（Brian Chesky）、长隆集团 CEO 苏志刚、华住集团 CEO 孙辉、小猪短租 CEO 陈驰……他们都是品牌精神的缔造者。

CEO 的最终目标是要在旅游组织中建立一种组织气氛，不断地强化以旅游品牌为基础的企业文化，确保实现这一目标所必需的资源能够到位。他们的另一个职责是授权旅游组织其他 C 层次的执行官们作为组织变革的代理人和推动者，以保证旅游品牌建设能够得到公司足够的人力和财力支持。

CEO 在旅游品牌建设中是一个促进者的角色。CEO 在组织中拥有对员工的影响力，通过

自身的能力与魅力来引导员工在日常生活与工作中实现对旅游组织品牌的承诺。另外，在旅游品牌建设中CFO也扮演重要角色，因为CFO握有企业的最终财权并决定该品牌建设是否值得投资，所以他们不仅需要了解旅游品牌经营的原理，还需要懂得估算相应的投资回报率。

首席营销官即市场总监（chief marketing officer，CMO）在旅游品牌建设中必然拥有很大的影响力。CMO是驱动旅游组织向品牌导向的企业文化转变的最大促进者。公司CMO的主要职责有两个。其一，通过全面而完善的品牌驱动计划来帮助旅游组织对其品牌形成正确的认知。其二，指导各部门员工对自己在旅游品牌培育或经营中所扮演的角色进行正确的理解和配合。

要使企业执行官们都参与到旅游品牌建设中，一个有效的方法是在旅游组织内部设立品牌执行委员会（Executive Brand Council，EBC）。设立旅游品牌执行委员会的目的是有效解决旅游品牌经营过程中面临的诸多难题。旅游品牌执行委员会是一个非常明显的信号，设立这一委员会旨在表明，打造旅游品牌无形资产或商誉，不只是市场营销部门的任务，而是整个旅游组织的责任。

（二）中层领导者的角色

旅游品牌管理的中层领导负责贯彻、执行旅游组织的品牌理念和使命，在一线员工和低层管理者面前，他们是企业形象的代表。同时，旅游品牌管理的中层领导，还要与其他部门的领导互相配合，共同完成品牌相关的任务。在旅游品牌决策方面，中层领导要负责向高层领导提供情报，并支持高层领导的决策。因此，旅游品牌管理者中的中层领导起到上传下达的作用。

（三）员工的角色

员工在旅游组织中位于培养和创建旅游品牌的一线或前线，起着向顾客传递品牌精神和价值观的作用。员工是制造产品或服务、服务消费者、面对消费者的终端接触者。每位员工都是旅游组织的品牌形象大使，是品牌精神的维持者与传递者。旅游组织要向外部传播品牌理念和精神，必须先在内部培养出这种品牌氛围，这样做的成本要低很多。例如，星巴克对顾客营造出“宾至如归”的感觉，其根源在于每个员工具有强烈的品牌认同感。星巴克的每位基层员工都拥有公司股份，这决定了员工具有更强的主人翁精神。同样，“海底捞，你学不会”的原因之一，是每位员工身上所散发的海底捞精神。休闲娱乐业的代表性企业迪士尼，其员工所散发出来的热情、投入、快乐，让游客在迪士尼乐园体验到开心愉悦。迪士尼招聘员工时最看重的是员工是否愿意服务游客，是否从骨子里愿意全情投入，此外，迪士尼公司也为员工提供了履行游客服务的专业知识和技能。因此，迪士尼始终认为4Ps的营销框架是不够的，还需要增加第5个P，即“人”（people）。

品牌案例 11-2　　迪士尼·沃尔特——一个反应力极强的机构

服务性企业（如旅馆、医院、大学和银行等）逐渐认识到第5个P，即人员（或员工，people）的重要性。服务性企业的员工经常同顾客接触，可能创造良好的印象，也可能为企业制造负面形象。

许多组织渴望学会如何“发动”它们的内部人员（员工）为其外部人员（顾客）服务。迪士尼公司对其员工所营销的“对顾客的积极态度”堪称世界级典范。

（1）迪士尼公司的全体员工对新员工表示特别欢迎。公司对这些新职员希望了解的情况均给予全面说明——如到何处报到、如何着装、每一次训练的时间多长等。

（2）第一天，新员工向迪士尼大学报到并进行一整天的有关方面问题的会议。他们4人坐一张桌子，领到各自的姓名卡并享用饮料、点心，与此同时，他们相互介绍，彼此熟悉。这样一来，每一个新员工能够立即认识3个人，并且感到自己是该群体中的一员。

（3）利用视听材料向新员工介绍迪士尼的经营思想和方法。他们从这个过程中了解到他们是在娱乐性企业中工作，是“戏中的角色”，理解自己在为迪士尼的“顾客”服务时，应做到满腔热忱、熟悉情况和熟练掌握专业技能。他们知道自己在“节目”中扮演什么角色。然后，午餐时他们被热情款待、游览乐园，并被领去参观供员工专用的娱乐区，这个地区包括湖泊、娱乐大厅、野餐地、划船与钓鱼设施，以及一个大型图书馆。

（4）第二天，新员工便到其被分配的工作岗位报到。这些工作岗位可能包括安全员、运输员、管理员，或食品饮料招待员等。他们在“上台”前将再接受数天的训练，当他们掌握了自己的职能后，便领取并穿戴好“主题服装”上台演出。

（5）新员工接受如何回答客人经常提出的关于迪士尼乐园问题的额外训练。他们如果答不出，可拨电话给总机接线员，那里备有厚本资料簿，可回答任何问题。

（6）员工们接受一份称作《目与耳》的迪士尼报纸。这份报纸主要刊登有关活动、就业机会、特别福利、教育等方面的消息，每期均登有许多有亮眼表现的员工的照片。

（7）迪士尼公司的每个经理每年都要花一周时间用于“交叉利用”，即离开办公桌走向第一线（如收票、卖玉米花，或帮助顾客上下游览车等）。这样，管理部门便可一直亲自参与管理乐园和保持高质量的具体工作，以求做到使千百万游客感到满意。所有管理人员和员工都戴上姓名标牌，不拘于职位高低，彼此直呼其名。

（8）所有离开迪士尼公司的员工都要回答一份调查问卷，里面的问题包括他们对迪士尼工作的感觉如何以及有何不满意见。这样，迪士尼的管理部门便可评估在使员工满意并最终使顾客满意方面的成功程度。

难怪迪士尼公司的员工在使“客人”满意方面取得如此巨大的成功。管理部门对员工的关心促使员工感到自己是重要的，并且对“演出的节目”负有个人责任。员工身上洋溢着的那种“拥有这个组织”的感觉，也感染了他们所接待的千百万顾客。

资料来源：科特勒，凯勒，洪瑞云，等. 市场营销管理（亚洲版）[M]. 北京：中国人民大学出版社，2003.

【本章小结】

1. 旅游品牌管理制度属于旅游组织内部管理制度的组成部分。它是指旅游组织内部对履行旅游品牌管理相关职责的岗位设置及人员配备，以及履行旅游品牌管理职责应该遵循的相关规章制度、执行旅游品牌活动需要遵照的工作流程或细则等方面的总称。

2. 旅游品牌管理制度大致经历了业主或企业经理负责制、职能管理制、品牌经理制、品牌委员会制等几种形式。

3. 品牌经理制是指旅游组织为每一个产品品牌专门配备一名经理，由该经理对该品牌的产品概念、新产品上市、广告传播、促销推广、市场研究、终端渠道以及产品利润负全部责任，并由他来统一协调产品开发部门、生产部门以及销售部门的工作，负责管理影响旅游品牌市场营销结果的所有方面以及整个过程。

4. 品牌管理委员会制是一种战略性品牌管理组织模式，适合于覆盖多个战略业务的大型旅游企业，也适合地方或旅游目的地品牌。

5. 品牌管理规章包括了旅游品牌宪章、旅游品牌手册和旅游品牌报告等指导旅游组织品牌管理的文书档案。

旅游品牌宪章对品牌的最本质方面加以规范，重点对旅游品牌内涵、旅游品牌意义、旅游品牌价值观、愿景、使命等做出明确表述。它们是相对抽象的、用以指导旅游组织品牌灵魂的总纲性文档。

旅游品牌手册是指导旅游品牌实施营销策略、建立旅游品牌识别系统等活动时的书面指南。旅游品牌手册的使用对象以旅游组织中、低层管理人员以及外部服务提供商为主，旅游品牌手册的内容偏重于战术层面。

旅游品牌报告相当于旅游组织品牌管理的血液循环系统，它是企业内部定期的自下而上的品牌绩效报告。旅游品牌报告要定期（每月、每个季度或每年）分发给管理层。旅游品牌报告说明了品牌目前发生了什么以及为什么会发生。

6. 旅游品牌管理体系的重要组成部分是参与品牌管理工作的岗位与人。参与品牌管理的岗位及人共同构成旅游品牌管理组织架构，它包括了从企业层面的组织机构一直到一线业务部门。不同旅游组织的品牌管理组织架构存在差异。

企业内部各层级旅游品牌管理者的角色也不一样。高层管理者通过创建以旅游品牌为导向的企业文化来提高全企业的品牌意识。中层管理人员是执行旅游品牌策略的中坚力量，他们监督和控制着具体实施过程，起到承上启下的作用。基层管理者是培养和创建品牌的前线，他们身体力行地传递着旅游品牌精神和价值观，是顾客经常接触的旅游品牌形象大使。

【术语（中英文对照）】

品牌管理体系 brand management system

品牌宪章 brand charter

品牌手册 brand manual

旅游品牌报告卡 tourism brand report card

品牌经理制 brand manager system

品牌管理委员会 brand management committee

【即测即练】

一、选择题

自学自测　扫描此码

二、名词解释

1. 业主或公司经理负责制
2. 品牌管理委员会
3. 旅游品牌宪章（brand chart）
4. 旅游品牌手册
5. 旅游品牌报告卡（brand report card）

三、简答题

1. 美国历史上的品牌管理制度或体系出现过哪些形态？
2. 品牌经理制对旅游组织营销能够发挥哪些作用？
3. 品牌经理制在发展和普及过程中出现了哪些问题？
4. 欧美工商界从20世纪80年代中期开始品牌经理制经历了哪些内容的调整和改革？
5. 旅游品牌管理委员会的主要职责包括哪些？
6. 旅游品牌手册一般包括哪些内容？
7. 旅游组织的品牌管理规章制度体系一般包括哪些内容？
8. 旅游组织内部存在哪些层级的品牌管理者？

【思考与讨论】

1. 品牌经理制有什么优点？20世纪80年代中后期以后品牌经理制又遇到哪些问题？全球领先的公司是如何解决这些问题的？

2. 品牌委员会制有什么优缺点？

3. 选择中国市场上的 2～3 个旅游品牌，以它们为例，分析比较旅游品牌宪章、旅游品牌手册、旅游品牌报告在旅游品牌管理制度中各自发挥的作用。

【参考文献】

[1] Keller K L. Strategic Brand Management(3nd)[M]. Person, Prentice Hall, 2008.

[2] Low G S, Fullerton R A. Brands, brand management, and the brand manager system: A critical-historical evaluation[J]. Journal of Marketing Research, 1994, 31(2): 173-190.
[3] Aaker D A. Building Strong Brand[M]. New York: The Free Press, 1998.
[4] Aaker D A. 品牌管理[M]. 北京: 新华出版社, 2001.
[5] 季萌. 韩国国家品牌委员会的启示[J]. 对外传播, 2012(11): 54-55.
[6] 泰伯特・卡尔金斯. 凯洛格品牌论[M]. 刘凤瑜, 译. 北京: 人民邮电出版社, 2006.
[7] Keller K L. Brand Report Card[M]. Harvard Business Review, 2000.

第 十二 章
旅游品牌评估

如果你不能测量它，那你就不能管理它。

——彼得·德鲁克（现代管理学之父）

学习目的

学习本章之后，读者将对以下品牌问题有更清晰、准确和透彻的理解：

- 如何从顾客心智视角评估旅游品牌吸引力？
- 如何从商品市场视角评估旅游表现力？
- 如何从金融市场视角评估旅游品牌增值力？
- 旅游品牌如何从顾客心智吸引力，经由商品市场表现力，转化为资本市场增值力？

本章案例

- 锦江集团品牌并购之道
- 速溶咖啡不受欢迎的背后真相
- 扬·罗必凯品牌估价模型及其战略应用
- 品牌评估 BrandZ 模型

开篇案例　锦江集团品牌并购之道

2021 年，酒店行业权威媒体——美国的 *HOTELS* 杂志公布“2021 年全球酒店 225 排行榜单”（*HOTELS* 225），其中，中国锦江国际集团以 124 万房间数蝉联第二名。从 2010 年无缘全球酒店集团前 10 强，到 2021 年成为我国最大、全球第二大的酒店集团，锦江集团的并购扩张功不可没。

锦江集团的并购历程始于2010 年。当时，受益于经济的快速增长与人民消费水平的日益提高，我国酒店行业规模持续增长，且行业内竞争态势逐渐升级。此时，以经济型酒店业务为主的锦江集团面临成本上涨，盈利能力不强等困境。为了抢占市场份额，快速提升竞争力，并向中高端酒店转型，锦江集团开启了并购发展之路。锦江酒店秉承着“围绕酒店主业，追求持续盈利能力”的原则，2010 年至 2018 年连续并购多家企业，不断发展壮大。为何锦江集团能成功实施并购，收获积极的并购效应？这其中，科学的品牌价值评估功不可没。科学的品牌价值评估可以帮助企业了解和评估所收购的品牌，为企业并购、交易定价提供科学依据，提高并购的成功概率。下面，我们将通过几起典型的并购，透视锦江集团特有的并购模式以及其成功并购的秘笈，由此理解锦江集团通过并购成就其全球第二大酒店集团的独特战略。

1. 并购时尚之旅

时尚之旅酒店管理有限公司（以下简称“时尚之旅”）注册于 2010 年，由华胜旅业集团和华力控股集团控股。时尚之旅旗下拥有聚焦于中高端商务人群及休闲旅行者的连锁商务酒店品牌“时尚旅酒店”，广泛分布于绍兴、福州、合肥、广州、武汉等 18 个城市的万达广场内。2012 年 9 月 26 日，北京旅游发布公告拟收购时尚之旅酒店管理有限公司 100%股权。然而，在后续收购中，由于转让方华胜旅业、华力控股要求修改转让价格等条款导致收购价格高于预期，且时尚之旅存在资产质量问题，最终北京旅游于 2013 年 5 月 4 日宣布放弃收购。北京旅游退出收购的消息传出后，锦江集团认为这是一个布局中高端市场的极好契机，于是，锦江集团对时尚之旅进行并购前评估。评估后发现：首先，时尚之旅旗下 21 家酒店及其近 17 万平方米的物业均位于万达广场商圈，位置优越；其次，按照转让方华胜旅业、华力控股所提出的转让价格对其进行计算，所花费相当于市价的 2/3，十分合算；同时，依据现有经营情况预测，这21 家酒店未来 20 年持续经营的现金流折现也颇为可观。因此，锦江集团认为收购时尚之旅不仅能够带来可观的收益，还能改变锦江集团目前中端酒店品牌空缺的局面。于是，同年 6 月 14 日，锦江集团公告宣布斥资 7.1 亿元收购华胜旅业和华力控股持有的时尚之旅 100%股权，成功并购时尚之旅。

通过对时尚之旅的并购，中端酒店品牌“时尚旅酒店”翻牌成为锦江集团旗下的“锦江都城”品牌，成功弥补了锦江集团中端酒店空缺。锦江系酒店板块也由此形成以“J 酒店”、锦江豪华酒店、度假酒店等为主的四五星级高端酒店，以“锦江都城”为代表的中端酒店，以及“锦江之星”“金广快捷”“百时快捷”等经济型酒店构成的全档次全盘格局。

2. 并购卢浮集团

卢浮酒店集团成立于 1976 年，旗下共有“Première Classe”“Campanile”“Kyriad”

“Golden Tulip”四大系列的七大酒店品牌，是欧洲和法国第二大连锁酒店集团。2005年，美国喜达屋资本集团以32亿美元收购卢浮酒店集团，自此卢浮酒店集团归于喜达屋旗下。截至2014年6月，卢浮酒店集团已在46个国家和地区运营1115家酒店和91154间客房。2014年，喜达屋资本集团宣布出售卢浮酒店集团，短时间内66家集团表露收购意愿。一直关注卢浮集团的锦江集团亦有意收购。锦江集团基于以下考量做出决定：首先，卢浮集团在欧洲的核心市场拥有极高知名度与广泛认可度，尤其是在经济型与中档酒店行业拥有核心竞争力；其次，卢浮集团酒店业务立足于法国，覆盖欧洲主要国家，且目前已进入美国、中东、非洲、亚洲等区域，全球布局广泛；此外，卢浮集团拥有成熟的国际化管理团队、管理体系以及先进的全球化酒店管理经验，可以与锦江集团在经营、管理、财务、技术等方面实现优势互补。因此，锦江集团开始与喜达屋资本集团接洽。2014年11月11日，锦江集团与美国喜达屋集团联合公布，双方已就喜达屋资本出售卢浮集团和全资子公司卢浮酒店集团100%股权签署相关协议。最终，2015年2月27日，锦江集团支付交易对价9.96亿欧元获取卢浮酒店集团100%股权。在此次交易完成后，锦江集团成为卢浮酒店集团的实际控制人。

通过对卢浮酒店集团的成功并购，锦江集团一方面从数量、质量、结构上进一步完善了现有的品牌结构，并扩大了经营规模；另一方面，其意味着锦江集团“全球布局、跨国经营”战略的顺利实施，帮助推进了中国酒店业的国际化经营进程。

3. 并购铂涛集团

铂涛集团于2005年成立，是国内领先的以经济型酒店为主的连锁酒店集团。铂涛集团主打“多品牌”“轻资产”，旗下品牌系列丰富，拥有经济型品牌“7天酒店”，中高端品牌“丽枫酒店”“铂涛菲诺”，精品酒店品牌“喆啡酒店”“希岸酒店”“稻家连锁”“IU连锁”等，以及海外高端奢华酒店品牌“MaisonAlbar（安珀）”“H12酒店”等。截至2015年7月，被锦江集团并购前的铂涛集团旗下酒店门店总数超3000家，覆盖国内300多个城市，拥有各类会员超8000万人。铂涛集团在国内酒店行业具有重要地位，且在分布区域上与锦江集团具有互补性。锦江集团决定对铂涛集团进行并购。经过对铂涛集团企业价值和股权价值的评估，2015年9月18日，锦江集团发布公告以82.69亿元收购铂涛集团81%股权。完成收购后，锦江集团在规模上确立了在国内酒店市场的领先地位。此后，2018年、2019年、2021年，锦江集团陆续完成了对铂涛集团剩余股权的收购，锦江集团对铂涛酒店集团的持股比例上升至100%。

收购铂涛集团后，锦江集团规模迅速扩大，一跃成为国内第一大酒店集团。此外，铂涛集团旗下的“丽枫”“喆啡”“希岸”“7天”等酒店品牌亦对其品牌梯队进行补充，锦江集团的酒店品牌梯队更加完善。

4. 并购维也纳集团

维也纳酒店集团成立于2004年，是国内中端商务酒店的领先连锁品牌，旗下拥有“维也纳”“维也纳皇家”“维也纳国际”“维也纳智好”等多个品牌系列，覆盖高端、中档及精品酒店市场。截至 2015 年 12 月 31 日，维也纳集团共计拥有酒店 565 家和各类会员1250万人。2016 年年初，中国中高端酒店市场竞争激烈，国内首旅并购如家，首旅系和锦江系巨头对抗的格局形成。锦江集团意图通过收购来进一步拓展中端市场，以进一步应对当前疲软的竞争形势。锦江集团经过评估认为，维也纳集团具有极高的收购价值。首先，在品牌方面，维也纳集团已经建立成熟的品牌体系，且旗下品牌具有高认知度；其次，在行业方面，维也纳在中端酒店领域有明显的规模及市场占有率的优势；最后，维也纳集团在组织文化、品牌孵化等方面都拥有独特的优势，可以推动锦江的进一步发展。因此，2016 年4 月 29 日，锦江集团发布公告以 17.49 亿元人民币收购维也纳酒店有限公司 80%股权，于同年 7 月 2 日正式完成交割。

通过对维也纳集团的收购，锦江集团进一步完善了中端酒店产品方面的布局，巩固了自身在国内酒店行业的引领地位。同时，维也纳集团的加入使得锦江集团旗下酒店客房总量超过 80 万间，跻身全球前列。

5. 锦江集团的品牌并购模式

锦江集团的品牌并购具有几个特点。

第一，把握时机，谋定而后动。

早于2006年，在上海举行的“品牌万里行”活动中，锦江集团就透露为了力争于 2010 年进入国际酒店集团 300 强的前 15 位，集团开始部署一系列战略计划，希望在 3~5 年内拥有 5～7 个不同定位的自主品牌家庭，覆盖高端、中端、大众化等不同的细分市场，并以4～5 星级酒店为主打品牌。同时，谋求海外扩张，在品牌架构上为并购国际品牌预留空间。此后，锦江集团一系列并购行为皆是有目的、有意图的，并围绕集团的战略计划进行。例如，并购时尚之旅、维也纳集团、铂涛集团很好地补充了集团酒店中高端品牌架构，而卢浮集团并购则是锦江集团谋求海外扩张战略的重要环节。而且，锦江集团每一桩并购的实施时间都是锦江集团基于时机、资金准备等多方面的综合考量和深思熟虑的结果。以卢浮集团并购为例，在并购卢浮集团前，锦江集团已经对卢浮集团进行了长达三年的跟踪，对该集团有了充分了解。恰逢国内出境游快速发展时期，喜达屋集团基金到期，意图转出卢浮集团资产，且此时人民币兑欧元的汇率处在高位，收购成本相对较低。在多重利好汇聚之下，锦江集团抓住了时机，顺利并购了卢浮集团，提升了集团整体竞争力。正是由于锦江集团善于把握时机，谋定而后动，才有了诸多成功的有效并购。

第二，并购只是开始，整合才是关键。

对于企业而言，完成并购并不意味着结束，整合才是关键。在进行一系列收购后，锦江集团开始着手深度整合计划。锦江集团为推进全球酒店资源整合，提出“基因不变、后台整合、优势互补、共同发展”，以及“一中心三平台”建设方针。基因不变，即维持各品牌的调性和优势，并持续释放品牌活力；后台整合，即将原来各个品牌公司的职能部门进行后台整合，资源共享；优势互补，即各团队成员相互融合，优势互补；共同发展，即秉持开放包容、合作共赢精神，发挥各品牌之间的协同效应；“一中心三平台”，即打造锦江酒店全球创新中心，以及全球旅行产业共享平台、全球统一采购共享平台、全球酒店财务共享平台。在此整合方针的指引下，锦江集团成立“WeHotel”加速旗下多家酒店会员体系的整合，调整内部组织架构，将旗下各品牌按照目标客户定位以及地域发展趋势，重新梳理并归入上海总部、深圳一部和深圳二部等。通过采取相应措施，锦江集团打通了旗下各品牌会员体系、营销渠道、后端服务系统以及供应链，结束了各品牌各自为政的乱局，推动了各品牌之间的协调向好发展。据新旅界数据，铂涛集团、维也纳集团等集团被锦江集团并购整合后，归母净利润逐年提升，为锦江集团的盈利作出了巨大贡献。

第三，正确评估，有效并购，成就锦江大业。

纵观上述锦江集团成功并购的案例，锦江集团高度重视对并购品牌的事前评估起到了非常基础性、决定性的作用。例如，在时尚之旅并购事件中，锦江集团对转让价格进行了折现计算，将企业旗下物业购置价格以及未来可能的现金流考虑在内，最终才决定以“溢价”收购。又如，在对卢浮集团并购事件中，锦江集团充分考量了卢浮集团在欧洲市场的占有率以及品牌认知度。在对铂涛集团的并购事件中，锦江集团对其进行了充分全面的企业价值评估和股权价值评估，从而确定是否收购以及具体收购价值。在对维也纳集团的并购事件中，锦江集团也认真考察了维也纳集团的行业地位及旗下酒店品牌的认知度。正是这些事前对并购品牌对象的正确有效评估，锦江集团书写了一个又一个成功的并购案例。

上述数宗品牌并购顺利交接过户及融合发展之后，锦江集团在经济型、中端、高端酒店的品牌布局日臻完善，规模得到大幅提升，构建起在全球酒店行业的品牌地位。锦江集团通过正确评估品牌价值，实现了有效品牌并购，完善了品牌布局，增强了集团竞争能力，实现了由经济型区域性酒店向国际化综合酒店集团的成功转型。

资料来源：

[1] 王习习. 锦江酒店系列并购效应分析[D]. 武汉：武汉纺织大学，2020.

[2] 郑澄怀. 连锁酒店行业之锦江酒店研究报告：剖析锦江的变与不变[EB/OL]. 德邦证券.

[3] 锦江集团官网.

党的二十大报告指出，我们要“深化国资国企改革，加快国有经济布局优化和结构调整，推动国有资本和国有企业做强做优做大，提升企业核心竞争力”，“构建全国统一大市场，深化要素市场化改革，建设高标准市场体系。完善产权保护、市场准入、公平竞争、社会信用等市场经济基础制度，优化营商环境”。锦江集团作为上海市国资委控股的中国规模最大的综合性酒店旅游企业集团，在深化国企改革的同时，实现了做大做强的目标。案例中多起品牌并购为锦江酒店冲击千亿级世界大公司，作出了功不可没的贡献。相对于完全依靠自身品牌的发展，品牌并购是旅游组织更为快捷的业务扩张与发展战略。但是，不是每一起旅游品牌并购都能获得成功的业务扩张和收入增长。本章重点关注应该选择什么样的品牌作为并购对象的问题，这就是旅游品牌评估的问题。开篇案例中，锦江酒店正是根据自身发展战略，结合对市场上现有品牌的科学评估才作出了卓有成效的并购对象决策。因此，成功的品牌评估是品牌并购的前提。

品牌评估具有重要意义。其一，品牌评估为旅游组织的重大品牌战略（如品牌并购）提供依据。20 世纪 90 年代以来，世界范围内的品牌并购潮兴起，各大跨国公司借助品牌并购，整合品牌资源，扩大市场份额。进入 21 世纪，又涌起了新兴市场品牌对发达国家品牌的并购，如滴滴出行与优步全球达成战略协议收购优步中国的品牌、业务、数据等全部资产。对旅游品牌价值的科学评估是选择并购目标品牌并确定收购价格的前提。2015 年，锦江以超过百亿元的价格，对铂涛酒店集团进行收购，共持有股份 81%，著名的 7 天连锁酒店就是它旗下的连锁品牌。其二，品牌评估能弥合消费者与旅游组织之间的品牌“信息不对称”。旅游市场存在品牌“信息不对称”，相对于供给方的旅游组织，消费者是“弱势群体”，处于信息不对称中的不利地位。品牌评估的结果是消费者评判旅游品牌的重要依据。根据品牌评估结果，消费者在购买行动中可以降低风险。如国家文化和旅游局会对出境旅游产品进行风险评估，发布旅游预警信息。预警信息分三个级别：提示——提示中国公民前往某国（地区）旅游应注意的事项；劝告——劝告中国公民不要前往某国（地区）旅游；警告——警告中国公民一定时期内在任何情况下都不要前往某国（地区）旅游。通过发布旅游预警信息，降低中国旅游者出境风险。其三，品牌评估是投资者和商业合作伙伴的重要决策依据。品牌评估可以揭示旅游品牌在顾客心目中的吸引力，能够反映旅游品牌在市场的未来增长潜力。投资者可以据此决定对拥有品牌的旅游组织是否进行投资、融资。因此，品牌评估信息是资本市场投资者，也是旅游组织上、下游合作伙伴的重要决策参考。如通过对小猪短租品牌的评估，小猪短租于2018 年获得了由云锋基金、尚珹资本领投，新加坡政府投资公司（Government of Singapore Investment Corp，GIC）、愉悦资本、晨兴资本、今日资本跟投的近 3 亿美元融资。其四，品牌评估有助于提高旅游组织的营销效益。品牌评估可以了解旅游品牌在顾客心目中的吸引力和美誉度，这反映了企业过去营销战略、策略的质量与效益。品牌评估还可以测量品牌在商品市场上的销售与市场份额，能反映出相对于竞争者或行业整体水平的旅游组织营销质量与效率。如世界主题乐园权威研究机构美国主题娱乐协会（Theme Entertainment Association，TEA）与 AECOM 经济咨询团队，每年都会对全球主题公园游客量进行联合评估，并发布全球主题公园报告，揭示世界主题公园前 25 名。因此，品牌评估有利于企业管理层合理分配营销资源，改进营销质量，提高营销的投资收益。

品牌学者（如大卫·阿克、凯文·凯勒、王海忠等）对品牌评估模型进行了系统研究。[1-3]品牌咨询公司（如英国博略，Young & Rubicam 等）则从应用层面开发了品牌评估模型。[3]本章围绕旅游品牌评估这一主线，在总结前人成果的基础上，重点介绍三种品牌评估视角。

第一节　顾客心智视角的旅游品牌评估

凯勒“基于顾客心智的旅游品牌权益”（customer-based tourism brand equity）模型认为，

强势品牌的力量源于顾客的心智。[4]虽然企业营销努力的最终目标是增加销售收入，但这些营销努力必须先使得旅游品牌在顾客心中形成清晰、积极、独特、强有力的印象，进而才能使顾客对旅游品牌产生正面态度和评价。品牌在顾客心智中的形象，是品牌在商品市场和资本市场取得理想表现的源头。本节将从定性和定量两个方面，评估旅游品牌在顾客心智中的各维度（如旅游品牌认知、旅游品牌联想等）的表现。

一、旅游品牌定性评估

虽然消费者对品牌的主观感受可通过定量的、直接询问的方式进行，但定性的、间接的方法有其独特价值。这是因为，很多调查对象在面对直接提问时不愿意或者不能够表达其真实感受、想法和态度。如果调查对象觉得所提问题涉及个人隐私，令人尴尬，就更不愿意回答。例如，假设调查对象认为自己入住豪华酒店的理由只是积累社交媒体分享的资源（如自拍），那么调查对象很可能会表示沉默，或者给出其他看似合理却不真实的答案（如把理由说成是服务或产品质量等）。有时，当消费者被直接问及某一问题时，他们觉得很难识别并表达真实的感受。基于上述原因，采用一些间接的定性研究方法，能够准确解释和评估消费者心智中的旅游品牌。

定性研究方法（qualitative research techniques）就是专门用来分析那些消费者无法直接回答但在消费者内心能够引起情感或态度反应的调查研究方法。它是一种结构相对灵活的调研方法，允许消费者有较大范围的行为反应，研究者和消费者在调研过程中都有较大自由度。下面讨论可以用于识别旅游品牌资产来源（如旅游品牌认知、旅游品牌忠诚度等）的几种常用定性研究方法。

（一）自由联想法

自由联想法是描绘旅游品牌联想最简便、最有效的方法。它让消费者回答当他们想到某一品牌时头脑中会出现什么形象或印象。该方法的主要目的是，识别消费者心目中可能出现的旅游品牌联想的范围，这种方法也能粗略反映旅游品牌联想的相对强度、偏好性和独特性等。有学者采用自由联想法，研究勾画出中国消费者心中的品牌认知图，认为中国市场上的消费者表现为偏重于从品质（尤其是“安全性”）、公司实力、公司来源地、社会形象或“面子”等方面构筑品牌联想；他们还倾向于从电视广告、新闻报道、轰动性事件等渠道去接触、了解和熟悉品牌。自由联想法主要分为以下几种具体方法。

1. 词语联想

这是自由联想法中较常使用的方法。一般是先列出品牌名称，然后让消费者回答心里首先想到的任何词语，他们可以说出或写出这些词语。在调查过程中，不必让消费者经过长时间或过多的思考和判断，而要让他们一旦联想到了某个词语，就马上说出来。研究人员通过分析词语联想中某些词语出现的次序、频次，就能粗略估计旅游品牌的联想强度。例如，在评估“麦当劳餐厅”时，如果很多消费者的第一联想是“快捷、简便”，那么这个联想很可能就是麦当劳品牌最强有力的联想。相反，出现次序较后或出现频次较少的词语，则表明品牌在这些方面的联想力度相对较弱。

消费者对品牌所给出的词语内涵，也可以反映出旅游品牌联想的偏好程度。为了了解消费者旅游品牌联想的偏好程度，可以让他们排列出对各词语的喜爱程度，或者说出他们最喜爱旅游品牌的哪些方面。同样，也可以继续让消费者列出该旅游品牌的独特之处。经常询问消费者有关品牌的问题包括：你最喜爱该品牌的哪一方面？它积极的方面是什么？你最不喜欢它的哪些方面？它的缺点是什么？你认为该品牌的独特之处是什么？它与其他旅游品牌有什么区别？在哪些方面相同？通过比较同一行业内部的不同旅游品牌在词语联想方面的差异，就可以看出各个品牌的相对独特性。

品牌前沿 12-1　　高端限量版：针对差异消费者的升级消费

消费者在面对与自己不同类型的人群使用和自己相同的品牌产品时，往往会感到冒犯、不快，进而产生放弃使用该品牌产品的想法并付诸行动，如大学生在发现不同类型的学生佩戴同一品牌腕带后，就不再佩戴其腕带。来自美国马里兰大学的助理教授 Wang 和明尼苏达大学卡尔森管理学院的教授约翰（John）针对此现象，提出可通过品牌升级，提供有区别的、更独特的产品系列来应对不同消费群体所带来的威胁，并采用六项研究来检验不同品牌消费者对其的反应。

研究者选用北美一所大型大学商科本科生为实验对象，通过六项不同的实验研究探索这一策略的可行性。研究一通过词语联想确定以安德玛为实验品牌，进行实验。研究结果表明相比于具有弱自我—品牌联结的人们，具有高自我—品牌联结的消费者在面对不相似消费者时会更愿意购买升级。研究二更换不同的品牌巴宝莉重复验证了该结论。研究三和研究四将目光聚焦高自我—品牌联结的消费者，检查其对相似和不同消费者的反应。研究结果显示，不同（vs. 相似）品牌消费者的存在会引发高自我—品牌联结消费者的更大的自我威胁感，这会激发其对更高地位的渴望，从而更愿意购买升级产品。最后两项研究验证了该效应的边界条件，研究结果显示当消费者已经在品牌中获得了与其他消费者直接的地位差异（如 VIP 会员服务），那么其在面对该品牌的其他消费群体时采取升级消费行为的可能性就会大大降低。

该研究结果为企业如何在不背离最初目标消费者的前提下，将品牌的吸引力扩大到新的消费者群体提供了新思路。首先，企业可以推出更多体现消费者地位的产品与服务（如限量版产品）。其次，为了更好地针对不同消费者群体制定不同的策略和产品，提高促销广告的精准性，企业需要识别消费者的自我—品牌联结程度，一方面可以使用简短的自我品牌联结（self-brand connections，SBC）量表帮助识别，另一方面可以访问消费者的社交媒体，观察消费者所展示出的喜爱品牌。通过上述方法，企业可以识别出高自我—品牌联结消费者，并对其开展品牌限量版和新系列的宣传促销。

资料来源：Wang Y, John D R. Up, up, and away: Upgrading as a response to dissimilar brand users[J]. Journal of Marketing Research, 2019, 56(1): 142-157.

2. 句子填空

词语联想也可以演变为句子填空。研究人员要求消费者对一些不完整的句子进行填空。例如，“人们喜欢去长隆主题乐园，是因为……”显然，通过分析消费者对这个句子的填充内容，就可以看出长隆主题乐园的优点有哪些。对于句子填空产生的内容，研究人员照样可以采用内容分析方法，对出现的词语频次和次序进行分析，从而产生旅游品牌的核心联想，以及不同旅游品牌的独特性。

（二）投射技术

投射技术（projective methods）是用于探究那些在某些问题上消费者不愿或不便表达真实想法或感受的有效工具。投射技术的核心思路在于：绕过直接提问法的限制，给消费者一个不完整的刺激物，让其补充完整；或者给消费者一个含义模糊、本身无意义的刺激物，让消费者讲出它的含义。此种方法的逻辑是，消费者在受测试时会自动暴露出自己真实的观念和感受。

投射法主要有以下特征。第一，研究人员往往提出模糊性问题。这样，受测对象可以随意表达自己的态度和感受。第二，受测者选取的问题和程序是开放性的，没有限制。第三，研究人员与受测对象讨论的重点不是品牌本身，而是受测对象使用品牌的经历或购买决策过程。经典的投射法是通过使用不完整或者含义不清的刺激物（可以是图片，也可以是故事，还可以是购物清单等），来引发消费者内心对旅游品牌的某些想法与感受。投射法研究中的刺激物是可以根据调查对象和目的的不同而自行设计的。品牌案例 12-1 表明，通过简便易行的投射技术就能帮助咖啡生产商消除消费者对速溶咖啡的负面态度。

品牌案例 12-1　　速溶咖啡不受欢迎的背后真相

投射技术早在 20 世纪 40 年代末就已经被营销学者应用到速溶咖啡的实验中。当时速溶咖啡作为新饮料首次出现在市场上，令生产厂家感到困惑的是这种新产品如何才能改变人们磨咖啡的传统习惯。这种饮料容易生产，是一种大众化产品，且花费要比传统饮料少。但是，制造商花了大笔费用通过多种传播工具做了广告，结果都事与愿违，速溶咖啡的销路一点也不好。

于是，生产厂商请来了心理学家，让他们找出问题究竟出在何处，以确定消费者拒绝这种节省时间的产品滞销的原因所在。心理学家首先使用问卷调查法问及一批消费者是否使用速溶咖啡，然后再问那些回答“否”的人对速溶咖啡的看法。消费者的回复显示，大部分不使用速溶咖啡的人表示不喜欢这种咖啡的味道。这是消费者内心真实的想法吗？速溶咖啡公司的老板不相信味道是真正的原因，他们怀疑排斥速溶咖啡的背后有更深层的原因。

心理学家于是再使用投射技术进一步了解消费者对速溶咖啡的态度。这次，心理学家们不再直接问消费者对速溶咖啡的看法，而是编造了两张购物清单表（如表12-1 所示），把这两张购买清单表交给两组女性消费者看，然后让她们描绘每张购买清单中的购买主角即“主妇”的特点。这两张清单中只是咖啡不同，其他物品完全相同，消费者 A 购买了速溶咖啡，消费者B购买了现磨咖啡。

对受测女性消费者的描绘进行分析表明，这些妇女所描述的两个假想的“主妇”的个性特征差异很大。她们把买了速溶咖啡的主妇描述成一个喜欢“凑合的”妻子，她“懒”“不顾家”，而买了现磨咖啡的主妇则被描述成“勤快能干”“明晓事理”“热爱家庭”“喜欢做饭”的妻子。结果很明显，购买速溶咖啡的主妇给人一个非常消极、负面的印象。原来，厂家在广告所宣传的速溶咖啡有效、省时、易做的优点，被人看成“负面资产”而不是“正面资产”。原来人们不想买速溶咖啡的心理纠结是，买速溶咖啡的女人懒、喜欢凑合、不怎么顾家，否则她们会花时间调制现磨咖啡。生产速溶咖啡的厂家经过这一次投射技术研究之后，调整了自己的广告宣传策略，从此他们的广告宣传不再强调省时、易做等优点，而是强调使用速溶咖啡能让丈夫、孩子有更从容的时间用于工作、上学等。如此一来，营销宣传的创新让速溶咖啡一改过去让人联想到家庭主妇懒惰、凑合等负面特性，而变成体贴丈夫、关心孩子的正面形象。可见，投射技术在消费行为研究中具有重要价值。

表12-1　两位消费者的购物清单表

消费者A	消费者B
1听朗福德焙粉	1听朗福德焙粉
2片沃德面包	2片沃德面包
1磅速溶咖啡	1磅现磨咖啡
1磅汉堡牛排	1磅汉堡牛排
2听狄尔桃	2听狄尔桃
5磅土豆	5磅土豆

资料来源：Mason Haire. Projective techniques in marketing research[J]. Journal of Marketing, 1950, 14(4): 649-656.

（三）比拟法

比拟法要求消费者将旅游品牌比喻为某个人、动物、事件等，从而表达出他们对这些品牌的实际感受。定性研究之父欧内斯特·迪希特（Ernest Dichter）经常采用心理剧的方法将品牌比作人。在该方法中，他会要求人们去演产品：“你是象牙皂。你多大了？是男是女？有什么样的性格？”由此可以得到一张内容丰富的品牌联想图。

还有一种实用的方法，要求消费者将旅游品牌与其他物体联系起来（如动物、汽车、树木等）。例如，可以问消费者：“假如张家界是一种动物，它会是什么动物？看这些图片上画的人，你认为哪个人最可能会去张家界旅游？”通过分析消费者对该品牌各种比拟的反应和回答，就可以逐渐形成消费者对于该品牌的联想。这种方法的好处在于能通过其他事物或产品已有的形象和定位来帮助营销人员更好地对该旅游品牌进行调查诊断。

比拟法之所以被广泛用来探究消费者对品牌的心理联想，是因为其背后的理论逻辑是近年来迅速发展的品牌拟人化，该理论认为，消费者具有将旅游品牌赋予人的某些特征的心理倾向。品牌前沿12-2解释了旅游品牌拟人化的理论进展。

品牌前沿 12-2　　旅游品牌拟人化

现今，越来越多的营销者开始采用拟人化手法来进行营销活动。例如，第24届冬季奥林匹克运动会吉祥物“冰墩墩”与2022年北京冬季残奥会的吉祥物“雪容融”相互打闹，与运动员花式合影，尽显可爱、友善，萌翻众多网友。

拟人化是指人们的一种心理倾向，即把环境中的非人个体看作类似于人，并赋予这些“物”人的某些特征。埃普利（Epley）等将拟人化定义为把人类的性格、意图、行为赋予非人类客体的心理倾向（Epley et al.，2008）。在旅游领域，营销人员已经使用品牌拟人化手法来营销各种旅游产品与服务，从大型活动/酒店吉祥物，到主题公园等，这些拟人化的品牌角色塑造了与品牌相关的态度和行为，在一定程度上能给游客带来积极的旅游体验。（Han et al.，2020）。

品牌拟人化是指品牌被消费者当作人来对待，即品牌被感知为具有某种类似于人的情绪状态、心智、灵魂，以及在社会关系履行某种有意识的行为（Puzakova et al.，2009）。在旅游领域，学者们从不同角度探索了品牌拟人化的影响。

Han 等基于内隐理论角度，研究了旅游品牌拟人化的不同角色策略（工作人员或合作伙伴）是如何影响消费者反应的（Han et al.，2020）。莱瑟伦（Letheren）等发现，旅游目的地将营销宣传文本拟人化，能够导致消费者积极的目的地态度和更高的旅游意图（Chandler and Schwarz，2010）。有学者（Chan and Gohary）进一步发现，拟人化的旅游目的地品牌能够增加低权力旅游者而非高权力旅游者的旅游意图：拟人化有助于增强个人的感知控制，降低个人旅行的感知风险，当目的地被拟人化时，低权力（vs. 高权力）旅游者会感知到更大的控制和更少的旅行风险，因而目的地拟人化对低权力旅游者更具吸引力（Chan and Gohary, 2022）。

资料来源：

[1] Epley N, Waytz A, Akalis S, et al. When we need a human: Motivational determinants of anthropomorphism[J]. Social Cognition, 2008, 26(2), 143-155.

[2] Han B, Wang L, Li X. To collaborate or serve? Effects of anthropomorphized brand roles and implicit theories on consumer responses[J]. Cornell Hospitality Quarterly, 2020, 61(1), 53-67.

[3] Puzakova M, Kwak H, Rocereto J F. Pushing the envelope of brand and personality: antecedents and moderators of anthropomorphized brands[J]. Advances in Consumer Research, 2009, 36, 413-420.

[4] Letheren K, Martin B A, Jin H S. Effects of personification and anthropomorphic tendency on destination attitude and travel intentions[J]. Tourism Management, 2017, 62, 65-75.

[5] Chan E, Gohary A. To whom does destination anthropomorphism appeal? Power and perceived control[J]. Journal of Travel Research, 2022, 00472875221095215.

（四）扎尔特曼隐喻诱引技术

扎尔特曼隐喻诱引技术（Zaltman metaphor elicitation technique，ZMET）是一种结合非文字语言（图片）与文字语言（深入访谈）的消费者研究方法，它是哈佛商学院的扎尔特曼（Gerald Zaltman）教授于20世纪90年代研究开发出的一项专利研究技术[5]。ZMET吸取了心理学、社会学、符号学、视觉人类学等多种学科的精华，因而具有深厚的理论基础。该技术的主要理念在于：消费者购买行为经常基于某种潜意识的动机。由于绝大多数影响我们行为和语言的东西位于意识层之下（即潜意识），因此人们需要用这一新技术去探求那些隐藏的动机与行为——那些并不为人知道的东西。ZMET 方法认为，我们需要通过隐喻手法，让消费者将其对某一特定对象隐藏的思想和感觉能够充分地表达出来。在此的“隐喻”是指人们用另外一种方式对事物进行定义，从而表达他们默许的、暗示的、未言明的想法。

典型 ZMET 研究的做法是，让一组调查对象从自己的资料库中（如装有期刊、产品目录或者家庭相册等的任何东西）挑选至少 12 幅最能表达其对研究对象的想法和感觉的图片。随后，研究人员与调查对象针对图片进行一对一的对话，研究人员运用非常高超的谈话技巧与调查对象共同研究图片，并运用一种“引导式访谈”挖掘图片背后隐藏的含义。最后，调查对象借助计算机程序将这些图片拼成一个能代表其对研究对象想法和感觉的心智地图，这张心智地图包括认知中所组成的心智结构元素及心智结构之间的连结关系，收集所有研究对象的心智结构元素并参考个人的心智地图的结构，产生全体研究对象的共识地图，呈现对研究主题的心智模型。由此，研究人员就可以确定关键主题，然后通过对数据的定量分析就可以为旅游品牌相关的广告、促销等活动提供决策信息。

总体而言，上述列出的四种定性研究方法都具有这样一些优点，如速度快、成本低；有调查对象的直接参与，旅游营销人员可以近距离接触与观察顾客，可以洞察出其他调研方法无法揭示的消费者内心的想法或情感。但是，定性研究方法的使用范围受到消费者创造性的限制。而且由于调查采用的样本量较小，结果不具有代表性。另外，由于这些数据是定性的，因此在分析时会遇到很多问题，不同的研究者对相同的现象或事实的分析、解读可能会产生不同的结论。可见，定性研究结论受研究人员的主观影响。

二、定量研究方法

虽然定性研究方法对于识别品牌联想的范围，以及品牌联想的偏好性、独特性很有帮助，但要对旅游品牌进行更加准确的描绘，必须借助定量研究方法。定量研究方法（quantitative research）是指应用各种量表式问题，形成对旅游品牌的数值型描述和总结，从而对品牌知识结构进行定量评估。根据创建强势旅游品牌的“四部曲”，对旅游品牌进行定量评估的内容主要有几个方面：品牌认知的深度与广度；品牌联想的强度、偏好性、独特性；品牌反应的强度；品牌关系的性质与强度。[6]

（一）品牌认知

品牌认知反映消费者在各种环境下识别旅游品牌的各种有形元素的能力（如品牌名称、标识、广告语等）。品牌认知与消费者对品牌的记忆程度有关。品牌认知具体表现在两个方面：其一，旅游品牌识别，即在不同情境下旅游品牌在消费者头脑中准确辨别的可能性；其二，旅游品牌回忆，即在不同提示情况下旅游品牌在大脑中出现的难易程度。

1. 旅游品牌识别

品牌识别关系到消费者在各种不同环境条件下辨认品牌的能力，包括对各种品牌元素的辨识。最基本的旅游品牌识别流程是：给定一些视觉、听觉、触觉、味觉等感官刺激物，然后询问消费者以前是否接触或经历过某个旅游品牌。以迪士尼品牌 Logo 为例，不同的迪士尼乐园的迪士尼品牌 Logo 略有所不同，但其 Logo 中都拥有花式英文“Disney”，消费者只要看到这个英文“Disney”，就知晓这是迪士尼。

有时候，为了得到更灵敏的测试结果，在被选对象中还要掺杂一些“诱饵”。也就是说，研究人员故意让受测试的消费者对一些根本就没有接触或经历的刺激物进行评判。此时，消费者除了回答“是”“否”之外，还要给出他们对这种识别的确信或肯定程度。

此外，还有一些方法专门将旅游品牌的某些元素进行篡改后，来测试消费者对旅游品牌的识别能力。既可以是将品牌元素以某种方式进行人为的歪曲或者视觉掩盖，也可以是短时间的呈现，以此来测试消费者对品牌要素的识别能力。例如，在旅游品牌名称识别测试中，研究人员可以故意遗漏某一个或几个字母，由此检验在提供不完全信息条件下人们识别旅游品牌名称的能力。

旅游品牌识别评估提供了消费者对品牌的潜在回忆能力的近似值。为了确定消费者对品牌元素在各种不同环境下被准确地回想起来，还需要测量旅游品牌回忆。

品牌前沿 12-3　　老字号餐厅与网红餐厅在顾客口碑形成上有何差异

《餐饮产业蓝皮书：中国餐饮产业发展报告（2019）》数据显示，中国目前已成为仅次于美国的世界第二大餐饮市场。然而，庞大且快速增长的餐饮市场不仅带来了行业利润的增长，还滋生了行业内的严重竞争问题。因此，如何保持多种类型的品牌可持续发展已成为餐饮研究的重点话题，其中顾客口碑作为餐厅品牌传承和可持续发展的重要因素受到广泛关注。Zhang、Li、Liu、Ruan 四位学者以“老字号”餐厅与网红餐厅为研究对象，探究不同类型餐厅的顾客口碑形成路径的差异，以期从行业角度避免严重竞争，为不同类型餐厅实现可持续发展提供新思路。

研究者分别向有“老字号”餐厅和网红餐厅消费经验的顾客发放问卷收集数据。研究结果显示，“老字号”餐厅和网红餐厅两种餐厅类型的顾客口碑形成路径具有差异。对于具有历史沉淀的“老字号”餐厅而言，顾客口碑形成依赖“品牌真实性—感知价值—品牌识别”的路径，品牌真实性起主导作用。具体而言，“老字号”餐厅具备一定的历史文化和传统工艺，能够满足顾客的情感归属和文化偏好，从而与其他品牌相区别，并实现积极的口碑营销。对于网红餐厅而言，其顾客口碑形成遵循“品牌个性—顾客酷感知—品牌体验”的路径，品牌个性起主导作用。具体而言，网红餐厅所展现的独特鲜明的个性，能够满足顾客的“酷、时尚”的需求，给予其独特的“酷”体验。体验后，顾客通过互联网发布有关餐厅的体验信息，从而帮助餐厅实现口碑营销。在此过程中，如若餐厅忽视顾客对食品质量的根本需求，出现食品质量和安全问题，顾客体验及餐厅口碑将会受到严重影响。

这一研究为不同类型餐厅如何有效提高顾客口碑、避免恶性市场竞争提供了理论指导。首先，餐厅管理者应将创造和维护独特的餐厅品牌特征作为首要任务，如创建差异化和独特的品牌徽标和图像。其次，“老字号”餐厅应加强品牌真实性的输出，如展示餐厅的历史文化、生产过程和相关烹饪典故。而网红餐厅则应该增强品牌个性，创造符合其自身形象的核心内聚元素。最后，餐厅管理者也应关注顾客在消费过程中的心理和行为。传统餐厅管理者应加强传统品牌符号的使用，尤其对于中国顾客而言，只有传统餐厅代表了与历史一致的品牌形象和文化背景，才能保证顾客更高的品牌识别度。新兴餐厅应关注顾客的酷感知，强化顾客的品牌体验过程，例如改善食品质量、设计酷炫新颖的产品包装等。

资料来源：Zhang S N, Li Y Q, Liu C H, et al. Reconstruction of the relationship between traditional and emerging restaurant brand and customer WOM[J]. International Journal of Hospitality Management, 2021, 94: 102879.

2. 旅游品牌回忆

在进行品牌回忆测量时，需要给调查对象一些相关的提示或线索，要求其必须从记忆中检索出实际的旅游品牌元素。因此，与旅游品牌识别相比，品牌回忆要求更多的记忆任务。根据向消费者提供的问题类型，可以采用不同的品牌回忆评估方法。其一，无提示回忆（unaided recall）。这是在不给消费者任何线索的情境下，检测消费者对旅游品牌的回忆能力。其二，提示性回忆（aided recall）则是通过提供各种形式的提示帮助后，来测量得出消费者对旅游品牌的回忆程度。提示回忆的线索，可以采取渐进收缩式的呈现顺序——产品或服务档次、产品或服务品类、产品或服务标签等，从而洞察消费者的品牌知识结构。提示性回忆的线索类型很多，可以是产品或服务类别属性（“当你想到主题乐园时，会记起哪个品牌？”）、使用目的（“如果你想到健康快餐，会记起哪个品牌？”）。为了掌握旅游品牌回忆的广度和显著度，一般有必要提供购买情境、消费场合（例如，在不同的时间、地点）等线索。某个品牌的联想与这些非产品要素联系越紧密，在给出这些环境提示时，消费者想到该旅游品牌的可能性就越大。

另外，还可以根据回忆的次序以及反应时间或速度进一步区分品牌回忆。那些最先被回忆起的旅游品牌，在消费者心智中具有最深刻印记，占有最优地位。旅游组织的市场营销部门可以根据不同的决策需要，设计相应的品牌回忆指标（如需要多久才想到这个旅游品牌、是第几个被想起的旅游品牌等）。

（二）品牌联想

品牌联想是长时记忆中任何与品牌相联系的概念节点，可从联想内容和联想特征两个方面来分析。旅游品牌联想的内容包含与产品或服务及品牌有关的属性、利益等，是产品或服务质量评价或品牌评价的依据或线索。旅游品牌联想的特征是指联想内容的强度、偏好性和独特性等[7]。旅游品牌联想的内容主要是通过定性研究来获得，而旅游品牌联想的特征主要通过定量研究方法获得。以下介绍两种定量研究方法。

1. 开放式评估法

开放式评估法包括以下三种方法。

（1）自由选择法。研究人员先提出各种可能的相关属性，让被试者逐条指出给定的旅游品牌具有哪些属性。

（2）等级法。让被试者从“非常同意”“极不同意”到“没意见”的五个（或七个）等级中选择一个，指出某个旅游品牌与提到的各种属性之间的关联程度。例如，你觉得以下的产品特性（如“商务”“便捷”“连锁”等）在多大程度上可以描述汉庭酒店？（1 = 极不同意，7 = 非常同意）。

（3）排序法。让被试者根据不同旅游品牌与某属性联系的密切程度进行排序。这些方法固然可以在一定程度上解决定性研究所无法解决的问题，但其精确性却还是略显不足，并且很难获知各品牌联想之间的关系及关系强度。

2. 反应时技术

为了解决开放式评估法精确性较低的问题，学者开始采用反应时技术测量品牌联想[11]。反应时技术一般是指研究人员采用双字词作为刺激材料，然后计算出消费者在品牌名与这些双字词之间建立关联做出反应所需要的时间。以测量迪士尼的品牌联想为例，研究人员先要求被试者对呈现在屏幕上的品牌名“迪士尼”进行回忆。然后，在计算机屏幕中央会依次呈现“快乐”“家庭”“年轻”“美国”等双字词。被试要尽快判断屏幕上出现的这些双字词能否用来描述或评价“迪士尼”这个品牌。被试反应时间长短（通常以“秒”来计算时间长度）表明了被测联想词与品牌名之间的关联紧密程度。那些反应时间越短的双字词，表明了品牌名与这些词汇之间联结越紧密，那么，这些双字词就可以成为消费者心智中的品牌概念节点或联想。例如，有研究运用内隐联想测验法（implicit association test，IAT），发现人们对生态友好型产品与垂直空间“上方”位置含义相关的文字刺激的反应时长更短（为 687 秒），要显著短于将生态友好型产品与垂直空间“下方”位置含义相关的文字刺激（反应时长为 789 秒）。该作者团队继而还发现，只有生态友好型产品摆放在空间“上方”才会受到人们的更积极好评。将生态友好型产品摆放在“上方”，赢得消费者的购买概率为 85.18%，要显著大于摆放在“中间”位置的概率（55.77%）。非生态友好型产品摆放在上方或中间位置，消费者的购买概率没有显著改变，分别为 38.98%和 44.23%。这一研究结论说明，生态友好型产品摆放在视觉空间的上方位置更符合人们的信息处理规律，能加快人们的信息接受的流畅性，其结果也会让消费者更多地选择排放在“上方”的生态友好型产品。[9]总体而言，反应时技术的优点是结果受实验者主观意识的影响较小，因而测得的结果更精确反映事实本身，更具有客观性[10]。

（三）品牌反应

基于顾客的品牌金字塔模型认为，评估旅游品牌总体的、高层次联想的目的在于，进一步发现消费者如何将有关品牌的具体的低层次联想组合形成不同类型的旅游品牌反应和评价。具体而言，包括品牌判断（例如，对品牌的质量、可靠性、优势等的判断）和品牌感受（例如，对品牌的温暖感、乐趣感、兴奋感等的体会）两个方面。

消费者的旅游品牌判断和旅游品牌感受可以通过品牌态度来衡量。品牌判断方面，举例来说，“喜茶品牌的产品质量情况如何？”（7 点量表，1 表示“非常差”，7 表示“非常好”）。品牌感受方面，举例来说，“迪士尼品牌在多大程度上会给你带来梦幻感？”（7 点量表，1 表示“非常低”，7 表示“非常高”）。

（四）品牌关系

品牌关系是指消费者对品牌的态度和品牌对消费者的态度之间的互动。在这个关系体系中，消费者与旅游品牌被视为同等重要的两个部分，并且彼此之间会有互动反应[11]。品牌关系的强弱通常可以通过消费者的品牌忠诚度来体现。品牌忠诚度是旅游品牌资产的一个基本维度。一群习惯型的购买者是旅游组织获得长期持续收入的源泉，可以创造巨大的价值。品牌忠诚度越高，顾客流失率越低，旅游品牌的价值就越高。

品牌忠诚度可以通过顾客的购买行为来衡量。具体指标包括消费者的购买偏好、购买态度或者购买意愿。例如，迪士尼主题乐园里所售卖的玩偶周边，一旦贴上标迪士尼品牌，就会显著提升消费者的购买意愿。这说明，旅游品牌名称会显著改变人们的购买偏好。旅游品牌资产的价值可以通过品牌名称所带来的额外销量（或者额外市场份额）的边际价值来体现。例如，我们假设旅游品牌失去名称后，销量减少 30%，在这里，因失去边际销量而损失的利润即为旅游品牌资产的价值。

判断旅游品牌忠诚度等级的一种关键方法是衡量满意度和不满意度。顾客有哪些问题？激怒顾客的原因是什么？为什么有些顾客会转向其他产品或服务？深层次的原因是什么？需要注意的是，对满意度的衡量必须是即时的，也就是在事件或行为发生后马上就开始测量。如果让消费者自行填好满意度卡再选择一个时间返回的话，数据结果就滞后了，也就不准确了。

较高层次的旅游品牌忠诚度涉及顾客的品牌至爱（brand love）程度。顾客喜欢这个旅游品牌吗？顾客对这个旅游品牌有没有尊敬或者友好态度？对旅游品牌是否有一种亲切感？在市场竞争中，如果旅游品牌能够获得消费者在抽象层面的喜欢、至爱，可能远远胜过消费者仅在物理功能上的好评。如果旅游品牌能让人们毫无理由地喜欢，这种喜欢可能就上升到了爱。

最高等级的旅游品牌忠诚度可以通过顾客的品牌依恋（brand attachment）来衡量。具体指标可以是顾客参与的旅游品牌互动与沟通程度。例如，顾客是否愿意向别人谈论该旅游品牌？在顾客推荐方面，顾客只是随意地推荐该旅游品牌，还是告诉别人购买该旅游品牌的内在原因？还有，就是该旅游品牌对购买者个人的重要性程度，是否特别有用，或者颇具趣味性？

总体而言，与定性研究方法相比，使用定量研究方法测量的结果更加客观，也更加可靠。定量研究法采用的是具有代表性的顾客样本，不容易受主观看法的影响。定性与定量两种研究方法在研究着眼点、研究人员要求、样本数量、研究结果应用性方面均存在差异。

本节聚焦在顾客心智视角的旅游品牌评估，它的理论基础较为丰富，覆盖面也非常广泛，而且可以揭示消费者的内在心理感知，解释旅游品牌的无形影响力的源头是哪里。因此，这一视角的品牌评估对品牌营销战略的诊断力较强。但是，顾客心智视角的旅游品牌评估多建立在消费者调查的基础上，测量结果的计算比较复杂，而且无法从品牌评估结果中，对品牌的市场业绩给出一个清晰的、简明的、客观的财务对等值。因而，顾客心智的品牌评估结果，对旅游组织高层管理者较缺少吸引力，也无法对旅游组织在金融市场（尤其是资本并购）的表现做出准确的预测。

品牌案例 12-2　　扬·罗必凯品牌评估模型及其战略应用

扬·罗必凯（Young & Rubicam）广告公司于 1923 年在美国诞生，它是美国历史最长和规模最大的广告代理公司之一，也是第一家将总部设在纽约麦迪逊大街的广告公司。90 多年来，扬·罗必凯广告公司秉持的“Resist Usual”（拒绝平庸）的理念不断得到发展。1986 年，扬·罗必凯广告公司和日本电通广告公司与中国国际广告公司合资在北京成立了中国内地的第一家 4A 广告公司，也是第一家将上海作为亚太区域总部的国际 4A 广告公司。扬·罗必凯的品牌资产估价模型（Brand Asset Valuator，BAV）是基于顾客心智视角的品牌评估方法的典型代表。从 1993 年开始，BAV 已经对 44 个国家的将近 40 万名消费者进行了调查，2 万多个品牌的顾客品牌感知数据被收集在 72 个维度中。BAV 是迄今世界上最大的有关品牌的消费者信息数据库。

1. BAV 的两个维度和五个指标

BAV 将品牌在市场上的健康状况分解为两个维度、五个指标。维度一是品牌强度（brand strength），它反映了品牌的未来增长潜力，决定品牌的未来财务绩效。它由品牌差异性（brand differentiation）、品牌相关性（brand relevance）、品牌能量（brand energy）三个指标构成。维度二是品牌地位（brand stature），它反映的是品牌的当前实力，它由品牌尊重度（brand esteem）、品牌知识（brand knowledge）两个指标构成。品牌地位是公司过去多年来对品牌的营销活动产生的绩效的“报告卡”。

扬·罗必凯（Young & Rubicam）公司将 BAV 的上述五个指标形容为品牌的“五根支柱”（five pillars）。每个支柱来自消费者对品牌不同方面的评估，与消费者品牌认知的不同层面相关，共同追踪品牌的发展进程。

（1）品牌差异性。即消费者认识到的某一品牌与其他品牌的差异化程度。这是品牌盈利点的必要条件，因为消费者的选择、品牌本性和潜在市场都是被差异性驱动的。差异性是品牌资产之所以产生和存在的根源。

（2）品牌相关性。即测量一个品牌对于消费者的个人关联性。单独而言，相关性对于品牌成功并不重要。但是，相关性和差异性结合形成的品牌强度，是品牌未来动力和潜能的一个重要指示器。相关的差异性是所有品牌的主要竞争力来源，是品牌健康的第一指示器。如果品牌和消费者不相关，那么这个品牌就不足以吸引和维持住消费者。BAV 模型表明，相关性和市场渗透之间具有明显的关系，相关性决定品牌顾客黏性的总体规模。

（3）品牌能量。即消费者对品牌革新性和活力感的评价。它重点反映的是品牌满足市场的未来需求和吸引新顾客的能力。一个具有高能量的品牌，充满活力，具有未来发展潜力。

（4）品牌尊重度。即人们认为该品牌有多好以及人们对它的尊重程度。它表明了消费者对品牌的喜爱度（感性）和评判（理性）。在构建品牌的进程中，它排在差异性和相关性之后。尊重度是消费者对于品牌构建活动的反映。

（5）品牌认知度。即消费者对品牌及其身份的理解程度和认识广度。人们对品牌的认识程度越深，意味着与品牌之间的关系越亲密。

2. BAV 品牌力方格模型

扬·罗必凯将品牌强度（差异性、能量、相关性）和品牌地位（尊重程度、认知度）的两个宏观方面整合到一个形象的分析工具——品牌力方格（The BAV Power Grid，图 12-1）。品牌力方格在连续的象限中描绘了品牌发展周期中的不同阶段——每个阶段都有其独特的支柱模式。下面我们分析品牌力方格的四个象限。

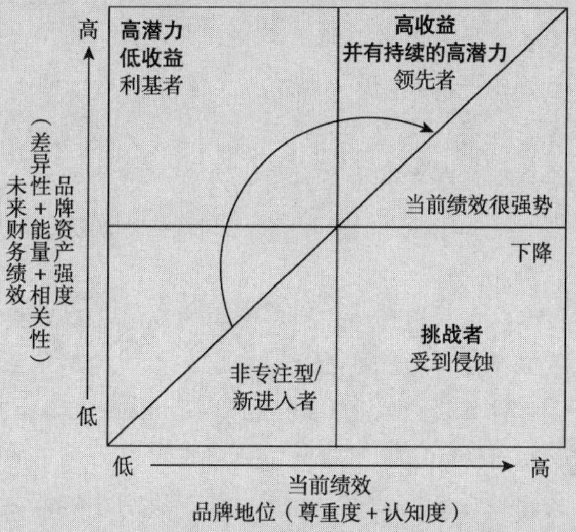

图 12-1　BAV 能量方格

第一，品牌通常从左下方的象限开始。这时，品牌是一个新进入者，尚未建立起自身独特的差异化形象，其品牌强度和品牌地位均处于较低位置。处于这一象限的品牌首要任务是建立品牌差异化定位、搭建与消费者之间的关联性（奠定品牌存在的理由）。

第二，品牌的运动方向是“向上”至左上方象限。此时，随着品牌的差异性和相关性的增加，品牌能量（energy）也增强了，品牌资产的强度得以强化。左上方象限代表两种类型的品牌。一种类型是具有新的、高的潜在竞争机会的品牌。另一种是针对某种聚焦的目标市场的利基品牌。两种类型的品牌均具有积极的、强有力的未来财务收益，只不过各自选择的发展路径不同而已。

第三，右上方象限，即领先者象限。这是众多品牌领先者（具有高水平品牌资产强度和品牌地位的品牌）的区域。老品牌以及相对较新的品牌都会出现在这一象限。何时进入这一象限，BAV 品牌力方格主张这要以品牌领先程度为函数，而不仅仅以品牌存在时间为函数。进入这一象限的品牌若能进行恰当的营销战略（包括产品、传播、渠道等组合），它们就能建立起长期领先优势。

第四，右下方象限。此时，品牌的领先性不再保持其强度，其相关性、差异性、能量都在减退，就会“向下”移动到右下方象限。这些品牌不仅容易受到现有竞争者的挑战，而且会受到折扣品牌（如商店品牌等）的冲击。因此，它们经常会通过大幅度、持续地降价来吸引顾客，从而维持原有的市场份额。

3. BAV 方格模型的应用

BAV 方格模型有多方面的用途。

（1）基于某一时点和某一地区，市场上的品牌在 BAV 各象限的分布，表明了当前市场上品牌的主要分布格局。任何时点上，市场上的所有品牌一定会分布于 BAV 四个象限其中之一。例如，在中国互联网搜索市场，百度就处于右上方的领先者地位，而 360 可能处于左上方的利基者地位，而腾讯并购搜搜之后可能正处于左下方的新进入者，而先前的雅虎（右下方）则属于挑战者。

（2）BAV 可以检测出全球性品牌在世界不同地区之间表现的差异。例如，对可口可乐的全球调查发现，其品牌形象在各地区具有一致性，都处于右上方的地位（领导者地位）。而苹果在全球不同地区的地位则有差异，在北美处于领先地位，而在有的地方则可以处于新进入者。

（3）在评估品牌延伸机会及选择延伸战略方面的应用。BAV 将品牌延伸到新产品类别的容易程度称为“品牌弹性”（brand elasticity），并由此构建了品牌弹性模型图。品牌弹性取决于两个因素：品牌概貌相似度（similarity of image pattern）、建立品牌强度容易度（ease of building brand strength）。前者是指品牌在现有品类中的形象与拟延伸进入的新品类的形象所共享的相似性高低（例如云南白药与新延伸的品类牙膏所共享的形象相似性较低）；后者是指品牌在新品类中建立差异化的容易程度（云南白药在新品类牙膏中建立差异化如“止血”的容易度较高）。根据这两个指标的高低可以区分出四种不同的品牌延伸战略（四象限图）。如果品牌在现有品类中的形象与拟延伸的新品类所需形象具有高度相似性，且易于在新品类中建立差异化，那么，此时品牌就容易延伸到新品类。如果品牌在新品类中易于建立差异化，但品牌现有形象与新品类所需形象缺少相似性，此时品牌延伸可采取“潜伏”方式；如果差异化特征足以克服进入障碍并能获得信任，那么品牌延伸可以在新品类中占据一个优势地位。以故宫延伸至彩妆领域为例，原有品牌形象与彩妆并不享有相似性，但故宫突出了“古典、传统文化”这一差异点，这一功能利益点足以强大并能获得消费者信任，因而，“潜伏”式延伸让故宫彩妆建立起足够的市场地位。如果品牌形象与新延伸品类不具备相似性，且现有形象在新品类中也不易于差异化，那么，品牌延伸到新品类的成功概率较低，此时，进入这一新品类的战略是并购一个新品牌。如果品牌形象与准备进入的新品类形象具有相似性，但现有品牌在新品类中不易建立差异化，此时品牌虽然容易延伸到新品类但需要对品牌进行较大投入，采用品牌联盟的方式，两个品牌的形象优势互补则有助于在新品类建立起强有力地位。

总之，BAV模型是从顾客视角评估品牌力的比较理想的模型，它不仅测量了品牌的当前表现，对品牌的未来发展潜力也进行了预测。它的应用范围是广泛的。

资料来源：Keller Kevin Lane，王海忠，陈增祥. 战略品牌管理[M]. 北京：机械工业出版社，2021.

第二节 商品市场产出视角的旅游品牌评估

商品市场产出（product market performance）视角的旅游品牌评估的逻辑是，品牌价值由旅游品牌在商品市场上的绩效来反映。学者在总结前人研究的基础上提出，商品市场产出视角的品牌资产衡量一般运用六类指标：①溢价。它是指顾客愿意为旅游产品或服务支付额外价格的程度。②价格弹性。它是指旅游产品或服务价格上升和下降引起的需求量的变化程度。③市场占有率。④品牌扩张力或延伸力。它是指旅游品牌在支持产品线延伸、品类延伸，以及在相关品类引入新产品等方面的能力。这个指标反映旅游品牌在提升现有收入方面的潜力。⑤成本结构。它是指因旅游品牌在顾客心里的沉淀，从而能在减少营销费用支出的同时维持或提升营销绩效的能力。⑥品牌盈利能力[12-13]。

上述指标都是可以获得的，但为了更加清晰、准确地预测特定旅游组织在市场上的业绩表现，必须通过某种具体的方法进行评估。本书重点分析商品市场产出视角的两种品牌评估方法——比较法、整体法。比较法，主要是用于评价营销活动中消费者的感知和偏好效应；整体法，主要用于预测品牌的总体价值。

一、比较法

比较法（comparative methods）主要用于测试消费者对于某一旅游品牌的态度和行为，用于估计品牌资产的具体收益，这一方法可分为品牌比较法、营销比较法和联合分析法。

（一）品牌比较法

品牌比较法（brand-based comparative methods）的本质就是通过测量消费者对不同旅游品牌的相同营销活动项目的反应，来评估品牌在市场上的影响力。具体而言，让一组消费者对目标旅游品牌的营销项目要素或者一些营销活动做出反应，让另一组特征相似的消费者对竞争或虚构旅游品牌相同的营销项目要素或营销活动做出反应。这种方法对于测试消费者怎样评价一个或多个主要竞争者品牌的营销活动（如新广告活动、新促销活动以及新产品等）的效果，是有效的。

品牌溢价是品牌比较法最常测量的指标。一方面，可以比较市场上不同旅游品牌的价格水平相差多少；另一方面，可以通过顾客调查，如询问顾客愿意花多少钱购买某一旅游产品或服务的各项功能和特征（其中一项特征为旅游品牌名称），来衡量旅游品牌名称的价值，此种方法也称为货币衡量法（dollar-metric scale）。

品牌比较法最主要的优点是在保持其他营销活动项目不变的情况下，在现实环境中将品牌单独分离出来，来测量旅游品牌在市场中的价值或角色。当推出新产品、新广告、新促销、新包装时，品牌比较法尤其适用，因为此时营销活动项目是全新的，没有受到已经投放到市场的营销活动熟悉度的影响，此时唯一起作用的就是品牌名，可以检测出旅游品牌名在商品市场上所发挥的作用。

（二）营销比较法

营销比较法（marketing-based comparative methods）的本质是通过调整营销活动或营销项目来测量消费者对不同旅游品牌的反应，由此测量出不同品牌的市场影响力。具体而言，让消费者对目标或竞争旅游品牌的营销项目要素或营销活动的变化做出反应。例如，通过在经常购买的品牌与备选品牌之间一步一步地增加价格差，可以测算出品牌承诺的货币值。假如品牌 A 现在是消费者最常购买的旅游品牌，但通过提价后，它与品牌 B 之间的价格差变小，此时如果很多消费者从品牌 A 转移到品牌 B，而两个品牌的其他营销项目没有发生改变，那么，我们就可以推断，消费者对品牌 A 的承诺并不高。相反，如果品牌 A 不断提价而品牌 B 保持价格不变，此时消费者仍然坚持购买品牌 A 提供的旅游产品或服务，那么，我们就可以推断，品牌 A 的品牌承诺或品牌忠诚度较高，而且由此带来的旅游品牌货币值也是可以测量出来的。

营销比较法还可以应用于很多其他的营销方面。例如，通过多个试销市场，就可以测量出消费者对不同的广告策略、广告执行和媒体计划的反应如何。有研究发现，迪士尼在消费者心中有着强有力的形象，即使旅游组织削减广告开支（短期内），也不会影响其销售业绩。营销比较法还可以用来评估品牌延伸。通过收集消费者对备选的旅游品牌延伸的一系列概念的反应，可以评估得出哪种品牌延伸更具有市场潜力。营销比较法的优势是执行起来简单。旅游品牌的任何营销行动几乎都可以比较，得出各自的效益存在的差异。

（三）联合分析法

联合分析法（conjoint analysis）是品牌比较法和营销比较法的综合应用，它是基于调查的多元变量分析方法。具体而言，营销人员通过询问消费者的偏好，或者让其在很多精心设计的旅游产品或服务中做出选择，了解消费者在不同品牌的属性之间做出的权衡，从而得出消费者对这些属性的重视程度。向消费者展示的每种旅游产品或服务，都是由一组不同的属性标准组成的。任何一种属性标准，都是由实验设计的原则决定的。联合分析法一般由以下步骤完成，如图 12-2 所示。

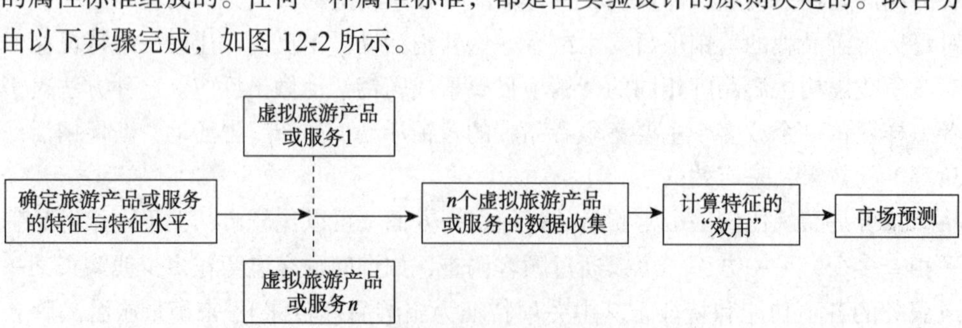

图 12-2　联合分析法的一般步骤

1. 确定旅游产品或服务的特征与特征水平

联合分析法首先对旅游产品或服务的特征进行识别。这些特征与特征水平必须是显著影响消费者购买的因素。一个运用典型的联合分析法的产品的属性包含 6～7 个显著因素。确定了特征之后，还应该确定这些特征恰当的水平。例如，档次是酒店产品的一个特征，而目前酒店市场上酒店品牌类型主要有经济型、商务型、高档型、度假型等，这些是酒店产品档次的主要类型水平。特征与特征水平的个数决定了分析过程中要进行估计的参数的个数。

2. 旅游产品或服务模拟

联合分析将旅游产品或服务的所有特征与特征水平通盘考虑，并采用正交设计的方法将这些特征与特征水平进行组合，生成一系列虚拟旅游产品或服务。在实际应用中，通常每一种虚拟产品或服务被分别描述在一张卡片上。

3. 计算特征的“效用”

从收集的信息中分离出消费者对每一特征以及特征水平的偏好值，这些偏好值也就是该特征的“效用”。

4. 数据收集

请受访者对虚拟旅游产品或服务进行评价，通过打分、排序等方法调查受访者对虚拟产品或服务的喜好、购买的可能性等。

5. 市场预测

利用效用值来预测消费者将如何在不同的旅游产品或服务中进行选择，从而决定应该采取的措施。

传统的分析方法假定消费者在旅游产品或服务评价时，对产品或服务的不同属性评价是分开进行的。但是，消费者在进行真实购买决策时，并不是对一个个属性分开进行考虑，而是对多个属性进行综合考虑。这就需要在满足一些要求的前提下牺牲部分其他属性，是一种对属性的权衡与折中（trade-off）。联合分析法正是对消费者购买决策的一种现实模拟。通过联合分析，可以了解消费者对各个特征的重视程度，并利用这些信息开发出具有竞争力的旅游产品或服务。

然而，联合分析是从呈现产品或服务特征开始的，但在真实的市场环境中，这些信息往往不是同时发生的，而且学习、疲劳、自我认知上的偏差和任务呈现顺序的偏差也会影响到测量结果[14]。此外，通过联合分析法向消费者介绍的营销概况也很可能违背消费者自身对旅游品牌的认知所产生的期望。因此，在采用联合分析法时，应该注意不要让消费者对非现实的旅游产品或服务的概况或情境进行评价。

二、整体法

整体法（holistic methods）是通过抽象的效用来估算整个品牌的价值。整体法试图“过滤出”各种因素，以确定旅游品牌的独特贡献。在此，我们重点介绍整体法中的剩余法。

剩余法（residual methods）通过从消费者的品牌总偏好中减去由于旅游产品或服务物理属性产生的偏好，来检验旅游品牌无形资产所带来的价值。剩余法的基本原理是，将旅游品牌无形资产视为消费者偏好和选择减去产品或服务功能价值之后的剩余值。这一方法的理论的基本理念是，人们可以通过观察消费者的偏好和选择来推断旅游品牌的相对价值，只要尽可能多地将测得的属性价值纳入考虑范围。有研究者将旅游品牌资产定义为相对未知旅游品牌产品的偏好增量。根据这种观点，旅游品牌资产的计算方法是从总体偏好中减去对客观的产品或服务特征的偏好。[15]

采用剩余法的学术研究成果非常丰富，但这种方法在旅游品牌估价中的应用还非常有限。一个重要的原因在于，要识别并分离出与产品或服务的物理或功能属性相关的联想，以及非物理属性相关的无形联想是困难的，而且产品或服务类别不同，这两者的比例存在非常大的差异。

还有的研究者借鉴病理学对“健康”的定义，用“品牌健康”代表品牌的商品市场业绩。他们把“品牌健康”分解为“现行健康状况”和“抵抗力”两部分。后者反映品牌抗御新进入品牌的能力。他们应用商店扫描数据，证实当某旅游产品或服务引入新品牌时，抵抗力指标能够预测现有旅游品牌可能遭受到的市场占有率的损失。抵抗力指标越高，表明旅游品牌因新进入品牌的竞争所遭受的市场绩效方面的损失越小。

下面我们总结一下本节讨论的商品市场产出视角的旅游品牌评估方法的优缺点。

（1）商品市场产出视角的旅游品牌评估的优点主要有以下两点：其一，对高层管理和金融市场很有吸引力。因为这类指标代表了旅游品牌的货币值，可以用于旅游组织的财务报告和资本市场的投资交易评估。其二，具有很深的理论基础，可以了解旅游品牌如何影响消费者的反应。

（2）商品市场产出视角的旅游品牌评估的缺点主要有以下四点：其一，它多依赖于假设情境下顾客的购买意向，而非实际的购买数据。其二，需要相当复杂的统计建模（如联合分析法），这就影响了它的推广性。其三，有的指标相互冲突。例如，短期来看降价可以提高市场占有率，因而增加了旅游品牌资产；但从长期看，降价又降低了旅游品牌的溢价能力，因而有损旅游品牌资产。况且，并非每个品牌都通过溢价来实现其品牌资产（如如家的经济型下沉战略）。其四，欠缺品牌诊断力，它聚焦于旅游品牌产出而非源头，难以为改进品牌提供战略借鉴。

品牌案例 12-3 介绍了融合顾客心智视角和商品市场产出视角的一种国际知名的品牌评估模型——BrandZ 模型，以及近年来在其中涌现的优秀旅游品牌。

品牌案例 12-3　　品牌评估 BrandZ 模型

2006 年起，WPP 集团旗下的英国品牌咨询公司明略行（Millward Brown）开发了名为 BrandZTM 的品牌评估模型，并于每年 4 月在英国著名财经期刊《金融时报》（*Financial Times*）上发表“BrandZTM 全球品牌 100 强”。

1. BrandZTM 的含义

BrandZTM 在全球范围内通过持续、深入的消费者定量调查来了解消费者对品牌的看法，从而勾勒出一幅按行业和国别分类的全球品牌图景。中国也是BrandZTM开展了大量调查研究的国家之一。BrandZTM调查覆盖30多个国家和地区，涉及200万名消费者及1万多个品牌。实地消费者调查是BrandZTM估值法的特色所在，区别于单纯依赖“专家”组意见的估值法，或仅以财务数据、书面资料研究为基础的估值法。

BrandZTM重视品牌对于消费者的意义，它将品牌对消费者的意义定义为“品牌贡献”。在它最终评估出的品牌货币价值中，品牌贡献具有倍数效应。所谓“品牌贡献”是指品牌在消费者头脑中的独特性，以及超越竞争对手、引发购买欲望和培养顾客忠诚度的能力。具体而言，品牌贡献由三个标准来测量。其一，有意义——有意义的品牌能吸引更多顾客、创造更深层次的“爱”，并能满足个人的期望和需求。其二，差异化——差异化的品牌能够以与众不同的方式惠及消费者，能够“引领潮流”，能走在潮流前沿。其三，突出性——当消费者有需求时，品牌能第一时间自然而然地浮现在消费者脑海里。

2. BrandZTM的特点

BrandZTM评估方法与其他评估方法的不同之处主要表现在以下几个方面。

第一，BrandZTM同时评估了来自发达国家和发展中国家和地区的品牌的价值。而另一个国际性品牌评估方法英国博略方法，只看重国际化品牌，因为品牌在国际市场的销售收入所占比例，是纳入品牌价值评估的基本门槛之一。这样，来自新兴国家和地区的品牌因在国际市场的营销活动有限，几乎不能进入全球品牌百强榜。英国博略自从推出品牌价值评估结果以来，来自美国的迪士尼、麦当劳、星巴克一直连续多年入榜；我国台湾省的HTC仅在2011年入榜，后来又被抛出榜单；华为表现突出，已连续7年入选百强榜单而且排序总体上不断上升；联想曾于2015年、2016年、2017年三年入选百强榜，后来又被抛出榜单。但其他来自新兴市场的品牌则很少入选过全球品牌百强。BrandZTM评估方法中，来自新兴国家的品牌即使在国际市场的收益占比不高，但如果其在现有消费者心目中的影响力很大，也能入榜全球品牌百强。根据BrandZTM最近几年发布的全球品牌百强榜，中国品牌一般在12～15席之间（如滴滴出行），其他亚非拉发展中地区也能有5席左右入选，如印度占有2席左右（如ICICI银行、Airtel），拉美占有2席左右（如墨西哥电信Telcel、巴西石油），非洲占1席左右（如南非的MTN）。

第二，BrandZTM品牌评估重视消费者意见。英国博略主要根据专家意见来推测消费者的看法。BrandZTM的品牌价值评估会通过与消费者不断地沟通交流以了解更多，开展的经常性深度定量调查广泛涉及30多个国家和地区的200万名消费者和1万多个品牌。

3. BrandZTM中国品牌榜

BrandZTM自2011年开始，每年专门推出中国品牌排行榜，从最初发布50强榜单，发展到后来发布100强榜单。例如，2021年发布的BrandZ中国品牌榜单前20强分别为：腾讯、阿里巴巴、茅台、美团、华为、中国平安保险、京东、抖音、中国工商银行、快手、海尔、拼多多、小米、中国移动、百度、农夫山泉、中国建设银行、滴滴出行、招商银行、顺丰速运。可见，BrandZ 评估出来的大品牌主要来源于互联网行业、并非充分竞争的金融银行业/白酒，来自实体制造业的品牌只有华为和海尔，来自旅游业的只有美团和滴滴出行。

另外，根据BrandZTM 评估推出的近 10 年的中国品牌百强榜，我们分析“品牌贡献”指标的得分。品牌贡献反映的是企业品牌在消费者心目中的表现得分，它的高低说明品牌的市场导向、顾客导向和品牌的无形影响力或软实力。BrandZTM 中的品牌贡献指标采取的是 5 分制，5 分为最高分，1 分为最低分。总的来看，品牌贡献前 20 强品牌的得分都是 4 分或 5 分，其中科技类品牌的品牌贡献的平均得分最高，市场机制相对更为充分的企业（如民营企业）的品牌贡献得分平均高于 3 分，其他企业的品牌贡献得分较低，一般低于 3 分。

资料来源：Keller Kevin Lane，王海忠，陈增祥. 战略品牌管理[M]. 北京：机械工业出版社，2021.

第三节　金融市场视角的旅游品牌评估

旅游品牌评估与金融市场及资本市场之间存在关联。旅游品牌评估若能与金融市场及资本市场建立关联，就可以为企业兼并、品牌收购、品牌授权以及资本市场的旅游品牌经营管理决策提供战略指引。基于金融市场产出视角的旅游品牌评估常用指标包括品牌出售时的购买价、品牌或其所在公司的股价等。下面介绍该视角下几种常见的旅游品牌评估方法。

一、金融市场视角的旅游品牌评估方法

（一）根据股价走势估算旅游品牌价值

根据股票价格来评估品牌价值是金融市场视角的旅游品牌评估的重要方法之一。芝加哥大学的卡罗尔·西蒙（Carol J. Simon）和玛丽·沙利文（Mary W. Sullivan）两位教授都使用过此方法。[16]这一方法背后的理论依据在于股票市场价格会伴随旅游组织的经营活动而变动，股票价格反映了资本市场对旅游组织未来发展前景的看法。

这一方法要先计算出旅游组织的资本市场价值，即股票价格与股本总数的函数，然后减去有形资产（如建筑、设备、库存、现金等）的重置成本，再将得到的差额（即无形资产）按比例一分为三：品牌的价值、非品牌因素（如研发、专利等）的价值和行业因素（如法律法规、产业集中度等）的价值。旅游品牌的价值应为品牌年龄及上市次序（品牌越老，资产越多）、累积的广告投入（广告创造资产）、当前广告投入在旅游行业中的比例（当前广告份额与定位优势相关）等变量的函数。

为了估算这一模型，在用股票市场对旅游组织进行价值评估时（减去有形资产的价值），必须与三类无形资产的指标建立关联。有了模型的估算结果，即可估算各个旅游组

织的品牌价值。该模型的适用范围是在股票市场公开交易上市的旅游组织。用该模型分析餐饮行业，结果发现，营销活动会对品牌价值产生及时和显著的影响。例如，1982 年 7 月可口可乐公司推出“健怡可乐”（Diet Coke）后，其品牌价值增长了 65%，而百事可乐的品牌价值则没有变化。1985 年可口可乐公司推出前景黯淡的“新可乐”（New Coke）后，其品牌价值下降了 10%，而百事可乐的品牌价值却增长了 45%。

（二）根据未来收益评估旅游品牌价值

根据未来收益评估旅游品牌价值，常用的指标是品牌未来收益的贴现值。通常采用如下估算方法。

第一，使用品牌的长期规划。我们可以通过对预期利润进行贴现。旅游品牌的长期规划应当把品牌的优势及其对竞争环境的影响考虑在内。假如，旅游组织利用品牌规划估算品牌的价值，就需要校准生产成本，使其反映旅游行业的平均成本，而非实际成本。原因在于，任何高于（或低于）平均效率的成本都应算作生产成本，而非品牌资产。[8]

第二，估算当前收益，乘以收益倍数。收益估算可以是扣除了特别费用的当前收益。如果当前收益反映的是上升或下降周期，那将不具代表性，那么最好从过去几年的收益数值中取几个平均值。如果收益因为可校正问题而出现较低值或负值，那么收益可以根据行业利润标准以销量百分比进行估算。收益倍数是估算和衡量未来收益价值的一种方法。要想得到收益倍数的正常范围，必须查看旅游组织的历史价格收益比率（即市盈率 P/E）。收益倍数范围确定之后，需要确定实际的倍数值，那么还需要对旅游品牌的竞争优势进行估计。

总之，金融市场视角的品牌评估反映的是旅游品牌的未来潜力。与其他两种视角的旅游品牌评估方法相比，这一评估方法的优点是能够为高层管理者提供一个总括性的、以货币额表现的品牌价值，这种品牌评估结果便于理解和传播。然而，基于金融市场视角的旅游品牌资产评估方法存在如下弊端。其一，旅游品牌未来价值存在诸多不稳定性，而这一评估方法又不能涵盖太多因素。因此，其结果的可信度受到怀疑。其二，这一评估方法与市场营销的关联性不强。营销活动之外的很多复杂事件都会影响股价波动，进而影响测量结果。这也就限制了该评估方法在营销战略上的借鉴价值。

二、旅游品牌价值链

本章介绍的基于顾客心智的、基于商品市场的和基于资本市场的三种旅游品牌评估视角之间存在什么样的逻辑关系？这里，我们引用品牌价值链模型来揭示三种旅游品牌评估方法在逻辑上的关联性。品牌价值链反映了品牌的市场营销活动投入如何影响品牌在商品市场和资本市场的结果。①品牌价值链理论模型的逻辑如下。①品牌价值源于顾客心智，品牌价值创造过程始于公司针对实际的或潜在的顾客的营销策略数量、质量、效果（阶段 1）。②相关营销策略（数量、质量等）会影响品牌在顾客心智的影响力，即顾客对品牌的

① 参见文献：王海忠. 不同品牌资产测量模式的关联性[J]. 中山大学学报, 2008, 48(1): 162-168.

所知所感的强度和正面性（阶段 2）。③品牌在顾客心智的影响力或无形资产（又称为品牌权益）会影响品牌在商品市场的市场销售业绩或表现。市场销售业绩或表现主要体现为品牌拥有的顾客量以及他们愿意为品牌支付的价格等（阶段 3）。④资本市场的投资者注意到品牌在商品市场的业绩，以及其他一些置换成本、并购价格等因素，之后就会对品牌的股票表现作出评估，从而形成股价（阶段 4）。这些相关因素决定了在某一阶段所创造的价值如何转移或增值到下一阶段（如图 12-3 所示）。下面我们对各个阶段的含义加以解释说明。

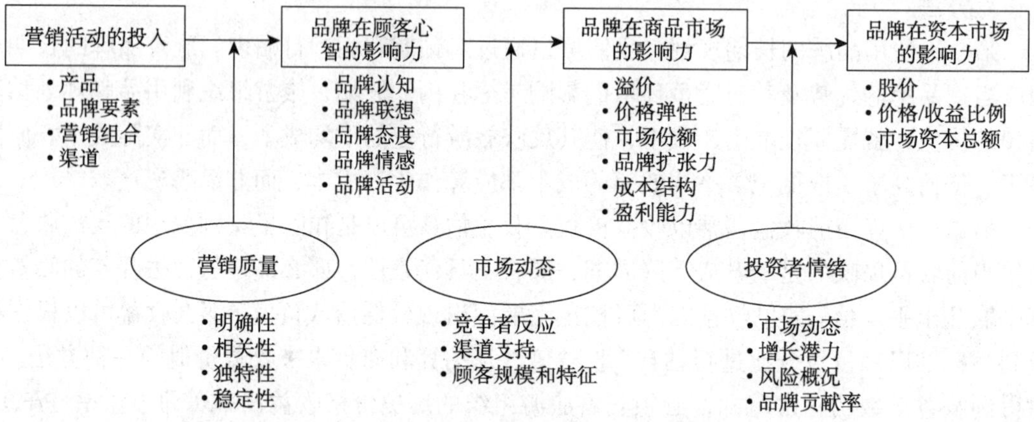

图 12-3 品牌价值链

（一）营销活动的投入

营销活动的投入是旅游品牌价值产生或形成的起点。营销活动的投入具体包括：旅游产品或服务开发与设计；设计旅游品牌要素；实施营销组合；广泛的次级品牌联想渠道（secondary source）等。但是，仅有营销投入的数量并不能确保旅游品牌在顾客心智中形成强有力的影响。营销质量的高低调节着营销活动投入对旅游品牌在顾客心智方面的无形影响效果。营销质量作为营销活动投入影响旅游品牌在顾客心智的权益的调节变量，具体包含以下因素。

（1）营销战略明晰度。消费者是否准确理解了旅游组织所要传达的意思。

（2）营销活动关联性。旅游组织的品牌营销活动是否与消费者相关，是否与消费者所思所想产生联动。

（3）营销活动独特性。旅游组织的品牌营销活动是否独特、有创意、有差异化。

（4）营销活动稳定性。旅游组织的品牌营销活动是否稳定持续，能否产生整合效应，对顾客产生最大效果。现行营销活动与过去是否存在一致性和关联性。营销策略是否兼顾了品牌的持续性和变化性。

如果品牌营销活动所传递的旅游品牌信息不明晰、旅游品牌信息与消费者需求之间没有很大的相关性、营销活动不具有独特性、营销活动前后不具有连贯性，那么营销活动就不能够被顾客认同，营销活动投入就不能使旅游品牌对顾客心智形成强有力的印象和影响。相反，明晰的、与顾客相关的、独特的、连贯的系列营销活动就会在顾客心智中产生积极印象，对品牌产生好的想法、感觉、经历、形象、认知、信念、态度等。[12,17]

（二）旅游品牌对顾客心智的影响力

一项明智的营销活动投入能够导致旅游品牌在顾客心智中产生积极反应。作为营销活动的结果，旅游品牌在顾客心智中会产生哪些反应？如何体现？品牌在顾客心智的影响力包括旅游品牌在顾客心智涌现出的所有事物的组合，包括人们对旅游品牌的所思、所感、体验、形象、感知、信念、态度等的总和。旅游品牌在顾客心智的无形影响力具体可表现为以下五个方面。

（1）品牌认知：旅游品牌被顾客认识、记住的程度，由此顾客能够确认与旅游品牌所关联的产品和服务的容易程度。

（2）品牌联想：顾客所感知到旅游品牌的属性和利益的强度、正面性、独特性。旅游品牌联想是品牌价值的主要构成来源，通过品牌联想，顾客能够感知到旅游品牌满足他们需求的方面和程度。

（3）品牌态度：顾客对于旅游品牌质量和旅游品牌满意度的总体评价。

（4）品牌忠诚：顾客对旅游品牌的忠诚度。强烈的品牌忠诚的表现形式之一是旅游品牌依恋（brand attachment），是指顾客拒绝改变一个旅游品牌的程度，通常可以通过顾客在旅游品牌出现负面新闻（如产品和服务失败）后仍会坚持购买该品牌的可能程度来测量。极端情况下，品牌忠诚会演变成品牌嗜好（brand indulgence）。

（5）品牌活跃：顾客使用旅游品牌、与他人谈论旅游品牌、寻找旅游品牌有关信息、促销等的程度。

旅游品牌对顾客心智影响力的上述五个方面有着明显的层次。品牌认知支撑着品牌联想，品牌联想驱动着品牌态度，最后形成品牌忠诚和品牌活跃。当顾客有高水平的旅游品牌认知，强有力的、偏好的、独特的旅游品牌联想，积极的旅游品牌态度，强烈的旅游品牌忠诚，高水平的旅游品牌活跃度时，品牌对顾客心智的无形影响力就产生了。这就是基于顾客心智的旅游品牌权益（customer-based tourism brand equity）。要构筑品牌价值，旅游品牌在顾客心智中形成积极印象是首要的和关键的。

旅游品牌在顾客心智上所取得的成功，并不一定能够转化为商品市场上的成功。这是由于，旅游品牌在顾客心智层面的影响力要转换为商品市场的产出，还需要依赖于其他外部条件。这些外部条件称为市场状况（market condition），主要包括以下几项。

（1）竞争反应。竞争性旅游品牌的营销投入的质与量。

（2）渠道及其他合作伙伴的支持。

（3）顾客的规模和特征。旅游品牌能吸引多少顾客？这些顾客是否带来利润？

当旅游组织内部环境较好，竞争对手没有能够产生一种明显的威胁，营销渠道成员和其他中间商提供了大力的支持，并且有一定数量的可盈利顾客被吸引到这个品牌中时，那么，旅游品牌对顾客心智所创造的无形影响将会转化成为有利的商品市场业绩。

（三）旅游品牌在商品市场的表现

如果旅游品牌对顾客心智的影响力顺利转化为商品市场的产出，那么品牌就在商品市场的以下方面产生积极结果。

（1）溢价。它是指顾客会因某个旅游品牌而对其名下的产品或服务支付高价的意愿和行为。那些在市场上定高价并能吸引顾客购买的品牌，就能享受正面的溢价效应，拥有这类品牌的旅游组织就能享受高盈利。

（2）价格弹性。它是指旅游品牌涨价而引起购买量降低的幅度或因降价而引起购买量增加的幅度。那些涨价并不引起销量显著降低，或降价引起销量大幅提升的旅游品牌，便拥有正面的价格弹性效应，就会带来更正面的市场收益。

（3）市场份额。它是指一定时期内，旅游组织产品销售量（额）占市场同类产品或服务的销售总量（额）的比率。这一指标反映了旅游组织在行业内的竞争地位，市场份额大小能影响旅游组织的盈利能力和竞争优势。

上述三个维度决定了旅游品牌在商品市场的直接收入。旅游品牌在商品市场的价值会由于更高的市场份额、更大的价格溢价，以及对价格下降更富有弹性和对价格上升更缺乏弹性而得以创造。

（4）品牌延伸成功率。它是指一个旅游品牌能够在辅助性产品线、相同产品大类、其他相关或不相关产品类别中成功推出新产品的概率。这个维度反映了旅游品牌在拓展到新产品或服务、新业务等发展方面的能力。

（5）成本结构。它是指因品牌在顾客心智的影响力而引起旅游组织在营销项目上的费用支出相应可节省的程度。换句话说，由于顾客已经对一个品牌具有了相当的熟悉度、认知，旅游组织在任何营销项目的支出即使保持在与同行相等或更低的水平，其营销效果都会更佳或效率更高。例如，同样的广告费用投入，对顾客心智影响力强大的旅游品牌的广告更易被记住，更易提升销售额。这就是为何一旦旅游品牌建立起对顾客心智的影响力之后，即使降低广告支出，也照样能维持甚至提升市场份额的内在原因之所在。

（6）营利性。当上述五个维度共同发挥作用时，就产生了旅游品牌在商品市场表现的第六个维度——营利性。总而言之，这个阶段的所有上述维度共同作用，就会创建有利可图的销售量，旅游品牌价值就由此产生。

商品市场表现视角的品牌表现是否能转化为金融市场上的旅游品牌价值？如果能够转换，我们就称之为品牌增值。这要取决于一系列的外部因素，我们将其称之为投资者情绪（investor sentiment）。它包括以下因素。

（1）市场动态性（market dynamics）。金融市场上的整体动态如何？利率、投资者情绪（高涨还是低落）、资本供给率等决定了金融市场动态。

（2）增长潜力。旅游品牌及其所处的旅游行业或细分产业的增长潜力如何？经济、社会、法律等环境因素是否有助于品牌增长？

（3）风险概况。旅游品牌的风险概况如何？面对环境中的障碍性因素，旅游品牌是否很脆弱？

（4）品牌贡献率。旅游组织品牌组合中，该品牌角色如何？对旅游组织收入及利润的贡献率多大？

如果品牌所处的细分行业健康，旅游行业对品牌没有明显的阻碍，品牌对旅游组织收入贡献率很大且发展前景很好时，旅游品牌在商品市场上的表现力就能够顺利转移到金融市场的品牌增值。由此，旅游组织的公司股价、价格/收益比、资本市值等指标就很好。但是，如果金融市场疲软、行业成长速度缓慢、行业面临高风险以及该品牌对旅游组织整体的贡献不大，那么这个旅游品牌在商品市场上的表现，就无法在金融股票市场价值中反映出来。例如，2020 年全球性的新型冠状病毒大流行，旅游业受此次危机影响严重，旅游品牌在商品市场中所创造的价值不能完全反映在股东价值中。

（四）旅游品牌的资本市值

基于品牌的可利用和可预测信息以及其他许多因素，金融市场的投资者能够对旅游品牌形成意见并做出对旅游品牌价值有直接财务含义的各种评估。品牌资本市值的主要指标包括股价、价格/收益比例、资本市值总额等。

（五）三种旅游品牌评估视角的逻辑关联性

上述品牌价值链为我们提供了从总体上理解旅游品牌价值产生和转化的逻辑。旅游组织最有价值的资产是以品牌为代表的无形资产，因而对旅游品牌及其资产价值的评估和管理显得尤为重要。旅游品牌价值产生于各种品牌活动（营销活动等），这些活动的效果首先反映在顾客心智层面，这就形成消费者心智的旅游品牌知识（tourism brand knowledge）。但这并不是旅游组织品牌经营的终极目标。旅游组织希望在顾客心智层面累积起来的品牌知识，能转化为商品市场上的表现，并进而有助于品牌在金融或资本市场上的增值（市值）。由此，我们可以得出，旅游品牌评估的三种视角（顾客心智、商品市场表现、金融市场增值）之间具有相关性，而且在逻辑上具有前后相承的关系。其中，旅游组织营销活动首先决定了品牌在顾客心智的印象或影响力。当旅游品牌在顾客心智的影响力传递到商品市场和金融市场时（尤其是后者），针对消费者的市场营销活动的作用力就逐渐减弱。旅游品牌在商品市场和金融市场上的表现，更多地受到消费者营销之外的因素的影响（如竞争者的营销活动、产业发展动态、投资者情绪等）。这些因素都处于旅游组织管理者传统的职权范畴之外。但是，随着旅游组织高层管理者越来越多地关心品牌无形资产，优秀的品牌经理人未来在思考旅游品牌的营销活动时，需要学会“前向”思维，即把金融或资本市场、商品市场上对旅游品牌的关注与热点，纳入自己权责范围内的旅游品牌概念测试、旅游品牌定位、旅游品牌组合、旅游品牌延伸、旅游品牌更新等战略决策之中，这样的品牌经理人必将练就其决策的前瞻性和战略观，这就为其走上旅游组织 CEO 的领导岗位奠定了基础。所以，旅游品牌价值链对品牌及其品牌经理人具有深远的战略意义。

品牌资产（或品牌权益）是 20 世纪 80 年代以来出现的最重要营销概念之一。到目前为止，有关旅游品牌的评估方法在实业界和学术界均未达成共识。而且，无论采用什么具体的评估方法，旅游品牌价值评估都只能是相对合理而无法做到绝对准确。本章所列的评估方法多数是国际旅游产业界在长期实践基础上提出来的。在中国，有待学术界、实业界进一步地深入研究去形成能体现中国特色的、有说服力的旅游品牌评估方法。

品牌前沿 12-4　停止企业社会责任（CSR），消费者的反应如何？

公众、政府、顾客和其他利益相关方对企业活动，特别是对企业活动的社会和环境后果的关注已日益增多。他们越来越希望企业能认识到自身的社会和环境责任，并调整商业行为，以减轻其经营的负面影响，并对其经营的社区做出积极贡献。在酒店业，企业社会责任（CSR）已经成为诸多酒店工作和营销的重要部分。然而，大多数酒店在启动 CSR 活动后可能会因各种原因面临活动中断甚至取消。基于此，黎耀奇等人采用了 3 个实验室探究了酒店顾客对酒店停止 CSR 活动的反应，即酒店停止开展 CSR 活动会如何影响消费者对酒店的态度？酒店如何减少停止企业社会责任活动对消费者对其态度的负面影响？

研究结果表明，第一，与以往研究结果一致，启动 CSR 活动可以使顾客对酒店的态度变得更加积极；第二，如果一家酒店不明原因地停止 CSR 活动，会导致顾客对该酒店的态度变差；第三，顾客对酒店停止 CSR 活动的消极态度往往会导致对酒店的评价低于对酒店没有停止 CSR 活动时的评价；第四，当酒店停止一个被认为是“私心”的 CSR 活动时，顾客对酒店的态度下降幅度比该活动被视为“公心”时更大；第五，相比于被动停止 CSR 活动，顾客对酒店主动停止 CSR 活动的消极态度更显著。

研究为企业管理提供了新的视角。一方面，企业应该慎重决定是否应该启动 CSR 活动，并且战略性地处理 CSR 终止问题。如果一家公司打算通过建立短期的 CSR 来改善其形象，而没有持续进行的计划，启动 CSR 活动可能会损害公司形象。另一方面，如果确实需要停止 CSR 活动，通过被动终止的方式能减少 CSR 活动中断给企业带来的负面影响。

资料来源：Li Y, Fang S, Huan T C. Consumer response to discontinuation of corporate social responsibility activities of hotels[J]. International Journal of Hospitality Management, 2017(64): 41-50.

【本章小结】

1. 旅游品牌评估具有重要意义。它是品牌估价的前提。有效的旅游品牌评估有助于科学的品牌并购。此外，它不仅能协调消费者与旅游组织之间的“信息不对称”，还有利于激励企业员工和投资者，品牌评估还能促进旅游组织提高内部管理效率。

2. 旅游品牌评估的方法有多种。本书将品牌评估分为三种视角——顾客心智视角、商品市场视角、金融或资本市场增值视角。顾客心智视角的旅游品牌评估分为定性研究法和定量研究法；商品市场产出视角的品牌评估分为比较法、整体法、联合分析法；金融或资本市场增值视角的评估包括根据股价走势估算旅游品牌价值和根据未来收益评估旅游品牌价值。

3. 品牌价值链模型有助于旅游品牌经理人理解旅游组织品牌价值的生成逻辑。品牌价值源于公司的营销活动（阶段一），它先作用于顾客，促进品牌在顾客心智产生影响力（阶段二），进而在商品市场上表现为营销与销售绩效（阶段三），并反映在资本市场上的增值（阶段四）。营销活动的质量、市场结构状况、投资者情绪等分别影响上述四个价值生成阶段的顺利转移或过渡。

【术语（中英文对照）】

基于顾客心智的旅游品牌权益 customer-based tourism brand equity
旅游品牌知识 tourism brand knowledge　定性研究方法 qualitative research techniques
品牌经理制 brand manager system　品牌管理委员会 brand management committee
投射技术 projective methods　定量研究方法 quantitative research techniques
扎尔特曼隐喻诱引技术 Zaltman metaphor elicitation technique（ZMET）
旅游品牌识别 tourism brand recognition　旅游品牌回忆 tourism brand recall
无提示回忆 unaided recall　提示性回忆 aided recall
品牌依恋 brand attachment　品牌资产估价模型 brand asset valuator（BAV）
商品市场产出 product market performance　比较法 comparative methods
品牌比较法 brand-based comparative methods
营销比较法 marketing-based comparative methods
货币衡量法 dollar-metric scale　品牌承诺 brand commitment
联合分析法 conjoint analysis　整体法 holistic methods
剩余法 residual methods　市场状况 market condition
投资者情绪 investor sentiment　市场动态性 market dynamics

【即测即练】

一、选择题

自学自测　扫描此码

二、名词解释

1. 投射技术（projective methods）
2. 比拟法

3. ZMET 技术

4. 品牌比较法（brand-based comparative methods）

5. 营销比较法（marketing-based comparative methods）

6. 联合分析法（conjoint analysis）

7. 整体法（holistic methods）

8. 剩余法（residual methods）

三、简答题

1. 投射法作为一种定性研究方法，有什么主要特征？

2. 品牌回忆评估方法一般使用哪几种指标？

3. 扬・罗必凯的品牌资产估价模型（Brand Asset Valuator，BAV）的主要评价思路和指标有哪些？

4. 品牌价值链理论模型的一般逻辑是什么？

【思考与讨论】

1. 分析讨论本章介绍的扬・罗必凯的品牌资产估价模型（Brand Asset Valuator，BAV）中两维度五要素的含义以及对打造旅游品牌无形资产所发挥的作用。

2. 理解品牌价值链模型相邻链条之间关系的含义。以中国市场上 2～3 个旅游品牌为例，分析前一个链条顺利影响后一个链条的各因素及其作用。

【参考文献】

[1] Aaker D A. Managing Brand Equity[M]. Free Press, 1991.

[2] 王海忠. 品牌测量与提升[M]. 北京：清华大学出版社, 2006.

[3] Keller Kevin Lane, 王海忠, 陈增祥. 战略品牌管理[M].北京：机械工业出版社, 2021.

[4] Keller K L. Conceptualizing, measuring, and managing customer-based brand equity[J]. Journal of Marketing, 1993, 57(1): 1-22.

[5] Zaltman G, Coulter R H. Seeing the voice of the customer: Metaphor-based advertising research[J]. Journal of Advertising Research, 1995, 35(4): 35-51.

[6] Keller. Strategic Brand Management (3rd Edition)[M]. Prentice Hall, 2006

[7] 黄合水, 彭聃龄. 强、弱品牌的品牌联想比较[J]. 心理科学, 2002(5):605-606

[8] 雷莉, 樊春雷, 王詠, 等. 反应时技术在品牌联想测查中的应用[J]. 心理学报, 2004, 36(5): 608-613.

[9] Wang H, Shen M, Song Y A, et al. Do up-displayed eco-friendly products always perform better? The moderating role of psychological distance[J]. Journal of Business Research, 2020, 114: 198-212.

[10] 吴雨, 李丹. 品牌联想测量方法探讨[J]. 现代商贸工业, 2009(22):302-304.

[11] 卢泰宏, 周志民. 基于品牌关系的品牌理论研究模型及展望[J]. 商业经济与管理, 2003, 136(2): 4-9.

[12] 王海忠. 不同品牌资产测量模式的关联性[J]. 中山大学学报：社会科学版, 2008, 48(1): 162-168.

[13] 王海忠，于春玲，赵平. 品牌资产的消费者模式与产品市场产出模式的关系[J]. 管理世界，2006(1): 106-119.

[14] Andrews R L, Ansari A, Currim I S. Hierarchical Bayes versus finite mixture conjoint analysis models: A comparison of fit, prediction, and part worth recovery[J]. Journal of Marketing Research, 2002, 39(1): 87-98.

[15] Srinivasan V. Network models for estimating brand-specific effects in multi-attribute marketing models[J]. Management Science, 1979, 25(1): 11-21.

[16] Simon C J, Sullivan M W. The measurement and determinants of brand equity: A financial approach[J]. Marketing Science, 1993, 12(1): 28-52.

附　　录

附录 1　打造卓越品牌需要“四项修炼”——访中国品牌研究中心主任王海忠

新华社客户端 2021 年 5 月 10 日 18:45:56 发布

导读：在第五个中国品牌日当天，新华社客户端 2021 年 5 月 10 日对王海忠进行了专访，将专访命名为“打造卓越品牌需要‘四项修炼’”。该访谈在新华社客户端的社会浏览量已突破 150 万次。此外，该访谈内容还被今日头条、企鹅号、搜狐、南方+、上游新闻（重庆）等新媒体转载。

请读者扫描二维码阅读访谈的文字全文。

附录 2　建设世界一流品牌要跨越“四道坎”

王海忠，新华社客户端 2022 年 5 月 9 日 11:57:10 发布

导读：在第六个中国品牌日来临之际，新华社客户端 2022 年 5 月 9 日发表我的专稿“建设世界一流品牌要跨越‘四道坎’”。该文在新华社客户端的社会浏览量已突破 150 万次。此外，该文还被今日头条、企鹅号、搜狐、南方 + 等新媒体转载。

请读者扫描二维码阅读全文。

附录 3　十年洞见：创新铸就品牌实力

王海忠，新华社客户端 2022 年 11 月 3 日 18:13:24 发布

导读：新华社客户端 2022 年 11 月 3 日（中国共产党的二十大刚刚闭幕 1 周）开设“非凡十年看品牌”专栏，约请专家总结十八大以来的十年里，中国品牌建设取得的成就与经验。我以《十年洞见：创新铸就品牌实力》为题，总结了取得非凡成就的中国品牌在三方面的实践经验，提出了未来十年的努力方向。该文推出 24 小时内，在新华社客户端的社会浏览量已突破 100 万次。此外，该文随后还在人民号、凤凰新闻、今日头条、企鹅号、南方 +、读特新闻（改革开放第一端）等新媒体转载。

请读者扫描二维码阅读全文。

教师服务

感谢您选用清华大学出版社的教材！为了更好地服务教学，我们为授课教师提供本书的教学辅助资源，以及本学科重点教材信息。请您扫码获取。

教辅获取

本书教辅资源，授课教师扫码获取

资源

样书赠送

市场营销类重点教材，教师扫码获取样书

清华大学出版社

E-mail: tupfuwu@163.com
电话：010-83470332 / 83470142
地址：北京市海淀区双清路学研大厦 B 座 509

网址：https://www.tup.com.cn/
传真：8610-83470107
邮编：100084